مستندنگاری نمد استان
چهارمحال و بختیاری

لیلا زمانی سورشجانی

کارشناسی ارشد هنر اسلامی از دانشگاه هنر اصفهان

دکتر ایمان زکریایی کرمانی

عضو هیات علمی دانشگاه هنر اصفهان

ISBN: 1530167698
ISBN-13: 978-1530167692

فهرست

پیشگفتار

صنایع‌دستی جلوه‌هایی از فرهنگ درخشان گذشته‌ی ایرانیان است که بی‌تردید فصلی بااهمیت از تاریخ هنر سرزمین ما را تشکیل می‌دهد و همواره مطالعه درباره صنایع‌دستی ایران همواره بخشی از دل‌مشغولی پژوهشگران و دانشجویان بوده است. هنر صناعی نمدمالی یکی از قدیمی‌ترین هنرهای اقوام ساکن نجد ایران است، کشف نمدهای پازیریک و سنگ‌نگاره‌های تخت جمشید از قدیمی‌ترین مستندات نمد است. نمد و نمدمالی در چهارمحال و بختیاری که به لحاظ بهره‌مندی از بسترها وزندگی متکی به دام‌پروری و نیز کوچ‌های طولانی، اقلیم سرد و کوهستانی قدمت طولانی دارد. از دیرباز برای مردمی که پیشه آنان دامداری و دام‌پروری است، دارای ارزش است. نمد را به لحاظ سهولت در فراهم آوردن ابزار و مواد موردنیاز، از قدیمی‌ترین دست‌ساخته‌های بشری قلمداد می‌کنند که با آن دو نیاز عمده تأمین زیرانداز و پوشش رفع می‌شود.

طرح‌ها، نقوش و رنگ‌های موجود در نمد استان چهارمحال و بختیاری بیشتر عناصر صوری هستند که بار معنایی و مفهومی در درون خود مستتر دارند. کتاب حاضر با تأکید بر طرح و رنگ و نقوش نمد که دارای وجوه زیبائی‌شناختی، ازجمله هماهنگی، تناسب، تقارن و منتزع از طبیعت و ریشه در زندگی مردم و آیین‌های کهن و سنت‌ها و باورها دارند که در طی قرون متمادی از یک نسل به نسل بعد منتقل‌شده‌اند و این نقوش دارای ارزش معنوی هستند برخی از نقوش به‌صورت ثابت و پایدار و مشترک با سایر هنرها پدید آمده‌اند.

با توجه به آنچه گفته شد، دغدغه اصلی این کتاب ویژگی خاص نمد استان چهارمحال و بختیاری ازلحاظ طرح، نقش و رنگ است. در این کتاب سعی بر آن است که با تکیه‌بر روش مستندنگاری ابتدا معرفی عناصر و نقوش صورت پذیرد و درنهایت بر اساس کنکاش و بررسی‌های به‌دست‌آمده طرح و رنگ‌های موجود نمد استان را طبقه‌بندی کرد. ازاین‌رو در این کتاب پیش از ورود به مباحث مربوط به نمد مطالعه‌ی روش مستندنگاری در دستور کار قرارگرفته است و سپس در پی آن است بر اساس این روش تصاویر نمدهای تولیدشده و ابزارها و روش تولید نمد در شهرهای بروجن و شهرکرد با روش میدانی جمع‌آوری شوند سپس با استفاده اطلاعات کتابخانه‌ای، داده‌های جمع‌آوری‌شده، توصیف و تشریح شوند. از این طریق نمدهای شاخص استان چهارمحال و بختیاری ازنظر طرح، نقش و رنگ طبقه‌بندی شوند. بر این اساس این کتاب در ۴ فصل تنظیم‌شده است:

فصل اول این پژوهش شامل مستندنگاری آثار سنتی است که بعد از پیشگفتار بدان پرداخته می‌شود. در این فصل ابتدا در بخش روش‌شناسی، روش پژوهش مستندنگاری به‌صورت علمی و با توجه به آرا و نظرات صاحب‌نظران این رشته توصیف و تشریح می‌شود و برای رسیدن به اصول هماهنگ روش مستندنگاری با پدیده‌های فرهنگی و هنری، به‌خصوص آثار سنتی گام‌های مشخصی را می‌توان تعریف کرد که این گام‌ها در بخش جداگانه‌ای شرح داده خواهند شد.

فصل دوم این کتاب، شامل به آشنایی زمینه‌های جغرافیایی، تاریخی و فرهنگی و اجتماعی استان چهارمحال و بختیاری و نمد اختصاص دارد، همچنین با توجه به اهمیت کلاه نمدی در پیشینه و زمینه‌های تاریخی بخشی مجزا برای آن در نظر گرفته‌شده است که شامل جداولی در تقسیم‌بندی کلاه نمدی با توجه به دوره‌های تاریخی مشخص است.

فصل سوم کتاب حاضر به‌طور خاص هنر نمدمالی و شاخصه‌ها و گونه‌های بارز نمد استان چهارمحال و بختیاری را با تکیه‌بر روش پژوهش مستندنگاری بررسی می‌کند. در این فصل مستندنگاری نمد استان چهارمحال و بختیاری (شهرستان شهرکرد و بروجن)، ازلحاظ فن‌شناسی، رنگ، نقش، طرح و کاربرد توصیف و تحلیل می‌شود و همچنین نمد مناطق مذکور ازنظر رنگ، نقش، طرح طبقه‌بندی می‌شوند.

فصل چهارم به نتایجی که از این تحقیق به‌دست‌آمده اختصاص دارد.

یکی از موارد مهمی که در تألیف کتب هنری مورد پرسش قرار می‌گیرد اهمیت و ضرورت انجام این پژوهش‌ها است. ضرورت انجام پژوهش هنر به نیاز جامعه برمی‌گردد. جامعه نیازمند پژوهش‌های جدی در حوزه‌های مختلف فرهنگ و هنر می‌باشد. نقش پژوهشگران در توسعه و گسترش فرهنگ و هنر بسیار حائز اهمیت است، همچنین باید با تلاش و کوشش بیشتر نسبت به جمع‌آوری، ثبت و ضبط گنجینه‌های فرهنگی و هنری اقدامی عاجل صورت گیرد. پژوهش مستندنگاری یک روش‌شناسی کارآمد برای مستندنگاری از این گنجینه‌ها را ارائه می‌دهد. لزوم مستندنگاری هنرهای در حال زوال، مانند نمدمالی استان چهارمحال و بختیاری به‌خوبی نمایان است. بدون شک هنر صناعی نمدمالی یکی از قدیمی‌ترین میراث صنایع‌دستی ایران است؛ لیکن کمتر موردتوجه تحقیقات دانشگاهی قرارگرفته و شایسته است، در بدو امر از زاویه دید (طرح، نقش و رنگ) به آن توجه شود. این هنر و نقوش مورداستفاده در آن از اصالت و قدمت برخوردار هستند، وجود چنین پژوهش‌هایی ضروری به نظر می‌رسد و امید است تلاشی در جهت جلوگیری از فراموشی این هنر کهن باشد.

تنوع فرهنگی، قومی و جغرافیایی کشور، کاربردهایی بارنگ‌ها و نقش‌های متفاوت را به وجود آورده که حاصل دسترنج زنان و مردان هنرمند این مرزوبوم هستند. این تنوع خود را در نقوش به‌کاررفته در هنرهای متعلق به آن منطقه به‌خوبی نشان می‌دهد. به دلیل بافت منطقه نقش‌ها و رنگ‌های قدیمی استفاده‌شده در این استان بالطبع، برگرفته از طبیعت و فرهنگ منطقه هستند، نقوش نوین مربوط به چند دهه پیش، با توجه به تحولات اجتماع و حرکت جامعه به سمت مدرنیته، نقوش مدرن و نوین متفاوت از نقوش کهن پدید آمده‌اند و هنرمند نمدمال برای احیا این هنر در حال زوال به نقوش مدرن و رنگ‌های جدید و صنعتی روی آورده است. بسیاری از نقوش کهن منسوخ‌شده‌اند و ردپای کمتری از آن‌ها می‌توان یافت، با توجه به این امر، لزوم مستندنگاری این هنر سنتی کهن به جهت جلوگیری از زوال آن را مشخص می‌نماید.

نگاه کامل و جامع به همراه مدیریت در کنار برنامه‌ریزی‌های دقیق، باعث رونق صنایع‌دستی می‌شود و می‌تواند به یکی از مهم‌ترین کالاهای صادراتی ارزآور برای اقتصاد ایران مبدل شود. صنایع‌دستی با توجه به ویژگی‌ها و شاخصه‌های آن می‌تواند به‌عنوان یک پیام‌رسان جدی از فرهنگ و تمدن ایرانی و اسلامی کشورمان در سطح جهانی نقش ایفاء نماید سه عنصر هنر، فرهنگ و صنعت در ذات صنایع‌دستی نهفته است.

بحران‌های اخیر جهانی ناشی از رشد صنعت و تمدن مدرن و تغییر در ساختار اقتصادی ازیک‌طرف و از سوی دیگر تغییر تفکرات جدید جهانی شده باعث می‌شود حفظ و صیانت، احیاء و اشاعه هنرهای سنتی در وهله اول و سپس استقلال اقتصادی ضرورت یابد. در این میان هنر نمد از جایگاه ویژه‌ای برخوردار است که علاوه بر جنبه‌های هنری و عام‌پسند با حفظ اصالت‌ها و هویت ملی و فرهنگی، وجود ارزش‌افزوده بالا، ایجاد اشتغال و ارتزاق در مناطق مختلف شهری، روستایی و عشایری دستاوردهای بسیاری را در پی دارد شرایطی که

امروزه درزمینه‌ی نمد وجود دارد، مستندنگاری این هنر را ضروری می‌نماید. اتخاذ سیاست‌های اجرایی جدید و در نظر گرفتن نقش و کارکردهای صنایع‌دستی حاکی از اهمیت نقش هنر و صنایع‌دستی، برای رسیدن به توسعه و سرمایه‌گذاری در حوزه صنایع‌دستی کشور است.

با توجه به موارد ذکرشده لزوم معرفی یک روش با گام‌های مشخص برای مستندنگاری آثار حوزهٔ هنر به‌خصوص صنایع‌دستی یک ضرورت محسوب می‌شود.

معمولاً هر پژوهش بر اساس چند پرسش یا فرضیه شکل می‌گیرد و پژوهشگر در تلاش است بر پایه آن‌ها پاسخ‌هایی برای خودش و مخاطبان ارائه نماید. ایده اولیه‌ی تحقیق درباره هنر نمدمالی از سال‌های قبل و بازدید از کارگاه‌های نمدمالی و مشاهده مشقت و سختی تولید نمد و اهمیت و ضرورت این هنر، در فرهنگ این استان و نزد مردمانش با پرسش‌هایی در مورد این هنر، محور پدید آمدن این کتاب شدند. پرسش اصلی این کتاب مربوط به بهره‌گیری از روش مستندنگاری به توصیف و تشریح آثار سنتی و به‌خصوص نمدهای استان چهارمحال و بختیاری و پرسش‌های مربوط به طرح‌ها، نقش و رنگ‌های مورداستفاده در هنر نمدمالی استان چهارمحال و بختیاری و ارتباط بین رنگ و نقش در نمدهای این استان است تا با عنایت به پرسش‌های طبقه‌بندی‌شده بتوان پاسخ‌های عینی و منسجم به مخاطب ارائه داد.

کتاب مستندنگاری نمد استان چهارمحال و بختیاری به روش تحقیق کیفی سامان‌یافته است. روش پژوهش ازنظر هدف، بنیادین به شمار می‌رود و از منظر روش‌شناسی، به روش مستندنگاری، داده‌های جمع‌آوری‌شده، توصیف و تشریح خواهند شد. در حقیقت روند پژوهش مستندنگاری شامل جمع‌آوری داده‌ها و ارزیابی آن‌ها ازنظر اصالت، اعتبار، نمایندگی و معنا است.

گردآوری داده‌ها در این کتاب به روش‌های میدانی و کتابخانه‌ای انجام‌شده. فرآیند تحقیق در این کتاب ازاین‌قرار است که ابتدا به روش میدانی داده‌های تصویری با ابزار دوربین عکاسی گردآوری خواهند شد و همچنین اطلاعات میدانی از طریق مصاحبه با افراد کارشناس در شهرهای شهرکرد و بروجن و همچنین مشاهده، مصاحبه و تصویربرداری از هنر نمدمالی اطلاعاتی در مورد روش تولید، ابزارها، طرح‌ها، نقوش و رنگ‌ها در نمدهای موجود در میدان پژوهش کسب شد.

در مرحله مطالعهٔ کتابخانه‌ای، انواع کتب، مجلات و مقالات علمی، همچنین طرح‌های پژوهشی در کتابخانهٔ دانشگاه هنر اصفهان و سایر مراکز مرتبط با موضوع‌های مرتبط با هنر نمدمالی و برای دستیابی در مورد پیشینه و منابع تاریخی نمد استان چهارمحال و بختیاری موردبررسی قرارگرفته‌اند.

کتاب مستندنگاری نمد استان چهارمحال و بختیاری می‌تواند، در حفظ و احیای این هنر مفید واقع شود، در این راستا تولیدکنندگان معاصر می‌توانند، از نقوش اصیل این منطقه در آثار خود استفاده کنند.

لیلا زمانی سورشجانی

دکتر ایمان زکریایی کرمانی

پاییز ۱۳۹۵

فصل اول

مستندنگاری آثار سنتی

۱-۱ روش‌شناسی

۱-۱-۱ تعریف پژوهش مستندنگاری[1]

روش پژوهش، مهم‌ترین مقوله‌ای است که در پژوهش بایستی موردتوجه قرار گیرد. چراکه هیچ پژوهشی بدون کاربست روشی متناسب با موضوع موردمطالعه، سرانجامی نخواهد داشت. حوزه‌ی هنر از حوزه‌هایی است که شاید گمان می‌شود به روش پژوهشی از جنس روش‌های دقیق و گام بندی شده نیازی ندارد. دلیل این گمان آن است که گاه به‌صورت آکادمیک نگریسته نمی‌شود و اهمیت بنیادین این حوزه تذکر داده نمی‌شود. ازاین‌رو بسیاری از مطالعات این حوزه فاقد نگاه علمی و روشمند و یا فاقد روشی متناسب با موضوع موردمطالعه هستند. از سویی پژوهشگران در این حوزه با محدودیت روش‌ها ازنظر کیفی و کمی مواجه هستند و از سویی دیگر روش‌های دیگر حوزه‌ها را نیز نمی‌توان به‌طور مستقیم در مطالعات هنر به کاربست. این مسائل سبب ایجاد دشواری‌ها و آسیب‌هایی در پژوهش‌های هنری شده است تا آنجا که به دلیل عدم آشنایی پژوهشگران و دانشجویان با روش و اهمیت آن، تعداد زیادی از پژوهش‌ها محدود به تحلیل صوری و فرمی و حتی در مواردی توصیفات شخصی شده‌اند و متأسفانه پژوهش‌های روشمند در این حوزه به دست فراموشی سپرده‌شده‌اند.

هنر به‌مثابه مطالعات آکادمیک بسیار متفاوت از هنرهای اجرایی و آموزشی است. جامعه‌ی علمی-هنری ایران بایستی علاوه بر توجه به جنبه‌های تکنیکی و آموزشی هنر، پژوهش در حوزه‌ی هنر را نیز در رأس فعالیت‌های خویش قرار دهد؛ اما هنگامی‌که سخن از مطالعات آکادمیک و پژوهش درزمینه‌ی هنر به میان می‌آید، مهم‌ترین امر کاربست روشی متناسب با موضوع موردمطالعه است. با توجه به این‌که بسیاری از مطالعات در حوزه‌ی هنر روشمند نیستند و روش‌های صحیح پژوهش در این حوزه تا حدی ناشناخته باقی‌مانده‌اند، شناخت و معرفی روش‌های پژوهش و ارائه‌ی دستورالعمل‌ها و گام بندی‌های روشی امری بسیار ضروری به نظر می‌رسد. با توجه به گستردگی چشم‌گیر روش مستندنگاری، قابلیت انعطاف آن با موضوعات مختلف علوم انسانی و به‌تبع آن هنر و نیاز پژوهش‌های هنر به روشی بنیادین، این روش می‌تواند در پژوهش‌های حوزه‌ی هنر بسیار کارآمد باشد و پرداختن به آن می‌تواند دریچه‌ای به‌سوی پژوهشگران و دانشجویان باشد. از طرفی هنرمندان بامطالعه‌ی نتایج حاصل از پژوهش‌های مستندنگاری می‌توانند ارتباطی مستقیم باریشه‌های فرهنگی برقرار کرده و بنابراین قادر خواهند بود آثاری اصیل و متناسب بافرهنگ خویش خلق کنند.

مستندنگاری یکی از روش‌هایی است که می‌تواند در حوزه‌ی هنر مفید و قابل‌استفاده باشد. مهم‌ترین

[1] Documentary Research

آموزه‌هایش که در کاربست آن به‌عنوان روش سودمند واقع می‌شوند عبارت‌اند از شناسایی و ثبت، ارزیابی، تجزیه‌وتحلیل آثار مستند در حوزه‌ی هنر که می‌تواند روشی مناسب و کارآمد در این حوزه قلمداد شود.

پژوهش مستندنگاری در تمام زمینه‌ها برجسته است، ازجمله درزمینه‌ی کسب‌وکار، انسان‌شناسی، ارتباطات، علم اقتصاد، آموزش‌وپرورش، پزشکی، علوم سیاسی، علوم اجتماعی و جامعه‌شناسی از آن استفاده می‌نمایند. روش پژوهش مستندنگاری، یکی از روش‌های کیفی است که امروزه در سطح جهانی کاربرد وسیعی یافته است. این روش در ارتباط با حوزه‌های از قبیل تاریخ، فرهنگ و... می‌تواند پاسخگوی نیازهای حوزه‌ی پژوهش هنر باشد.

بر این اساس باید ابتدا معنای پژوهش مشخص شود و بر اساس آن پژوهش مستندنگاری تعریف شود. بر اساس مطالعات احمد[۲] و هدی[۳] (۲۵:۲۰۰۶) "«پژوهش» شکل خاصی از تحقیق است. انجام پژوهش بدون داشتن مسئله‌ای که باید حل شود یا سؤالی که باید پاسخ داده شود، امکان‌پذیر نیست. احمد در مقاله روش پژوهش مستندنگاری: ابعاد و جنبه‌های جدید[۴] به نقل از استبری اسمیت[۵]، ترپ[۶] و لو[۷] (۹:۱۹۹۹) تأکید دارد که پژوهش همیشه با تردید و ریسک همراه است. به گفته احمد و هدی"(۲۵:۲۰۰۶)"پژوهش بخشی از یک فرآیند گسترده‌تر است و موضوعی را تشکیل و ارائه می‌دهد که با روشی متمایز قابل‌بررسی و مطالعه است. بااین‌حال با جستجوی راه‌حل برای مسائل یا پاسخ به سؤالات ارتباط دارد. پژوهش یک تحقیق دقیق و یا پرس‌وجو به‌ویژه از طریق جستجو برای حقایق جدید در هر شاخه‌ای از دانش است. احمد به نقل از گیلهام[۸] (۲:۲۰۰۰) این تعریف را از پژوهش ارائه می‌دهد، پژوهش به دنبال ایجاد دانش جدید است، هر رشته‌ای می‌تواند باشد، مثل تاریخ، پزشکی، فیزیک و آثار اجتماعی باشد. ماده خام پژوهش سند است که باید آن را درک کرد. به‌طور مشابه مارشال[۹] و راس‌من[۱۰] (۲۳:۱۹۹۵) در مورد تعریف پژوهش استدلال کرده‌اند که پژوهش فرآیند تلاش برای به دست آوردن درک بهتری از پیچیدگی‌ها است. احمد به نقل از مایکل بیسی[۱۱] (۳۸:۱۹۹۹) تعریف پژوهش علمی را این‌گونه ارائه می‌دهد، یک پرسش نظام‌مند، انتقادی و خود نکته‌سنج هست که هدفش کمک به پیشرفت دانش و معرفت است."پژوهش در اصطلاح رایج، به جستجوی علم و دانش اشاره دارد. قبلاً همچنین گفته می‌شد که پژوهش یک جستجوی علمی و سامانمند در جهت کسب اطلاعات مناسب در خصوص یک موضوع است. درواقع، پژوهش هنر بررسی علمی است. ردمن[۱۲] و مری[۱۳] (۱۹۲۳) پژوهش را این‌گونه تعریف می‌کنند" پژوهش یک تلاش نظام‌مند است که به دنبال دست‌یابی به دانش جدید است. برخی از افراد پژوهش را یک حرکت و جنبش در نظر می‌گیرند، حرکتی که از شناخته‌ها به سمت ناشناخته‌ها حرکت می‌کند. این درواقع سفری به سمت اکتشاف است. همه ما دارای غریزه حیاتی کنجکاوی

---

[2] Jashim Uddin Ahmed
[3] S.S.M. Huda
[4] Documentary Research Method: New Dimensions
[5] Smith Easterby
[6] M. R. Thorpe
[7] A. Lowe
[8] B.Gillham
[9] Catherine Marshall
[10] Gretchen. B Rossman
[11] Michael Bassey
[12] L.V Redman
[13] A.VH Mory

هستیم، زمانی که با عامل ناشناخته‌ای مواجه می‌شویم، متحیریم و حس کنجکاوی‌مان ما را به بررسی دقیق وامی‌دارد تا آن عامل ناشناخته را کامل و کامل‌تر درک کنیم. کنجکاوی ما در تمام دانش‌ها و روش‌ها است که انسان برای به دست آوردن دانشی در مورد آنچه ناشناخته است بکار می‌گیرد که می‌توان آن را پژوهش نامید. پژوهش یک فعالیت آکادمیک است و به‌این‌ترتیب چنین اصطلاحی را باید در یک مفهوم تکنیکی بکار برد. طبق گفته‌ی کلی فورد وودی[۱۴]، پژوهش متشکل از تعریف و شرح مسائل، تشکیل فرضیات و راه‌حل‌های پیشنهادی، جمع‌آوری، سازمان‌دهی و ارزیابی اطلاعات، استنباط و ارائه نتایج است و در پایان، آزمون دقیق نتایج است تا مشخص شود که آیا آن‌ها منطبق و هماهنگ با فرضیه ارائه‌شده هستند یا نه" (Kothari, 2004:1). کوتری[۱۵] در کتاب مواد و روش‌ها روش تحقیق و فنون[۱۶] به نقل ازاسلسینگر[۱۷] و استفنسون[۱۸] تعریفی را که در دایرۀالمعارف علوم اجتماعی[۱۹] ارائه می‌دهند؛ این‌گونه نوشته است،"پژوهش به معنای دخل و تصرف در چیزها، مفاهیم و نمادهاست تا دانش را تا حدی تعمیم دهد، تصحیح کند و یا تأیید نماید، چه آن دانش در ایجاد فرضیه کمک کند و چه در به‌کارگیری هنر"(Kothari, 2004:1).

ماسون[۲۰] (۴:۱۹۹۶) اظهار می‌کند که پژوهش را باید، به‌طور نظام‌مند و خیلی دقیق انجام داد. خصوصیت اصلی پژوهش چیزی است که ماسون و بیسی با عنوان "پژوهش نظام‌اند " بیان کردند. تحقیق با کشف پاسخ سؤالات "چه کسی، چه چیزی، چه زمانی، کجا، چگونه " به‌جای سؤال "چرا " سروکار دارد. همچنین فیلیپس[۲۱] و پیو[۲۲] (۴۵:۱۹۹۴) بیان کردند که... هدف پژوهش، جهت‌دهی مجدد افکارمان است تا برای ما این سؤال را ایجاد کند که در مورد آنچه می‌دانیم چه فکری می‌کنیم و روی جنبه‌های جدید واقعیت پیچیدمان متمرکز شویم.

احمد به نقل از هامرسلی[۲۳] و اتکینسون[۲۴] (۱۷۳:۱۹۹۵) در مورد اهمیت پژوهش مستندنگاری چنین می‌نویسد "پژوهش مستندنگاری یک جزء اصلی از پژوهش‌های اجتماعی از زمان آغاز به کار خود بوده است. حاصل مستندنگاری به‌ویژه برای قوم‌شناس مهم هست که ارائه‌دهنده یک "روشی غنی برای تجزیه‌وتحلیل "است. پژوهش مستندنگاری یکی از سه نوع عمده از تحقیقات اجتماعی است و مسلماً به‌طور گسترده از این سه مورد در طول تاریخ جامعه‌شناسی و سایر علوم اجتماعی استفاده می‌شود. گاهی اوقات حتی تنها روش اصلی، برای جامعه شناسان برجسته بوده است. سازمان‌ها و محیط‌های کاری متعدد با تولید و مصرف مدارک و داده‌های مستندنگاری ارتباط دارند "(Ahmed, 2010:2) . " بایلی[۲۵] (۱۹۹۴) توضیح می‌دهد که روش پژوهش مستندنگاری برای استفاده از منابع مستند در پژوهش‌های اجتماعی است. این روش به همان اندازه خوب و گاهی اوقات حتی مقرون به‌صرفه‌تر از بررسی‌های اجتماعی، مصاحبه‌های عمیق و مشاهده

[14] Clifford Woody
[15] C.R, Kothari
[16] Research Methodology Methods and Techniques
[17] D. Slesinger
[18] M. Stephenson
[19] The Encyclopedia of Social Sciences
[20] J.Mason
[21] E.M. Phillips
[22] D.S Pugh
[23] M.Hammersley
[24] Paul Atkinson
[25] K.D Bailey

شرکت‌کنندگان است. استفاده از روش مستندنگاری اشاره به تجزیه‌وتحلیل اسناد دارد که حاوی اطلاعات در مورد پدیده‌ای است که ما تمایل به مطالعه آن داریم "(Mogalakwe ,2006:221).

انجام پژوهش مستندنگاری چیزی فراتر از " ثبت حقایق " است." این‌یک فرآیند واکنشی است که در آن ما با آنچه پژوهشگر "شالوده‌های معنوی تحقیق اجتماعی " می‌نامد روبه‌رو می‌شویم "(Coles, 1997:6) احمد به نقل از آماندا کفی[۲۶] و پائول اتکینسون "(1997:55). در موردنیاز به یک روش پژوهش علمی برای جمع‌آوری، تحلیل و کاربرد اسناد و مدارک چنین می‌نویسد " اسناد به‌تنهایی قابل‌استفاده نیستند؛ اما نیاز دارد در یک چارچوب نظری از منابع قرار گیرد تا محتوای آن قابل‌درک شود. این‌یک منبع مهم اطلاعاتی است و ممکن است چنین منابع اطلاعاتی به روش‌های مختلفی در پژوهش‌های اجتماعی استفاده شوند "(Ahmed,2010:2). "بسیاری از محققان ازجمله تریس و تریس[۲۷] (۱۹۸۲)، پلات[۲۸] و هانگلر[۲۹] (۱۹۹۱)، بایلی (۱۹۸۲)، وب[۳۰]، کمپیل[۳۱]، شوارز[۳۲] و سچرست[۳۳] (۱۹۸۴) اظهار داشته‌اند که پژوهش مستندنگاری شامل یادداشت‌های رسمی و گزارش‌ها، نشریات سرشماری، اظهارات و اقدامات دولت، دفتر یادداشت روزانه و دیگر آثار مکتوب، منابع دیداری و تصویری متعدد در اشکال مختلف و غیره هستند "(Ahmed, 2010:2). در یک دیدگاه مشابه دنسکومب[۳۴] (۲۱۷:۲۰۰۳) در کتاب راهنمای تحقیق خوب[۳۵] عنوان می‌کند که انتشارات دولتی و آمار رسمی به نظر می‌رسد که برای محقق اجتماعی یک گزاره جذاب باشند. آن‌ها به نظر می‌رسد یک منبع مستند از اطلاعات را ارائه می‌دهند. ازآنجایی‌که این داده‌ها توسط دولت با به‌کارگیری منابع بزرگ و متخصصان حرفه‌ای، تولیدشده است از اعتبار بالایی برخوردار هستند، همچنین با توجه به هدفشان بی‌طرف و عینی هستند و درواقع آمار دولتی واقعی و بدون ابهام هستند. مگالاکو[۳۶] (۲۲۱:۲۰۰۶). در مقاله استفاده از روش پژوهش مستندنگاری در علوم اجتماعی[۳۷] استفاده از روش پژوهش مستندنگاری در تحقیقات اجتماعی به نقل از بایلی (۱۹۹۴) می‌نویسد " این روش تحقیق که اغلب به حاشیه رانده‌شده و یا در هنگام استفاده به‌عنوان یک مکمل برای دیگر روش‌های پژوهش اجتماعی عمومی عمل می‌کند. روش پژوهش مستندنگاری اشاره دارد به تجزیه‌وتحلیل اسنادی که حاوی اطلاعات در مورد پدیده‌ای است که ما خواستار بررسی آن هستیم.

در پژوهش مستندنگاری بررسی و طبقه‌بندی منابع فیزیکی، رایج‌ترین اسناد کتبی که در حوزه خصوصی و عمومی استفاده می‌شوند، کاربرد دارند." ازجمله این "تجزیه‌وتحلیل‌های شناخته‌شده از این فرآیندها و محصولات عبارت‌اند از: گزارش‌های مدرسه (وودز،۱۹۷۶[۳۸])، پرونده‌های پزشکی (ریس،[۳۹]۱۹۸۱)،

[26]Amanda Coffey
[27]E.W. Treece, and J.w. Treece
[28]D.F Polit
[29]B.P Hungler
[30] E.J, Webb
[31] D.T, Campbell
[32] R.D Schwarz
[33] L.Sechrest
[34]Martyn Denscombe
[35] The Good Research Guide
[36]M, Mogalakwe
[37] The Use of Documentary Research Methods in Social Research
[38] P. Woods
[39] C,Rees

طبقه‌بندی علل مرگ (پریر،[40] ۱۹۸۵)؛ و مدارک موردی بهداشت و سلامت (دینگوال،[41] ۱۹۷۷). مسائل عمده دربردارنده انواع مستندات و توانایی استفاده کردن از آن‌ها به‌عنوان منابع قابل‌اعتماد از شواهد در جهان اجتماعی باید به‌وسیله همه‌کسانی که در تحقیقات خود از اسناد استفاده می‌کنند در نظر گرفته شود " (Ahmed,2010:3).

احمد به نقل از استوارت[42] (۱۹۸۴: ۱۱) می‌نویسد " علوم اجتماعی از طیف گسترده‌ای از روش‌های پژوهش استفاده می‌کند تا دانش، نظریه، عمل و سیاست در این زمینه را بهبود بخشد. انواع مختلف روش‌های تحقیق، کمی[43] و کیفی[44]، با چارچوب شناخت‌شناسی و نظری در ارتباط هستند. استفاده از این نوع مطالب در یک مطالعه پژوهشی بدان معنی است که مستندات به‌عنوان منابع داده‌های ثانویه ثبت‌شده است درواقع که آن‌ها دربردارنده‌ی مطالبی هستند به‌طور خاص برای پرسش پژوهش موجود جمع‌آوری نشده است " (Ahmed,2010:3). تجزیه‌وتحلیل مستندات در پژوهش مستندنگاری را به‌صورت تجزیه‌وتحلیل کمی و یا کیفی (هر دو) می‌تواند باشد."متأسفانه، روش‌های پژوهش مستندنگاری اغلب به‌اشتباه به‌عنوان حق انحصاری مورخان حرفه‌ای، کتابداران و متخصصان علم اطلاعات در نظر گرفته‌شده است درحالی‌که دانشمندان علوم اجتماعی به‌ویژه جامعه‌شناس حرفه‌ای به نظرسنجی‌ها و روش‌های مصاحبه عمیق، تکیه می‌کنند. ازآنجاکه دانشمندان علوم اجتماعی از روش‌های پژوهش مستندنگاری استفاده می‌کنند، این تنها مکمل اطلاعاتی هستند که از طریق بررسی‌های اجتماعی و مصاحبه عمیق جمع‌آوری‌شده است، اما به‌ندرت به‌عنوان روش پژوهش اصلی یا عمده بشمار می‌آید "(Mogalakwe , 2006:221).

در یک پژوهش، مستندنگاری و گردآوری اطلاعات، جایگاه ویژه‌ای دارد که توسط متخصصان آشنا و در همه علوم انجام می‌گیرد. به‌طوری‌که درواقع مستندنگاری جزو مراحل پایه و نخستین در هر پژوهشی است. در حقیقت بدون گذر از این مرحله، نمی‌توان پژوهش را با موفقیت به پایان رساند. مگالاکو به نقل از پین و پین[45] (۲۰۰۴) توضیح می‌دهد: "روش مستندنگاری تکنیک‌های را در بردارد که برای دسته‌بندی، بررسی، تفسیر و شناسایی محدودیت‌های منابع فیزیکی و اکثراً اسناد کتبی چه در حوزه خصوصی یا عمومی مورداستفاده قرار می‌گیرند "(Mogalakwe 2006:222) "مسائل کلیدی در پژوهش اسناد هستند و توانایی ما برای استفاده از آن‌ها به‌عنوان منابع قابل‌اعتماد از شواهد و مدارک موجود در اجتماع است. این نکته باید توسط همه‌کسانی که در تحقیقات خود از اسناد استفاده می‌کنند، در نظر گرفته شود ",(Scott, 2006) (نقل از سایت ویکی‌پدیا[46]). "عمل مستندنگاری خیلی بالاتر از " ضبط حقایق " است."(Ahmed, 2010: 2) "این‌یک فرآیند بازتابی است که در آن ما با آن چیزی که محقق "پایه‌های معنوی، تحقیق اجتماعی است "می‌نامد، روبه‌رو هستیم. (Coles, 1997: 6). "بسیاری از محققان اعلام کردند که مستندنگاری شامل: یادداشت رسمی و گزارش، نشریات سرشماری، اظهارات رسمی دولت و شرح مذاکرات، دفتر یادداشت روزانه و دیگر آثار مکتوب، منابع دیداری و تصویری متعدد در اشکال مختلف و غیره هستند. (Ahmed, 2010: 2)

[40] L, Prior,
[41] R, Dongwall
[42] Stewarth
[43] Quantitative method
[44] Qualitative method
[45] G,Payne and J, Payne
[46] en.wikipedia.org/wiki/Documentary_research

۱-۱-۲ روش مستندنگاری و سایر روش‌ها

پژوهش مستندنگاری یکی از سه نوع عمده برای تحقیقات اجتماعی است که به‌طور گسترده در طول تاریخ جامعه‌شناسی و دیگر علوم اجتماعی از آن استفاده‌شده است و روش اصلی برای جامعه شناسان پیشرو است." اگرچه استفاده از منابع مستندنگاری ممکن است درروند اصلی تحقیقات اجتماعی بسیار متداول نباشد اما تحقیقات مستندنگاری امری جدید نیست به‌طور گسترده توسط نظریه‌پردازان کلاسیک اجتماعی به‌عنوان‌مثال کارل مارکس[۴۷] و امیل دورکیم[۴۸] استفاده‌شده است. مارکس از منابع مستندنگاری و سایر گزارش‌های رسمی استفاده گسترده‌ای کرده است، او همچنین به اعلامیه‌ها و اساسنامه‌های مختلف همچنین از روزنامه‌ها و نشریاتی مانند تایمز[۴۹]، اکونومیست[۵۰]، نیویورک دیلی تریبون[۵۱] و غیره استفاده می‌کرد (Harvey,1990). از سوی دیگر دورکیم به‌عنوان یکی از بنیان‌گذاران رشته جامعه‌شناسی شناخته شده است در مطالعه‌اش در مورد خودکشی بر آمار رسمی تکیه کرد." به گفته سیمسون[۵۲] (۱۹۵۲)، کتاب خودکشی[۵۳] دورکیم اولین مثال جدیدی است که در تحقیقات اجتماعی استفاده مداوم و سازمان‌یافته از روش‌های آماری کرده است "(Mogalakwe, 2006:223). " می‌توان استدلال نمود که بررسی متون درواقع یکی از نمونه‌های بسیار خوبی از پژوهش مستندنگاری است که در آن پژوهش مستندنگاری ناآگاهانه مورداستفاده قرارگرفته است. همه‌ی طرح‌های پژوهشی همیشه نیازمند بخشی در خصوص بررسی متون دارند. بر اساس بررسی جامع متون در مورد موضوع خاص، پژوهشگر ممکن است بتواند یک چارچوب مفهومی یا نظری ایجاد کند که طبق آن تجزیه‌وتحلیل داده‌ها را انجام دهد "(Ahmed, 2010:8). بر طبق نظر احمد (۲۰۱۰:۲) و مگالاکو (۲۲۱:۲۰۰۶) مستندنگاری یک روش پژوهش است که اغلب به حاشیه رانده‌شده و یا وقتی استفاده می‌شود که تنها به‌عنوان یک مکمل برای بررسی‌های اجتماعی متداول است.

این روش اغلب در انحصار سایر رشته‌ها بوده و دانشمندان علوم اجتماعی به‌ویژه جامعه‌شناسان از این روش استفاده می‌کنند "این تنها مکمل اطلاعاتی هستند که از طریق بررسی‌های اجتماعی و مصاحبه عمیق جمع‌آوری‌شده است، اما به‌ندرت به‌عنوان روش پژوهش اصلی یا عمده بشمار می‌آید(2006:221 Mogalakwe)."اما بااین‌حال، باید متذکر شد که هیچ روش پژوهش اجتماعی مجزای از دیگر روش‌های پژوهش و خودش نیست و کافی است که همه‌ی شک و تردیدها را از ذهن محقق پاک کرد. گاهی اوقات دانشمندان علوم اجتماعی، روش‌های پژوهش را به‌منظور افزایش قابلیت اطمینان و اعتبار از تجزیه‌وتحلیلشان باهم ترکیب می‌کنند که به آن مثلث‌بندی روش یا استفاده از دو یا چند روش پژوهش به‌منظور بررسی پدیده مشابه، گفته می‌شود. (Grix 2001[۵۴]) "(Mogalakwe, 2006:228)

مستندنگاری، گام بندی‌های مطلق و یکپارچه‌ای ندارد که بتوان با پیروی از آن به‌آسانی به نتیجه‌ی موردنظر دست‌یافت. مستندنگاری در حوزه‌ها و موضوعات گوناگون، خود را با توجه به اهداف و نوع مطالعات با

[47] Karl Marx
[48] Emile Durkheim
[49] The Times
[50] Economist
[51] NewYork Daily Tribune
[52] G, Simpson,
[53] Suicide
[54] J, Grix

آن تطبیق داده است برای کاربست روش مستندنگاری در هر حوزه‌ای باید متناسب با اهداف آن حوزه، راهکارها و گام‌های گزینش شود که پژوهشگر بتواند بر اساس آن عمل کند. به همین دلیل است که هر یک از پژوهشگران با توجه به حوزه‌ی تخصصی خودش روش مستندنگاری را ارائه داده‌اند.

۱-۱-۳ روش‌شناسی و روش

هنگامی‌که سخن از روش پژوهش به میان می‌آید، بایستی تفاوت میان روش‌شناسی[۵۵] و روش[۵۶] را در نظر داشت. اگرچه در هر دو فرآیندی که پژوهش برای رسیدن به پاسخ پرسش‌های خود طی می‌کند را توضیح می‌دهند اما تفاوت میان آن‌ها بسیار حائز اهمیت است. "روش‌شناسی مفهومی کلی‌تر از روش و عبارت است از شناسایی کلی روش، راه و طریق کلی حل مسئله‌ی پژوهش و دانشی کلی که روش و مراحل روشی را روشن می‌نماید. بدین معنا که روش‌شناسی چارچوب و نقشه‌ای کلی از مسیری که پژوهش در طی مسیر خود می‌پیماید روشن می‌شود. "(Kinash,2010). "روش‌شناسی پژوهش، روشی نظام‌مند برای حل مسئله پژوهش است؛ و ممکن است به‌عنوان علمی در نظر گرفته شود که به مطالعه چگونگی انجام پژوهش علمی می‌پردازد. در روش‌شناسی ما به مطالعه مراحل مختلفی می‌پردازیم که معمولاً توسط یک پژوهشگر اتخاذ می‌گردد تا به مطالعه مسئله تحقیقی‌اش بپردازد و منطقی که در ورای آن وجود دارد را بررسی کند. پژوهشگر نه‌تنها باید با روش و تکنیک‌های پژوهش آشنا باشد بلکه روش‌شناسی را نیز باید بشناسد " ,Kothari) (2004:8."درحالی‌که روش عبارت است از مراحل، تکنیک‌ها، فعالیت‌ها و گام بندی‌های نسبتاً جزء‌به‌جزء که پژوهشگر برای انجام پژوهش خویش به کار می‌بندد "(Kinash, 2010). مواد و روش پژوهش متفاوت از روش‌شناسی پژوهش است. اصول و روش پژوهش ممکن است برای تمام روش‌ها تکنیک‌هایی در نظر گرفته شود که برای هدایت پژوهش مورداستفاده قرار می‌گیرند؛ بنابراین روش‌ها یا تکنیک‌های تحقیق، به روش‌هایی اشاره دارد که محققان در انجام عملیات تحقیق بکار می‌گیرند. گهگاه، تمایزی نیز بین تکنیک‌های تحقیق و روش‌های تحقیق ایجادشده است."تکنیک‌های تحقیق به رفتار و ابزارهایی اشاره دارد که ما در اجرای تحقیق بکار می‌بریم، مانند انجام مشاهدات، ثبت اطلاعات، تکنیک‌های پردازش داده و مانند آن. روش پژوهش به رفتار و ابزارهای اشاره دارد که برای انتخاب و ایجاد تحقیق بکار گرفته می‌شود "(Kothari, 2004:7). تفاوت بین روش‌ها و تکنیک‌های جمع‌آوری داده‌ها را با توجه به جزئیات در جدول ۱-۵ ارائه‌شده است.

۱-۱-۴ منابع پژوهش مستندنگاری

منابع اصلی پژوهش مستندنگاری شواهد و مدارک هستند و آن‌ها را به‌عنوان سند معرفی می‌کنند. مگالاکو سند را چنین تعریف می‌کند "به عبارت ساده، یک سند یک متن نوشته‌شده است. اسناد توسط افراد و گروه‌ها و در مسیر فعالیت‌های روزمره‌شان تولید می‌شود و به‌طور انحصاری با نیازهای کاربردی ضروری شخصی‌شان هماهنگ شده است(Sccot, 1990) . آن‌ها با یک هدف نوشته‌شده‌اند و بر اساس پیش‌فرض‌های خاص هستند و در یک روش و یا سبک خاص ارائه‌شده‌اند. در این مقیاس محقق باید از خاستگاه، هدف و مخاطب اصلی اسناد به‌طور کامل آگاه باشد. (Grix 2001) "(Mogalakwe , 2006:222). احمد سند را

[55] Methodology
[56] Method

درواقع «یک متن کتبی» می‌داند و به نقل از گوبا[57] و لینکلن[58] (۲۲۸:۱۹۸۱) "سند را هر نوع مطلب کتبی غیر از مدرک است که به‌طور اختصاصی در پاسخ به درخواست‌های محقق فراهم نشده است " (Ahmed, 2010:2) تعریف کرده است. "لازم به ذکر است که اسناد عمداً به‌منظور تحقیقات تولید نمی‌شوند بلکه پدیده‌هایی هستند که به‌طور طبیعی با یک واقعیت ملموس یا نیمه دائم اتفاق می‌افتند و به‌طور غیرمستقیم در مورد جهان اجتماعی افرادی که آن را خلق کرده‌اند با ما سخن می‌گویند. (Payne and Payne 2004). یک سند، برخلاف سخنرانی، می‌تواند وجودی مستقل از سوی نویسنده و چارچوب تولید خود داشته باشد (Jary and Jary 1991)" (Mogalakwe 2006:222). احمد به نقل از اسکات (۳۴:۱۹۹۰) در موردبررسی سند می‌نویسد:"باید به‌عنوان محصولات واقع‌شده در اجتماع موردمطالعه قرارداد " (Ahmed, 2010:2)."سیلورمن (۱۹۹۳) یک طبقه‌بندی از اسناد ارائه داده است، مثل ۱- فایل‌ها، ۲- سوابق آماری، ۳- مدارکی از گزارش‌های رسمی و ۴-تصاویر. گوبا و لینکلن (۱۹۸۱:۲۲۸) بین اسناد و مدارک تمایز قائل شدند. آن‌ها یک مدرک را به‌عنوان هر نوع اظهار کتبی تعریف می‌کنند که توسط یک شخص یا یک سازمان به‌منظور اثبات یک رویداد و یا ارائه گزارش تهیه‌شده است " (Ahmed, 2010:2). اسناد به‌تنهایی قابل‌استفاده نیستند، باید در یک چارچوب نظری قرار بگیرند تا محتوای آن‌ها قابل‌درک باشد. اسکات (۱۹۹۰:۱) می‌گوید استفاده از منابع مستندنگاری و اوراق دولت، خاطرات روزانه، روزنامه‌ها و غیره به‌طور گسترده‌ای به‌عنوان مشخصه مورخ حرفه‌ای دیده می‌شود درحالی‌که جامعه‌شناس به‌طورکلی با استفاده از پرسشنامه و روش مصاحبه شناسایی‌شده است."بنابراین منطقی است که با نگاهی به کار مورخان برای مشاوره در مورد انواع مختلف رویکرد به اسناد و به‌خصوص تمایز کلیدی بین منابع اولیه و ثانویه داشته باشیم. اصول ثابت کار مورخان را می‌توان به‌طور گسترده‌تر در پژوهش‌های آموزشی و اجتماعی استفاده کرد. از سوی دیگر، تغییرات معاصر نیز بسیار مهم است. به‌عنوان این توضیح که در حال حاضر ماهیت پژوهش مستندنگاری مبتنی بر سند هست. محبوبیت رو به رشد از نسخه‌های ویرایش شده از اسناد به‌صورت منتشرشده یک نوع منبع ترکیبی ایجاد کرده است که مناسب برای محققان است اما نیاز به ارزیابی دقیق دارد. علاوه بر این، اینترنت و پست الکترونیکی نوع جدیدی از سند، منبع مجازی که پیامدهای مهمی برای آینده چنین پژوهشی را ایجاد کرده‌اند. تنها با به رسمیت شناختن اهمیت این تحولات جدید ما می‌توانیم به چالش‌ها و فرصت از انجام پژوهش مستندنگاری در قرن بیست و یکم پاسخ دهیم "(McCulloch, 2004:36). منابع پژوهش مستندنگاری شامل اسناد تاریخی مانند قوانین، اعلامیه، اساسنامه‌ها و توضیحات مردم از حوادث و دوره‌ها باشد. همچنین، گزارش‌ها بر اساس آمار رسمی، سوابق دولت، رسانه‌های جمعی، رمان، نمایشنامه، نقشه‌ها، اسناد شخصی و شرح‌حال را شامل می‌شود. به این فهرست، عکس هم می‌تواند اضافه شود. "اکثر کشورها به‌طور منظم اسناد بسیار مهم تولید می‌کنند که می‌توانند به‌راحتی و نسبتاً ارزان قابل‌دسترسی باشند. اسناد را می‌توان در وزارتخانه و کتابخانه دپارتمان، قفسه‌های اداری مقامات، بایگانی روزنامه‌ها و حتی اتاق‌های انبار یافت. دفاتر مرکزی آمار در بسیاری از کشورها در مورد موضوعات مختلف ازجمله بهداشت، اقتصاد، اشتغال، هزینه زندگی، رشد اقتصادی، مسکن و گزارش سرشماری جمعیت و سایر موضوعات بولتن‌های آماری تولید می‌کنند "(Mogalakwe, 2006:223) نمونه‌هایی دیگر از اسناد مورداستفاده درروش مستندنگاری شامل، اسناد سازمانی که خود شامل، انتشارات دولتی، فایل‌های بیماران، یادداشت‌های مددکار اجتماعی، گواهینامه‌ها و

[57] E,Guba
[58]Y.S. Linclon

گزارش شرکت‌ها و شورای شهر ... می‌شوند. اسناد خصوصی شامل دفتر خاطرات، عکس شخصی و یادداشت‌های روزانه می‌شود. دفتر خاطرات یک اصطلاح عمومی است که شامل: گزارش‌ها، یادداشت‌های نگهداری شده توسط مطلعان پژوهش، داده‌های نگهداری شده توسط یک محقق از یک مصاحبه‌ی چهره به چهره، دفتر خاطرات روزانه می‌شوند. منابع رسانه‌ای شامل: مطبوعات (آرشیو روزنامه‌ها)، نشریات سرشماری، مجلات، اینترنت، تلویزیون، فیلم و ویدئو (قابل‌دسترسی از آرشیو کتابخانه‌ها و مجموعه‌های بایگانی‌شده) نقاشی و رادیو می‌شوند. بایگانی داده‌ها در مراکز ملی، محلی، گروه‌های ذینفع و آرشیو سازمان‌ها و... باشد. متن، عکس، صوت و تصویر ضبط‌شده ازجمله طیف وسیعی از اسناد و مدارک رسمی و شخصی هستند و دیگر منابع نوشتاری، بصری و تصویری بر روی کاغذ، نسخه الکترونیکی و دیسک سخت یا دیگر نسخ چاپی همراه با پرسش‌نامه‌ها، نظرسنجی‌ها، نقشه‌ها و قوم‌نگاری است.

۱-۱-۴-۱ طبقه‌بندی اسناد

تقریباً هر چیزی را می‌توان به‌عنوان داده در نظر گرفت. درصورتی‌که پژوهشگر شاهد سند باشد، سند اولیه و اگر از منابع دیگری استناد کند به آن سند ثانویه اطلاق می‌شود.

۱-۱-۱-۴-۱ اسناد اولیه[59] و ثانویه[60]:

"دو نوع از اسناد در مطالعه مستندنگاری مورداستفاده قرار می‌گیرد که عبارت از اسناد اولیه و ثانویه هستند "(Mogalakwe, 2006: 222). "منابع مستندنگاری آن چیزی را ارائه می‌دهد که اسکات (۱۹۹۰) به‌عنوان دسترسی باواسطه در مقابل دسترسی بی‌واسطه شرح می‌دهد. دسترسی باواسطه و یا دسترسی غیرمستقیم در صورتی ضروری می‌شود که وضعیت گذشته باید از روی آثار مادی آن استنباط شود و اسناد نشانه‌های قابل‌رؤیت وقایعی هستند که در برخی از زمان‌های گذشته رخ‌داده است. این در مقابل دسترسی بی‌واسطه و یا مستقیم قرار می‌گیرد که به‌موجب آن محقق و منابعش همزمان هستند یا باهم حاضر هستند و محقق شاهد مستقیم از رخدادها یا فعالیت‌ها است "(Mogalakwe, 2006: 223). آرتور marویک[61] مورخ تاریخ اجتماعی در بریتانیا در کتاب ماهیت جدید تاریخ: دانش، شواهد، زبان[62] (۲۶:۲۰۰۱) در مورد منابع اولیه و ثانویه این‌چنین می‌نویسد: "منابع اولیه، «مواد خام» اولیه و اساسی تاریخ را تشکیل می‌دهند. آن‌ها منابعی هستند که در طی بررسی‌ها به وجود می‌آیند. مقالات و کتابی که بعداً توسط مورخان نوشته‌شده است با تکیه‌بر منابع اولیه، تبدیل مواد خام به تاریخ، منابع ثانویه هستند. همچنین در کتاب دیگرش ماهیت تاریخ[63] (۱۳۱:۱۹۷۰) چنین اظهارنظر می‌کند، منابع اولیه عمومی و خام هستند که شواهد ناقص را تشکیل می‌دهند و اغلب تکه‌تکه، پراکنده و دشوار برای استفاده هستند. مارویک (۱۹۷۰:۱۳۲) در مورد تمایز بین منابع اولیه و ثانویه می‌نویسد: مفهوم متعارف تفاوت بین یک منبع اولیه و ثانویه به‌اندازه کافی واضح است: منابع اولیه مواد خام هستند و بیشتر برای مورخ کارشناس معنا دارد تا شخص عامی؛ منبع ثانویه کار منسجمی از تاریخ، مقاله، پایان‌نامه و کتاب است که در آن هر دو شخص عامی باهوش و مورخ بر موضوع تحقیق از آن استفاده می‌کنند.

[59] Primary
[60] Secondary
[61] Arthur Marwick
[62] The New Nature of History: Knowledge, Evidence, Language
[63] The Nature of History

مگلاکو به نقل از بایلی (۱۹۴:۱۹۹۴) می‌نویسد:"اسناد اولیه به گزارش‌های شاهد عینی اشاره دارد که توسط افرادی که رویداد خاص یا رفتاری را تجربه کرده‌اند تولیدشده است یا رفتاری است که ما می‌خواهیم بررسی کنیم " (Mogalakwe, 2006: 223). منابع اولیه باید قابل‌اعتماد، دقیق و به‌دوراز تعصب باشند. " مورخان بر منابع به‌تنهایی تکیه نمی‌کنند و همیشه به دنبال اثبات صلاحیت آن‌ها هستند "(Marwick2001, 27)

رنک[64] (۱۹۷۰:۵۷) منابع کارش را شامل خاطرات، یادداشت‌های روزانه، نامه‌ها، گزارش‌های دیپلماتیک و روایت اصلی شاهدان عینی توصیف می‌کند. دیگر نوشته‌های مورداستفاده قرارگرفته شده یا از مواردی که ذکر شد مستقیماً استخراج شد یا به نظر می‌رسد آن‌ها به دلیل برخی از اطلاعات اولیه برابر هستند. به‌عبارت‌دیگر، رنک اسناد اولیه، تولیدشده توسط شاهدان عینی و مشارکت‌کنندگان در رویدادها را نسبت به منابع ثانویه برتر در نظر گرفته است. نامه‌ها، دفترهای خاطرات، روزنامه، فیلم‌ها، کتاب‌های داستان، تکه‌های پوشاک، عکس‌ها و...که به اشخاص قدیمی تعلق دارند و تا زمان حال باقی‌مانده‌اند، منابع دست‌اول به شمار می‌آیند. این موارد، در آرشیوها و مجموعه‌های خصوصی، صندوق‌های خانوادگی یا در موزه‌ها نگهداری می‌شوند. دفترهای خاطرات، شامل حرف‌ها و نوشته‌های افراد راجع به زندگی و تجربه‌های گذشته آن‌ها، متکی بر حافظه است. خاطرات، ممکن است به‌صورت شرح شخصی، زندگینامه شخصی یا در جریان مصاحبه ارائه شوند

"اسناد ثانویه اسنادی هستند که به‌وسیله مردمی ساخته‌شده‌اند که درصحنه حضور نداشتند، اما شرح شاهد عینی را دریافت کرده و آن را گردآوری کرده است و یا شرح شاهد عینی را خوانده است " (Bailey, 1994: 194). محقق باید از مشکلاتی (به‌عنوان‌مثال، پوشش ناقص و تعصب) در تولید این داده‌ها آگاه باشند. منابع عالی به محققان منابع دیگر مانند نمایه‌ها، چکیده‌ها و دیگر کتاب‌ها را معرفی می‌کنند. کتابخانه و سایت برای چنین مجموعه اسنادی، منابع عالی هستند. موتورهای جستجو در اینترنت را می‌توان اضافه کرد.

یک طبقه‌بندی واضح و تعریف‌شده از اسناد پژوهش را با مشکلات کمتری روبه‌رو می‌شود. مک کلاچ به نقل از مارویک در یک نظریه سلسله‌مراتب منابع مستندنگاری را شرح و تفصیل می‌دهد و یک سلسله‌مراتب در طبقه‌بندی وسیعی از منابع اولیه ایجاد می‌کند. او اعتقاد دارد که "چیزی که دست‌نوشته است و ممکن است فقط یک نسخه از آن وجود دارد به نحوی اولیه‌تر از چیزی است که چاپ‌شده است و ممکن است نسخه بسیاری از آن وجود داشته باشد. بر این اساس، نسخ خطی در آرشیوها و مجموعه‌های خصوصی سطح اول از سلسله‌مراتب منابع مستندنگاری اولیه هستند. در سطح بعدی جزوه منتشرشده، نشریات دوره‌ای، گزارش دولتی و گزارش از بحث‌های مجلسی است که می‌تواند در یک دانشگاه در کتابخانه و اتاق مطالعه قرار داشته باشند. به این معنا، اسناد منتشرنشده و نسبتاً غیرقابل‌دسترس به نظر می‌رسد ارزش ذاتی بیشتری برای محقق تاریخی از اسناد منتشرشده که به‌طور گسترده‌ای در دسترس هستند، دارند درعین‌حال، زندگینامه‌هایی نیز ممکن است به‌عنوان یک منبع ثانویه ارزیابی شوند، آن‌ها اغلب به دنبال تجزیه‌وتحلیل زمان‌هایی که در آن زندگی‌نامه نویس زندگی کرده است، هستند(Marwick 1970, 132–3) . زندگینامه‌ها[65]، به‌عنوان‌مثال، اسناد اولیه هستند به این معنا که نویسنده، شاهد یا از شرکت‌کنندگان در رویدادهای موردبحث است. از سوی

[64] F.RANKE

[65] Autobiographies

دیگر، آن‌ها در بسیاری از موارد از سال‌ها یا چند دهه پس از رویداد تولید می‌شوند و بنابراین ممکن است با توجه به ناتوانی حافظه و یا انتخابی به یادآوردن خاطرات نادرست باشند چنین اسنادی به‌خوبی ممکن است با عنوان کمتری از اولیه مانند نامه، خاطرات روزانه و یادداشت در نظر گرفته شوند " (McCulloch, 2004:27) . جان تاش[66] (۲۰۰۲:۵۷) تصریح می‌کند که "مورخ معمولاً منابعی که در زمان و مکان نزدیک به رویدادها هستند را برای سؤال کردن ترجیح می‌دهد.

گاهی نیز منابع ممکن است به‌عنوان هر دو (هم منبع اولیه و هم ثانویه) دیده شوند، تفاوت در ماهیت آن‌ها است. "کار علمی ممکن است به‌عنوان همکاری در زمینه‌ای یا رویکرد به یک مسئله‌ای خاص خوانده شود و درنتیجه به‌عنوان یک منبع ثانویه است و هم به‌عنوان بازتابی از نگرش به موضوعات در یک بافت یا دوره خاص یا به‌عبارت‌دیگر به‌عنوان یک سند اولیه است. مارویک (۲۰۰۱:۱۵۶) در نظریه‌اش این نکته را تصدیق می‌کند. به‌طوری‌که او نظر می‌دهد، بدیهی و واضح است، یک کتاب که یک منبع ثانویه در قرن نوزدهم بود به‌طورمعمول یک منبع ثانویه مفید برای دانش‌آموزان در قرن بیست و یکم باقی نمی‌ماند، اما ممکن است، اگر آن‌ها در حال مطالعه جنبه‌های نسبتاً محدودی از قرن نوزدهم باشند، تبدیل به یک منبع اصلی برای آن‌ها شود "(McCulloch, 2004:28) .

بزرگ‌ترین چالش استفاده از نسخه‌ی ویرایش شده ناشی از فن‌آوری کامپیوتر جدید در قالب شبکه جهانی وب، اینترنت و پست الکترونیکی است. این دسترسی بی‌سابقه به اسناد که تاکنون تنها به تعداد کمی قابل‌دسترسی بود. محققان با ارتباطات سریع مقادیر زیادی از اطلاعات را در مقیاس جهانی قرار می‌دهند، همچنین در این فرآیند می‌توان پژوهش مستندنگاری را متحول کرد. به‌جای اینکه اغلب مجبور به طی مسافت‌های طولانی برای دسترسی به آرشیو و مجموعه‌های خصوصی باشید در بسیاری از موارد برای محققان مطالعه اسناد بر روی صفحه‌نمایش کامپیوتر خود را ممکن خواهد بود. پیدایش اسناد مجازی، الکترونیکی ذخیره‌شده به‌جای کاغذ، نوید عصر جدید برای مطالعات مبتنی بر مستندنگاری را می‌دهد. این فرصت‌های جدیدی را برای تحقیقات مستندنگاری به ارمغان می‌آورد. همچنین ممکن است منجر به مشکلات جدید شود که محققان باید آگاه باشند.

مورخ برجسته سیمون شاما[67] (۱۹۹۹) در کتاب تاریخ مردم[68] توان فوق‌العاده‌ی شبکه جهانی وب را برای تبدیل ماهیت پژوهش مستندنگاری موجب شده است. او اشاره می‌کند که اینترنت می‌تواند باعث «تغییر تعریف متعارف از اسناد» شود علاوه بر این او پیش‌بینی کرد " احتمالاً در برخی از موارد، ورود قریب‌الوقوع آرشیو دیجیتال و دسترسی به این منابع برای هر کاربر مطلع عامی ممکن است، بزرگ‌ترین دموکراسی دانش تاریخی از اختراع اطلاعات چاپی باشد."چنین تحقیقاتی به‌طور بالقوه جایگزین آرشیو متروک و منزوی با به همان اندازه دستیابی انفرادی از تصاویر بر روی صفحه‌نمایش کامپیوتر با حفظ حریم خصوصی در محل کارشده است."ازاین‌رو، اسناد آنلاین اغلب می‌توانند شواهد ارزشمندی برای محققان آموزشی و اجتماعی ارائه دهند. درواقع، آن‌ها یک منبع مفید و بااهمیت بسیار زیاد برای تحقیقات مستندنگاری را تشکیل می‌دهند

66 John Tosh
67 Simon Schama
68 People's history

(McCulloch, 2004:33)"(Sanghera,2007[69]). پژوهشگر محدودیت‌های به‌کارگیری اسناد و مدارک تاریخی در پژوهش را باید موردتوجه داشته باشد. در منابع اولیه، معنای عبارات و واژه‌ها در طی سالیان تغییر می‌کنند که باید در هنگام انتقال آن به مخاطب معنای اصلی آن را به کار گرفت. همچنین محققان باید از صحت اسناد و نوشته‌های تاریخی مورداستفاده، اطمینان حاصل کنند. گزارش‌های تاریخی غیردقیق، کثرت منابع دست‌دوم، روایی بودن برخی از منابع و... شبکه پیچیده‌ای از جزئیات و تفسیرها را برای محقق فراهم می‌کند و محدودیت استفاده از این منابع برای پژوهشگر را موجب می‌شوند.

۱-۱-۴-۱-۲ اسناد دولتی و خصوصی و شخصی

دسته‌بندی دوم اسناد به " اسناد عمومی، خصوصی و شخصی درجه‌بندی می‌شوند " ,Mogalakwe) (2006: 223 این اسناد را می‌توان به چهار دسته بر اساس درجه دسترسی به آن‌ها تقسیم کرد، اسناد بسته (به‌عنوان‌مثال: اسناد پلیس مخفی)، اسناد محدود (به‌عنوان‌مثال، پرونده و گزارش محرمانه شرکت‌ها)، اسناد باز- آرشیوی (به‌عنوان‌مثال، گزارش سرشماری) و اسناد باز- منتشرشده (به‌عنوان‌مثال، آمار بودجه دولت). تمایز بین داده‌های شفاهی و مشاهدات و پرونده‌های مکتوب است. اسناد و مدارک رسمی، اسناد تولیدشده توسط دولت، شهرستان، یک شرکت و یا "مقامات " دیگر است. به‌عنوان‌مثال، شامل اسناد و مدارک اداری تولیدشده توسط دولت، گزارش‌ها و مقالات با بحث در مورد قوانین و آمارهای رسمی می‌شود.

"فهرست منابع سند عمومی شامل نشریات دولتی است مثل فعالیت‌های مجلس شورا، اظهارات سیاسی، گزارش سرشماری، بولتن آماری، گزارش‌های کمیسیون‌های تحقیق، وزرا و گزارش‌های کمیسیون‌های سالانه، گزارش مشاوره و غیره. اسناد خصوصی اغلب از سازمان‌های جامعه حقوقی سرچشمه می‌گیرند، مانند تجارت بخش خصوصی، اتحادیه‌های تجاری یا کارگری و غیردولتی سازمان‌ها و البته از افراد خصوصی. آن‌ها عبارت‌اند از جلسات، قطعنامه هیئت‌مدیره، تبلیغات، برگ خریدها، ثبت کارکنان، راهنماهای آموزشی، یادداشت میان گروهی و دیگر گزارش‌های سالانه و غیره. لیستی از مدارک شخصی شامل کتاب‌های حکایت خانوادگی، آلبوم‌های عکس، کتاب‌های آدرس، سوابق پزشکی، یادداشت‌های خودکشی، خاطرات روزانه، نامه‌های شخصی و غیره "(Mogalakwe, 2006: 223).

۱-۱-۴-۱-۳ اسناد خواسته و ناخواسته

در دسته‌بندی سوم ملاک تولید اسناد با توجه به نیاز پژوهش است. اسنادی که باهدف استفاده در پژوهش تولید شوند، اسناد خواسته هستند که موردنیاز پژوهشگر هستند. اسنادی که در راستای تولید پژوهش تولید نشده‌اند و از منابع دیگر گرفته‌شده‌اند، اسناد ناخواسته نامیده می‌شوند. برخی از اسناد به‌عنوان‌مثال، نظرسنجی‌های دولت، پروژه‌های تحقیقاتی، مصاحبه‌ها و آمار با در نظر داشتن هدف پژوهش می‌توانند تولیدشده باشند درحالی‌که برخی از اسناد به‌عنوان‌مثال، خاطرات روزانه برای استفاده شخصی تولیدشده است.

۱-۱-۵ دست یافتن به منابع مستندنگاری

اصول کلی دست‌یابی به منابع مستندنگاری هیچ تفاوتی با اصولی که در حوزه‌های دیگر از پژوهش‌های

[69] B,Sanghera

اجتماعی استفاده می‌شود، ندارد. در تمام موارد باید داده‌های علمی به کار گرفته شوند. منابع مستندنگاری نیازمند معیارهای برای کنترل کیفیت منابع مستندنگاری هستند. اسکات در کتاب منابع مستندنگاری اجتماعی[۷۰] یک فرمول‌بندی برای معیارهای کنترل کیفیت برای بررسی منابع مستندنگاری ارائه داده است. " اسکات ساختار کنترل کیفی برای دست یافتن به منابع مستندنگاری دارد. این معیارها عبارت‌اند از اصالت[۷۱] (سندیت)، اعتبار[۷۲]، نمایندگی[۷۳] و معنا[۷۴] (مفهوم) می‌باشند "(Mogalakwe, 2006: 224). احمد با توجه به کتاب اسکات (۱۹۹۰) می‌نویسد " اصالت (سندیت)، اشاره به اینکه آیا شواهد واقعی و از منبع ریشه‌دار و عمیقی هستند؛ اعتبار به اینکه آیا شواهد نمونه‌ای از نوع خود است، اشاره دارد. نمایندگی به اینکه آیا، اسناد شهودی نماینده کل مدارک مرتبط هستند، اشاره دارد و معنا اشاره به این‌که آیا شواهد روشن و قابل‌درک است، اشاره دارد "(Ahmed, 2010:3). همچنین احمد به نقل از اسکات می‌نویسد "معیارهای اصالت، اعتبار، نمایندگی و معنا نباید به‌عنوان مراحل مجزا در ارزیابی کیفیت منابع مستند در نظر گرفته شوند، بلکه معیار باید همه وابسته به هم دیده شوند و محقق نمی‌تواند به‌طور کافی از یک معیار و حذف دیگران استفاده کند " (Scott, 1990:6)این معیارها نیازمند بررسی بیشتر هستند در بخش‌های بعد سعی می‌شود هرکدام توضیح داده شوند.

۱-۱-۵-۱ اصالت

"اصالت اشاره دارد به اینکه آیا شواهد واقعی و از منبع ریشه‌دار و عمیقی هستند (Mogalakwe, 2006: 224) ". اصالت به صداقت در منبع، شواهد واقعی، تخصیص، تعهدات، صداقت، تعهد و اهداف اشاره دارد. اصالت شواهد برای تجزیه‌وتحلیل معیار اساسی در هر پژوهش است؛ بنابراین پژوهشگر یک وظیفه و مسئولیت دارد برای مطمئن شدن از اینکه سند او مشاور واقعی و بی‌عیبی است " (Ahmed, 2010:3)."اصالت شواهد معیار اساسی برای تجزیه‌وتحلیل در هر پژوهش است؛ بنابراین پژوهشگر دارای یک وظیفه و مسئولیت است تا تضمین کند که سند مورد رجوعش واقعی و بی‌عیبی است " (Mogalakwe, 2006: 224) "بااین‌حال، بسیاری از موارد وجود دارد که در آن اسناد ممکن نیست آنچه را که مفهوم آن‌ها است را نشان بدهد. برای مثال اسناد و مدارک حقوقی، خاطرات و نامه‌ها را می‌توان جعل یا تحریف کرد و حتی آثار ادبی را ممکن است به نویسندگانی که آن‌ها را ننوشته باشد، نسبت داد. یک مسئولیت بسیار بزرگ در موقعیت یک پژوهشگر متقاعد کردن آن‌ها که سند در حال تجزیه‌وتحلیل جعلی نیست و درواقع آنچه آن‌ها ادعا می‌شود، هستند؛ بنابراین، اسناد نباید به‌عنوان داده در نظر گرفته شوند. پس از تصدیق صحت سند، محقق نیز باید نویسنده سند را سندیت بدهد و با بررسی صحت‌وسقم نام حک‌شده بر روی سَند از نویسنده را معلوم کند. مواردی وجود دارد که در آن، به خطا نام‌گذاری شده است و یا که در آن اسناد به‌دروغ به‌عنوان کاربر روی برخی شخصیت‌های شناخته‌شده ارائه شد، مانند - دفتر خاطرات هیتلر(Scott, 1990) (Ahmed, 2010:3-4)"

[70] A Matter of Record, Documentary Sources in Social
[71] Authenticity
[72] Credibility
[73] Representativeness
[74] Meaning

۱-۱-۵-۲ اعتبار

"اعتبار اشاره به اجزای عینی و ذهنی قابل‌قبول از یک منبع یا پیام، چه شواهدی عاری از خطا و انحراف است .با توجه به ویکی‌پدیا (۲۰۰۹) اعتبار دو جزء کلیدی دارد: اعتماد و تخصص که هر دو دارای اجزای عینی و ذهنی هستند: اعتماد بیشتر بر عوامل ذهنی است، اما می‌تواند شامل سنجش عینی مانند قابلیت اطمینان باشد. تخصص را می‌توان ذهنی درک کرد، اما همچنین شامل مشخصات عینی نسبی از منبع یا پیام (به‌عنوان‌مثال، گواهینامه، گواهی یا کیفیت اطلاعات). اجزای ثانویه اعتبار عبارت‌اند از: پویایی منبع (جاذبه) و جذابیت فیزیکی "(Ahmed, 2010: 4) . به گفته اسکات (۱۹۹۰) در مسئله‌ی اعتبار باید اهمیت داشته باشد که یک ناظر به چه اندازه در انتخاب یک دیدگاه صادق است و در کوشش برای ثبت یک گزارش صحیح از یک دیدگاه منتخب است "(Mogalakwe, 2006:226)."پژوهشگر باید ثابت کند که اسناد آن‌ها مشاوری عاری از تحریف هستند، به‌طور مستقل مستعد و مقدم و از همه مهم‌تر، اسناد به نفع محقق ساخته نمی‌شوند، تعمداً برای گمراه کردن پژوهشگر تغییر داده نشده‌اند .نیاز به ایجاد اعتبار به‌وسیله اسناد در پژوهش مستندنگاری اهمیت کمتری از سایر روش‌های پژوهشی ندارد "(Ahmed, 2010: 4). برخی از پژوهشگران ممکن است بر روزنامه‌ها به‌عنوان منابع مستندنگاری استفاده کنند، نباید از نظرات و عقاید خبرنگاران در رویدادها و وقایع چشم‌پوشی کنند و بر روی بیانیه‌های مطبوعاتی واقعی که بر اساس مصاحبه است متمرکز شوند. همیشه احتمال وجود یک مدخل (ثبت) اشتباه می‌تواند در یک سند وجود داشته باشد به‌عبارت‌دیگر، یک خطای واقعی اعتبار منابع را تضعیف می‌کند به‌خصوص که می‌توان آن را تشخیص داد و تصحیح کرد.

۱-۱-۵-۳ نمایندگی

"سؤال در مورد نمایندگی بیشتر در مورد برخی از اسناد بیشتر از سایر اسناد به کار می‌رود. نمایندگی اشاره به این دارد که آیا شواهد نمونه‌ای از نوع خود هستند یا نه به حدی از آن خصوصیت شناخته‌شده را دارد. اسناد و مدارک، مانند درآمد خانوار و بررسی مخارج، بر اساس آمار و ارقام حرفه‌ای با استفاده از چارچوب‌های الگو و روش انتخاب تصادفی معمولاً پذیرفته‌شده آماده‌شده است. این از بخش روش‌شناسی از این گزارش‌ها مشخص می‌گردد. درواقع که برخی از یافته‌ها در حقیقت ممکن است شرم‌آور باشند برای دولت که به نمایندگی و اعتبار آن‌ها شهادت می‌دهد؛ اما این‌که اسناد مورد رجوعمان، نماینده کل از اسناد مناسب مربوط به یک موضوع خاص در دست تحقیق است، دشوار می‌نماید. این امر به‌ویژه در مورد اسناد رسمی دولت است "(Ahmed, 2010: 4) مگالاکو (۲۰۰۶) نیز در مقاله استفاده از روش پژوهش مستندنگاری در تحقیقات اجتماعی[۷۵] ذکر می‌کند که در پژوهش در مورد مسائل کار از دسترسی به برخی فایل‌ها محروم بوده است، به بهانه آنکه حاوی مطالب حساس هستند.

مگالاکو در تحقیقاتش به اسناد عمومی منتشرشده‌ای تکیه کرده است که از دفتر اداری دولت، سازمان‌های ثبت اتحادیه‌های تجاری و کارفرمایان در وزارت کار و امور داخلی، واحد استخدام سیاسی، وزارت دارایی و برنامه‌ریزی توسعه، دفتر بازرگانی، صنعت و نیروی انسانی و از اتحادیه اصناف به‌دست‌آمده بودند. همچنین اطلاعاتی را از آرشیو ملی، کتابخانه ملی و کتابخانه روزنامه جمع‌آوری نمود. برای اطلاعات در مورد

[75] The Use of Documentary Research Methods in Social Research

رشد اقتصادی، تحول ساختاری و تشکیل طبقه، بر نشریات رسمی ازجمله طرح‌های توسعه ملی، بولتن آماری کار، نظرسنجی استخدام و گزارش سالانه وزارت کار تکیه کرده است. جهت کسب اطلاعات در مورد نحوه‌ی توزیع درآمد به درآمد خانوار و گزارش‌های بررسی مخارج و گزارش‌های مشاور دولت رجوع کرده است. این فعالیت‌ها را با گزارش منتشرنشده مشاوره‌ای در مورد سیاست دستمزد و سخنرانی‌های وزیران دولتی در مورد سیاست‌های دستمزد و اتحادیه‌های کارگری تکمیل کرده است. برای بررسی وضعیت کار قوانین مصوب در مورد قانون کار را موردبررسی قرار داده و برای همین یک بررسی جامع از نوشته‌ها درزمینه‌ی سیاست، جامعه‌شناسی و اقتصاد به دست آورد. همچنین از گزارش رویدادهای اتحادیه‌های کارگری در سیاست دستمزد و قانون کار استفاده کرده است و برای پوشش خبری، روزنامه‌های مربوط به فعالیت‌های اعتصاب، ازجمله واکنش دولت به اقدامات اعتصاب را جستجو کرده است.

۱-۱-۵-۴ معنا

"معنا اشاره دارد به اینکه آیا شواهد روشن و قابل‌درک هستند"(Ahmed, 2010: 5) ."هدف نهایی از بررسی اسناد رسیدن به یک درک درستی از معنا و مفهوم ازآنچه در محتویات سند است " (Scott, 1990:28). محتوای اسناد هم می‌تواند معنای تحت‌اللفظی داشته باشد و یا ارزش اسمی و تفسیری داشته باشد." به گفته اسکات (۱۹۹۰) معنای تحت‌اللفظی از یک سند تنها به آن معنی ارزشی صوری را به دست می‌دهد که باید اهمیت واقعی‌اش را از آن استنباط نمود. از سوی دیگر در درک تفسیری، پژوهشگر معنای تحت‌اللفظی را به موقعیت‌هایی ربط می‌دهد که در آن اسناد به وجود آمده‌اند تا معنای متن را به‌عنوان یک کل ارزیابی کند. نکته مهم دیگری که باید در استفاده از منابع مستندنگاری در نظر گرفته شود این است که چگونه باید تصمیم گرفت که کدام نتیجه به‌دست‌آمده از یک سند در مورد مسائلی غیر از حقیقت اظهارات واقعی آن است "(Mogalakwe, 2006:227)."باید این را خاطر داشته باشید به‌ویژه در حال حاضر که در عصر شاهراه اطلاعات هستیم. اطلاعات زیادی وجود دارد، به‌ویژه در اینترنت، با افرادی که در حال حاضر برای خودشان وب‌سایت ایجاد می‌کنند و همه نوع اسناد آنلاین منتشر می‌کنند. نیازی به گفتن نیست که این پیشرفت‌ها بار اضافی بر دوش کاربر منابع مستندنگاری قرار می‌دهد یعنی هنگامی‌که زمان تائید صحت و اعتبار آن‌ها فرامی‌رسد؛ اما این خطرات درروش تحقیق مستندنگاری قابل‌توجه‌تر از دیگر روش‌های تحقیق مستند نیست. هر روش تحقیق نقاط ضعف و قوت خودش را دارد. این امر درروش تحقیق مستندنگاری از روش‌های پژوهش‌های دیگر کمتر است.(Mogalakwe: 1994:229)

۱-۱-۶ ویژگی‌های روش مستندنگاری

احمد در مورد تفاوت روش پژوهش مستندنگاری از سایر روش‌ها به نقل از استوارت (۱۹۸۴) می‌نویسد: "روش مستندنگاری متفاوت از داده‌های تحقیقات اولیه‌ای است که در آن پژوهشگر مسئول کل فرآیند پژوهش از طراحی پروژه گرفته تا جمع‌آوری، تجزیه‌وتحلیل و بحث در مورد داده‌های پژوهش است " (Ahmed, 2010: 5).

جود[۷۶] و اسمیت[۷۷] و کیدر[۷۸] (۱۹۹۱: ۲۸۹) در کتاب روش‌های پژوهش در روابط اجتماعی[۷۹] سه ویژگی

[76] C.M, Judd
[77] R.R. Smith

متداول درروش مستندنگاری را مشخص کرده‌اند که شامل:

۱- آن‌ها کلاً بر تجزیه‌وتحلیل اطلاعات جمع‌آوری‌شده‌ای برای اهداف دیگر تکیه‌دارند که اهدافش با اهداف مطالعات خاص در روابط اجتماعی متفاوت است.

۲- مطالعات مستندنگاری اغلب برای تبدیل استادانه مدارک موجود به شاخص‌های قابل‌اندازه‌گیری برخی از مفاهیم کلی استفاده می‌شود؛

۳- مطالعات مستندنگاری حساسیت ویژه‌ای نسبت به تفسیرهای متفاوت از رویدادهای طبیعی و تأثیرات آن‌ها دارند.([۸۰] (Judd, Smith and Kidder,1991: 289

۱-۱-۷ فرآیند پژوهش مستندنگاری

فرآیند پژوهش متشکل از مجموعه‌ای از اقدامات و یا گام‌های است که برای انجام پژوهش مؤثر و تعیین توالی موردنظر این مراحل ضروری است. نمودار ۱-۱ نشان داده‌شده به‌خوبی یک فرآیند پژوهش مستندنگاری را نشان می‌دهد." هدف معرفی روش مستندنگاری به‌عنوان یک روش پژوهشی برگزیده نیست، بلکه هدف نشان دادن این است که مانند همه روش‌های پژوهش، این روش نیاز به پایبندی جدی به استانداردهای تحقیق و اخلاق دارد. به همین منظور یک فرمول کنترل کیفیت برای بررسی منابع مستند وجود دارد و باید آن را رعایت نمود " (Mogalakwe: 1994:229).

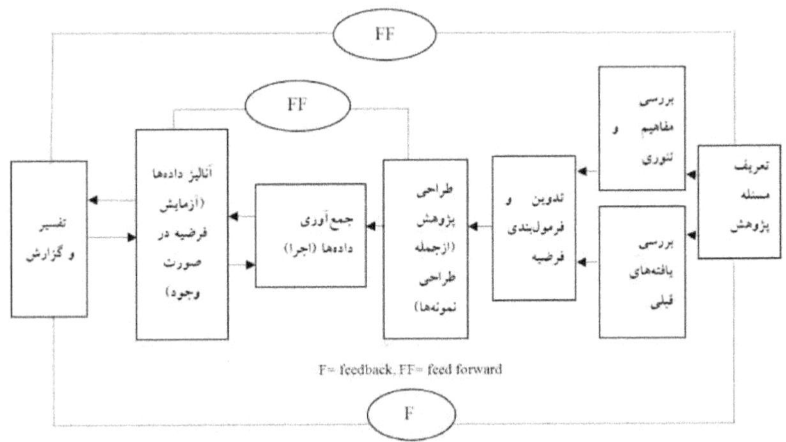

نمودار ۱-۱، فرآیند پژوهش مستندنگاری **(Kothari, 2004:11)**

نمودار ۱-۱ روند پژوهش مستندنگاری را نشان می‌دهد که شامل تعدادی از فعالیت‌های مرتبط باهم است." اما چنین فعالیت‌های به‌طور مداوم باهم همپوشانی دارند نه این‌که یک توالی از پیش تعین شده‌ای را دنبال کنند. گاهی اوقات، مرحله اول ماهیت آخرین مرحله را تعیین می‌کند. اگر روش‌های بعدی در همان مراحل اولیه در

[78] H.kidder
[79] Research methods in social relations
[80] Judd, C.M., R.R. Smith and L.H. Kidder. (1991). Research Methods in Social Relations. San Diego, CA: Harcourt Brace Jovanovich, Inc.

نظر گرفته نشود مشکلات جدی ممکن است، به وجود آید که حتی ممکن است مانع از اتمام پژوهش شود. نکته‌ای که باید به خاطر داشت این است که مراحل مختلف دخیل در یک فرآیند پژوهش، باهم متناقض نیستند و آن‌ها جداگانه و مجزا نیستند. آن‌ها لزوماً در هر نظم خاصی از یکدیگر پیروی نمی‌کنند و محقق باید به‌طور مداوم در هر مرحله از فرآیند پژوهش شرایط مراحل بعدی را پیش‌بینی کند. بااین‌حال، ترتیب بعدی در مورد مراحل مختلف، دستورالعمل مفیدی در خصوص روند پژوهش ارائه می‌دهد. ۱-تنظیم مسئله پژوهش[۸۱]۲- بررسی فشرده نوشته‌ها[۸۲]،۳-ایجاد فرضیه[۸۳]، ۴- آماده‌سازی طرح پژوهشی[۸۴]، ۵- تعیین طرح نمونه‌ها[۸۵]،۶- جمع‌آوری داده‌ها[۸۶]، ۷- اجرای پروژه[۸۷]، ۸- تجزیه‌وتحلیل داده‌ها[۸۸]، ۹- آزمایش فرضیه[۸۹]، ۱۰- نتیجه‌گیری‌ها و تفسیر[۹۰] و ۱۱- تهیه گزارش[۹۱] و یا ارائه نتایج، یعنی گزارش رسمی نتایج به‌دست‌آمده است ".(Kothari, 2004:11)

۱-۱-۷-۱ تنظیم مسئله پژوهش

هر پژوهش علمی با جستجو برای تهیه یک مسئله دقیق و شفاف آغاز می‌شود که تحقیق برای پاسخگویی به آن انجام می‌گیرد. مسئله و موضوع تحقیق عبارت است از شرایطی که وجود دارد و در ذهن پژوهشگر ایجاد سؤال می‌کند و پژوهشگر را برمی‌انگیزد که در آن کندوکاو کند. این مسئله، مشکل احساس شده‌ای است که محقق به حل آن علاقه‌مند است و می‌خواهد راه‌حل آن را بیابد. هنگامی‌که محقق چنین احساسی پیدا می‌کند می‌توان گفت که او موضوع و مسئله تحقیق خویش را انتخاب کرده است؛ اما احتمالاً از بیان آن به‌گونه‌ای که دیگران نیز آن را ادراک کنند، عاجز است. در هر پژوهش تصمیم‌گیری روی موضوع کلی و سپس پالایش موضوع است. "دو نوع از مسائل پژوهشی وجود دارد. تعدادی که مربوط به ماهیت و تعدادی که مربوط به روابط بین متغیرها هستند "(Kothari, 2004:12). وقتی تصمیم می‌گیرید که تحقیق کنید نیاز دارید در ذهن خود یکسری سؤال طرح کنید: اول اینکه در مورد این موضوع چه می‌دانید؟ اگر خیلی نمی‌دانید چگونه می‌توانید اطلاعات بیشتری به دست آورید؟ رفتن به کتابخانه یا جستجو کردن در اینترنت راه‌های خوبی برای یادگیری بیشتر موضوع هستند؛ اما تنها راه نیستند. می‌توانید با دیگران به‌طور مثال استاد دانشگاه یا دانشجویی که به این موضوع علاقه‌مند هست صحبت کنید. تفکر عمیق و پیوسته و تامل بسیار بایستی روح کلی حاکم بر جستجوی ما برای دسترسی به یک مسئله‌ی شفاف باشد."در همان ابتدا پژوهشگر باید مسئله‌ای که می‌خواهد مطالعه کند را انتخاب کند، باید در مورد حوزه‌ی کلی موردعلاقه‌اش یا جنبه‌ای از موضوعی که او دوست دارد پرس‌وجو کند، تصمیم بگیرد. در ابتدا ممکن است مسئله به روشی کاملاً کلی بیان شود و بعد ابهامات مربوط به مسئله برطرف شود. سپس، قبل از این‌که بتوان یک ساختار کارآمد از مسئله تنظیم نمود باید احتمال وجود راه‌حل خاصی را بررسی کرد. تبدیل یک موضوع کلی به یک مسئله پژوهشی

[81] Formulating the research problem
[82] Extensive literature survey
[83] Developing the hypothesis
[84] Preparing the research design
[85] Determining sample design
[86] Collecting the data
[87] Execution of the project
[88] Analysis of data
[89] Hypothesis testing
[90] Generalisations and interpretation
[91] Preparation of the report or presentation of the results

خاص، اولین گام در یک تحقیق علمی است. اساساً در تدوین و تنظیم مسئله پژوهش، درک کلی مسئله و بیان همان چیز در شرایط معنی‌دار و ازنقطه‌نظری تحلیلی، دو مرحله وجود دارد بهترین راه شناخت مسئله این است که در مورد آن را با همکارانتان یا باکسانی که تخصص در این موضوع دارند، گفت‌وگو کنید. در یک رسم معمول علمی محقق می‌تواند از یک فرد راهنما کمک بگیرد که معمولاً باتجربه و چندین مسئله پژوهشی در ذهن دارد. اغلب، این راهنما مسئله را در یک شرایط کلی ارائه می‌دهد و حالا نوبت محقق است تا آن را محدود کند و به‌عبارت‌دیگر و در شرایط عملی بیان کند "(Kothari, 2004:12). معمولاً مسئله و موضوع تحقیق به‌صورت سؤالی بیان نمی‌شود، بلکه به‌صورت یک جمله کامل مثبت، دقیق و صریح مطرح می‌گردد. به سخن دیگر، مسئله و موضوع پژوهش بایستی به‌گونه‌ای تنظیم و بیان شود که به‌طور عملی قابل‌بررسی و تحقیق باشد. انتخاب کلمات باید با دقت و با توجه به مسئله و موضوع انتخابی باشد؛ به‌گونه‌ای که کلمات دقیقاً معنای موردنظر را برسانند و ازلحاظ پژوهش قابل‌بررسی عملی و علمی باشند .اما اگر در مورد یک موضوع آشنا مطالعه می‌کنید نیازمندید که آگاهانه فکر کنید. آشنایی محقق با موضوع می‌تواند مانع دیدن برخی نکات از دید او شوند که مهم و ضروری هستند.

پس از مشخص شدن کلیات موضوع و پرسش‌های تحقیق محقق با مراجعه به منابع مورداطمینان مسئله‌ی پژوهش را واضح‌تر و روشن‌تر معرفی کند.برای نیل به این مقصود می‌توان از تکنیک‌های عملی بهره جست. این تکنیک‌های عملی ابزارهای تفکر هستند و نه خود تفکر؛ اندیشه‌ورزی را آسان‌تر می‌کنند و به راهنمایی عملی پژوهشگران در دستیابی به مسئله‌ی شفاف می‌پردازند. بی‌تردید یک مسئله در خلا ذهنی نسبت به یک موضوع پدید نمی‌آید و حتما پیشینه‌ای یا اطلاعات کلی از یک موضوع است که مسئله‌ای را در ذهن ما پدید می‌آورد و اگر هم هیچ اطلاعاتی نداشته باشیم طبعا مسئله‌ای نیز در ذهن ما نقش نمی‌بندد. "محقق باید هم‌زمان تمام متون در دسترس را بررسی کند تا خود را با مسئله انتخابی آشنا کند. او ممکن است دو نوع از متون را بررسی کند، متون مفهومی مربوط به مفاهیم و نظریه‌ها و متون تجربی شامل مطالعات پیشین و مشابه مطالعه پیشنهادی را است. نتیجه اساسی این بررسی آگاهی و اطلاع از داده‌ها و مطالب دیگری خواهد بود که برای اهداف عملی در دسترس هستند و محقق را قادر خواهد ساخت تا مسئله پژوهش خود را در یک چهارچوب معنی‌دار شرح دهد. سپس محقق مسئله را در شرایط عملی و تحلیلی بیان می‌کند یعنی تا جایی که ممکن است مسئله را در شرایط خاص بیان می‌کند "(Kothari, 2004:13).پس پیشینه مسئله وجود اطلاعات کلی ولو ناقص نسبت به امری است و هرچه این اطلاعات بیشتر باشد مسئله ما نیز دقیق‌تر خواهد بود چرا که میزان نادانسته‌ها و نواقص اطلاعاتی خود وقوف بیشتری داریم و می‌دانیم که چه چیزی را نمی‌دانیم. هرچه اطلاعات پژوهشگر بیشتر باشد بهتر می‌تواند با طرح پرسش‌های دقیق‌تر به رفع نقایص موجود در شناخت خود برآید. پژوهشگر بایستی به مقالات و کتاب‌هایی که به نحو کلی به موضوعی خاص پرداخته باشند مراجعه نموده و این اطلاعات را کسب نماید. این امر پژوهشگر مبتدی را نسبت به طرح مسئله شفاف یاری خواهد رساند.

تعریف و تدوین مسئله پژوهش مستندنگاری یک گام پراهمیت در کل فرآیند پژوهش است. مسئله موردبررسی باید به‌روشنی تعریف شود. تعریف و تدوین مسئله به ایجاد تمایز بین اطلاعات مربوط و اطلاعات بی‌ربط کمک خواهد کرد. بااین‌حال، باید برای تأیید بی‌طرفی و صحت وقایع مربوط به مسئله دقت و توجه

شود. "پروفسور نیسونگر[92] می‌گوید که: بیان هدف از اهمیت اساسی برخوردار است چون داده‌هایی که باید جمع‌آوری شود را تعیین می‌کند، ویژگی‌های داده‌های مرتبط، روابطی که باید کشف شوند و تکنیک‌هایی که در این کاوش‌ها و تدوین گزارش نهایی استفاده می‌شوند را مشخص می‌سازد. اگر شرایط مناسب خاصی وجود دارد، باید به‌وضوح به همراه تدوین مسئله تعریف شوند. درواقع، تدوین مسئله اغلب از یک الگوی متوالی پیروی می‌کند که در آن تعدادی طرح تنظیم و تعیین می‌شود، هر طرحی ویژه‌تر از طرح قبل است و هریک در شرایط تحلیلی‌تر بیان می‌شوند و در چهارچوب داده‌ها و منابع در دسترس واقعی‌تر هستند " (Kothari, 2004:13). تنظیم مسئله پژوهش مانند یک نقشه عمل می‌کند که پژوهشگر می‌تواند بر طبق آن در فرآیند پژوهش حرکت کند و به نتایج مؤثر و کاربردی برسد. مسئله‌ی عمومی و کلی تحقیق میدان تحقیق را معین و مشخص می‌کند.

محقق باید در بیان یا تعریف مسئله به تشریح این موارد بپردازد: معرفی دقیق مسئله، معرفی جنبه‌های مجهول و مبهم، معرفی متغیرهای مربوط همراه با مدل نظری معرف روابط بین متغیرها، تعاریف عملیاتی، منظور و مقصود تحقیق و سرانجام تشریح دقیق ابعاد و حدود مسئله تحقیق و تمیز آن نسبت به مسائل دیگر. بیان مسئله بایستی به نحوی باشد که چگونگی بررسی متغیر یا متغیرها، مکان و دامنه و وسعت پژوهش را روشن کند.

یکی از موارد مهمی که در انجام پژوهش هنر مورد پرسش قرار می‌گیرد اهمیت و ضرورت انجام این پژوهش است. ضرورت انجام پژوهش هنر به نیاز جامعه برمی‌گردد. جامعه نیازمند پژوهش‌های جدی در حوزه‌های مختلف فرهنگ و هنر می‌باشد. نقش پژوهشگران در توسعه و گسترش فرهنگ و هنر بسیار حائز اهمیت است، همچنین باید با تلاش و کوشش بیشتر نسبت به جمع‌آوری، ثبت و ضبط گنجینه‌های فرهنگی و هنری اقدامی عاجل صورت گیرد. پژوهش مستندنگاری یک روش‌شناسی کارآمد برای مستندنگاری از این گنجینه‌ها را ارائه می‌دهد. لزوم مستندنگاری هنر در هنرهای در حال زوال، مانند نمدمالی استان چهارمحال و بختیاری به‌خوبی نمایان است. نمد استان چهارمحال و بختیاری به‌عنوان یک هنر سنتی در حال زوال نیازمند پژوهش‌ها و برنامه‌ریزی‌های بلندمدت در این عرصه است. نمد، یک هنر و کار نمدمال میراث به‌جای مانده از یک کار هنری طاقت‌فرساست. کاری به‌جای مانده از میراث کهن در این دیار است و شغلی به‌جامانده از رنج و زحمت که مزد زحمات دستان هنرمند نمدمال از بین نرفتن این هنر است که هنوز هم حرفی برای گفتن در میان وادی گسترده هنر داشته است. بحران‌های اخیر جهانی ناشی از رشد صنعت و تمدن مدرن و تغییر در ساختار اقتصادی ازیک‌طرف و از سوی دیگر تغییر تفکرات جدید جهانی‌شدن باعث می‌شود حفظ و صیانت، احیاء و اشاعه هنرهای سنتی در وهله اول و سپس استقلال اقتصادی ضرورت یابد. در این میان هنر نمد از جایگاه ویژه‌ای برخوردار است که علاوه بر جنبه‌های هنری و عام‌پسند با حفظ اصالت‌ها و هویت ملی و فرهنگی، وجود ارزش‌افزوده بالا، ایجاد اشتغال و ارتزاق در مناطق مختلف شهری، روستایی و عشایری دستاوردهای بسیاری را باعث می‌شود شرایطی که امروزه درزمینه‌ٔ نمد وجود دارد، مستندنگاری این هنر را ضروری می‌نماید.

پژوهشگر باید نکاتی را در انتخاب یک موضوع تحقیقاتی در نظر داشته باشد. ۱- موضوع باید مناسبت

[92] W.A. Neiswanger

داشته باشد: یعنی جزء اولویت‌های مهم و اساسی در نظر محقق باشد. ۲-اجتناب از دوباره‌کاری در موضوع طرح: برای اینکه بدانیم موضوع موردتحقیق ما تکراری است یا خیر و آیا ارزش تحقیق دارد یا خیر باید یک بررسی متون داشته باشیم که با توجه به امکانات موجود و در دسترس کار بسیار ساده است ما می‌توانیم با مراجعه به مقالات داخلی و خارجی، خلاصه کنگره‌ها تماس با سایر محققینی که در خصوص موضوع پژوهش یا موضوعات مشابه کارکرده‌اند و همچنین استفاده از اینترنت و بانک‌های اطلاعاتی که اخیراً تعدادی از آن‌ها در سایت دانشگاه‌ها در دسترس می‌باشد نظری اجمالی به کارهای سایر محققین داشته باشیم البته ذکر این نکته لازم است که زمانی میگوییم یک موضوع تکراری که تمام ابعاد و موضوع مثل هم باشند. ولی اگر ازنظر زمانی یا مکانی باهم متفاوت باشند، دیگر موضوع تکراری نخواهد بود. ۳-موضوع قابلیت اجرا را داشته باشد: یعنی یا تمام امکانات و شرایط لازم جهت انجام تحقیق در خصوص موضوع مذبور در آن مکان فراهم است و یک موضوع حتی اگر تمام ویژگی‌های لازم را داشته باشد اما قابل انجام نباشد موضوع خوبی نخواهد بود .۴- کاربردی و مناسب بازمان و مقرون‌به‌صرفه باشد: عملاً مطالعاتی در اولویت پژوهشی قرار دارند که با حداقل هزینه جنبه کاربردی داشته باشد و نتیجه آن برای برنامه‌ریزان و مدیران در جهت تأمین نیاز جامعه در زمان حال یا آینده نزدیک مفید واقع شود.۵- نداشتن موانع اخلاقی: در مطالعاتی که در آن جامعه موردمطالعه انسان بوده و مداخله‌ای بر سوژه‌های انسانی صورت می‌گیرد، رضایت‌مندی و حفظ حرمت انسانی و محرمانه نگاه‌داشتن اطلاعات بسیار ضروری است .۶- مقبولیت سیاسی و فرهنگی: موضوع موردمطالعه باید موردپذیرش فرهنگ و عرف جامعه بوده و هیچ‌گونه تضادی باسیاست کشور نداشته باشد.

۱-۱-۷-۲ بررسی فشرده متون معتبر

هنگامی‌که مسئله تدوین شد، خلاصه‌ای از آن باید نوشته‌شده شود. نوشتن خلاصه‌ای از موضوع و ارائه آن به کمیته هیئت تحقیقات برای تصویب ضروری است. درواقع نوشتن پیش‌طرح یا پروپوزال کمک زیادی در انتخاب متون، تکنیک‌های پژوهش و... می‌کند. در هر روشی بعد از انتخاب موضوع تحقیق با مراجعه به مراجعی مانند کتابخانه با دانستن آنچه سایر محققین در مورد موضوع موردمطالعه شما گفته‌اند، پژوهشگر در یک موقعیت بهتر نسبت به موضوع قرار می‌گیرد. اهمیت مسئله‌ی پژوهش، مسئله و موضوعی است که باید موردتحقیق قرار گیرد، زمینه و تاریخچه‌ی مختصری از موضوع پژوهش این جواب را می‌دهد. بیان تاریخچه مختصری از موضوع موردتحقیق معلوم می‌دارد که این موضوع، از چه زمانی و به چه ترتیبی در جامعه به‌صورت مسئله درآمده و چه تحولی در جامعه داشته است. در هنگام توجیه لزوم انجام پژوهش، از تجربیات و مشاهدات شخصی پژوهشگر، از مدارک و دلایل آماری، از نتایج مطالعات انجام‌شده درگذشته و نوشته‌های علمی موجود، استفاده می‌شود و تمام ابعاد و جوانب مسئله موردنظر قرار می‌گیرد. "در این مقطع پژوهشگر باید بررسی فشرده نوشته‌ها را بر عهده بگیرد که در ارتباط با مسئله هستند. برای این منظور، مجلات چکیده و شاخص و کتاب‌نامه‌های منتشرشده و یا منتشرنشده گام اول در این جهت هستند. از مجلات علمی، گزارش اجلاس، گزارش‌های دولتی، کتاب‌ها و غیره، باید بر اساس ماهیت مسئله استفاده نمود. در این فرایند، باید به خاطر داشت که یک منبع منجر به بررسی منبع دیگر خواهد شد. در صورت وجود مطالعات قبلی که شبیه این مطالعه است باید آن را به‌دقت بررسی و مطالعه نمود. در این مرحله کتابخانه خوب کمک بزرگی به محقق خواهد کرد. "(Kothari, 2004:13). در پژوهش مستندنگاری، بررسی متون با مراجعه به کتب، مجلات داخلی و خارجی، تماس با سایر محققین و استفاده از بانک‌های الکترونیک داخلی و خارجی می‌توان مروری بر

مطالعات سایر محققین درزمینه‌ی کار خود یا مشابه آن داشت و بامطالعه آن‌ها از تجربیات و نتایج به‌دست‌آمده استفاده کرده و از روش‌شناسی طرح، روش‌های نمونه‌گیری و آنالیزهای آماری آن‌ها در جهت تحقق انجام یک تحقیق مفید و درست بهره برد. انواع این منابع و روش‌های دستیابی به آن‌ها در بخش جمع‌آوری داده‌ها توضیح داده خواهد شد.

۱-۱-۷-۳ ایجاد فرضیه، توسعه‌ی فرضیه و اهداف

پس از بررسی‌های متون معتبر، محقق باید به‌روشنی اهداف و فرضیه را بیان کند." پس از بررسی فشرده نوشته‌ها، محقق باید به‌روشنی فرضیه‌ی کارآمد یا فرضیه‌ها را بیان کند. فرضیه‌ی کارآمد فرضیه آزمایشی است که به‌منظور استخراج و آزمایش پیامدهای منطقی یا تجربی‌اش ساخته‌شده است. به‌این‌ترتیب شیوه ایجاد فرضیه‌ها بسیار مهم است چراکه آن‌ها نقطه مرکزی برای تحقیق ارائه می‌دهند. آن‌ها همچنین بر شیوه اجرای آزمون‌ها برای تجزیه‌وتحلیل داده‌ها تأثیر مستقیم و بر کیفیت داده‌های لازم برای تجزیه‌وتحلیل تأثیر غیرمستقیم می‌گذارند. در اکثر تحقیق‌ها، ایجاد فرضیه‌ی کارآمد نقش مهمی را ایفا می‌کند. فرضیه باید بسیار اختصاصی و محدود به قطعه تحقیق در دست باشد چون باید آزمایش شود. نقش فرضیه این است که با محدود کردن حوزه تحقیق پژوهش‌گر را هدایت می‌کند و او را در مسیر صحیح حفظ می‌کند. این همچنین نوع داده‌های موردنیاز و نوع روش مورداستفاده برای تجزیه‌وتحلیل داده‌ها را نشان می‌دهد " (Kothari, 2004:13). فرضیه یک بیانیه ظنی و حدسی و مبتنی بر دانش و آگاهی‌های گذشته محقق می‌باشد که در محک آزمایش عملی سنجیده می‌شود. معمولاً وقتی فرد در مقابل مشکلی قرار می‌گیرد سعی می‌کند ریشه مشکل را حدس بزند و بگوید راه‌حل آن کدام است؟ به‌عبارت‌دیگر؛ فرضیه حدسی است علمی و عقلانی درباره‌ی چگونگی روابط بین دو یا چند متغیر. فرضیه درواقع، ویژه‌ترین حالت نظریه است؛ زیرا نظریه مجموعه‌ای از فرض‌هاست و ریشه‌ی این دو در سابقه‌ی ذهنی و در تجارب گذشته‌ی محقق است و تنها تفاوت فاحش آن‌ها، خاص بودن فرضیه و کلی بودن نظریه می‌باشد.

چگونه فرد شروع به ایجاد فرضیه کارآمد می‌کند؟ پاسخ این است با استفاده از روش‌های زیر داده می‌شود:

۱. "بحث با همکاران و کارشناسان در مورد مسئله، منشأ آن و اهداف در جستجوی یک راه‌حل.
۲. در صورت در دسترس بودن اطلاعات و اسناد مربوط به مسئله بررسی آن‌ها به‌منظور یافتن گرایش‌های احتمالی، ویژگی‌های خاص و دیگر سرنخ‌ها.
۳. مروری مطالعات مشابه در همان حوزه و یا از مطالعات در مسائل مشابه انجام‌شده است.
۴. مطالعه آزمایشی شخصی که مستلزم مصاحبه در حوزه اصلی و در مقیاس محدود با طرفین و افراد علاقه‌منداست، با حفظ نگرشی عمیق‌تر به جنبه‌های عملی مسئله

بنابراین، فرضیه‌های کارآمد درنتیجه تفکر اولیه در مورد موضوع، بررسی داده‌ها و مطالب موجود ازجمله مطالعات مربوطه و مشاوره با کارشناسان و اشخاص علاقه‌مند به وجود می‌آیند. فرضیه‌های کارآمد زمانی مفیدتر هستند که در شرایط دقیق و کاملاً تعریف‌شده‌ای، بیان شوند. همچنین به خاطر می‌آوریم که گاهی اوقات ممکن است با مسئله‌ای روبرو شویم که نیازی به فرضیه کارآمد نیست به‌ویژه در حالتی که هدف تحقیقات آزمایشی یا طرح‌واره، آزمایش فرضیه نیست؛ اما به‌عنوان یک قاعده کلی، تعیین فرضیه‌های کارآمد

در اکثر مسائل پژوهشی، مرحله اساسی دیگر فرآیند پژوهش است "(Kothari, 2004:13).

پژوهش هنر فرضیات جای خود را به اهداف پژوهش داده‌اند و در قالب پرسش‌های پژوهش مطرح می‌شوند. در تحقیق اهداف به دو صورت کلی و فرعی مطرح می‌شود. هدف کلی عبارت از منظور و مقصود نهایی از انجام پژوهش است. هدف کلی مستقیماً از مسئله‌ی پژوهش مشتق می‌شود؛ درواقع یکی از اهداف کلی، خود موضوع تحقیق است که معلوم می‌دارد پژوهش چه چیز را دنبال می‌کند و یا قصد تعیین آن را دارد. همچنین هدف کلی دیگر، معمولاً پیشنهادهایی است که بر اساس یافته‌ها ارائه می‌شوند. اهداف فرعی تحقیق که اصولاً از مسئله‌ی پژوهش و اهداف کلی نشأت می‌گیرند را می‌توان «خرده مسئله پژوهش» نیز نامید. محقق بابیان این اهداف دقیقاً تصریح می‌کند که در این تحقیق چه انجام می‌شود و چه انجام نمی‌شود.

هر پژوهش مستندنگاری می‌تواند چندین هدف ویژه داشته باشد و ازآنجاکه تمامی مراحل و ریزه‌کاری‌های تحقیق بایستی به‌صورت بیانیه‌های مجزا و مشخص و با کلمات دقیق که مشخصاً قابل آزمودن و بررسی است، نوشته شود؛ لذا اهداف ویژه نیز باید به صورتی بیان شود که در آن متغیر یا عامل موردمطالعه، چگونگی انجام پژوهش، زمان، مکان، واحد و نمونه‌ی موردپژوهش کاملاً مشخص باشد؛ به‌طوری‌که محقق بتواند آن‌ها را در معرض آزمایش و آزمون بگذارد. می‌توان ادعا کرد که اهداف ویژه‌ی پژوهش، راهنمایی برای تهیه و تدوین ابزار گردآوری اطلاعات است. بنابراین ضروری است اهداف ویژه به نحوی بیان شوند که بر علمی بودن نتایج پژوهش تأکید داشته باشند و چارچوبی مناسب، برای تجزیه‌وتحلیل آماری ارائه دهند.

۱-۱-۷-۴ آماده‌سازی طرح پژوهش

هنگامی‌که پژوهشگر یک موضوع را انتخاب کرد یک سؤال تحقیقی را چارچوب‌بندی کرده و نیاز دارد که با یک استراتژی تحقیقی پیش برود. "بعد از تدوین مسئله پژوهشی در شرایط دقیق، پژوهشگر نیازمند آماده‌سازی طرح پژوهش خواهد بود، یعنی باید یک ساختار ذهنی را بیان کند که طبق آن پژوهش انجام شود. آماده‌سازی چنین طرحی، پژوهش را آسان‌تر می‌کند و تا حد امکان حداکثر اطلاعات را به دست خواهد داد. به‌عبارت‌دیگر، عملکرد طرح پژوهش این است که مجموعه‌ای از شواهد و مدارک مرتبط را با صرف کمترین تلاش، زمان و پول آماده می‌سازد "(Kothari, 2004:14). مخصوصاً نیاز دارد این سؤالات را مورد ملاحظه قرار دهد:

۱. چگونه اطلاعات را جمع‌آوری خواهد کرد؟
۲. چه نوع جمعیت یا گروهی را موردمطالعه خواهد کرد؟
۳. آیا از مطالعات عمقی استفاده خواهد کرد یا یک مطالعه سطحی انجام می‌دهد یا روی نسخه‌های چاپ‌شده که شامل چیزهایی مثل کتاب یا مجله وابسته رسانه‌های گروهی مثل تلویزیون، فیلم یا موسیقی باشد کار می‌کند؟
۴. چگونه از داده‌ها برای پژوهش و منطقی کردن آن‌ها استفاده می‌کند؟(استربرگ، ۱۳۸۴: ۵۰)

محقق با کار کردن در یک سنت تحقیقی تصمیم می‌گیرد که یک تحقیق عملی را چگونه انجام دهد.

به دست آوردن این موارد به‌طور عمده به هدف پژوهش بستگی دارد. "اهداف پژوهش را می‌توان به چهار دسته گروه‌بندی کرد، ۱) شناسایی، ۲) شرح، ۳) تشخیص و ۴) آزمایش. یک طرح پژوهشی انعطاف‌پذیر

که فرصت بررسی بسیاری از جنبه‌های مختلف مسئله‌ای را فراهم می‌کند هنگامی مناسب در نظر گرفته می‌شود که هدف مطالعه پژوهشی شناسایی باشد؛ اما زمانی که هدف آن شرح دقیق وضعیت یا رابطه بین متغیرها باشد، طرح مناسب طرحی خواهد بود که تعصب را به حداقل رساند و قابلیت اعتماد داده‌های جمع‌آوری و تجزیه‌وتحلیل شده را افزایش دهد "(Kothari, 2004:14). اهداف یک پژوهش مستندنگاری خلاصه‌ی آن چیزی است که پژوهشگر باید با انجام مطالعه به آن برسد را بیان می‌کند. آنچه پژوهش به‌طورکلی درروند پژوهش به آن دست خواهد یافت را هدف کلی می‌گویند و هدف کلی درواقع همان عنوان پژوهش است. اهداف اختصاصی باید واقع‌بینانه مطرح‌شده و به آنچه مطالعه برای حل آن طرح‌ریزی‌شده متمرکز باشند. اهداف جزئی درواقع جزئی از هدف کلی بوده و اگر به‌خوبی تنظیم شوند پژوهشگر را هم‌چنین به طراحی روش تحقیق و نحوه گردآوری، تجزیه‌وتحلیل و تفسیر داده‌ها هدایت خواهند نمود. هدف جزئی، نباید از قالب هدف کلی خارج بوده و باید به جنبه‌های اساسی مطالعه محدود باشد. اهداف باید تمام قسمت‌های مسئله را آن‌چنان‌که تحت عنوان بیان مسئله آورده شده است را در برگیرد. اگر مسئله تحقیق با دقت کافی بیان‌شده باشد تنظیم اهداف آسان‌تر خواهد بود.

" آماده‌سازی طرح پژوهشی، که متناسب با یک مسئله پژوهشی خاص باشد، معمولاً شامل عوامل زیر است:

۱. ابزاری برای به دست آوردن اطلاعات؛
۲. در دسترس بودن و مهارت‌های محقق و همکارانش (در صورت وجود).
۳. توضیح روشی که طبق آن ابزارهای منتخب برای کسب سازمان‌دهی خواهند شد و شرح دادن علت چنین انتخابی
۴. زمان موجود برای تحقیق.
۵. برگ خرید هزینه مربوط به پژوهش، به‌عنوان‌مثال، سرمایه مالی موجود برای این هدف "(Kothari, 2004:14).

۱-۱-۷-۵ تعیین طرح نمونه‌ها

" همه موارد تحت بررسی در هر زمینه تحقیق یک جهان یا جمعیت را تشکیل می‌دهد. شمارش کامل همه موارد موجود در جمعیت با عنوان تحقیق سرشماری شناخته می‌شود. می‌توان فرض کرد که در چنین تحقیقی، هنگامی‌که تمام موارد تحت پوشش قرار گیرند هیچ شانسی باقی نمی‌ماند و بیشترین دقت اعمال می‌شود، اما در عمل ممکن است صدق نکند. در چنین تحقیقی حتی کوچک‌ترین عنصر تعصب، با افزایش مشاهدات، بیشتر و بیشتر به چشم خواهد آمد. علاوه بر این، هیچ راهی برای چک کردن عنصر تعصب و یا میزان آن وجود ندارد جز از طریق بررسی مجدد یا با استفاده از بررسی نمونه‌ها، بعلاوه این نوع پرس‌وجو، بسیار زمان‌بر، هزینه‌بر و انرژی بر است. نه‌تنها این نکته، بلکه تحقیق سرشماری ممکن است عملاً تحت بسیاری از شرایط، امکان‌پذیر نباشد. به‌عنوان‌مثال، تست خون تنها بر اساس نمونه انجام می‌شود. ازاین‌رو، اغلب ما تنها چند مورد از جهان را برای اهداف مطالعه انتخاب می‌کنیم. موارد انتخاب‌شده چیزی را تشکیل می‌دهند که ازنظر فنی نمونه نامیده می‌شود "(Kothari, 2004:14).

جامعه آماری پژوهش عبارت است از مجموعه‌ای از افراد یا اشیا که دارای ویژگی‌های همگون و

قابل‌اندازه‌گیری می‌باشند. نمونه پژوهش از این‌چنین جامعه‌ای اخذ می‌گردد و نتیجه پژوهش به آن جامعه تعمیم داده می‌شود. نمونه پژوهش عبارت است از یک گروه منتخب از جامعه پژوهش که باید دارای خصوصیات و صفات جامعه پژوهش باشد تا بتوان پژوهش را به آن تعمیم داد. نمونه پژوهش باید معرف مشخصات و ویژگی‌هایی که در موضوع پژوهش دارای اهمیت است، باشد. هنگام گزینش نمونه باید به نکات زیر توجه نمود :

الف- تعداد یا حجم نمونه: در طرح تحقیق نحوه تعیین حجم نمونه باید توضیح داده شود. تعداد افراد یا اشیایی که به‌عنوان نمونه تحقیق در پژوهش شرکت داده می‌شوند، باید مشخص شود. این تعداد یا به‌صورت عددی مشخص می‌گردد (برای مثال، تعداد نمدمالان فعال)؛ یا با کلماتی مانند کلیه، سه‌چهارم و غیره. در تعیین حجم و یا اندازه نمونه، عوامل گوناگونی دخالت دارند که عبارت‌اند از: اهداف تحقیق، روش تحقیق و روش‌های آماری وابسته به آن، امکانات مالی و زمانی محقق، حجم جامعه، نحوه کنترل متغیرهای ناخواسته، درصد خطاپذیری در نتایج، میزان همگونی متغیرها و عوامل موردمطالعه در جامعه و میزان روایی و پایایی ابزار گردآوری داده‌ها.

ب- روش نمونه‌گیری: برای انتخاب نمونه تحقیق، روش‌های مختلفی توسط صاحب‌نظران ارائه‌شده است از آن جمله می‌توان نمونه‌گیری تصادفی ساده، تصادفی با استفاده از جداول اعداد تصادفی، تصادفی طبقه‌ای و تصادفی ناحیه‌ای یا خوشه‌ای را نام برد.

"محقق باید در مورد روش انتخاب نمونه یا چیزی که عمدتاً به طرح نمونه معروف است تصمیم بگیرد. به‌عبارت‌دیگر، طرح نمونه یک طرح مشخص است که قبل از این‌که هرگونه اطلاعات برای به دست آوردن یک نمونه از جمعیت معین جمع‌آوری شود، تعیین‌شده است؛ بنابراین، این طرح برای انتخاب ۱۲ داروخانه از ۲۰۰ داروخانه شهرستان را به روشی خاص، یک طرح نمونه را تشکیل می‌دهد. نمونه‌ها می‌توانند یا نمونه‌های احتمالی یا نمونه‌های غیر احتمالی باشند. در نمونه‌های احتمالی هر مؤلفه‌ای دارای یک احتمال معلوم است که در نمونه گنجانده شود اما نمونه‌های غیر احتمالی به محقق این امکان را نمی‌دهند تا این احتمال را تعیین کند "(Kothari, 2004:15). طراحی نمونه مورداستفاده باید توسط محقق با در نظر گرفتن ماهیت تحقیق و دیگر عوامل مرتبط انتخاب شود.

پژوهش باید در قلمرو موضوعی، زمانی و مکانی مشخصی انجام شود.

الف- قلمرو موضوعی یا محتوایی: در طرح تحقیق حیطه موضوعی موضوع و مسئله پژوهش باید به‌طورکلی و همچنین به‌طور خاص و جزئی بیان شود. موضوع پژوهش فراتر، عام‌تر و گسترده‌تر از مسئله پژوهش است. از درون موضوع پژوهش می‌توان مسائل متعدد و متنوعی را برگزید، به بیان دیگر موضوع پژوهش را می‌توان به بخش‌های متنوعی که هر یک می‌توانند ما را به مسئله‌ای رهنمون نمایند تقسیم نمود. از اینرو پژوهشگر می‌بایستی سیری از موضوع کلی به مسئله‌ی ویژه (حداقل در ذهن خود) ترسیم کند تا بتواند حد و مرزهای مسئله را مشخص نماید. یکی از لغزشگاه‌هایی که بر سر راه پژوهشگر قرار دارد خلط موضوع پژوهش و مسئله پژوهش است. مبنای منطقی تفکیک محتوایی وجود پیوستگی، هماهنگی، ربط وثیق و عدم تناقض در اجزای یک موضوع است.

باید توجه داشت که مطالعات پراکنده درباره یک موضوع کلی بایستی به دنبال هدف باشد، و آن هدف عبارت است از رسیدن به یک مسئله ویژه، دقیق و شفاف؛ این امر مستلزم بازشناسی شاخه‌های مختلف یک موضوع کلی است. شاخه‌هایی که هرکدام نیازمند شناسایی و پژوهش مستقل هستند. بنابراین تفکیک موضوع و محدودسازی پژوهش به چند مسئله اصلی و فرعی نیاز اصلی پژوهش مستندنگاری است. هدف این تلاش فکری و ذهنی این است که؛ پژوهشگر به تحدید و مرزبندی زمینه‌های پژوهش بپردازد و خود را در زندان یک مسئله بیفکند و برای حل آن پا را از حیطه آن زندان فراتر نگذارد.

ب- قلمرو مکانی یا جغرافیایی: محیط یا میدان پژوهش مکانی است که تحقیق در آن انجام می‌شود. محیط پژوهش بایستی به‌دقت توصیف شود و معلوم گردد که پژوهش در چه مکانی صورت می‌گیرد. در توصیف محیط پژوهش و ویژگی‌های آن باید دلیل انتخاب آن محیط برای انجام پژوهش موردنظر را توضیح داده شود و استدلال نمود که چرا محیط انتخابی، محیط مناسبی برای انجام این پژوهش است. به‌طور مثال در مستندنگاری نمد استان چهارمحال و بختیاری قلمرو مکانی این پژوهش محدود به ایران، استان چهارمحال و بختیاری و به‌طور خاص شامل دو شهر، شهرکرد و بروجن است؛ و جامعه‌ی آماری نمدمالان این دو شهر می‌باشند. دلیل عمده انتخاب این دو شهر ابتدا در دسترس بودن آن‌ها و سپس فعالیت‌های منحصربه‌فرد و عمده‌ی نمدمالان در این مناطق بود.

ج- قلمرو زمانی: با توجه به انجام پژوهش در دامنه زمانی خاصی و اهمیت زمان در جمع‌آوری داده‌ها و همچنین ارائه یافته‌های پژوهش در طرح تحقیق قلمرو زمانی به شکلی واضح و روشن موردتوجه و اشاره قرار می‌گیرد. تعیین قلمرو زمانی در مستندنگاری اسناد در یک دوره‌ی تاریخی مشخص نمونه‌ای از این نوع است. پژوهشگر می‌تواند با گزینش یک مقطع تاریخی به برش زمانی در یک موضوع مشخص مبادرت ورزد. پژوهش در بسیاری از موضوعات را می‌توان با کاوش در یک مقطع تاریخی مبادرت کرد. نکته‌ای که تذکر آن ضرورت می‌نماید این است که هرگونه تفکیک زمانی قابل قبول نیست و پژوهشگر باید براساس مبنایی منطقی به تقطیع زمانی مبادرت کرد.

هدف نهایی از این مبحث، نظم بخشیدن به تفکر است. نظم در تفکر پایه‌ای برای تفکر منطقی است که خود مرحله‌ی ژرفتری در پژوهش است: نظم ذهنی استدلال عقلانی را تقویت می‌نماید، بی‌تردید نظم بخشیدن، مشخص کردن جغرافیای موضوعی، مهندسی حیطه تفکر اجتماعی و... به استحکام استدلال عقلی ما کمک شایانی خواهد کرد و این نه به مفهوم تقطیع بی‌رویه پدیده‌های اجتماعی است.

۱-۱-۷-۶ جمع‌آوری داده‌ها

هر آنچه در جهان اجتماعی اتفاق می‌افتد به‌عنوان داده محسوب می‌شود. داده یک‌بر ساخته‌ی اجتماعی و محصول انسانی تلقی شده و قابل‌تحلیل و بررسی است. مگالاکو به نقل از حکیم[۹۳] (۱۹۸۲) می‌نویسد:"برای اکثر دانشمندان علوم اجتماعی دیدگاه در یک پروژه تحقیقاتی «یک اصل» است و باید برای آن داده جدید جمع‌آوری شود. برای این منظور از روش بررسی اجتماعی که گاهی با مصاحبه‌های عمیق و مشاهده شرکت‌کنندگان تکمیل‌شده است به‌عنوان روش برگزیده انتخاب‌شده است "(Mogalakwe, 2006: 221).

[93] C.Hakim

پژوهشگر در پژوهش مستندنگاری "از دامنه‌ی وسیعی از روش‌ها استفاده می‌کنند تا داده‌هایشان را جمع‌آوری کنند؛ اما همه‌ی آن‌ها شامل پرسیدن سؤالات از پاسخ‌دهندگان یا افراد مطلع نیست "(Wilson, 1993:5). پژوهشگر در پژوهش مستندنگاری درصورتی‌که از روش میدانی برای جمع‌آوری داده‌های میدانی برای جمع‌آوری داده‌ها استفاده می‌کند، نیاز دارد قبل از ورود به میدان تحقیق در صورت لزوم اجازه بگیرد و پس‌ازآن در مورد زمینه و میدان تحقیق برنامه‌ریزی کند. در صورت نیاز مجوز سازمانی بگیرد، دوربین و دیگر وسایل ضبط داده‌ها را تهیه کند در مورد زمان، مکان، مردم و گروه‌های موردپژوهش مطالعه کند و یک فهرست عمومی برای مصاحبه را آماده کند. پژوهشگر زمانی که در میدان تحقیق حضور فیزیکی پیدا کرد و با پدیده‌ی موردمطالعه ارتباط یافت، باید به مستند کردن وقایع ملموس و تجربیات خودش، ثبت گفته‌های مردم، مشاهده‌ی رفتارهای خاص، مطالعه‌ی مدارک مکتوب و بررسی اشکال دیداری رویدادها بپردازد. دستیابی به داده‌ها در پژوهش مستندنگاری، شامل سه روش عمده است این روش‌ها از طریق مواجه عینی و شخصی محقق امکان‌پذیر هستند. سیلورمن[۹۴] (۱۹۹۳:۶) چهار روش عمده مورداستفاده توسط محققان کیفی را معرفی می‌کند، این روش‌ها، مشاهده[۹۵]، تجزیه‌وتحلیل متون و اسناد[۹۶]، مصاحبه‌ها[۹۷] و ضبط و پیاده‌سازی[۹۸] هستند. این روش‌ها اغلب باهم ترکیب می‌شوند. به‌عنوان‌مثال، در بسیاری از موارد مشاهدات با مصاحبه ترکیب می‌شوند.

تحقیق میدانی در پژوهش مستندنگاری از این امتیاز برخوردار است که اجتماع موردبررسی را در زیستگاه طبیعی‌اش مورد کاوش قرار می‌دهد. مشاهده مستقیم در میدان به محقق این امکان را می‌دهد که ارتباطات و رویدادهای ظریفی را کشف کند که پیش‌بینی یا سنجش آن‌ها از راه‌های دیگر امکان‌پذیر نیست... به‌طورکلی می‌توان داده‌ها "به دودسته‌ی داده‌های دیداری –مشاهده‌ای و شنیداری–متنی تقسیم کرد. داده‌های مشاهده‌ای با استفاده از روش‌های مشاهده‌ای آزاد، مستقیم و مشارکتی و داده‌های متنی را از طریق روش‌های مصاحبه و تحلیل اسناد و مدارک گردآوری می‌شوند "(محمدپور، ۱۳۹۲:۱۰۰)

جدول ۱- ۱، انواع داده (محمدپور،۱۳۹۲: ۱۰۰)

نوع داده	داده‌ی خاص	موارد
متنی	متنی تولیدشده (متنی –شنیداری)	داده‌های مصاحبه‌ای، روایت‌های زنده، تاریخ شفاهی
	متون مکتوب (متنی دیداری)	تاریخچه‌های زندگی، خاطره‌ها، روزنامه‌ها و مجله‌ها، نامه‌ها، داستان‌ها و روایت‌های منقول، اسناد و مدارک اداری، گزارش‌های علمی–پژوهشی
مشاهده‌ای	مشاهده‌ای متنی شده	یادداشت‌های میدانی پراکنده، یادداشت‌های میدانی مشاهده‌ای مستقیم، یادداشت‌های میدانی استنباطی محقق
	مشاهده‌ای ناب	تصاویر، فیلم‌ها، کروکی‌ها و...

[94] Silverman
[95] Observation
[96] Textual analysis
[97] Interviews
[98] Implementation

مشاهده[99]: مشاهده یکی دیگر از تکنیک‌های مورداستفاده در جمع‌آوری داده‌ها در پژوهش مستندنگاری است." این روش مستلزم جمع‌آوری اطلاعات از طریق مشاهده خود محقق است که بدون مصاحبه با پاسخ‌دهندگان است. این روش بدون شک یک روش گران‌قیمت است و اطلاعات ارائه‌شده توسط این روش نیز بسیار محدود است. برای تحقیقاتی که نمونه‌های بزرگ را شامل می‌شوند این روش مناسب نیست "(Kothari, 2004:17). پژوهش مستندنگاری مستلزم مشاهده پژوهش شوندگان در محیط زندگی و محل کار آن‌هاست. "در مشاهده، فعالیت‌هایی مانند تماشا کردن، مشاهده و گفتگو با مردم به‌منظور کشف معنا و تفسیر، بر اساس معنا و فعالیت‌های اجتماعی مردم انجام می‌شود "(ایمان،۱۳۹۱: ۵۵).

برحسب نوع و میزان درگیری محقق با میدان تحقیق، مشاهده نیز متفاوت است." مشاهده نیز به چندین روش قابل انجام است، مشاهده از بیرون بدون آنکه مشاهده‌گر دیده شود، مشاهده غیرفعال بدون تعامل با شرکت‌کنندگان، مشاهده نیمه فعال با تعامل محدود با شرکت‌کنندگان برای آشکارسازی برخی جنبه‌ها و بالاخره مشاهده به‌عنوان یک شرکت‌کننده فعال. اطلاعات حاصل از مشاهده به‌منظور توصیف مکان‌ها، افراد، فعالیت‌ها و تفسیر مشاهدات شرکت‌کنندگان به کار می‌رود "(ظهور و کریمی مونقی، ۱۳۸۲: ۸۲) چنانچه محقق به‌طور عمیق در میدان تحقیق نفوذ کند، نقش مشارکت‌کننده کامل با تعامل فعال را به خود می‌گیرد؛ ولی اگر در پی مشاهده فرآیندها و رویدادها باشد و از درگیر شدن در تعاملات دوری کند، نقش مشاهده غیر مشارکتی یا با تعامل محدود را ایفا می‌کند.

مشاهده مشارکتی بنیان اصلی تحقیق میدانی در پژوهش مستندنگاری است که در آن محقق به‌منزله کنشگر در رویدادهای موردمطالعه شرکت می‌کند و معمولاً کار میدانی وسیع و طولانی‌مدت را می‌طلبد. در مشاهده مشارکتی، محقق باید بکوشد تا به‌صورت کامل در میدان تحقیق مشارکت کند و حتی به‌صورت عضوی از آن شود. این شیوه به محقق این امکان را می‌دهد تا نه‌تنها آنچه رخ می‌دهد را تجربه نماید، بلکه آن را احساس می‌کند و به‌خوبی ثبت و ضبط کند و به جنبه‌های دقیق و محرمانه زندگی پژوهش شوندگان که حتی خود ایشان نمی‌توانند بر زبان بیاورند و شاید در مورد آن فکر می‌کنند دست یابد. مشاهده مشارکتی امکان گردآوری همه نوع داده را فراهم می‌سازد، به پژوهشگر کمک می‌کند که سؤال‌های ملموس و به زبان بومی مشارکت‌کنندگان را بپرسید، به پژوهشگر درک شهودی ازآنچه در یک فرهنگ رخ می‌دهد، می‌بخشد و اجازه می‌دهد که با اطمینان در مورد معنای داده‌ها صحبت کند و به جواب بسیاری از پرسش‌ها و موضوعات که بدون پاسخ مانده بودند برسد. "داگلاس[100] (۱۹۷۶:۱۶) معتقد است مشاهده مشارکتی می‌تواند پژوهشگر را به درک شکل‌های پیچیده متنوع اطلاعات نادرست، حیله و دروغ که در بیشتر محیط‌های اجتماعی ازجمله سازمان‌ها به چشم می‌خورد، قادر سازد "(ایمان، ۱۳۹۱:۵۷). یکی از مشکلات عمده در پژوهش مستندنگاری نمد استان چهارمحال و بختیاری، عدم سنخیت جنسی پژوهشگر با نمدمالان بود. (هنرمندان نمدمال در کارگاه‌هایی که دارای فضای مردانه است و جایی برای حضور زنان ندارند، فعالیت می‌کنند.) این عامل مانع از مشاهده با تعامل فعال پژوهشگر با این هنرمندان می‌شد و ناگزیر به مشاهده از بیرون و با تعامل محدود بود. راهی که به نظر می‌رسد کارگشای این مسئله باشد، حضور یک مرد همدل و هم‌صحبت با نمدمالان همراه پژوهشگر بود.

[99] By observation
[100] J.D Douglas

پژوهشگر در پژوهش مستندنگاری باید خودش را برای مشاهده دقیق و موشکافانه آماده و تربیت‌کرده باشد تا به‌خوبی تمام زوایای پنهان از دید را ببیند. "دیدن قبل از گفتار می‌آید و جایگاه ما در جهان اطراف را ایجاد می‌کند. ما جهان را با کلماتمان توضیح می‌دهیم؛ اما هرگز کلمات نمی‌توانند واقعیت اطراف ما نشان دهند "(Berger, 1977:7) . پژوهشگر باید بعد از مشاهده بتواند، امور عادی و تنوعات، حوادث مهم، قواعد اجتماعی و الگوهای اساسی حاکم بر میدان پژوهش، با مشاهده دقیق و نزدیکی به کلیه‌ی اشیاء ازآنچه استفاده می‌کنند و ابزارهایی که به کار می‌برند و ... به‌طور وسیع جستجو و بررسی کند. سپس بر هر بخش تمرکز ویژه داشته باشد. نکته‌ی دیگر آن است که پژوهشگر بتواند به‌راحتی به میدان تحقیق دست پیدا کند و تا حد امکان از توانایی و مهارت‌های شخصی خود برای ورود و ماندگاری در میدان استفاده کند. چندان به فنون و شیوه‌های نظری و صوری وابسته نباشد. مشاهده‌گر باید بتواند در یک‌زمان واحد به‌خوبی گوش دهد، فکر کند و سخن بگوید.

پژوهشگر در پژوهش مستندنگاری پیش از ورود به میدان تحقیق باید با ابعاد طبیعی و اجتماعی میدان مطالعه آشنا باشد و با کمک سازمان‌ها و نهادها و افراد آگاه میدان تحقیق را شناسایی کند و سپس با برنامه مشخص در آنجا حضور پیدا کند. وی داده‌های تصویری با ابزار دوربین عکاسی و همچنین اطلاعات میدانی از طریق مصاحبه با افراد کارشناس در این امر گردآوری می‌کند. جمع‌آوری داده‌های تصویری به‌وسیله‌ی عکاسی مستند ابعاد وسیعی را در برمی‌گیرد. عکاسی مستند شاخه‌ای از عکاسی است که به ارائه اطلاعات و انعکاس واقعیات یک رویداد از طریق عکس به‌عنوان یک اثر اسنادی می‌پردازد. عکس مستند یک پیام بدون رمز و پیوسته است. "این پیام، در کل، از یک منبع ارسال یک مجرای انتقال و یک مرکز دریافت تشکیل‌شده است. ارسال و دریافت پیام هر دو در حوزه‌ی نوعی جامعه‌شناسی قرار می‌گیرند "(بارت، ۱۳۹۰: ۱۲-۱۱). عکاسی مستندنگاری شواهد و مدارک را ثبت و ضبط می‌کند. اصولاً عکاسی هنری است که در بحث مستندنگاری می‌تواند دارای جنبه‌های استنادی بسیار بالایی باشد. با توجه به کلمه مستند در ترکیب «عکاسی مستند» تأکید بیشتری بر عدم دخل و تصرف خود در موضوع مورد عکس‌برداری دارند. عکاسی در مستندنگاری نه‌تنها یک روش پژوهشی است بلکه تمرینی برای بهتر دیدن و مشاهده است.

پژوهشگر برای حضور در میدان تحقیق بهتر است روشی را انتخاب کند که کمترین جلب‌توجه را به خود معطوف کند. دوربین، خود به‌تنهایی می‌تواند باعث جلب نگاه‌ها و توجه مردم به سمت شما باشد؛ بنابراین، داشتن وسایل اضافی و ابزاری که باعث تشدید این موضوع می‌شوند، کار او را دشوار می‌کند. داشتن یک دوربین دیجیتال با یک عدسی زوم با فواصل کانونی میانی مثل ۷۰-۳۵ میلی‌متری می‌تواند شرایط خوبی را برای شروع تهیه عکس‌های مستند را فراهم کند. پژوهشگر در زمان عکاسی نیاز به دو عدد باتری با شارژ کامل، کارت حافظه و در صورت امکان یک سه‌پایه دارد.

مهم‌ترین مسئله حضور در میان مردم است. افراد عادی، ناخودآگاه و به‌راحتی می‌توانند ترس و تزلزل را در پژوهشگر حس کنند و در چنین شرایطی حتماً جنبه دفاعی به خود می‌گیرند. اگر پژوهشگر به کار و تجربه‌ای که انجام می‌دهد، ایمان و اطمینان داشته باشد، آن‌ها نیز این را دریافت کرده و با وی همراه خواهند شد. با مردم مؤدب باشد و اگر راضی نبودند که موضوع عکس وی باشند حتماً این مسئله را در نظر گرفته و رعایت کند. ایجاد ارتباط مناسب با افراد مختلف، روش‌های گوناگونی را می‌طلبد که در هنگام تجربه‌های اولیه

وی، به دست خواهد آمد. پژوهشگر نباید از عکاسی کردن هراس داشته باشد آن‌ها پدران، برادران، خواهران و یا مادران او و یا دوستان و همشهریان او هستند. رعایت احترام و ادب از جانب او بزرگ‌ترین پشتوانه اوست.

مصاحبه[101]: مصاحبه کردن جزء جدایی‌ناپذیر کل فرآیند تحقیق میدانی است. مصاحبه نیز مانند مشاهده نیاز به نزدیکی میان پژوهشگر و موضوع موردپژوهش دارد."مصاحبه، فعالیتی فنی است که برای اطلاع از نظریات افراد، چگونگی شکل‌گیری ادراکات مشترک آن‌ها و وقوف به انگیزه‌های تصمیم‌گیری و ادراک تجربه‌های ویژه افراد موردمطالعه، به کار می‌رود (حریری، ۱۳۸۵:۱۴۶-۱۴۷). "مصاحبه، فرصت گفتگو درباره وقایع گذشته را فراهم می‌کند "(بیتس و بلاگ، ۱۳۷۵: ۱۰۴)"(ایمان،۱۳۹۱: ۵۵). "مصاحبه به شیوه‌ی کمی و کیفی در علوم اجتماعی مورداستفاده قرارگرفته است "(محمدپور،۱۳۹۲:۱۴۱). مصاحبه به‌طور وسیعی در پژوهش مستندنگاری بعد از مشاهده‌ی مشارکتی دومین روش پژوهش به کار می‌رود. مصاحبه نیازمند «تجربه» و «مشروعیت مصاحبه‌کننده» است؛ مشروعیت مصاحبه برای مصاحبه‌شونده یک اصل اساسی است. مکان و زمان مصاحبه می‌تواند از تعامل بین مصاحبه‌کننده و مصاحبه‌شونده تعیین شود. پژوهشگران روش مطالعات مشاهده‌ای را با مصاحبه رسمی یا غیررسمی ترکیب می‌کنند. در مصاحبه معمولاً از سؤالات باز که مناسب افراد با ویژگی‌های مختلف است، استفاده می‌کند. مصاحبه‌ها را می‌توان در سه دسته قرارداد. ازنظر ارتباط بین مصاحبه‌کننده و مصاحبه‌شونده به دو نوع مصاحبه‌ی رودررو و مکالمه‌ای می‌توان تقسیم کرد. ازنظر تعداد افراد شرکت‌کننده در مصاحبه به مصاحبه‌ی شخصی و گروهی قابل‌تقسیم هستند؛ و ازنظر میزان ارتباط و آزادی مصاحبه‌شونده با مصاحبه‌کننده در طی مصاحبه عبارت‌اند از **:**مصاحبه‌های ساختارمند، نیمه‌ساختارمند و مصاحبه‌های غیرساختارمند یا عمیق**.**

مصاحبه‌ی رودررو[102]: "یک مصاحبه‌ی استاندارد برای هر فرد پاسخگو که در آن سؤالات دارای طرز بیان یکسانی هستند و به ترتیب یکسانی پرسیده می‌شوند و توانایی مصاحبه‌گر در تغییر طرز بیان سؤالات یا ترتیبی که پرسیده می‌شوند، بسیار محدود است "(Wilson, 1993:5). "مصاحبه‌های رودررو در غالب یک فرمت و ساختار آزاد ممکن است عملی شود، به‌عبارت‌دیگر این مصاحبه، تقریباً مثل گفتگوهای طبیعی بین دو فرد، هدایت می‌شوند. آن‌ها اغلب، به‌منظور بررسی کاملِ بعدی، روی نوار ضبط می‌شوند، البته ممکن است مصاحبه‌گر، به‌طور پیوسته و همزمان یادداشت‌برداری کند. انجام این کار همزمان با تمرکز روی مدیریت مصاحبه، شکل می‌گیرد. همچنین ممکن است یادداشت‌برداری بازدارنده‌تر از ضبط کردن باشد بااین‌وجود مصاحبه‌های طبیعت مدار و از این قبیل تا حد زیادی توسط مصاحبه‌گر مدیریت می‌شوند و او برنامه‌ی سؤالات را تنظیم می‌کند و مشکلات و مسائل موردنظر را با سؤالات مکمل، عمیقاً موردبررسی قرار می‌دهد و پاسخ‌ها و بحث را ضبط می‌کند. آن‌ها از برنامه‌های نظام‌مندی مثل روش‌های قبل استفاده نمی‌کنند، اما مصاحبه‌گر، لیستی از موضوعات را استفاده خواهد کرد، حتی اگر طرز بیان سؤالات خاص، استاندارد نباشد " (Wilson, 1993:5)

مصاحبه غیررسمی یا مکالمه‌ای[103]: این روش از جمع‌آوری اطلاعات شامل تماس با پاسخ‌دهندگان از

---

[101] Interview
[102] Face-to-face interviews
[103] Through telephone interviews

طریق تلفن است که می‌توان آن را مصاحبه‌ی تلفنی[۱۰۴] نیز نامید."یک روش جمع‌آوری اطلاعات است که به خاطر سریع بودن و ارزان بودن نسبی‌اش، به‌طور رایج استفاده می‌شود. محققان مجرب، از این روش، بسیار استفاده می‌کند. البته، مصاحبه‌های تلفنی رودررو نیستند و فاقد بخشی از سرنخ‌های غیرکلامی هستند که تعامل بین مصاحبه‌گر و مصاحبه‌کننده را تحت تأثیر قرار می‌دهند – مثلاً، زبان بدن – اما ازنظر تعامل فردی و اجتماعی بین پاسخگو و مصاحبه‌گر، با مصاحبه‌های رودررو بسیار مشابه هستند "(Wilson, 1993:5). "این روش جمع‌آوری اطلاعات شامل تماس تلفنی با پاسخ‌دهندگان است. این‌یک روش بسیار کاربردی نیست، هنگامی‌که بررسی باید در یک‌زمان بسیار محدود انجام شود، ایفای نقش می‌کند "(Kothari, 2004:17).

مصاحبه‌ی ساختارمند: مصاحبه ساختاریافته، از پرسش و پاسخ‌های محدود برخوردار است. پژوهشگر به‌صورت مداوم فرد مصاحبه‌شونده را که از مسیر مصاحبه دور شده است به مسیر برگرداند که این نوع از مصاحبه در بسیاری از موارد نتیجه‌ی مطلوبی ندارد. شکلی از مصاحبه‌ی هدایت‌شده، پرسش‌نامه است که یک مصاحبه‌ی بسته است.

مصاحبه‌ی نیمه‌ساختارمند: در مصاحبه نیمه‌ساختارمند، چارچوب و ساختار سؤالات مشخص است. سؤالات باز و بسته در مصاحبه نیمه‌ساختارمند وجود دارد و محقق از اختیار لازم برای تغییر سؤالات برخوردار است. در آن مصاحبه‌کننده اجازه‌ی صحبت کردن را به فرد مصاحبه‌شونده می‌دهد، اما با سؤالات و واکنش‌هایی سعی در هدایت او به سمت موضوع مصاحبه، بدون احساس فشار از جانب مصاحبه‌کننده دارد.

مصاحبه‌ی غیرساختارمند یا عمیق: " با این‌چنین مصاحبه‌هایی می‌توان به برداشت‌ها، نگرش‌ها، عقاید و احساسات، معنا و تفاسیری دست‌یافت که مردم از وقایع و حوادث خاصی دارند و هرگونه اختلاف در نگرش‌ها و تفاسیری را حذف کرد که از وقایع و موقعیت‌های مشابه نمایان می‌شود " (Hakim 1987)".(Mogalakwe2006:229) "مصاحبه‌ی هدایت نشده بسیار مشکل است و تعمداً انجام می‌شود. مصاحبه غیرساختارمند یا مصاحبه عمیق، مواجهه‌ای چهره به چهره و غیررسمی است که تقریباً مثل یک گفتگوی طبیعی، میان فردی است که روابط محکم و جاافتاده‌ای دارند.(Brewer, 2000, 67)"(ایمان، ۱۳۹۱: ۵۶). "در این شیوه، سؤالات کلی مطرح می‌شود و به مصاحبه‌شونده آزادی و اختیار کافی داده می‌شود که مقصود خود و آنچه را که خودش مهم می‌داند، بیان کند و بر اساس اظهارات او، سؤال‌های بعدی مطرح می‌شود. همرسلی و اتکینسون (۱۹۹۷: ۱۵۲-۱۵۱) معتقدند، آنچه مصاحبه عمیق را از مصاحبه پیمایشی متمایز می‌کند، این نیست که اولی طراحی نشده و دومی طراحی‌شده است؛ تمایز مهم این است که اولی بازاندیشانه و دومی استانداردشده است "(ایمان، ۱۳۹۱: ۵۶). پژوهشگر در پژوهش مستندنگاری گاهی به مصاحبه‌ی شخصی و گاهی گروهی می‌پردازد.

مصاحبه شخصی[۱۰۵]: "محقق از طریق مصاحبه شخصی به دنبال یک روش محکم است تا پاسخ مجموعه‌ای از سؤالات از پیش نوشته‌شده را جستجوی کند. این روش جمع‌آوری داده‌ها معمولاً به روشی نظام‌مند انجام می‌شود که در آن خروجی تا حد زیادی بستگی به توانایی مصاحبه‌کننده دارد " (Kothari, 2004:17). این مصاحبه فقط بین پژوهشگر و مصاحبه‌شونده انجام می‌گیرد.

---

[104] The telephone interview

[105] Through personal interview

مصاحبه‌ی گروهی: که به آن گروه متمرکز[106] می‌گویند، مصاحبه‌ای است که با یک جمع از یک گروه همگن انجام می‌شود. پژوهشگر در این روش در میان گروه سؤالی را مطرح می‌کند و به مصاحبه‌شوندگان اجازه‌ی صحبت درباره‌ی موضوع با یکدیگر و مبادله‌ی اطلاعات را می‌دهد و از پاسخ‌های دریافت شده به یک نتیجه‌گیری که موردپذیرش تمام افراد است می‌رسد. رسیدن به چنین اجماعی، به‌شرط خوب انجام شدن مصاحبه‌ی گروهی، می‌تواند کارآمد باشد. مصاحبه‌کننده از طرفی باید مباحث مطرح‌شده را بر عهده‌ی افراد حاضر در مصاحبه بگذارد و از طرفی باید بتواند به یک پاسخ موردپذیرش در میان تمام افراد دست یابد.

ارکان مصاحبه: مصاحبه‌کننده، مصاحبه‌شونده، موضوع، هدف، رسانه، شرایط محیطی و مخاطب هستند. مصاحبه‌کننده درروش مصاحبه نیاز به دانستن فن مصاحبه دارد. نقش اصلی را وی ایفا می‌کند، یک مصاحبه‌کننده باید دارای ویژگی‌های، با اعتمادبه‌نفس کامل، ذوق، قریحه، استعداد، کنجکاو و نکته‌سنج، سریع‌الانتقال، صبور و بردبار، پایبند به اصول اخلاق حرفه‌ای، به‌دوراز تعصب و غرور دارای حافظه‌ی خوب و سخن‌دان باشد. همچنین مصاحبه‌شونده نیز باید دارای اطلاعات لازم در مورد موضوع باشد. مصاحبه‌شونده با شناخت کامل موضوع پژوهش مصاحبه‌ی موفقی خواهد داشت. درصورتی‌که مصاحبه‌کننده شناخت و معرفت از موضوع نداشته باشد مصاحبه‌کننده او را مانند یک موج به هر سمت و سویی می‌برد. مصاحبه‌گر خوب دارای معرفت و شناخت وسیعی از روش مصاحبه باید باشد و بتواند مکالمه‌ی آگاهانه‌ای را در رابطه با موضوع موردمطالعه هدایت کند. مصاحبه‌گر خوب در عین رعایت ادب و احترام پرسش‌های واضح، ساده و کوتاه می‌پرسد به‌طور مستقیم و قابل‌فهم سؤال کرده و از زبان آکادمیک یا لهجه‌ی حرفه‌ای استفاده نمی‌کند. بعد از شناخت موضوع شناخت مصاحبه‌شونده برای مصاحبه‌کننده مهم است. شناخت جایگاه حقیقی و حقوقی، ویژگی‌های اخلاقی، تجربه و علم و تخصص وی نسبت به موضوع مواردی هستند که مصاحبه‌کننده نیاز به دانستنشان دارد. عامل سوم، شرایط محیطی که خود تابع زمان و مکان هستند. عامل زمان، شامل مدت انجام مصاحبه و محدودیت زمانی برای انجام مصاحبه می‌شوند. مصاحبه‌کننده باید پرسش‌هایش را در یک محدوده زمانی مشخص تنظیم کند. مصاحبه در پرتو زمان، مکان و مدت مشخص به موفقیت می‌رسد. پرسش‌های مصاحبه باید صریح و واضح باشند، باید از یک نظم منطقی پیروی کنند، شأن و منزلت مصاحبه‌شونده را رعایت کند، نباید مرکب باشد، زیرا ممکن است فقط بخشی از آن موردتوجه پرسش‌شونده قرار گیرد و بخش دیگر فراموش شود. پرسش‌ها همچنین باید بیانگر تسلط مصاحبه‌کننده بر موضوع باشد. پرسش نباید به‌گونه‌ای طراحی شود که پاسخ یک‌کلمه‌ای باشد. (بله یا خیر). پرسش‌های مصاحبه به دودسته کلی و جزئی و اولیه و ثانویه تقسیم می‌شوند. پرسش‌های اولیه، پرسش‌هایی است که از پیش طراحی‌شده، اما ممکن است در جریان مصاحبه تغییر کنند. پرسش‌های ثانویه، در جریان مصاحبه بر اساس پاسخ‌های مصاحبه‌شونده یا بر اساس فضای محیط مصاحبه مطرح می‌شوند.

فرآیند مصاحبه: مصاحبه دارای فرآیند مشخصی است که شامل: ۱- موضوع‌بندی: روشن کردن موضوع و هدف مصاحبه پیش از آغاز آن و مفاهیمی که موردبررسی قرار می‌گیرند. ۲- طراحی: طرح‌ریزی فرآیندی که از طریق آن هدف خود را تحقق می‌بخشید، شامل طراحی و تعیین پرسش‌ها می‌شود.۳- مصاحبه: بعد از مشخص شدن زمان و مکان مصاحبه اجرا می‌شود. در این مرحله، همواره از سؤال‌های بزرگ به سمت

[106] Focus group

سؤال‌های کوچک حرکت می‌شود. ۴-ثبت و ضبط: امکانات لازم را برای ثبت و ضبط اطلاعات شفاهی و غیره فراهم شود.۵- نگارش: تهیه یک متن مکتوب از مصاحبه‌ها. ۵-تحلیل: تعیین معنای مطالب گردآوری‌شده مربوط به هدف مطالعه. ۶- تأیید: بررسی قابلیت اعتماد و اعتبار مطلوب، روایی و تعمیم‌پذیری یافته‌های مصاحبه را تعیین شود. ۷-تدوین و گزارش: یافته‌های به‌دست‌آمده و تحلیل‌ها را آن‌طور که واقعیت موردمطالعه را بازنمایی می‌کند، به نگارش درآورده و گزارش شود. درواقع آنچه را مصاحبه شوند آموخته است به اطلاع دیگران می‌رساند.

پرسشنامه[۱۰۷]: "روش جمع‌آوری داده‌ها ممکن است درهرصورت انواع داده‌ها را تولید کند. بارزترین مثال پرسشنامه است که در آن ما می‌توانیم طیف گسترده‌ای از سؤالات طراحی کنیم، بیشتر یا کمتر «باز» یا «بسته»، برای استخراج انواع مختلفی از داده‌ها، نگهداری درست از اطلاعات درروش میدانی، مانند جستجو سند یا مشاهده استفاده شود "(Dey,1993:16)."درصورتی‌که این روش اتخاذ گردد باشد محقق و پاسخ‌دهندگان در تماس با یکدیگر قرار می‌گیرند. پژوهشگر پرسشنامه را با یک درخواست به پاسخ‌دهندگان پست می‌کند و پس از کامل شدن توسط آن‌ها بازگشت داده می‌شود. این روش گسترده‌ترین کاربرد را در بررسی‌های مختلف اقتصادی و کسب‌وکار دارد. قبل از استفاده از این روش، معمولاً یک مطالعه مقدماتی برای آزمون پرسشنامه انجام می‌دهند که نقاط ضعف هر پرسشنامه را نشان می‌دهد. پرسشنامه مورداستفاده باید بسیار با دقت آماده شود به‌طوری‌که ممکن است اثبات کند که در جمع‌آوری اطلاعات مربوط مؤثر است "(Kothari, 2004:17). "پرسشنامه‌های پستی، به خاطر استفاده تجاری وسیعشان در جهت جمع‌آوری اطلاعات تجاری، افراد زیادی با آن‌ها آشنا هستند. در اینجا از پاسخ‌دهنده خواسته می‌شود تا سؤالات را بخواند و یا با تماس گرفتن یا تیک زدن دریکی از مربع‌های جواب، به آن‌ها پاسخ دهند، یا اینکه، آزادانه پاسخ خود را بنویسند "(Wilson, 1993:5). پرسشنامه‌ها نسبت به سایر انواع روش‌های پژوهش مزایایی دارد ازجمله این‌که ارزان هستند و اغلب دارای پاسخ‌های استانداردی می‌باشند که امکان جمع‌آوری داده را ساده‌تر می‌کند؛ اما ممکن است چنین پاسخ‌های استانداردی نیز کاربران را ناامید کند. یکی از محدودیت‌های جدی پرسشنامه‌ها این است که باید به‌گونه‌ای تنظیم شوند که افراد به‌راحتی قادر به خواندن و پاسخ دادن به آن‌ها باشند. توالی سوالات یعنی ترتیب خاصی که سؤالات در اختیار پاسخگو قرار می‌گیرند، سؤالات اول باید ساده، عینی و جالب باشند.

یادداشت‌های میدانی: پژوهشگر در میدان تحقیق، علاوه بر مصاحبه و مشاهده می‌تواند در تعاملات اجتماعی با پژوهش‌شوندگان و محیط اجتماعی، اقدام به نگارش یادداشت‌هایی نماید و از برگه مشاهده، برگه مصاحبه و فیش ثبت مطالعات و اطلاعات استفاده کند." این یادداشت‌ها ازیک‌طرف افراد، مکان‌ها، فعالیت‌ها، تعاملات و گفتگوها را توضیح می‌دهند؛ و از طرف دیگر ایده‌ها، برداشت‌ها، احساسات و تصورات محقق را نیز توصیف می‌کنند (حریری، ۱۳۸۵)" (ایمان، ۱۳۹۱: ۵۹). در یادداشت‌برداری، هر چیزی را که محقق ارزشمند بداند، به‌اختصار به همراه زمان و مکان یادداشت و باید در اولین فرصت، آن را کامل کند. یادداشت‌های میدانی، می‌توانند نظریات و خطاهای محقق و موانع و مشکلات مصاحبه و مشاهده را نشان دهند تا راه‌حلی برای آن‌ها جهت مصاحبه‌ها و مشاهده‌های بعدی یافت شود. داده‌هایی که از طریق مشاهده، مصاحبه و یادداشت میدانی

[107] By mailing of questionnaires

به دست می‌آیند، دارای ویژگی‌هایی هستند ازجمله، این داده‌ها از زبان و اصطلاحات مرسوم میان پژوهش شوندگان است، مانند بکار بردن اسامی و عناوین خاص توسط هنرمندان نمدمال برای ابزارها و نقوش و طرح‌ها در پژوهش مستندنگاری نمد می‌شود. ویژگی دوم داده‌های میدانی حجم گسترده‌ی آن‌ها است. "در جریان مصاحبه عمیق، مشکل بزرگ، نه به حرف آوردن افراد، بلکه توقف کردن آن‌هاست " Brewer, 2000, (105). گیلهام (۸۱:۱۳۸۵) معتقد است، مردم از دریایی از کلمات استفاده می‌کنند، درحالی‌که مطالب اصلی، کم‌وبیش روی این دریا شناورند "(ایمان، ۱۳۹۱: ۵۹). یادداشت‌های پژوهشگر به‌منزله نیروی محرکه‌ای برای بازآفرینی بسیاری از جزئیات تجربه‌هایی است که او کسب کرده است. پژوهشگر می‌تواند یادداشت‌هایش در بایگانی‌های منظم قرار دهد تا در موقع لزوم به‌راحتی آن‌ها را پیدا کند.

پژوهشگر در پژوهش هنر با تکیه‌بر روش مستندنگاری می‌تواند با استفاده از جداول و الگوهای مشخص اقدام به ثبت و ضبط اطلاعات دست‌ساخته‌ها بکند. (مانند جدول ۲-۲)

جدول ۱-۲، کار برگ تحلیل دست‌ساخته

۱	نوع دست‌ساخته شرح موادی که از آن ساخته‌شده است: استخوان، سفال، فلز، چوب، سنگ، چرم، شیشه، کاغذ، مقوا، پنبه، چوب، پلاستیک و مواد دیگر.
۲	کیفیت ویژه‌ی دست‌ساخته شرح اینکه چگونه به نظر می‌رسد: شکل، رنگ، بافت، اندازه، وزن، قطعات متحرک هر چیزی که روی آن طراحی و نقش شده یا نوشته‌شده است
۳	استفاده از دست‌ساخته‌ها الف. به چه منظوری ممکن است از آن استفاده شود؟ ب. چه کسی ممکن است از آن استفاده کند؟ پ. در کجا ممکن است از آن استفاده شود؟ ت. چه زمانی ممکن است از آن استفاده شود؟
۴	اثر هنری چه چیزی به ما می‌گوید؟ الف. چه چیزی در مورد فن‌آوری زمان ساخته و استفاده شدن آن به ما می‌گوید؟ ب. چه چیزی به ما در مورد زندگی و زمان افرادی که آن را ساخته‌اند و از آن استفاده می‌کرده‌اند، می‌گوید؟ پ. آیا امروزه می‌توان یک مورد مشابه را نام برد؟
۵	آوردن طرح، عکس، یا دست‌ساخت‌های که در ۴. پ ذکرشده است

سرشماری و آمارگیری: عبارت است از شمارش و محاسبه تعداد کل نفرات یا اشیای موردنظر در میدان تحقیق مانند تعداد کل نفراتی که به حرفه نمدمالی می‌پردازند. سرشماری محدود به انسان‌ها نیست و ممکن است شامل محصولات و کارگاه‌های نیز شود .تفاوت سرشماری با آمارگیری در این است که در سرشماری تعداد کل اعضای جامعه موردنظر تک‌به‌تک شمارش و کنترل می‌شوند؛ اما در آمارگیری معمولاً درصد کوچکی از جامعه موردمطالعه به‌عنوان نمونه آماری موردمطالعه قرار می‌گیرند و سپس نتایج حاصله

به‌کل جامعه موردنظر تعمیم داده می‌شود.

جمع‌آوری اسناد و مدارک: یکی دیگر از روش‌های جمع‌آوری اطلاعات در پژوهش مستندنگاری استفاده از مدارک رسمی مثل گواهی مرگ یا پرونده بیمار و مدارک غیررسمی مثل دفتر خاطرات است. انواع این اسناد در قسمت طبقه‌بندی اسناد بحث شده است. استفاده از کتابخانه، یکی از عمده‌ترین روش‌های جمع‌آوری اسناد و مدارک است. در این مرحله باید گزیده‌تر عمل کرد. طبعاً نمی‌توان همه مطالب را که درباره موضوع نوشته‌شده بررسی کرد در عوض باید مدام از بین مطالب پاره‌ای را برای مطالعه اجمالی و پاره‌ای را برای مطالعه مفصل دست‌چین کرد. کتابخانه تخصصی از مهم‌ترین مراکز جستجو و دسترسی به منابع مرتبط با موضوع موردنظرند. معمولاً کتاب‌ها و مقالات مجله‌های علمی برحسب موضوع، عنوان، نام مؤلف به ترتیب الفبائی فهرست شده‌اند و به‌راحتی می‌توان از روی آن فهرست‌ها به دنبال موضوع موردنظر خود گشت. امروزه اینترنت یکی از مهم‌ترین ابزارهای جستجوی منابع و گاه حتی سفارش آن‌هاست .مراکز پژوهشی نیز یکی دیگر از منابع اطلاع از موضوعات به تحقیق درآمده یا در حال اجراست. معاونت‌های پژوهشی دانشگاه‌ها و دانشکده‌ها و وزارتخانه‌ها و مؤسسات پژوهشی وابسته بدان‌ها از زمره این مراکز پژوهشی‌اند. دومین روش جمع‌آوری اسناد و گزارش‌های مکتوب بررسی اسناد و گزارش‌هایی که سازمان‌ها برای مقاصد خود تهیه‌کرده‌اند. مثلاً در مورد نمدمالی استان چهارمحال و بختیاری سازمان میراث فرهنگی این استان احتمالاً دارای صورت‌جلسه‌هایی و نیز پرونده‌ای از مقالات منتشرشده یا نشده در روزنامه‌های محلی و گاه خبرنامه‌هایی در مورد فعالیت‌های نمدمالان و یادداشت‌های نمدمالان و شاید مطالعاتی از جانب سازمان میراث فرهنگی یا دیگران نهادها درباره فعالیت‌های آن صورت گرفته، رونوشتی از آن موجود باشد؛ اما چطور می‌توان بدین اطلاعات دست‌یافت؟ درخواست کردن بهترین روش دستیابی بدان‌هاست. بااین‌حال برخی صورت‌جلسات محرمانه تلقی می‌شود و نمی‌توان بدان دست‌یافت. سومین راه جمع‌آوری اسناد و مدارک گفتگو با افراد مطلع است. یکی از بهترین روش‌های شناخت درباره موضوع تحقیق گفتگو با افراد مطلع است. افراد مطلع سه دسته‌اند: محققان ذی‌ربط، افرادی که موضوع مشابه را مطالعه کرده‌اند، افراد محیطی که موردتحقیق هستند.

۱-۱-۷-۷ اجرای طرح

"اجرای طرح یک گام بسیار مهم درروند پژوهش است. اگر اجرای طرح در مسیرهای صحیح پیش رود، داده‌های جمع‌آوری‌شده کافی و قابل‌اعتماد خواهد بود. محقق باید بداند که این طرح به شیوه نظام‌مند و زمانمند اجرا می‌شود. اگر این تحقیق با استفاده از پرسشنامه نظام‌مند انجام شود، داده‌ها را می‌توان به‌آسانی با ماشین پردازش کرد. در چنین وضعیتی، پرسش‌ها و همچنین پاسخ‌های ممکن را می‌توان کدگذاری کرد. اگر داده‌ها از طریق مصاحبه جمع‌آوری‌شده‌اند، باید برای انتخاب و آموزش صحیح مصاحبه‌کنندگان تمهیداتی صورت پذیرد. آموزش ممکن است با کمک دفترچه‌های راهنما داده شود که مصاحبه به‌وضوح در هر مرحله توضیح داده می‌شود. برای ایجاد اطمینان، گاه‌به‌گاه باید بررسی‌های زمینه‌ای انجام شود که مصاحبه‌کنندگان کار معین خود را صادقانه و مؤثر انجام دهند. باید بر عوامل پیش‌بینی‌نشده نظارت دقیقی صورت پذیرد تا تحقیق به‌صورت واقع‌گرایانه پیش رود. به‌عبارت‌دیگر، این بدان معنی است که مراحل باید انجام شود تا اطمینان حاصل شود که تحقیق تحت کنترل شواهد آماری است به‌طوری‌که اطلاعات جمع‌آوری‌شده ازلحاظ دقت و صحت، مطابق با استاندارد از پیش تعریف‌شده هستند. اگر برخی از پاسخ‌دهندگان همکاری نمی‌کنند،

برخی از روش‌های مناسب باید برای مقابله با این مشکل طراحی شوند. یکی از روش‌های برخورد با مشکل عدم پاسخگویی این است که یک لیست از غیر پاسخ‌دهندگان و زیر نمونه کوچکی از آن‌ها تهیه شود و سپس با کمک کارشناسان و سعی و تلاش شدید می‌توان امنیت پاسخ‌دهنده تأمین نمود "(Kothari, 2004:18).

۱-۱-۷-۸ تجزیه‌وتحلیل داده‌ها

بسیاری از مفسران علوم اجتماعی در پژوهش‌های علوم اجتماعی، روش تجزیه‌وتحلیل اطلاعات را موردبحث قرار داده‌اند. تجزیه‌وتحلیل مستلزم تفکیک اطلاعات به جزئیات و سپس تفسیر جزئیات با یکدیگر است." تحلیل عبارت است از فرآیند نظم بخشیدن به داده‌ها، سازمان‌دهی محتوای آن به‌صورت الگوها، مقولات (مضامین) و واحدهای توصیفی و همچنین جستجوی روابط میان آن‌ها برای تفسیر. تفسیر متضمن معنا دادن به تحلیل، تبیین الگوها، مقولات و روابط است "(ایمان،۶۰:۱۳۹۱). تجزیه‌وتحلیل " کلمه مشتق شده از پیشوند «ana» به معنی دقیق و معنی یونانی «lyis» به شکستن و یا حل کردن "(Bohm, 1983: 156) است. طبق گفته بلاکستر[۱۰۸]، هیوز[۱۰۹] و تات[۱۱۰] (۱۹۹۶: ۱۸۵)، تجزیه‌وتحلیل، همان تحقیق به‌منظور تفسیر و تفهیم است که احتمالاً در مسیر آن مفاهیم و نظریه‌ها توسعه و پیشرفت می‌یابند."با تجزیه‌وتحلیل همه‌ی داده‌ها در کنار هم قرار می‌گیرند و سپس پیش می‌رود تا محتویات داده‌ها آشکار گردند که شرح دهنده‌ی فرآیند مداوم تفکیک اطلاعات پژوهشی جمع‌آوری‌شده به اجزای سازنده‌اش است. تجزیه‌وتحلیل داده‌ها اطلاعات جمع‌آوری‌شده را در یک قالب قرار می‌دهد و نشان می‌دهد که چگونه می‌توان آن را تجزیه‌وتحلیل و تفسیر نمود "(Ahmed,2010: 5). مارشال و راس‌من (۱۱۱:۱۹۹۵) در مورد این موضوع بیان می‌کنند که تجزیه‌وتحلیل داده‌ها، انبوهی از داده‌های جمع‌آوری‌شده را نظم ساختار و معنا می‌بخشد.

در روش‌های مختلط پژوهشی (پژوهش کمی و کیفی) جمع‌آوری داده‌ها به کار گرفته می‌شود که در این خصوص، بلاکستر و همکاران (۱۹۹۶: ۱۷۷) ذکر می‌کنند که: "ممکن است اطلاعات کیفی جزئیات بیشتری در مورد موضوع موردبررسی ارائه دهند درحالی‌که به نظر می‌رسد داده‌های کمی دارای دقت بیشتری است، اما هر دو فقط شرح نسبی ارائه می‌دهند. احمد به نقل از استبری اسمیت وترپ و لو می‌نویسد:"اما در تجزیه‌وتحلیل دادهای کیفی، بر داده‌ها یک ساختار بیرونی تحمیل می‌شود که باعث می‌شود تجزیه‌وتحلیل به‌مراتب ساده‌تر باشد؛ اما در داده‌های کیفی، ابتدا باید ساختار مورداستفاده را از اطلاعات، به دست آورد که به معنی تجزیه‌وتحلیل سامانمند آن‌هاست که منجر به استخراج تم‌ها، الگوها و طبقه‌بندی‌ها می‌گردد "(Ahmed,2010:6). پانچ[۱۱۱] (۱۹۹۸: ۱۹۹) تأکید می‌کند که روش صحیح واحدی برای انجام تجزیه‌وتحلیل داده‌های کیفی وجود ندارد، یعنی هیچ چارچوب روش‌شناسی منفردی؛ بنابراین، روش‌های نظام‌مند و سازمان‌یافته‌ی تجزیه‌وتحلیل داده‌ها در تمام روش‌شناسی‌ها نیاز هستند. مایلز[۱۱۲] و هیبوبرمن[۱۱۳] (۲۰۰۱: ۶۵) در مورد فرآیند پژوهش می‌نویسند: برای ما روشن به نظر می‌رسد که تحقیقات درواقع بیشتر یک هنر است تا پایبندی بنده‌وار به قوانین روش‌شناختی. هیچ تحقیقی دقیقاً یک روش استاندارد را نشان

[108] L,Blaxter
[109] Hughes
[110] M,Tight
[111] Punch
[112] Matthew B.Miles
[113] A. M Huberman

نمی‌دهد؛ هر یک خواستار انجام تحقیق با توجه به روش‌شناسی و ویژگی‌های آن هستند. تجزیه‌وتحلیل داده‌ها در پژوهش مستندنگاری نیازمند یک فرآیند منسجم و نظام‌مند است که توجه پژوهشگر به آن را می‌طلبد.

۱-۱-۷-۸-۱ فرآیند تجزیه‌وتحلیل داده‌ها درروش مستندنگاری

پژوهشگر باید دیدی کلی از هدف و نحوه انجام تجزیه‌وتحلیل داشته باشد. فرآیند تجزیه‌وتحلیل داده‌ها مستلزم سه جز اصلی است: یعنی نمایش داده‌ها[114]، کاهش داده‌ها[115] و استخراج و بررسی نتایج[116] و ارائه دیدگاه کلی از تجزیه‌وتحلیل داده‌ها است.(Ahmed, 2010:6)" (Miles and Huberman, 1994:12) این مدل تجزیه‌وتحلیل داده‌ها شامل سه مرحله بنیادین است. مرحله اول: نمایش داده‌ها که شامل کدگذاری داده‌ها[117] و اضافه کردن سخنان حاشیه‌ای[118] به آن، مرحله‌ی دوم: کاهش داده‌ها و مرحله‌ی سوم: استخراج و نتیجه‌گیری است. با توجه به نمودار زیر می‌توان روابط بین این سه مرحله و ارتباط نزدیک آن‌ها با اسناد و مدارک به‌دست‌آمده در طی پژوهش را دید.

نمودار ۱- ۲: اجزا ترکیب دهنده تجزیه‌وتحلیل داده‌ها: مدل تعاملی **(Ahmed,2010:6)**

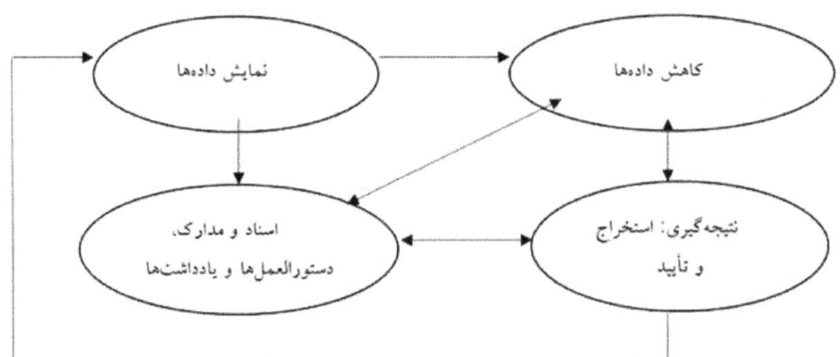

این مدل تعاملی به سهولت انتخاب، شرح، تفسیر تجزیه‌وتحلیل را ارائه می‌دهد. "برای پژوهشگر تجزیه‌وتحلیل داده‌ها یک فرآیند مداوم است. این فرآیند از زمان جمع‌آوری اطلاعات آغاز می‌شود " (Beebe, 2001:66). در تجزیه‌وتحلیل داده‌ها روش مایلز و هیوبرمن (۱۹۹۴: ۱۲) بسیار کارآمد و مؤثر است. این فرآیند در سه مرحله‌ی متفاوت رخ می‌دهد:" قبل از جمع‌آوری داده‌ها، در حین جمع‌آوری داده‌ها به‌عنوان تجزیه‌وتحلیل موقت و اولیه، پس از جمع‌آوری داده‌ها به‌عنوان نتیجه نهایی انجام می‌شود " (Ahmed, 2010:6). "ضرورت پیوستگی و یکپارچگی گردآوری و تحلیل داده‌ها این است که در جریان تحلیل، پژوهشگر به موضوعاتی برخورد می‌کند که به‌دوراز انتظار بوده و در مرحله بعدی گردآوری اطلاعات، توجه خود را به آن معطوف می‌کند. اگر تحلیل داده‌ها به پایان گردآوری داده‌ها موکول شود، این‌گونه موضوعات از دید محقق پنهان و از فرآیند تحقیق برکنار می‌مانند "(ایمان،۱۳۹۱: ۶۰) با توجه به اهمیت داده‌های پژوهش مستندنگاری، تحلیل، تفسیر و ارائه درست داده‌ها، اهمیت بسزایی در ارائه نتایج دارد.

---

[114] Data display
[115] Data Reduction
[116] Drawing and verifying conclusions
[117] Coding data
[118] Adding marginal remarks

۱-۱-۷-۸-۱-۱ نمایش داده‌ها

نمایش اطلاعات همان فرآیند ارائه و تجزیه‌وتحلیل اطلاعات است. احمد به نقل از مایلز و هیوبرمن اهمیت ایجاد نمایش داده را موردتوجه قرار داده است و اظهار می‌کند که "متن روایی رایج‌ترین فرم نمایش داده‌های کیفی است. آن‌ها شکی ندارند که نمایش‌های بهتر، راهی اصلی برای تجزیه‌وتحلیل کیفی معتبر هستند. راه‌های مختلف بسیاری برای نمایش داده‌ها وجود دارد نمودارها و اشکال و هر راهی که تجزیه‌وتحلیل را پیش ببرد مناسب است. نمایش داده‌ها از طریق این ساختارها محققان را مجبور می‌کرد تا بررسی کنند که در مورد پدیده موردبحث چه چیز شناخته‌شده و چه چیز ناشناخته است و می‌تواند، روابط جدید، پیشنهادها و توضیحات را برای تجزیه‌وتحلیل بیشتر نشان دهد. نمایش داده‌ها بر موضوع اصلی پژوهش متمرکز است. به‌عنوان‌مثال میلر[۱۱۹] و گلاسنر[۱۲۰] (۱۹۹۷: ۱۰۱) می‌گویند: "سطوح متعدد نمایش از لحظه‌ی تجربه اولیه تا خواندن نتایجی که توسط محققان به‌صورت متنی ارائه‌شده‌اند، اتفاق می‌افتد که عبارت‌اند از سطوح ورود به تجربه، بازگویی آن برای محقق، رونویسی و تجزیه‌وتحلیل آنچه گفته و مطالعه شده است " (Ahmed, 2010:7)؛ بنابراین "نمایش‌ها در تمام مراحل استفاده می‌شود، چون آن‌ها را قادر می‌سازد تا اطلاعات را سازمان‌دهی و خلاصه کنند، نشان دهند که تجزیه‌وتحلیل تا چه مرحله‌ای رسیده است و آن‌ها پایه‌ای برای تجزیه‌وتحلیل بیشتر هستند. تجزیه‌وتحلیل کیفی خوب شامل نمایش پی‌درپی و تکرارشونده داده‌ها است (Ahmed, 2010:8)" "(Punch, 1998)

۱-۱-۷-۸-۱-۲ کاهش داده‌ها یا پیش‌پردازش[۱۲۱]

امروزه با گسترش سامانه‌ها و حجم بالای داده‌های ذخیره‌شده در این سامانه‌ها، نیاز به روشی است تا بتوان داده‌های ذخیره‌شده که به‌احتمال‌زیاد منشأ آن‌ها از منابع چندگانه و ناهمگن است را پردازش کرد و اطلاعات حاصل از این پردازش را در اختیار کاربران قرارداد. به‌منظور بهبود کیفیت داده‌ها، آن‌ها را باید پیش‌پردازش کرد تا به بهبود بهره‌وری و سهولت فرآیند تجزیه‌وتحلیل داده‌ها منجر شود. مراحل پیش‌پردازش شامل موارد زیر است:

۱- پاک‌سازی داده‌ها[۱۲۲] (حذف نویز[۱۲۳] و داده‌های متناقض[۱۲۴])
۲- یکپارچه‌سازی داده‌ها[۱۲۵] (که در آن ممکن است منابع چندگانه‌ی داده‌ها باهم ترکیب شوند)
۳- انتخاب داده‌ها (داده‌ها برای تجزیه‌وتحلیل از پایگاه داده‌ها بازیابی می‌شود)
۴- تبدیل داده‌ها[۱۲۶] (در آن داده‌ها به شکل‌های مناسب تبدیل و ثبت می‌شوند تا تجزیه‌وتحلیل آسان‌تر انجام شود)
۵- کاهش داده‌ها (فرآیندی ضروری که روش‌هایی هوشمند برای الگوی استخراج داده معرفی می‌شود)

---

[119] Miller
[120] Glassner
[121] Preprocess
[122] Data cleaning
[123] Noisy. نویز یک خطای تصادفی و یا مغایرت در متغیرهای اندازه‌گیری است.
[124] Inconsistent
[125] Data integration
[126] Data warehouse

۶- ارزیابی الگو (شناسایی الگوهای جالب برای تعریف داده‌ها بر پایه تعریف الگوهای جالب)؛
۷- نمایش دانش (که از تکنیک‌هایی برای تجسم و ارائه دانش استخراج‌شده به کاربر استفاده می‌شود)

پاک‌سازی داده‌ها می‌تواند برای حذف و یا تصحیح خطا و سازگار سازی داده‌ها به کار گرفته شود. داده‌های به‌دست‌آمده در مقیاس بزرگ که نیاز به تجزیه‌وتحلیل دارند، ممکن است داده‌های ناقص[۱۲۷]، مغشوش و ناسازگار باشند. روند پاک‌سازی داده‌ها برای اصلاح داده‌ها است. خصوصیات داده‌های مورداستفاده در پژوهش مستندنگاری به‌صورت مفصل قبلاً بحث شده است که باید دارای اعتبار، صحت، نمایندگی و معنا باشند و از داده‌هایی که باعث سردرگمی پژوهشگر می‌شوند باید دوری کرد تا نتیجه قابل‌اعتمادی به دست آید؛ بنابراین یک مرحله پاک‌سازی در پیش‌پردازش مفید است. ادغام و یکپارچه‌سازی داده، داده‌هایی را که از چندین منبع می‌باشند، در یک مجموعه داده واحد و منسجم می‌کند. استخراج دانش از داده‌هایی با حجم بسیار بالا مستلزم صرف زمان زیادی است؛ بنابراین منطقی به نظر می‌رسد که ما روش‌هایی را برای کاهش اندازه‌ی داده‌ها به کار ببریم. کاهش داده می‌تواند حجم داده را با استفاده از اجتماع، حذف صفات تکراری و یا خوشه‌بندی داده‌ها کاهش دهد این کار باید بدون به خطر انداختن نتایج صورت پذیرد.

کاهش داده‌ها یک گام اساسی در فرآیند تجزیه‌وتحلیل روش مستندنگاری است. احمد به نقل از سلتیز[۱۲۸]، رایتمن[۱۲۹] و کوک[۱۳۰] (۱۹۸۱) می‌نویسد:"خلاصه کردن داده‌ها به معنی تبدیل اطلاعات از شکلی به شکل دیگر است تا تجزیه‌وتحلیل، ضبط و انتشار اطلاعات به دیگران راحت‌تر گردد. همچنین بحث وبر[۱۳۱] (۱۹۹۰: ۴۱) در مورد کاهش اطلاعات را مطرح می‌کند که اطلاعات زیادی در متون وجود دارد. غنی بودن و جزئیات موجود در متن، بدون بکار گیری شکلی از تلخیص داده، مانع تجزیه‌وتحلیل داده می‌گردد. تسچ[۱۳۲] (۱۹۹۰: ۹۷) این فرآیند را «بافت‌زدایی[۱۳۳]» و «بافت‌زایی[۱۳۴]» می‌نامد که منجر به تجزیه‌وتحلیل در سطح بالاتر[۱۳۵] می‌شود: "ازآنجاکه حداکثر کار در فرآیند تجزیه‌وتحلیل، به خاطر مجزا سازی است (به‌عنوان‌مثال تبدیل کردن به اجزای کوچک‌تر) هدف نهایی خروج شکلی بزرگ‌تر و تثبیت‌شده است؛ بنابراین، تلخیص داده‌ها به‌طور مداوم در طول تجزیه‌وتحلیل رخ می‌دهد. مرحله اولیه‌ی تلخیص داده‌ها در طی ویرایش، بخش‌بندی و تلخیص داده‌های بدون ساختار اتفاق می‌افتد "(Ahmed, 2010:7). به بیان ساده می‌توان گفت کاهش داده‌ها استخراج دانش از حجم زیادی از داده‌ها و یا اطلاعات است. "تکنیک‌های کاهش داده‌ها می‌توانند بدون از دست دادن درستی داده‌ها و بدون به مخاطره انداختن نتایج نهایی داده‌کاوی وارد عمل شوند. کاوش بر روی‌داده‌های کمتر هم سریع‌تر و هم کاری‌تر است. به‌طور حتم با کاهش داده‌ها در مراحل مختلف داده‌کاوی، سادگی ارائه و نمایش داده‌ها را نیز به همراه خواهیم داشت، به‌نحوی‌که مدل قابل‌فهم‌تر خواهد بود "(هان و دیگران، ۱۳۹۳:۷۵).

---

[127] Data Incomplete
[128] C. S, Selltiz
[129] L.S. Wrightsman
[130] S. W. Cook
[131] R.P. Weber
[132] Reneta Tesch
[133] De-contextualization
[134] Re- contextualization
[135] Higher Level

کاهش داده‌ها فرآیندی است که طی آن با استفاده از ابزارهای تحلیل داده به دنبال کشف الگوها و ارتباطات میان داده‌های موجود که ممکن است منجر به استخراج اطلاعات جدیدی از پایگاه داده شود."در مراحل میانی، آن در طی کدگذاری و یادداشت‌برداری، فعالیت‌های مرتبطی از قبیل پیدا کردن تم‌ها، گروه‌ها و الگوها اتفاق می‌افتد "(Bogdan and Biklen, 1992). پانچ دو دیدگاه خود را در مورد کدگذاری این‌چنین بیان می‌کند، "ازیک‌طرف، تجزیه‌وتحلیل همان کدگذاری است از سوی دیگر، کدگذاری فعالیت خاص و واقعی است که با تجزیه‌وتحلیل شروع می‌شود. ... به این معنا که کدگذاری هم با تجزیه‌وتحلیل شروع می‌شود و هم از طریق تجزیه تحلیل وارد سطوح مختلف می‌گردد " (Punch, 1998: 204). هنگامی‌که کدگذاری اتفاق می‌افتد در هر سطحی که باشد، تحلیل‌گر با انواع دیدگاه‌ها روبرو می‌شود. این‌ها اصل و اساس یادداشت‌هایی می‌شود که دیدگاه‌ها را ثبت می‌کنند.

۱-۱-۷-۸-۱-۳ طراحی اطلاعات و صحت نتیجه‌گیری

طراحی نتایج منطقی به دنبال کاهش و نمایش داده‌ها، درواقع بیشتر یا کمتر متقارن با آن‌ها صورت می‌گیرد. "دلایل تلخیص و نمایش داده‌ها، کمک کردن به استخراج نتایج است. ازآنجاکه دست‌یابی به نتایج به دنبال تلخیص و نمایش داده‌ها است درواقع کم‌وبیش، همزمان با آن‌ها اتفاق می‌افتد؛ بنابراین، نتایج محتمل ممکن است در ابتدای تجزیه‌وتحلیل ذکر شوند، اما ممکن است در این مرحله مبهم و بی‌نظم باشند. تا زمانی که همه داده‌ها هستند و تجزیه‌وتحلیل می‌شوند، نتایج تکمیل نمی‌شوند. نتایج چنانکه به‌وسیله داده‌ها به‌طور فزاینده‌ای در تجزیه‌وتحلیل اساسی اثبات شوند صریح‌تر و روشن‌تر خواهند شد. دو جزء اول، یعنی تلخیص داده‌ها و نمایش، بیشتر بر عمل کدگذاری و یادداشت‌گذاری متکی هستند. برای هر بخش از سومین جز، یعنی استخراج و سپس تأیید نتیجه‌گیری، محقق بر تفاسیر متکی است. مارشال و راس‌من (۱۹۹۵: ۱۲۹) اظهارنظر می‌کنند که " هر سه جزء ترکیب خواهند شد تا شرحی جامع و منسجم از موفقیت‌ها و چالش‌های سر راه اجرای ابتکار عمل‌ها ارائه شود "(Ahmed, 2010:8). برای هر بخش از سومین مؤلفه، طراحی و سپس تأیید نتیجه‌گیری، محقق متکی بر تفاسیر است.

پژوهشگر در مستندنگاری نمد استان چهارمحال و بختیاری بعد از گردآوری تصاویر نمدها و اطلاعات مربوط به آن‌ها، وظیفه تجزیه‌وتحلیل آن‌ها را دارد. وی از ابتدای جمع‌آوری داده‌ها با حجم وسیعی از داده‌ها مواجه شد و در فرآیند جمع‌آوری باید یک تجزیه‌وتحلیل ابتدایی انجام دهد و مرتباً تصاویر و اطلاعات مربوط را بر اساس یک موضوع مثلاً بر اساس تولیدکنندگانشان یا تاریخ و مکان جمع‌آوری داده منظم و کدگذاری کرد. تصاویر و اطلاعات باکیفیت پایین به نتایجی باکیفیت پایین منجر می‌شود. به‌منظور بهبود کیفیت داده‌ها، آن‌ها را باید پیش‌پردازش کرد تا به بهبود بهره‌وری و سهولت فرآیند تجزیه‌وتحلیل داده‌ها منجر شود.

۱-۱-۷-۹ آزمایش فرضیه

"پس از تجزیه‌وتحلیل داده همان‌طور که در بالا گفته شد، وقت آن است که محقق، در صورت وجود فرضیه‌هایی که در ابتدا تدوین کرده است، آن‌ها را آزمایش کند. آیا حقایق از فرضیه حمایت می‌کنند یا با آن‌ها مغایرت دارند؟ این سؤالی طبیعی است که باید طی آزمایش فرضیه پاسخ داده شود. آزمون‌های مختلف،

مانند آزمون مجذور کای[۱۳۶]، آزمون تی[۱۳۷]، آزمون اف[۱۳۸] توسط آمارشناسان برای این منظور ایجادشده‌اند. فرضیه را می‌توان از طریق استفاده از یک یا چند مورد از این آزمون‌ها آزمایش نمود که بستگی به ماهیت و هدف تحقیق دارد. آزمون فرضیه درهرصورت، به پذیرش فرضیه و یا رد آن منجر خواهد شد. اگر پژوهشگر هیچ فرضیه‌ای برای شروع نداشته باشند، نتیجه‌گیری که بر اساس داده‌ها صورت می‌گیرد، می‌تواند به‌عنوان فرضیاتی بیان شود که باید توسط مطالعات بعدی در زمان‌های آتی مورد آزمایش قرار گیرند " (Kothari, 2004:19).

۱-۱-۷-۱۰ استخراج و نتیجه‌گیری

پژوهشگر پس از تجزیه‌وتحلیل داده‌ها و اسناد و ارائه اطلاعات معنی‌دار و مشخص باید به نظرات ثابت و مشخص در مورد موضوع پژوهش برسد و برای آن‌یک بیانیه بدهد." در حقیقت، ارزش واقعی پژوهش در قابلیت آن برای رسیدن به نتایج خاص نهفته است "(Kothari, 2004:19). تجزیه‌وتحلیل داده‌ها درروش مستندنگاری شامل، کاوش داده‌ها و اسناد، سازمان‌دهی آن‌ها، تجزیه آن به واحدهای مشخص، جستجوی الگو و کشف الگوها درداده‌ها و اسناد و نهایتاً ارائه تحلیل نهایی و تفسیر الگوها است. پژوهشگر در پژوهش مستندنگاری برای شناخت ارتباط بین داده‌ها آن‌ها را طبقه‌بندی و درجه‌بندی می‌کند و از طریق رمزگذاری و یادداشت و فعالیت‌های مرتبط با آن مانند پیدا کردن تم‌ها، گروه‌ها و الگوها اتفاق می‌افتد. طبقه‌بندی شامل بررسی ویژگی‌های اسناد جدید و تخصیص آن به یکی از مجموعه‌های از قبل تعیین‌شده می‌باشد. عمل طبقه‌بندی با تعریف درستی از دسته‌ها و مجموعه‌ای از ویژگی‌ها که حاوی موارد از پیش طبقه‌بندی‌شده هستند مشخص می‌گردد. به‌طور مثال، پژوهشگر نمدهای استان چهارمحال و بختیاری را ازنظر نقش، طرح و رنگ طبقه‌بندی کرده و در این طبقه‌بندی شاخصه‌ها و گونه‌های بارز نمد با توجه به تنوع آن‌ها را شناسایی و موردبررسی قرار می‌دهد؛ از طریق این طبقه‌بندی نقوش، طرح‌ها و رنگ‌های پرکاربرد در هنر نمدمالی و همچنین تعاریف مربوط به آن به دست آید. هدف از این مرحله تنها ارائه نتیجه (به‌صورت منطقی و یا نموداری) نیست، بلکه پالایش اطلاعات ارائه‌شده به مخاطبان نیز از اهداف مهم این مرحله است. تحلیل اطلاعات نیازمند خلاقیت است تا اطلاعات خام را به اطلاعات معنی‌دار و منطقی دسته‌بندی نماید.

۱-۱-۷-۱۱ تهیه گزارش یا نظریه

درنهایت، محقق باید یک گزارش ازآنچه توسط او انجام‌شده است، آماده کند. نوشتن گزارش باید با دقت در حفظ مشخصات زیر انجام شود:

۱- طرح از گزارش باید به شرح زیر است: ۱-صفحات اولیه. ۲- متن اصلی و ۳- مطلب پایانی. در صفحات اولیه گزارش باید عنوان و تاریخ به دنبال قدردانی و مقدمه قرار گیرند. سپس باید یک فهرست از محتویات قرار داده شود که به دنبال آن فهرستی از جداول و شکل‌ها، نمودارها ارائه‌شده در گزارش وجود دارد "(Kothari, 2004:19).

[136] Chi square test
[137] t-test
[138] F-test

متن اصلی این گزارش باید قسمت‌های زیر را داشته باشد:

- "مقدمه: باید حاوی بیانیه روشنی از هدف تحقیق و شرح روش اتخاذشده در انجام پژوهش باشد. دامنه مطالعه همراه با محدودیت‌های مختلف نیز باید به‌خوبی در این بخش ذکر شود.
- خلاصه یافته‌ها: پس از مقدمه، به زبان غیر فنی توضیحی از یافته‌ها و پیشنهادهای ارائه خواهد شد. اگر یافته‌ها جامع باشند، آن‌ها را باید خلاصه نمود.
- گزارش اصلی: بخش اصلی گزارش را باید طبق یک توالی منطقی و با سیر نزولی به سمت بخش‌هایی مشخص ارائه نمود.
- نتیجه‌گیری: در پایان متن اصلی، محقق باید دوباره نتایج تحقیقات خود را به‌وضوح و دقیقاً ارائه دهد. درواقع، آن جمع‌بندی نهایی است.

در پایان این گزارش، پیوست‌ها و ضمایم باید مربوط به تمام اطلاعات فنی در فهرست نوشته شود. منابع، به‌عنوان لیستی از کتاب‌ها، مجلات، گزارش‌ها و غیره که استفاده‌شده‌اند را باید همچنین در پایان ذکر نمود. نمایه نیز باید به‌خصوص در یک گزارش پژوهشی منتشر شود.

۲- گزارش باید به سبکی موجز و هدف به زبانی ساده نوشته شود از عبارات مبهمی مانند «به نظر می‌رسد»، «ممکن است» و مانند آن باید اجتناب نمود.

۳- نمودارها و تصاویر در گزارش اصلی باید فقط در صورتی استفاده شوند که اطلاعات واضح‌تر و بیشتری ارائه دهند.

۴- «محدودیت‌های ضریب اطمینان[۱۳۹]» محاسبه‌شده را باید ذکر نمود و محدودیت‌های مختلفی که در حین انجام تحقیق تجربه‌شده‌اند را باید به‌خوبی اعلام کرد "(Kothari, 2004:20).

۱-۱-۶ نتیجه‌گیری

روش پژوهش، مهم‌ترین مقوله‌ای است که در پژوهش بایستی موردتوجه قرار گیرد. چراکه هیچ روشی بدون کاربست روشی متناسب با موضوع موردمطالعه، سرانجامی نخواهد داشت. حوزه‌ی هنر از حوزه‌هایی است که شاید گمان می‌شود به روش پژوهشی از جنس روش‌های دقیق و گام بندی شده نیازی ندارد. دلیل این گمان آن است که گاه به‌صورت آکادمیک به آن توجه نمی‌شود و اهمیت پژوهش بنیادین در این حوزه فراموش می‌شوند. ازاین‌رو بسیاری از مطالعات این حوزه فاقد نگاه علمی و روشمند و یا فاقد روشی متناسب با موضوع موردمطالعه هستند و پژوهشگران روش‌های دیگر حوزه‌ها را نیز نمی‌توانند به‌طور مستقیم در مطالعات هنر به کار ببندند. این مسائل سبب ایجاد دشواری‌ها و آسیب‌هایی در پژوهش‌های هنری شده است تا آنجا که به دلیل عدم آشنایی دانشجویان با روش و اهمیت آن، تعداد زیادی از پژوهش‌ها محدود به تحلیل صوری و فرمی و حتی در مواردی توصیفات شخصی شده‌اند و متأسفانه پژوهش‌های روشمند در این حوزه به دست فراموشی سپرده‌شده‌اند. مستندنگاری یکی از روش‌هایی است که می‌تواند در حوزه‌ی هنر مفید و کارآمد قلمداد شود. مهم‌ترین آموزه‌های مستندنگاری که در کاربست آن به‌عنوان روش سودمند واقع می‌شوند عبارت‌اند از شناسایی و ثبت، ارزیابی، تجزیه‌وتحلیل آثار مستند در حوزه‌ی هنر.

---

[139] Confidence limits

هدف صرفاً معرفی روش پژوهش مستندنگاری به کسانی است که ممکن است با آن آشنا نباشند یا شک و تردید دارند و معرفی روش مستندنگاری به‌عنوان یک روش پژوهشی برگزیده نیست، بلکه هدف نشان دادن آن است که مستندنگاری مانند همه‌ی روش‌های پژوهشی نیاز به پایبندی جدی به اخلاق و فرآیند پژوهش دارد. ذکر این نکته مهم است که فرآیند پژوهش مانند یک فرمول کنترل کیفیت برای دست‌یابی به منابع مستند وجود دارد و باید رعایت شود. روش مستندنگاری از روش‌های قوی، دقیق، مناسب گرفته‌شده است و از داده‌های معتبر و مفید استفاده کرده است و بنابراین ارزش زمینه‌های مختلف پژوهشی و مفاهیم آن با انجام هرگونه تحقیق تأیید می‌شوند. روش پژوهش مستندنگاری مانند سایر روش‌های پژوهش نقاط قوت و ضعف وجود دارد. نقاط قوت و ضعف روش مستندنگاری نیز در فرآیند پژوهش آشکار می‌شوند. رایج‌ترین تفکر اشتباه در مورد داده‌های مستندنگاری " به‌عنوان داده‌های پژوهشی آماده برای استفاده است درحالی‌که آن‌ها معمولاً نیاز به تجزیه‌وتحلیلی معادل سایر مجموعه داده‌های پژوهشی دارند و نیاز بیشتری به آماده‌سازی، توجه و تلاش دارند " (Hakim 1993: 1141) باوجوداین انتقادات، این رویکرد هنگامی کاربرد مفید دارد که محقق با وظیفه‌ی تجزیه‌وتحلیل انواع اسناد روبه‌رو است که هیچ فرمت مشترکی ندارند و همچنین به نظر می‌رسد که بدون شواهد تجربی کافی توسعه‌یافته‌اند اسناد ازنظر اعتبار داخلی و استفاده محدود از اعتبار خارجی و اعتبار و قابلیت اطمینان، موردبررسی قرار می‌گیرد. مدارک و شواهد مستندنگاری قادر هستند به پژوهشگر تعداد زیادی اطلاعات غنی و دقیق ارائه دهند که مرتبط با فرآیند جمع‌آوری داده‌ها است (Ahmed,2010:11)"(Appleton and Cowley 1997) .

هنر به‌مثابه مطالعات آکادمیک بسیار متفاوت از هنرهای اجرایی و آموزشی است. جامعه‌ی علمی-هنری ایران بایستی علاوه بر توجه به جنبه‌های تکنیکی و آموزشی هنر، پژوهش در حوزه‌ی هنر را نیز در رأس فعالیت‌های خویش قرار دهد؛ اما هنگامی‌که سخن از مطالعات آکادمیک و پژوهش درزمینه‌ی هنر به میان می‌آید، مهم‌ترین امر کاربست روشی متناسب با موضوع موردمطالعه است. با توجه به این‌که بسیاری از مطالعات در حوزه‌ی هنر روشمند نیستند و روش‌های صحیح پژوهش در این حوزه تا حدی ناشناخته باقی‌مانده‌اند، شناخت و معرفی روش‌های پژوهش و ارائه‌ی دستورالعمل‌ها و گام بندی‌های روشی امری بسیار ضروری به نظر می‌رسد. با توجه به گستردگی چشم‌گیر روش مستندنگاری، قابلیت انعطاف آن با موضوعات مختلف علوم انسانی و به‌تبع آن هنر و نیاز پژوهش‌های هنر به روشی بنیادین، این روش می‌تواند در پژوهش‌های حوزه‌ی هنر بسیار کارآمد باشد و پرداختن به آن می‌تواند دریچه‌ای به‌سوی پژوهشگران و دانشجویان بینجامد. از طرفی هنرمندان بامطالعه‌ی نتایج حاصل از پژوهش‌های مستندنگاری می‌توانند ارتباطی مستقیم باریشه‌های فرهنگی برقرار کرده و بنابراین قادر خواهند بود آثاری اصیل و متناسب بافرهنگ خویش خلق کنند؛ اما روش مستندنگاری را نمی‌توان در گام بندی‌هایی کاملاً مرحله‌بندی شده و ثابت معرفی کرد بلکه شامل سلسله گام بندی‌های درهم‌پیچیده‌ای است که زمینه و موضوع موردمطالعه در تعیین آن‌ها نقش بسزایی دارد. روش مستندنگاری در مطالعات هنر نیازمند گام بندی متناسب با این حوزه است.

روش‌های جمع‌آوری داده‌ها و انواع پژوهش، روش پژوهش و تکنیک‌های جمع‌آوری داده‌ها در پژوهش مستندنگاری به‌صورت جدول ۱-۳ ارائه‌شده است.

جدول ۱-۳، تقسیم‌بندی متعارف از انواع روش‌های گردآوری داده‌ها در پژوهش مستندنگاری

مشاهده	-مشاهده منظم، غیرفعال یا ساخت‌یافته، بسته -مشاهده نیمه منظم، نیمه فعال نیمه ساخت‌یافته نیمه آزاد -مشاهده‌ی نامنظم، فعال یا ساخت نیافته، آزاد یا مشاهده‌ی مشارکتی	در پژوهش مستندنگاری، محقق می‌تواند از همه‌ی انواع مشاهده برحسب شرایط خاص تحقیق استفاده کند؛ بااین‌حال، ماهیت داده‌ها به‌گونه‌ای است که مشاهده‌ی مشارکتی دارای بیشترین کاربرد و اهمیت است.
مصاحبه	۱. مصاحبه منظم، ساختارمند، بسته ۲. مصاحبه نیمه منظم، نیمه‌ساختارمند نیمه بسته ۳. مصاحبه نامنظم، غیرساختارمند یا عمیق، باز ۱. رودررو ۲. مکالمه‌ای ۱. شخصی ۲. گروهی	در پژوهش مستندنگاری گرچه محقق می‌تواند از همه‌ی انواع مصاحبه به‌تناسب موضوع یا شرایط مطالعه استفاده کند، اما عمدتاً به مصاحبه‌ی عمیق اتکا دارد. در این میان، روش گروهی نیز به‌عنوان یک روش مکمل از جایگاه ویژه‌ای برخوردار است.
سنجه‌های غیر واکنشی یا غیر مزاحم	-اسناد و مدارک از پیش موجود مانند ثبت‌ها، بایگانی‌ها و... -مشاهده‌های پنهان -اسناد و مدارک ساخته محقق مانند عکس، جدول، نقشه و...	در پژوهش مستندنگاری از همه‌ی این اسناد برحسب موضوع و هدف تحقیق استفاده می‌شود

جدول ۱-۴ انواع پژوهش، روش پژوهش و تکنیک‌های جمع‌آوری داده‌ها

نوع	روش	تکنیک
پژوهش کتابخانه‌ای	۱. تجزیه‌وتحلیل اسناد تاریخی ۲. تجزیه‌وتحلیل اسناد	ثبت یادداشت‌ها، تحلیل محتوا، گوش دادن به نوار و فیلم تألیفات آماری و سامانمند، مرجع و چکیده کتاب‌های راهنما، تجزیه‌وتحلیل مطالب.
پژوهش میدانی	۱. بدون مشاهده مستقیم شرکت‌کنندگان ۲. مشاهدات شرکت‌کنندگان ۳. مشاهده جمعی ۴. پست کردن پرسشنامه ۵. پرسشنامه ۶. مصاحبه شخصی ۷. مصاحبه‌ی متمرکز ۸. مصاحبه جمعی ۹. نظرسنجی تلفنی ۱۰. مطالعه موردی و تاریخچه زندگی	مشاهده رفتار، استفاده از کارت‌های امتیاز و غیره ضبط همزمان، امکان استفاده از ضبط‌صوت، تکنیک‌های عکاسی ضبط رفتار گروهی، مصاحبه با استفاده از ناظران بی‌طرف در مکان‌های عمومی. شناسایی زمینه‌های اجتماعی و اقتصادی پاسخ‌دهندگان استفاده از مقیاس‌های نگرش‌ها، روش‌های تصویری، استفاده از مقیاس‌های جامعه‌شناسی و روابط بین افراد. مصاحبه با استفاده از یک برنامه‌ریزی دقیق با سؤالات باز و بسته مصاحبه‌گر متمرکز با توجه بر روی یک تجربه و اثرات آن متمرکز می‌شود مصاحبه‌گر همزمان با گروه‌های کوچک از پاسخ‌دهندگان مصاحبه می‌کند. به‌عنوان یک تکنیک بررسی برای کسب اطلاعات و درک عقاید مورداستفاده قرارگرفته است. همچنین ممکن است به‌عنوان یک پرسشنامه استفاده شود. مجموعه مقطعی از داده‌ها برای تجزیه‌وتحلیل فشرده، مجموعه‌ای طولی از داده‌ها از شخصیت‌های ویژه
پژوهش آزمایشگاهی	موردمطالعه گروه کوچک از رفتارهای تصادفی و تجزیه‌وتحلیل بازی و نقش	استفاده از دستگاه‌های ضبط‌صوتی و تصویری، استفاده از ناظران و غیره.

فصل دوم

آشنایی زمینه‌های جغرافیایی، تاریخی و فرهنگی و اجتماعی استان چهارمحال و بختیاری و نمد

فصل دوم با عنوان آشنایی زمینه‌های جغرافیایی، تاریخی و فرهنگی و اجتماعی استان چهارمحال و بختیاری و نمد شامل گام دوم تا پنجم روش پژوهش مستندنگاری است. نویسنده همانطور که در فصل قبل توضیح داده شد، در گام دوم به بررسی متون مربوط به نمدمالی با مراجعه به مراجعی مانند کتابخانه با دانستن آنچه سایر محققین در مورد موضوع موردمطالعه گفته‌اند، در یک موقعیت بهتر نسبت به موضوع قرار می‌گیرد و زمینه‌های جغرافیایی، تاریخی و فرهنگی و اجتماعی استان چهارمحال و بختیاری و نمد را با توجه به این گام تشریح کند. پژوهشگر در گام سوم، به ایجاد فرضیه، توسعه‌ی فرضیه و اهداف براساس گام قبلی می‌پردازد و از آنجا که در پژوهش هنر فرضیات جای خود را به اهداف پژوهش داده‌اند و در قالب پرسش‌های پژوهش مطرح می‌شوند. محقق بابیان این اهداف دقیقاً تصریح می‌کند که در این تحقیق چه انجام می‌شود و چه انجام نمی‌شود، چگونگی انجام پژوهش، زمان، مکان، واحد و نمونه‌ی موردپژوهش کاملاً مشخص می‌شوند؛ پژوهشگر با درنظر گرفتن اهداف ویژه‌ی پژوهش، راهنمایی برای تهیه و تدوین ابزار گردآوری اطلاعات بدست می‌آورد. اهداف این کتاب: معرفی روش مستندنگاری وتعریف فرآیند این روش بر پدیده‌های فرهنگی و هنری؛ شناسایی روش‌های ساخت و ابزار و مواد به‌کاررفته در نمدهای موجود در استان چهارمحال و بختیاری؛ با توجه به تنوع نمدها، بررسی نمدهای شاخص ازنظر طرح، نقش و رنگ و درنهایت نمد استان چهارمحال و بختیاری را طبقه‌بندی می‌کند.

نویسنده در گام چهارم: آماده‌سازی طرح پژوهش، استراتژی تحقیق یا روش‌شناسی را در پژوهش نمد استان چهارمحال و بختیاری مشخص می‌کند، در این پژوهش به روش مستندنگاری، داده‌های جمع‌آوری‌شده، توصیف و تشریح خواهند شد. وی در قالب این طرح چگونگی جمع‌آوری اطلاعات، جمعیت یا گروهی موردمطالعه و... را مشخص می‌کند.

نویسنده در گام پنجم: تعیین طرح نمونه‌ها، موارد تحت بررسی در زمینه تحقیق جهان یا جمعیت را مشخص می‌کند. جامعه آماری پژوهش نمد عبارت است از مجموعه‌ای از افراد یا اشیا که در ارتباط با هنر نمدمالی استان چهارمحال و بختیاری و به‌طور خاص شامل دو شهر، شهرکرد و بروجن است و قلمرو زمانی در مستندنگاری نمد استان چهارمحال و بختیاری با توجه به انجام پژوهش در دامنه زمانی خاصی و اهمیت زمان در جمع‌آوری داده‌ها و همچنین ارائه یافته‌های پژوهش در طرح تحقیق قلمرو زمانی به شکلی واضح و روشن موردتوجه و اشاره قرار گرفت. دامنه‌ی زمانی در حوزه مطالعات نمد ۲۰۰ سال اخیر در استان چهارمحال و بختیاری و شامل دو شهر، شهرکرد و بروجن است و در حوزه زمینه تحقیق نمد از عصر هخامنشی تاکنون است.

۲-۱ زمینه‌های جغرافیایی

۲-۱-۱ جغرافیای استان چهارمحال و بختیاری

این استان در بخش مرکزی کوه‌های زاگرس بین پیش کوه‌های داخل و استان اصفهان واقع‌شده است. از شمال و شرق به استان اصفهان، از غرب به استان خوزستان، از جنوب به استان کهکیلویه و بویراحمد و از شمال غرب به استان لرستان محدود است."استان چهارمحال و بختیاری با مساحت ۱۶۵۳۲ کیلومترمربع بین ۳۱ درجه و ۹ دقیقه تا ۳۲ درجه و ۴۸ دقیقه عرض شمالی و نیز ۴۹ درجه و ۲۸ دقیقه تا ۵۱ درجه و ۲۵ دقیقه طول شرقی قرار دارد "(نقل از سایت سازمان هواشناسی استان چهارمحال و بختیاری[140]). بر اساس آخرین تقسیمات سیاسی کشور، استان چهارمحال و بختیاری دارای ۶ شهرستان ۲۴ شهر و ۱۵ بخش و ۳۴ دهستان هست. دلیل نام‌گذاری این استان اشاره به دو بخش منطقه چهارمحال و منطقه بختیاری دارد .چهارمحال بخشی روستانشین میان اصفهان و منطقه ایل‌نشین بختیاری بود. محال جمع مکسر کلمه محل به معنی ناحیه و مکان است و چهارمحال یعنی چهار ناحیه،"چهارمحال چسبیده به منطقه بختیاری است، سردسیر و به قول مشهور هند کوچک است ...به همین جهت به آن چهارمحال و بختیاری می‌گویند؛ یعنی چهارمحال است. محل اول نیروج، دویم لار، سوم کلار و چهارم گندمان "(نیکزاد، ۱۳۵۷: ۶). در تقسیمات کنونی استان، لار و کیار در شهرستان شهرکرد، میزدج در شهرستان فارسان و گندمان در شهرستان بروجن قرار می‌گیرد. منطقه بختیاری نیز که از دیرباز کوچگاه ایل بزرگ بختیاری هست، هم‌اکنون شامل شهرستان‌های کوهرنگ، فارسان، اردل و لردگان هست. شهرکرد مرکز استان، در ارتفاع ۲۰۶۶ متری از سطح دریاهای آزاد قرار دارد که مرتفع‌ترین شهر در بین مراکز استانی بوده و به همین سبب این استان به بام ایران شهرت یافته است." این منطقه دارای یک درصد از کل وسعت ایران و ازلحاظ وسعت بیست و ششمین استان است و باوجود مساحت کم، ده درصد از منابع آب شیرین کشور را در اختیار دارد "(به نقل از سایت سازمان میراث فرهنگی، صنایع‌دستی و گردشگری[141]).

در کنار جاذبه‌های متعدد تاریخی و فرهنگی، نظیر ابنیه تاریخی، محوطه‌ها و آثار باستانی فرهنگ عشایری، بزرگان فرهنگ و هنر استان، دامنه‌های زاگرس نیز گنجینه‌ای از طبیعت فراروی ما گذاشته، مناظر بدیع و زیبا تا بدان جا که چهارمحال و بختیاری را بهشت طبیعت دوستان و گردشگران نامیده‌اند. چشمه‌ها و رودخانه‌ها، دشت لاله‌های واژگون و مناطق حفاظت‌شده و شکارممنوع بسیاری نظیر قیصری، شیدا، هلن، سبز کوه، تنگ صیاد و جنگل‌های بلوط، یا همان طلای سبز زاگرس، که تنوع بالغبر ۹۲۳ گونه گیاهی باارزش ۲۹۴ گونه جانوری و چشم‌اندازهای کم‌نظیر را در خود جای‌داده‌اند، تنها بخشی کوچک از این بهشت به شمار می‌آید.

[140] http://www.chaharmahalmet.ir/c1.asp(دسترسی در تاریخ ۱ آذر ۱۳۹۳)

[141] http://miraschb.ir(دسترسی در تاریخ ۳۰ آذر ۱۳۹۳)

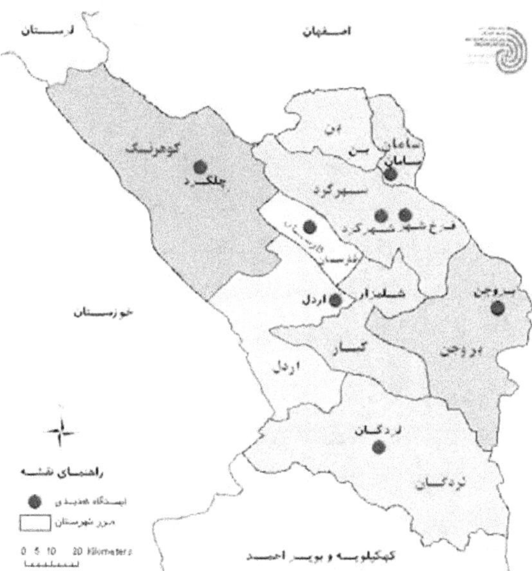

نقشه ۲-۱، نقشه استان چهارمحال و بختیاری (نقل از سایت سازمان میراث فرهنگی، صنایع‌دستی و گردشگری[۱۴۲])

۲-۱-۲ جغرافیای نمد در استان چهارمحال و بختیاری

هنر- صنعت نمدمالی یکی از قدیمی‌ترین میراث صنایع‌دستی ایران و در استان چهارمحال و بختیاری است. نمد و نمدمالی در چهارمحال و بختیاری به لحاظ بهره‌مندی از بسترها وزندگی متکی به دام‌پروری و نیز کوچ‌های طولانی، اقلیم سرد و کوهستانی قدمت طولانی دارد. استان چهارمحال و بختیاری خاستگاه اصلی عشایر ایل بختیاری است. "نوع معیشت در ایل بختیاری بر مبنای دامداری استوار است و سال‌های سال است که این گروه‌های انسانی به دلیل داشتن دام و برای تعلیف آن‌ها در فصول مختلف تغییر مکان می‌دهند و ییلاق و قشلاق می‌کنند "(کریمی، ۱۳۵۲:۴۲). آب‌وهوای منطقه و کوهستانی بودن آن دامداری را در این قسمت از ایران رونق داده و استفاده از محصولات دامی به‌ویژه پشم و صنایع مربوط به آن ازجمله قالی‌بافی، نمدمالی، گلیم‌بافی و... سالیان درازی است در این ناحیه رواج دارد. گله‌داری در این استان کوهستانی بین عشایر بختیاری و قشقایی حرفه‌ای همگانی و سنتی و اجدادی است و اساس درآمد و پایه اقتصاد این اقوام را استوار می‌سازد. "پشم که مادهٔ اولیه و بسیار مهم در کار فرش‌بافی است، به‌وفور از گوسفندان محلی به دست می‌آید و همواره در دسترس است و همین امر از عوامل مهم در تشویق عشایر بختیاری در گرایش هنر و صنعت فرش‌بافی هست "(دانشگر، ۱۳۷۶: ۱۹۰). نمدمالی در این استان به لحاظ سهولت در فراهم آوردن ابزار و مواد اولیه، به دلیل ارتباط نزدیک نمدمالان با مردمی که پیشه آنان دامداری و دام‌پروری است، از قدیمی‌ترین دست‌ساخته‌های بشری لحاظ می‌شود که با آن دو نیاز عمده تأمین زیرانداز و پوشش رفع می‌شود."تهیهٔ نمد امروزه در ایران بازندگی عشایری ارتباط نزدیک دارد. بیشتر نمدمالان، ساکن یا «یکجانشین» هستند و در امتداد مسیر کوچ‌های عشایری زیست می‌کنند و وسایل رفع نیازهای عشایری را

[142] http://miraschb.ir(دسترسی در تاریخ ۳۰ آذر ۱۳۹۳)

بهنگام عبور فراهم می‌آورند "(گلاک، ۱۳۵۵: ۲۷۸). شاید بتوان گفت وجود عشایر و نیازشان به تن‌پوشی گرم و مطمئن علت اصلی پیدایش نمدمالی در این استان است.

نمدهای تولیدشده در این استان دارای وجوهی همچون، چشم‌نوازی، خوش‌ترکیبی، هماهنگی، تناسب، تقارن و گاه انتزاعی و تجریدی از طبیعت است که ریشه در زندگی مردم و آیین‌های کهن، سنت‌ها و باورها دارد که در طی قرون متمادی از یک نسل به نسل بعد منتقل‌شده‌اند و برخی از نقوش به‌صورت ثابت و پایدار و مشترک با سایر هنرها پدید آمده‌اند. این نقوش دارای ارزش معنوی هستند و هنرمند چیزی را که در درون فرهنگش نهادینه‌شده است، تکرار می‌کند، بدین ترتیب است که نقش‌مایه‌های ثابت و پایدار پدید می‌آیند. بیان معنا و هدف نقوش از دید هنرمند سخت و پیچیده است.

نمدمالی یکی از هنرهای بومی استان چهارمحال و بختیاری است که در دو شهرستان شهرکرد (شهر شهرکرد) و شهرستان بروجن (شهر بروجن و نقنه) دارای رونق و رواج نسبی است. نمد شهرکرد ازلحاظ کارایی و کاربرد و نمد بروجن ازلحاظ نقش و رنگ دارای شهره و آوازه‌اند. امروزه به‌جرئت می‌توان گفت که نمدمالی رونق پیشین خود را ازدست‌داده است و تنها مراکز فعال در این استان میدان فردوسی (میدان نمدمالان) در شهرکرد و میدان شهدا در بروجن است. هنرمندان این رشته به‌طور نسبی و بسیار سوت‌وکور و باوجود بازار کساد این حرفه به فعالیت خود ادامه می‌دهند.

نمدمالان سنتی در شهرکرد در تولید نمد زیرانداز: آقایان مهدی بنی‌مهدی، عیدی بنی‌مهدی، محمد علی‌پور، ابراهیم علی‌پور، غلام حبیب‌پور، منصور حبیب‌پور، حسن محمدیان، محمد محمدیان، ناصر امینیان، علی باباجانی، غلام صانعی، رمضان روحی و در شهر بروجن: مرادعلی همتی، علی‌محمد خنچه‌ای، منوچهر تنهایی و فیروزی هستند. نمدمالانی که از روش تولید صنعتی بهره می‌برند، سه کارگاه متعلق به آقایان علی‌اصغر علیاری، صادق طغان و قاسمی‌نژاد در شهرکرد و منوچهر تنهایی در بروجن هستند. تولیدکنندگان صنعتی با به‌کارگیری ابزارآلات صنعتی و هنرمندان جوان مبادرت به تولید و صدور نمد به بسیاری از کشورهای دیگر کرده‌اند. کلاه‌مالان در شهرکرد فعالیت می‌کنند و صرفاً تعداد انگشت‌شماری کارگاه کلاه‌مالی برجای‌مانده است. کلاه‌مالان شهرکردی، آقایان مهدی شیخ‌شاهرخ، عبدالله شیخ‌شاهرخ، بهزاد جعفریان و رحمان جعفریان و در بروجن علی‌محمد خنچه‌ای و منوچهر تنهایی (قبلاً تولیدکننده بودند اما امروزه صرفاً فروشنده کلاه هستند) می‌باشند. میانگین سنی نمدمالان و کلاه‌مالان پنجاه‌تا هشتاد سال است، به دلیل کهولت سن نمدمالان بسیاری از آنان از فعالیت دست کشیده‌اند یا به‌صورت محدود به فعالیت ادامه می‌دهند.

۲-۲ زمینه‌های تاریخی

۲-۲-۱ تاریخ استان چهارمحال و بختیاری

استان چهارمحال و بختیاری دارای پیشینه‌ای کهن است. "سابقه‌ی زندگی در این استان به دوره‌های پیش‌ازتاریخ، یعنی هزاره‌ی ششم قبل از میلاد می‌رسد "(امیدوار و دیگران،۱۳۸۱: ۲۰-۲۱). استان چهارمحال و بختیاری یکی از کم شناخته‌شده‌ترین مناطق فلات ایران ازنظر باستان‌شناسی است. آن‌گونه که پیشینه‌ی پژوهش‌های باستان‌شناختی در ایران نشان می‌دهد مناطقی همچون غرب و جنوب غرب کشور از اواخر سده

نوزدهم میلادی به بعد موردتوجه و اکتشاف محققان غربی بوده است. اروپائیانی که اولین تحقیقات قوم‌شناسی، مردم‌شناسی و باستان‌شناسی را در این مناطق انجام دادند بیشتر مأمورین سیاسی و دیپلماتیک بودند.

سر اوستین هنری لایارد۱۴۳، هوتم اشنایدر۱۴۴، راولینسون۱۴۵، ایزابل بیشوب۱۴۶ و لرد کرزن۱۴۷ محققینی ازاین‌دست بودند که از حدود نیمهٔ قرن نوزدهم در نواحی بختیاری به تحقیق پرداختند." گزارش‌های سراوستین هنری لایارد از آثار تاریخی نواحی بختیاری که حاصل دو سال (۱۹۴۱ و ۱۹۴۰ میلادی) اقامت و همراهی وی با بختیاری‌هاست از اهمیت خاصی در مطالعات باستان‌شناختی آن برخوردار است (لایارد، ۱۳۶۷ و امیری، ۱۳۷۱). جدی‌ترین مطالعات باستان‌شناسی محدوده چهارمحال و بختیاری در سال ۱۳۵۳. هـ ش. توسط آلن زاگارل۱۴۸ در مناطقی از شهرستان لردگان آغاز شد. در سال ۱۳۵۴ این مطالعات به سرپرستی پروفسور هانس نیسن۱۴۹ و توسط آلن زاگارل از هیئت باستان‌شناسی آلمانی پیگیری شد "(نوروزی، ۱۳۸۸:۱۶۲).

مطالعات باستان شناسان داخلی و خارجی اهمیت منطقه چهارمحال و بختیاری را از دیدگاه باستان‌شناسی به اثبات رسانده است. آثار و محوطه‌های باستانی دوره‌های پارینه‌سنگی، نوسنگی، مس و سنگ، آغازتاریخی و تاریخی نشانگر دیرینگی حضور بشر در این منطقه است. گمانه‌زنی‌های اخیر در برخی از مناطق استان مدارک ارزنده‌ای از دوران عیلامی‌ها به دست داده است. زاگارل (۱۳۸۶: ۲۰۲) بر اساس سفالینه‌های کشف‌شده بروی تپه‌های باستانی و آثار کهن تاریخی شهر هفشجان ۱۵۰قدمت این استان به هزاره هفتم قبل از میلاد می‌داند که بیانگر پیشینه ۹۰۰۰ ساله چهارمحال و بختیاری است. تپه‌های باستانی دیگر حوزه چهارمحال مانند شهر کیان ۱۵۱نیز به‌صورت دهکده‌هایی کوچک در پیش‌ازتاریخ در دامنه دشت‌های استان قرار داشته‌اند.

مردمانی که در این خطه زیسته‌اند. بنا به طبیعت پیرامون خویش شیوه، روش و سنت زیست خود را با آن سازگار ساخته‌اند. ازاین‌روست که خاستگاه اصلی نخستین حکومتی که در ایران شکل منسجم خود را ارائه می‌دهد توانست در این منطقه مستقر گردد. گسترش قدرت این حاکمیت به‌نوبه خود زمینه را برای حاکمیت بعدی فراهم ساخت. "هخامنش رهبر قبیله پارسیان با استقرار در کوه‌های بختیاری و منطقه مسجدسلیمان، ایذه و مالمیر حاکمیت جدیدی را پی ریخت و نام انشان، توسعه تدریجی حکومت هخامنشیان را موجب گردید. همزمان با دوره اشکانی قسمت‌های زیادی از منطقه تحت فرمان حکومت محلی الیمایی‌ها بوده است. دولت الیمایی با استقرار خود در این منطقه، در این منطقه نماینده آخرین حکومتی بود که به دست پارتیان از میان رفت. با تقسیم منطقه به دو بخش شمالی و جنوبی در دوره ساسانی، مرکز قدرت از ایالت پرتیکان،

143 Austen Henry Layard
144 Hvtm Schneider
145 Henry Rawlinson (۱۸۱۰-۱۸۹۵)
146 Isabella Bishop
147 Lord Curzon
148 Allen Zagarell
149 Hans Nissen
150 Hafshejan. شهری در فاصله پانزده کیلومتری جنوب شهرکرد است.
151 Kian. شهری در فاصله پنج کیلومتری شرق شهرکرد است.

فریدن کنونی به اصفهان انتقال یافت و چهارمحال و بختیاری تحت حاکمیت و نفوذ ایالت مذکور قرار گرفت. آثار دوره ساسانی نیز شامل سکه‌ها و بقایای جاده‌ها و پل‌ها از دیگر آثار پیش از اسلام منطقه است. با ورود اسلام به ایران در جنگ‌های شوشتر در سال ۲۳ هجری قمری مردم منطقه به‌تدریج دین جدید را پذیرفتند. در دوران اسلامی، منطقه چهارمحال و بختیاری تا قرن سوم هجری، همانند دیگر نقاط ایران زیر نظر خلفا اداره می‌شد. با انتخاب اصفهان به مرکز سیاسی، اجتماعی سلجوقیان، منطقه چهارمحال در اختیار سران نظامی ترکمن سلجوقی قرار گرفت. تضعیف تدریجی دولت سلجوقی، تشکیل سلسله اتابکان بزرگ را به‌صورت حکومت محلی به وجود آورد که روابط دوستانه‌ای با دولت خوارزمشاهیان داشتند. در نخستین تهاجمات مغول به ایران حکومت اتابکان بزرگ از زوال مصون ماند و در دومین هجوم بزرگ مغول به رهبری هلاکوخان چهارمحال و بختیاری در گذرگاه آن‌ها تسلیم شد. ظاهراً هدف اصلی‌تر و مهم‌تر هلاکو موجب شد تا وی حکومت اتابکان بزرگ را به رسمیت بشناسد و اقتدار این خاندان تا اضمحلال ایلخانان تداوم یابد. بااین‌همه این منطقه از تحولات سیاسی و اجتماعی به دور نماند چراکه سرانجام در دوران تیموری، انقراض اتابکان در چهارمحال و بختیاری توسط شاهرخ تیموری صورت گرفت و حاکمیت آن و تمام لرستان به رستم بیک واگذار شد. با سلطه صفویان بر بخش‌های وسیعی از ایران، چهارمحال و بختیاری نیز تحت حاکمان آنان درآمد و ایل بختیاری توسط حاکمی که از جانب شاه منصوب می‌شد، اداره می‌گردید. اگر دوره صفویان را دوره سیاست مهاجرت‌ها و کوچ‌های سیاسی – اجباری تلقی کنیم چهارمحال و بختیاری از سیاست‌گذاری‌ها بی‌نصیب نماند. اقوام بسیاری از ترک‌ها و ارمنی‌ها بدین منطقه مهاجرت کرده و مستقر گردیدند. اقدامات اصلاحی شاه‌عباس ازجمله انتقال بخشی از آب سرچشمه کارون به زاینده‌رود ارتباط اصفهان را با منطقه بیش از گذشته گسترش بخشید. سقوط صفویان مردم منطقه را در مقابل هجوم افغان‌ها قرارداد ولی این دوران کوتاه به‌سرعت به سررسید و سران ایل بختیاری در دوره نادرشاهی از یک‌سو با یکدیگر به اختلاف پرداختند و از سوی دیگر با حاکمیت جدید به مبارزه برخاستند. سرانجام کشمکش‌ها تسلیم و پذیرش قدرت جدید و حتی شرکت و همکاری در نیروی نظامی وی بود که ثمره‌ی آن فتح قلعه‌ی قندهار هست "(نیکزاد، ۱۳۶۰: ۲۰). "قتل نادر، نیروهای ایلی منطقه به‌خصوص بختیاری‌ها به‌عنوان یک نیروی مستقل وارد مبارزه سیاسی – نظامی کرد. بختیاری‌ها به زعامت علیمردان خان در این رقابت‌ها قدرت و حوزه قدرت خود را به زندیه واگذار کرده، به حمایت از کریم‌خان پرداختند. اضمحلال قدرت خاندان زند فرصتی بود تا دوباره منطقه ایلی چهارمحال و بختیاری به ابراز قدرت بپردازد. خان قاجار با قتل‌عام وسیعی از مردم این خطه طعم تلخ عدم پیروزی درراه خودمختاری چهارمحال و بختیاری بدان‌ها چشانید. تاریخ چهارمحال و بختیاری در دوران قاجارها چون اکثر دوره‌های تاریخی آن، نه‌تنها از ثبات چندانی برخوردار نیست بلکه تحولات در منطقه از سرعت بیشتری برخوردار است. سیاست قاجارها درراه تحکیم نفوذ و سلطه سیاسی بر چهارمحال و بختیاری با ازدواج سیاسی با سران قبایل به برقراری روابط بهبودی بخشید ولی در دورانی که سیاست‌های خارجی در تنظیم و هماهنگی اوضاع داخلی نقش تازه و تعیین‌کننده‌ای می‌یابد، روابط قاجارها و بختیاری‌ها تحت تأثیر این عامل جدید شاهد تحولات و تغییراتی است که عمده‌ترین آن نفوذ انگلیسی‌ها و تحریکات آن‌ها در بحران‌های ناشی از روابط خارجی ایران با کشورهای دیگر است. این دوره مقارن است با روزگار قدرت گیری خوانین هفت لنگ بختیاری به رهبری حسین قلی خان ایل خانی و افول توانمندی‌های خوانین چهار لنگ بختیاری با حاکمیت محمدتقی خان. لشکرکشی‌های متعدد به این منطقه در دوره‌های محمدشاه و ناصرالدین‌شاه قاجار سرانجام منجر به ایجاد

شکاف در رأس هرم قدرت در نزد روسای ایل بختیاری گردیده و موجبات حاکمیت یافتن هم‌زمان ایلخانی و ایل‌بیگی را فراهم آورد. خصوصاً در دوره طولانی سلطنت ناصرالدین‌شاه، بختیاری‌ها با نوعی سازش با مرکز تهران قدرت خود را در حد زیادی حفظ کردند. مهم‌ترین تحولات این دوره، اقدامات عمرانی محمدرضاخان ریاحی حاکم چهارمحال در منطقه است. در این هنگام هرکدام از فرزندان حسین قلی خان ایلخانی و برادرش رضا قلی خان ایل‌بیگی دریکی از روستاهای ناحیه چهارمحال با احداث کاخ قلعه‌های مختلف به فعالیت سیاسی – اجتماعی و اقتصادی مستقل روی آوردند و درنهایت در ماجرای مشروطه دوم و فتح تهران دخالت کردند که باعث شد خوانین هفت لنگ بختیاری به مناصبی چون نخست‌وزیری و حکومت ایالات مختلف جنوب ایران نیز دست یابند؛ روندی رو به رشد که تا پایان دوره قاجاریه همچنان حفظ گردید "(فتاحی،۱۳۸۳: ۳۱).

گسترده‌ترین گروه مصرفی نمد به‌عنوان کف‌پوش و زیرانداز است و سپس به‌عنوان پوشاک استفاده می‌شود. مهم‌ترین کاربرد نمد در گروه پوشاک به‌عنوان دوشی‌های شبانی و کلاه‌های گوناگون و مشخصی است که قشقایی‌ها و بختیاری‌ها بر سر می‌گذارند. به دلیل اهمیت نمد زیرانداز و کلاه نمدی تاریخچه دو گروه به‌طور مجزا موردبررسی قرار می‌گیرد.

۲-۲-۲ سابقه نمد زیرانداز در فرهنگ جهان و ایران

صنعت بافت کف‌پوش و زیراندازها در نخستین روزگاران تاریخ و شاید در بسیاری مکان‌ها همزمان آغازشده باشد. این‌که چگونه، کجا و در چه زمانی آغازشده است همواره محل بحث و گفتگو بوده است؛ اما نیاز به آن بی‌گمان از ضروری‌ترین نیازهای اولیه بوده است که فقط به پوشش کف زمین اختصاص نداشته است. در مکان‌هایی که زیرانداز ساده کفایت نمی‌کرد، روانداز‌هایی برای تهیهٔ رختخواب و به‌طورکلی ایجاد گرما و آسایش، لازم بود. پشم و پوست حیوانات به این منظور ایفای نقش می‌کرد ولی تهیهٔ آن از راه شکار همیشه امکان نداشت و بعلاوه پوست حیوان چون به این منظور آماده نمی‌شد به‌زودی می‌پوسید و از میان می‌رفت." بنابراین آدمیان نیازی فوری به اختراع کالایی داشتند که بتواند جانشین آن شود. نخستین اقدام منطقی، تهیهٔ زیلو بجای پوست و پشم حیوان بود. چنین زیلوهایی که تکه‌های پشم روشن به درون آن بافته‌شده است هنوز هم در میان عشایر قرقیز دیده می‌شود. همچون «چولچیت۱۵۲» یا «پوست خرس» ازبک‌ها، قدیمی‌ترین شکل قالی است و بافت آن گره ترکی است که در آن فقط تار بالائی بکار می‌رود، حال‌آنکه تار پائینی به درون پود بافته می‌شود و ازاین‌رو طرح قالی در پشت آن نمودار نمی‌گردد. نخ‌های بلند آن را با کارد می‌برند. قالی را به‌صورت کناره‌های باریک جداجدا می‌بافند، سپس این کناره‌ها را به هم می‌پیوندند "(گلاک، ۱۳۵۵: ۲۷۳).

۲-۲-۲-۱ پیشینه و زمینه‌های تاریخی نمد زیرانداز قبل از اسلام

افشاری و هدایتی (۱۳۸۱: ۱۴۱) قدیمی‌ترین تاریخ پیدایش نمد را به زمان بیرون رانده شدن آدم و حوا از بهشت و مستقر شدنشان بر زمین نسبت می‌دهند. در اینکه نمد برای نخستین بار در کجا درست‌شده اطلاع دقیقی در دست نیست، جز اینکه از دورهٔ نوسنگی مردمی که با پشم گوسفند سروکار داشتند نمد را می‌شناختند. محققان برای اطلاع از یک هنر یا صنعت "به راه‌ها و وسایل گوناگون متوسل می‌شوند گاهی از

[152] Chvlchyt

طریق مطالعه و تحقیق در متون معتبر تاریخی، زمانی از راه تجربیات علمی و مطالعات سنن، رسوم فولکلور ملت‌ها و گاهی هم به‌واسطه حفریات و کاوش‌های باستان‌شناسی و غیره درباره منشأ اثر یا آثار هنر به‌خصوص چگونه بودن و چگونه به میان آمدن آن‌ها و زمان پیدایش و نحوه کار و انگیزه‌های آن آشنایی حاصل می‌کنند "(حضرت، ۱۳۶۰: ۵۹). نمدمالان و مردم در رابطه با پیدایش نمدمالی به‌عنوان اولین تکنیک کار بشر روایات و افسانه‌های بسیاری را نقل کرده‌اند "به روایت داستانی عامیانه‌ای که در میان نمدمالان سمنان و مازندران مشهور است، پسر حضرت سلیمان، چوپانی بود که می‌خواست از پشم گوسفندش برای بافتن پارچه استفاده کند، پس‌ازآنکه چندین بار در این آرزو ناکام شد دست از کوشش برداشت و از روی ناامیدی پشم را با مشت کوبید و اشک اندوه بر آن ریخت. اشک‌ها به درون الیاف پشم راه یافت و آن‌ها را به هم چسباند. آنگاه پسر حضرت سلیمان دریافت که از خیساندن و مالیدن پشم، پارچه‌ای برایش ساخته‌شده است. بدین‌سان نخستین نمد «آفریده» شد و یاد پسر حضرت سلیمان تا این زمان به‌عنوان «رب‌النوع» نمدمالان شمال ایران زنده مانده است "(گلاک، ۱۳۵۵: ۲۷۷). این افسانه دربارهٔ «آفرینش» نمد، گواه آن است که نمدمالی کهن‌ترین شیوهٔ شناخته‌شده در تولید کف‌پوش است و شاید نمد کهن‌ترین شکل کف‌پوش دستباف باشد. "اسناد مدارک چینی ۲۳۰۰ پیش از میلاد دربارهٔ پادری، زره و سپر نمدی صحبت می‌کند. در گورهای عصر مفرغ، در آلمان نمدهایی پیداشده که تاریخ آن به ۱۴۰۰ پیش از میلاد می‌رسد. نویسندگان کلاسیک، از هومر به این‌طرف، دربارهٔ نمد سخن گفته‌اند و آن را به‌طور عمده به ایران نسبت داده‌اند. در گور سکاهای[153] سدهٔ پنجم پیش از مسیح که در قسمت مستور از برف و یخ روسیهٔ مرکزی پیداشده اشیاء نمدی زیاد چون پرده، قالی، عرقچین اسب و پتو به‌دست‌آمده است. قبایل ترک که از این نواحی مهاجرت کرده‌اند و چادرنشینان ایرانی نیز تا به امروز استادان مسلم هنر نمدسازی هستند. نه‌تنها کپنک نمدی با کلاه و آستین یکپارچه درست می‌کنند، بلکه در تزئین و آرایش نمد با نقشه‌هایی که از پشم رنگ‌شده درست‌شده و دور خود نمد به کار می‌برند استادند. روشی که چادرنشینان به کار می‌بردند ساده بوده و تا امروز هم پایدار مانده است "(ولف، ۱۳۸۴: ۲۰۰).

از دوره نوسنگی مردم با پشم گوسفند سروکار داشتند."مدارک چینی دو هزار و سیصد پیش از میلاد به زیراندازها و سپرهایی که از نمد ساخته‌شده است اشاره دارد. لوحه‌ای که سرارول استایس[154] در لولان[155] کشف کرد فهرست کالاهای دادوستد شده میان هندوستان و کشورهای دیگر را در بردارد و یکی از آن کالاها نمد است "(گلاک، ۱۳۵۵: ۲۷۷). هم‌چنین نمد در دوردست‌ترین نواحی شرق تا مغولستان و مرز کره امتداد دارد." قدیمی‌ترین نمد موجود در گنجینه سلطنتی "شوسویین[156]" در نارای[157] ژاپن متعلق به سال هفت‌صد و پنجاه‌ودو پس از میلاد است. این نمدها را از راه دادوستد و یا به‌عنوان پیشکش به ژاپن می‌آورده‌اند "(همان: ۲۷۷).

مجموعه پازیریک[158]، یک مجموعه‌ی غنی و جذاب از کوه تاریخی آلتایی مربوط به دوره سکاها (قرن ۶-۴ سال قبل از میلاد) متعلق است و تعداد بسیار زیادی آثار منحصربه‌فرد از آن کشف‌شده است. تپه دفن

[153] Scythian
[154] sir aurel stein
[155] loulan
[156] Shōsōin
[157] Nara National Museum
[158] Pazyryk

آلتاییک۱۵۹ برای کسانی در نظر گرفته‌شده بود که موقعیت‌های بالا در جامعه اولیه عشایری، مانند روسا، بزرگان و موبدان داشتند. با توجه کشفیات گورهای عمیقی برای دفن توخالی می‌شد و بسیاری از اشیاء باارزش و ضروری همراه با اجساد دفن می‌شد. دره پازیریک در ارتفاع ۱۵۰۰ متر بالای سطح دریا قرارگرفته است و بستر یک یخچال قدیمی بوده است. آب و رطوبت به‌تدریج به پایین بین سنگ تراوش می‌کند و در زمستان به یخ تبدیل‌شده است و هرگز در طول تابستان آب نمی‌شوند. انجماد باعث حفظ مواد ازجمله چوب، نمد، چرم، خز، ابریشم و دیگر مواد فاسدشدنی شده است و برای حفاظت از این مقبره‌ها این شرایط آب و هوایی ایده آل است. از گورکان‌ها۱۶۰ یعنی گورتپه مانندی که در پازیریک در آسیای مرکزی حفاری‌شده، مصنوعاتی به‌دست‌آمده که از زمان هخامنشیان در حدود سال ۱۹۴۹- ۱۹۴۸ میلادی متعلق به ایران دوره هخامنشی است و به حالت یخ‌زده مانده‌اند."سکاها ثروت هنگفتی گردآوردند و کوشیدند تا آن را در مقابر بزرگ خود پنهان کنند. آنچه از دیدگاه تاریخ مایهٔ خوشبختی است این است که گورستان‌های سکاها هزاران سال به حال یخ‌زده باقی ماند تا آنکه حفاران توانستند قالی نفیسی را که گوئی عیناً از نقش‌های برجسته تخت جمشید گرفته‌شده است پیدا کنند. نمدهای مرغوب بسیاری نیز به دست آمد "(همان: ۲۷۴). متأسفانه، دزدی از اقلام و مواد گران‌بهای آرامگاه مانند طلا فرصت بیشتر مطالعه را از محققان ربوده است. این گورها اکنون به موزه آرمیتاژ۱۶۱ انتقال داده‌شده و از آن‌ها به‌خوبی محافظت می‌شود.

قدیمی‌ترین نمد کشف‌شده از کشفیات سرجی رودنکو۱۶۲ باستان‌شناس نامدار روسی، در سال ۱۹۴۹، از چهار قبر سرداب گونه‌ی در پازیریک، در سرداب پنجم یک گاری بزرگ دیده می‌شد که با یک قطعه نمد و یک فرش کامل شده بود. "در کنار گاری فرش نمدینی یافت شد که بر روی آن در چند ردیف صحنه‌ای از یک مراسم مذهبی دیده می‌شود که در آن‌یک اسب‌سوار با شنلی که باد آن را به حرکت درآورده است به الهه‌ای که بر تخت نشسته نزدیک می‌شود "(مرشدی،۱۳۸۵: ۱۳۱). همچنین از گورکان شماره ۲ پازیریک، چند گورکان کشف‌شده که در آن‌ها اشیا متعددی متعلق به متوفی همراه وی دفن شده بودند، این اشیا شامل تمام اموال وی مثل، اسب و اشیایی از جنس چوب، عاج و چرم و نمد و فلزات گران‌بها بودند."همین مصنوعات نشان می‌دهد که نمد به‌صورت آویزه دیواری، زیرانداز و جل اسب و نمدهای تزیینی که شکل غازهای در حال پرواز به روی آن‌ها نقش شده و شیوه‌های سنتی قابل‌ملاحظه‌ای در ساخت آن‌ها به‌کاررفته مصرف فراوان داشته است. نمدهای رنگینی که سرشیر و شکل‌های دیگر به روی آن‌ها نقش شده و نیز فرش‌هایی با نقوش سنتی در ایران ساخته‌شده است "(گلاک، ۱۳۵۵: ۲۷۷). بر طبق سخنان استاد عیسی بهنام در مقاله‌ای تحت عنوان گنجینه‌های مکشوف در پازیریک، سکاها اسب‌هایشان رکاب ندارد و زین اسب‌هایشان فقط یک جل از نمد بود. اسب‌ها را به شکلی که می‌آراستند، با زین‌وبرگ کامل در کنار صاحبانشان دفن کرده‌اند. زین‌ها اغلب از جنس نمد هستند و با نمدهای رنگین و نقش و نگارهایی زینت داده‌شده‌اند.

159 Altaic
160 Gurgan
161 Hermitage
162 Sergei Rudenko

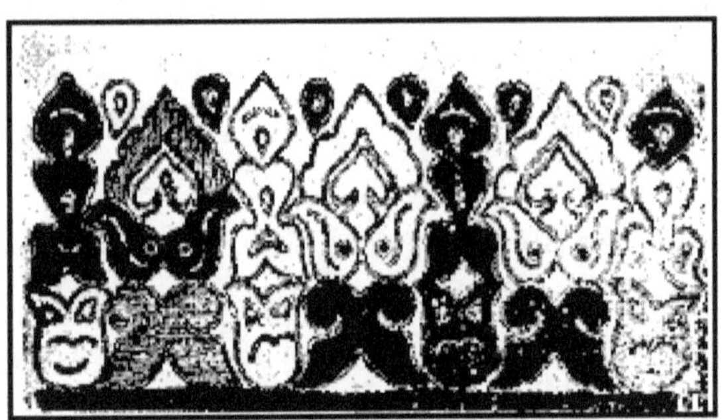

عکس ۲-۱، نقش روی یک نمد که برای جل اسب استفاده می‌شد (بهنام، ۱۳۴۶: ۲)

کاوشگران در کاوش‌های باستان‌شناسی سال ۱۹۲۹ از پازیریک یک زین نمدی مورداستفاده توسط عشایر آلتاییک را کشف کرده‌اند. تکنیک ساخت آن به روش اپلیکه‌دوزی۱۶۳ و در اندازه ۱۱۹×۶۰ سانتی‌متر در موزه آرمیتاژ موجود است. "جنس آن‌ها چنانکه از نامشان پیداست از نمد است که نقوش بر آن‌ها «اپلیکه‌دوزی» شده. این نمد زین‌ها را همراه اسب‌ها در پازیریک دفن کرده بوده‌اند "(کخ، ۱۳۸۶، ۲۳۴).

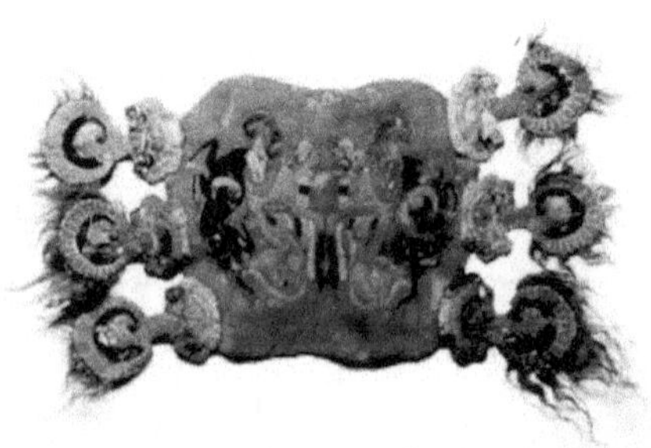

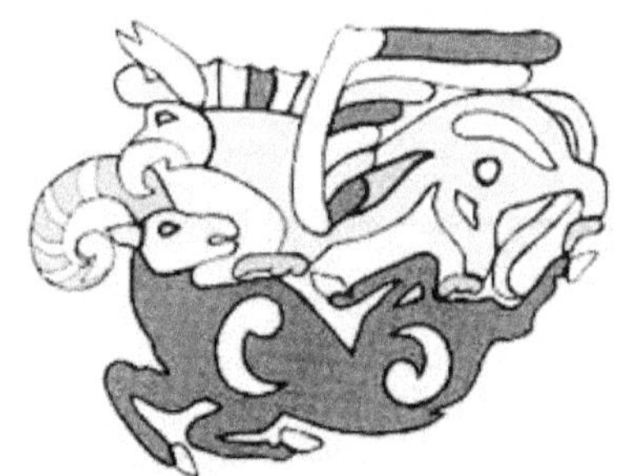

عکس ۲-۲ پوشش زین پازیریک، ۳۰۵-۲۸۸ پیش از میلاد، کاوش‌های باستان‌شناسی سال ۱۹۲۹. ۱۱۹×۶۰cm (نقل از سایت موزه آرمیتاژ۱۶۴)

پوشش زین دارای دو ترکیب مشابه و قرینه با نوعی تکنیک تکه‌دوزی، حمله گریفین۱۶۵ به بز کوهی را نشان می‌دهد." این‌چنین صحنه‌های پویا، درگیری بین دو حیوان، یک نقش خاص از سکاها بود و موضوع اصلی در هنر آلتاییک باستان بود. کاملاً محتمل است که عشایر آلتاییک اولیه و همچنین بسیاری از مردم هند و ایران، تصور موضوع مبارزه به‌عنوان مبارزه نور و گرما با سرما و تاریکی و ارتباط آن با آمدن بهار را داشتند. بز کوهی به تصویر کشیده با سه پای جمع شده و پای عقبی به سمت بالا مشخص‌شده است. هنرمند آلتاییک از این شیوه برای بیان درد و رنج مرگ حیوان استفاده می‌کرد "(نقل از سایت موزه آرمیتاژ۱۶۶). (عکس ۳-

[163] Appliquet تکه‌دوزی

[164] http://www.hermitagemuseum.org/wps/portal/hermitage/digital-collection/25.+Archaeological+Artifacts/2749825/?lng=e (Accessed on December 26, 2014)

[165] Griffin

[166] http://www.hermitagemuseum.org/wps/portal/hermitage/digital-collection/25.+Archaeological+Artifacts/2749825/?lng=e (Accessed on December 26, 2014)

۲)"در بیشتر موارد صحنه‌های درگیری حیوانات را نشان می‌دهند و نشان‌دهنده‌ی یک جانور افسانه‌ای با سر عقاب و بدن شیر است که به بز کوهی حمله کرده است. در دو طرف این جل آویزه‌هایی دیده می‌شود با یال اسب و پوست تزیین‌شده که به پهلوی اسب می‌خورده است. این مفرش برای حفظ پاهای سوارکار به کار می‌رفته و مزین به نقش یا صحنه‌ی جدال جانوران بوده است "(مرشدی،۱۳۸۵: ۱۳۱).

همچنین در نقوش قالی پازیریک نقوش اسب‌ها همراه با زین نمدی دیده می‌شود که ازنظر رنگ و نقش با یکدیگر متفاوت‌اند. با توجه به نمونه‌ی بسیار زیبایی از این نمد زین‌ها که از گورهای پازیریک به‌دست‌آمده، شاهدی بر این مدعا است که نقش نمد زین‌های قالی پازیریک به واقعیت بسیار نزدیک هستند.

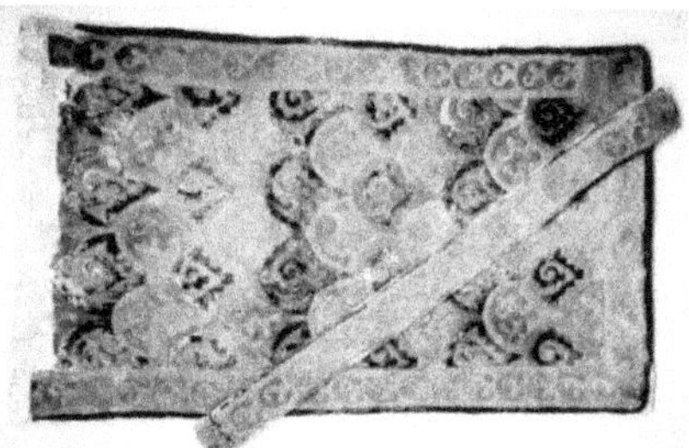

عکس ۲-۳ نمد زین الوان که از گورکان شماره ۵ پازیریک به‌دست‌آمده است، قرن ۴-۵ ق.م (Rubinson,1990:49[167]) cm ۶۸×۲۱۸

از اشیاء ایرانی مکشوفه از گورهای امیران سکایی، سینه‌بند یک نمد زین نیز از این گورها کشف‌شده است." در این سینه‌بند به نقش شیرهای در حال حرکت برمی‌خوریم که روی زیرانداز شاه نقش شده‌اند. حتی نقش مثلث‌های مکرر حاشیه در هر دو مورد یکی است. در دیوار آویزی نمدی نقش سرشیر اپلیکه‌دوزی شده که درست مانند کاشی‌های لعاب‌دار کاخ شاهی در شوش است در اینجا هم در هر دو مورد دوباره با مثلث‌های تزیینی حاشیه‌ی کناره روبرو هستیم "(کخ، ۱۳۸۶، ۲۳۶). این نمد اکنون در موزه آرمیتاژ در کنار سایر آثار به‌دست‌آمده از پازیریک حفاظت می‌شود. (عکس ۳-۴)

[167] Karen.S Rubinson,

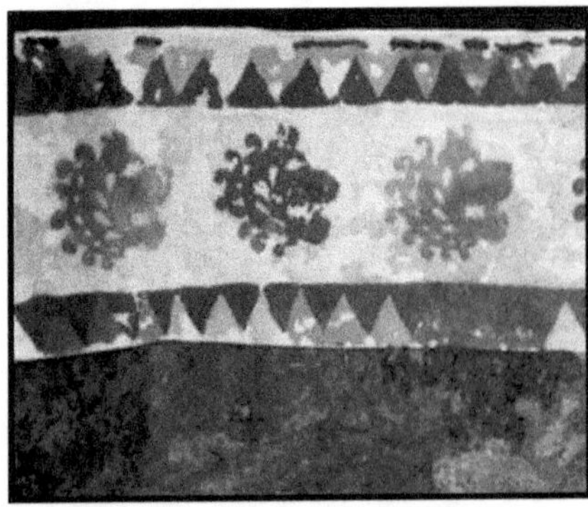

عکس ۲-۴ سمت چپ، نقش سرشیر و مثلث‌های تزئینی روی لبه‌ی بالایی نمد، مکشوفه از پازیریک، سال ۱۲۹۵ -۱۲۵۲- میلادی ۱۳۵×۱۰۰ cm (نقل از سایت موزه آرمیتاژ ۱۶۸۲۰۱۴)

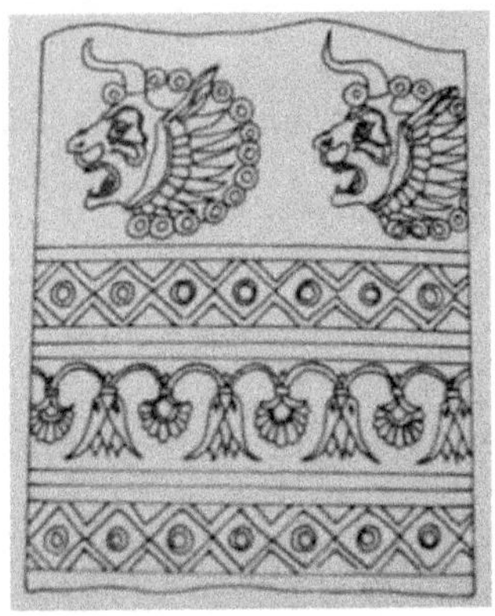

عکس ۲-۵، سمت راست کاشی رنگی کف از کاخ هخامنشی در شوش، (کخ، ۱۳۸۶، ۱۰۵)

اقوام ساکن منطقه پازیریک از نمد برای لباس، پوشش یا (کفش) سربند، پوشش زین و پرده استفاده می‌کردند. "نمدی که با فشردن پشم چیدهٔ حلاجی‌شدهٔ آغشته به یک محلول بازی در محیط گرم و مرطوب تولید می‌شد و به‌این‌ترتیب بافته‌ای گرم، محکم و ضدآب می‌ساختند که می‌توانست ضخامت‌های مختلفی داشته باشد. نمد پازیریک به‌ظاهر تماماً از پشم گوسفند ساخته شد. ساخته‌های نمدی به همراه اشیا چوبی بیشترین جنبه‌های محلی را در خود حفظ کرده‌اند "(رابینسون، ۱۳۷۸: ۳۴). هنرمندان باستانی در تکه‌دوزی تزئینات فرش یا دیوار آویز (پرده) نمدی تصاویر جانوران شکاری، گیاه‌خوار و حیوانات اسطوره‌ای را به تصویر کشیده‌اند و سر حیوان، چهره‌های جداشده و حیوانات ایستاده را اجرا کرده‌اند و صحنه‌های جنگ، نمایشی پویا و پر از قدرت درونی را خلق کرده‌اند. محققان و پژوهشگران شکی ندارند که تکنیک‌های پیچیده‌ای در نمدهای پازیریک وجود دارد، ظرافت فوق‌العاده در تابلوها، تکه‌دوزی بدون فاصله میان نقوش، ترسیم جزئیات بنیادین، دوخت زنجیره‌ای یا بندهای زیبا گواهی یک سنت طولانی‌مدت ساخت نمد، توسط هنرمندان آلتایی را می‌دهد

[168] http://www.hermitagemuseum.org/wps/portal/hermitage/digital-collection/25.+ Archaeological+Artifacts /2749825/?lng=e (Accessed on December 26, 2014)

که بیش از قرن‌ها توسعه‌یافته است؛ اما آنچه واقعاً، منحصربه‌فرد است، کیفیت گرافیکی پرده پازیریک به‌عنوان یک نمایش تصویری از صحنه‌های اساطیری در بالاترین سطح معنایی تصویر شده است.

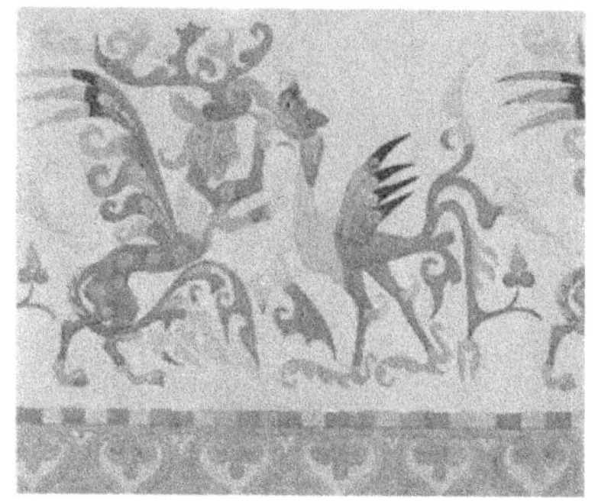

عکس ۲-۶، دیوار آویز پازیریک، مبارزه دو جانور افسانه‌ای (نقل از سایت تاملر[169])

بیانی (۱۳۴۵: ۲۸۳) در مورد مغولان چنین می‌نویسد:"چند قرن پیش مارکوپولو [170] سیاح معروف ایتالیائی در سفرنامه خود دراین‌باره چنین نوشت «مغول‌ها در زیر چادرهای مدوری زندگی می‌کنند که تیرکی بلند دارد و از نمد پوشیده شده است و همیشه و هر جا که بروند آن را با خود می‌برند»" (بیانی، ۱۳۴۵: ۲۸۳).

اولین نمد مستند شده در ایران از دوره هخامنشی در سنگ‌نگاره‌های تخت جمشید یک نمد زیرانداز است. "در پلکان شرقی کاخ آپادانا[171] در نیمی از صحنه‌ی پشت سر شاه، از میانه پلکان به بعد بدنه حجاری‌ها به ۳ قسمت تقسیم‌شده که هر سه قسمت در اشغال گارد شاه است. در نیمه بعد و پشت سر گارد در قسمت بالایی تقسیم‌بندی سه‌گانه‌ای صحنه، خادمانی قرار دارند که در حال آماده‌باش دائمی، شاه را به هنگام بیرون رفتن از کاخ یا در سفر همراهی می‌کرده‌اند. سرپرست آن‌ها به سبب اهمیت مقام دبوسی در دست دارد و این را می‌رساند که از ابواب‌جمعی رئیس تشریفات است. پشت سر وی چهار فراش هرکدام بافرش یا نمد زینی به زیر بغل و شلاقی در دست ایستاده‌اند "(کخ، ۱۳۷۶: ۱۳۸).

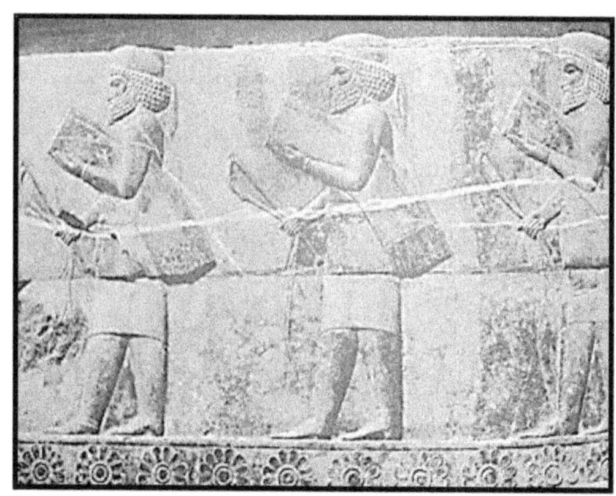

عکس ۲-۷، فراش (فرش بر) داریوش، هرکدام فرش یا نمد زینی زیر بغل و شلاقی در دست دارند. (کخ، ۱۳۷۶: ۱۳۷).

[169] www.tumblr.com(Accessed on December 24, 2014)
[170] Marco polo
[171] Apadana

۲-۲-۲-۲ پیشینه و زمینه‌های تاریخی نمد زیرانداز پس از اسلام

اسناد و مدارک اندکی در مورداستفاده از نمد به‌عنوان لباس و زیرانداز در دوره اسلامی وجود دارد." پوپ از ابن حوقل در مورد مرغوبیت و ظرافت نمدهای سده‌های ده تا دوازدهم قمری شهرهای جهرم و قرقوب و بسنه واقع در فارس یاد می‌کند و نیز از نمدهای بسیار مرغوب ساخت کرمان سخن می‌گوید."(گلاک، ۱۳۵۵: ۲۷۷). المسعودی در کتاب «مروج‌الذهب» و «معادن‌الجوهر» در مورد لباس شکارچیان در دوره عباسیان نوشته است: "کسانی که به شکار درندگان می‌پرداختند، جامه‌هایی از نمد بر تن داشتند و زوبین به دست می‌گرفتند "(چیت‌ساز، ۱۳۸۶: ۹۶).

محمدرضا چیت‌ساز، در کتاب تاریخ پوشاک ایرانیان (از ابتدای اسلام تا حمله مغول) لباس شکارچیان سرزمین‌های مرکزی، غربی و جنوبی ایران را از نمد می‌داند که آنان را به هنگام حملهٔ حیوانات وحشی تا حدی در امان نگه می‌داشت و جوزجان را یکی از مراکز تولید نمد و پلاس می‌داند. همچنین شواهدی از استفاده نمد در سایر نقاط ایران را به نقل از ابن جوزی در کتاب «المنتظم فی تاریخ‌الملوک و الأمم» از شهر تبریز است و به نقل از قاضی حمیدالدین عمربن‌محمود حمیدی بلخی[۱۷۲] در کتاب «مقامات حریری» می‌نویسد، بالاپوش صوفیان و عرفا در دوره ترکان که از پلاس و گلیم یا نمد بوده است. (نک چیت‌ساز: ۱۳۸ و ۱۵۹ و ۱۶۱ و ۲۷۰). در دست نداشتن اسناد و مدارک مکتوب حاکی از استفاده نکردن از نمد نبوده است و مطمئناً این هنر-صنعت در کنار سایر هنرها به زندگی خود ادامه می‌داده و تا به امروز باقی‌مانده است.

۲-۲-۲-۳ پیشینه و زمینه‌های تاریخی نمد زیرانداز در استان چهارمحال و بختیاری

هنر صناعی نمدمالی برحسب شیوه معیشتی دام‌پروری در استان چهارمحال و بختیاری رواج دارد. تاریخچه و قدمت مستندی از نمد استان در دست نیست؛ اما با توجه به کاربرد فراوان نمد، می‌توان نتیجه‌گیری کرد که نمد مانند فرش در این منطقه شناخته‌شده بوده است. کهن‌ترین نمد موجود در استان چهارمحال و بختیاری قدمتی نزدیک به ۲۰۰ سال دارد، یک نمد زیرانداز از خانه خوانین و اشراف منطقه چالشتر (خانه آزاده چالشتر) به‌دست‌آمده است. جنبه‌ی اشرافی بودن آن را می‌توان از روی ابعاد نمد ۱۸۸×۴۲۰ سانتی‌متر رنگ‌های زیبایش حدس زد. این نمد زیرانداز دارای طرح قاب سماوری به‌صورت دو ردیف در کنار هم و تکرار طرح در طول نمد هست، از این قطعه هم‌اینک در موزه صنایع‌دستی استان در شهر جونقان، محافظت می‌شود.

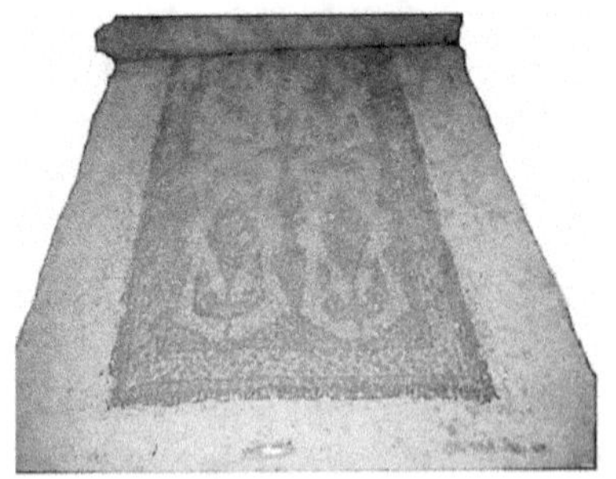

عکس ۲-۸، نمد زیرانداز با طرح مکرر قاب سماوری و نقش کشکول و سینی، موزه صنایع‌دستی جونقان (نگارنده)

[۱۷۲] (وفات ۵۵۹ ق)، قاضی، ادیب، شاعر. در بلخ می‌زیست و در آن شهر سمت قاضی‌القضاتی داشت

نمد دیگر قطعه‌ای نمد زیرانداز موجود در قلعه‌ی چالشتر به ابعاد ۱۱۰×۴۰۰ سانتی‌متر است دارای طرح زیبای قاب سماوری که در طول نمد چهار بار تکرار شده است. به دلیل عدم حفاظت و نگهداری مطلوب از این نمدها در آستانه از بین رفتن به‌وسیله آفات (حشراتی و عوامل میکرواورگانیزم) و سایر عوامل محیطی مانند نور، گرما و ... هستند. لیکن نیاز شناسایی عوامل آسیب‌رسان و ایجاد شرایط مناسب برای نگهداری این‌گونه آثار ضروری می‌نماید.

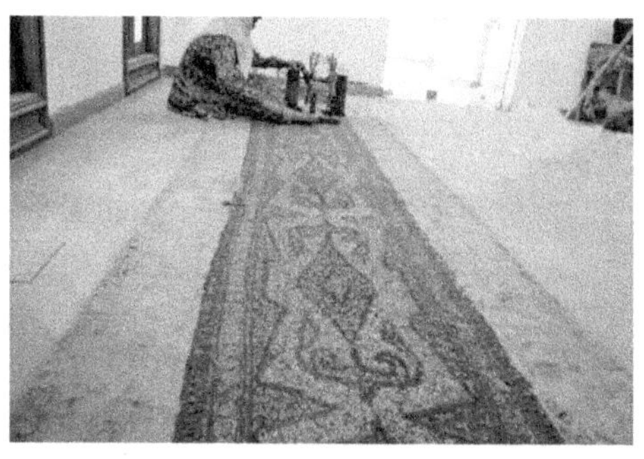

عکس ۲-۹، نمد زیرانداز با طرح قاب سماوری و نقش سینی و کشکول، این طرح چهار بار در طول نمد به‌صورت قرینه تکرار شده است، قلعه چالشتر (نگارنده)

همچنین دو نمد زیرانداز متعلق به آقای بنی مهدی از هنرمندان نمدمال شهرکرد موجود است، این دو نمد به علت گذر سال‌ها کمی دچار فرسودگی شده و قسمتی از نقوش روی آن‌ها از بین رفته است. نمد تصویر ۲-۱۰ تنها نمد قدیمی سنه‌دار شناسایی‌شده است، تاریخ بافت آن سال ۱۳۳۶ هجری شمسی در قسمت عرضی نمد تصویر شده است.

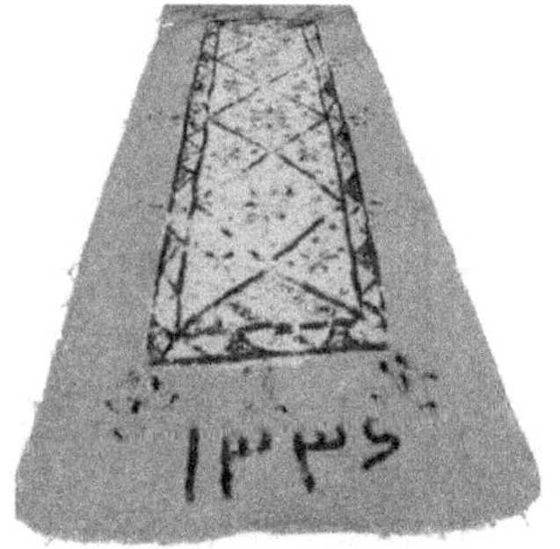

عکس ۲-۱۰، نمد زیرانداز با طرح خشتی، متعلق به آقای بنی‌مهدی، cm۱۵۰×۳۱۰ (نگارنده)

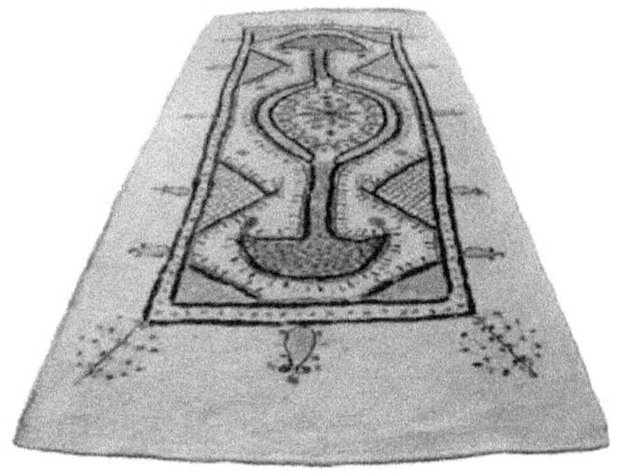

عکس ۲- ۱۱، نمد زیرانداز با طرح سینی و کشکول و قابی و نقوش زیگزاگی، متعلق به آقای بنی‌مهدی، شهرکرد، cm۱۴۵×۳۲۵ (نگارنده)

۲-۲-۴ پیشینه و زمینه‌های تاریخی کلاه نمدی در ایران

۲-۲-۴-۱ پیشینه و زمینه‌های تاریخی کلاه نمدی در دوره مادها

بی‌شک در میان صاحب‌نظران و پژوهشگران لباس و پوشاک در ایران، زنده‌یاد استاد جلیل ضیاءپور موقعیت خاصی را داشته و دارد. نوشته‌های او درزمینهٔ لباس‌های سنتی، تحولات لباس و نوع پوشاک ایرانیان در روزگاران گذشته تا حال بسیار مستند، گویا، درست و دقیق است. "پوشاک، همیشه متناسب با اوضاع‌واحوال جغرافیایی و آب و هوایی و حفاظت و ترقیات قومی لزوم تبدیل به احسن «برای کارآمد بودن» تهیه می‌شود؛ و سپس میل به جلوه‌گری سبب می‌شود که در آن به‌عنوان بهتر نمایی دست‌کاری کنند و قشنگ‌تر و باشکوه‌تر بنمایند "(ضیاءپور، ۱۳۴۳: ۱).

برای یافتن سرآغاز و مبدأ پوشش سر، باید انسان را در طول تاریخ دنبال کرد و در دوره‌ها و مکان‌های مختلف و بر اساس شرایط اجتماع بررسی کرد. قدیمی‌ترین سند از پوشش انسان با کلاه حاکی است، کلاه دارای جنبه‌های سیاسی، اجتماعی و دینی است.

پوشش سر اقوام ماد نه‌تنها برای پوشاندن در مقابل گرما و سرما بوده بلکه دارای جنبه‌های آرایشی و نمایشی نیز بوده است، جنبهٔ نمایشی آن در دوره فرمانروایی ماد و پارس بیشتر به چشم می‌خورد. "شاهان هخامنشی چیزهای زیاد از ماد اقتباس کردند و همین نکته که بسیاری از تزئینات دوره هخامنشی شبیه دوره ماد بود، یکی از جهاتی است که نمی‌توان محققاً معلوم کرد، از چیزهایی که در دورهٔ هخامنشی می‌بینیم، کدام‌یک مادی و کدام‌یک هخامنشی است. فقط در موارد کمی می‌دانیم که اقتباس پارسی‌ها از مادی‌ها چه بوده، مثلاً هرودت و استرابون نوشته‌اند که پارسی‌ها شکل لباس را از مادی‌ها اقتباس کردند و بنابراین تصور می‌رود که کلاه نمدین، قبای آستین‌دار و کفش‌های پارسی از چیزهایی است که از مادها اقتباس کرده‌اند "(ضیاءپور، ۱۳۴۳: ۲). در نقوش تخت جمشید و بیستون دقیق‌ترین پوشاک دورهٔ هخامنشی مشهود است. با توجه به طرح‌های متنوع نقش برجسته‌های تخت جمشید، برای نمایش خصوصیات مذهبی، صنفی یا قومی و نژادی خود از کلاه استفاده می‌کردند. "از مقایسه این نقش‌ها با نوشته گزنفون و هرودت می‌توان تصویر دقیقی از برخی از طبقات اجتماعی به دست آورد. هنری راولینسون می‌نویسد: مادها...سرخویش را با کلاه می‌پوشاندند و در خانه کلاه نسبتاً بلند شکیلی بر سر می‌گذاشتند و جنس کلاه آن‌ها بیشتر از نمد یا پارچه به رنگ‌های مختلف بوده است "(شهشهانی، ۱۳۷۴، ۳۳). در نقش برجسته‌های کاخ آپادانا در تخت جمشید شکل‌های متنوعی از کلاه مادها را مشاهده می‌کنیم که نمایندهٔ موقعیت طبقاتی و هویت قومی افرادی است که آن کلاه را بر سرنهاده‌اند؛ ولی از انواع کلاه دو نوع مشخص آن به کلاه مادها معروف است که همهٔ پژوهشگران در آن متفق‌القول هستند؛ یکی «تیارا» یا میتر است و به کلاهی که شاه بر سر می‌گذاشت سیداریس می‌گفتند.

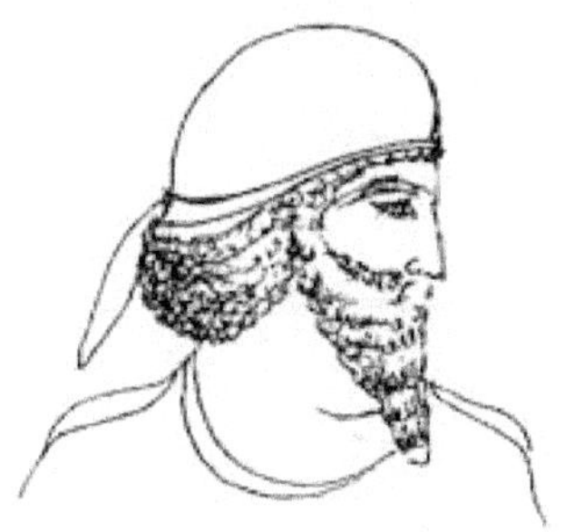

عکس ۲-۱۲، کلاه مادی (میتر) قرن پنجم پ.م طراحی از روی نقوش برجسته تخت جمشید (غیبی، ۱۳۸۷، ۸۷)

استاد جلیل ضیاءپور بر اساس نظریات هرودت درباره پوشاک مردم ماد چنین می‌نویسد، آن‌ها از کلاهی نمدین و خوب مالیده شده به نام تیار[۱۷۳] استفاده می‌کردند. بر اساس نظرات وی کلاه جزئی از پوشاک باستانی ایرانیان بوده است. با توجه به نقوش تخت جمشید کسانی که لباس مادی پوشیده‌اند," دارای پنج نوع کلاه نمدی به نام «تیار» بوده است ". (یاوری، ۱۳۸۹: ۱۲۹). از بین پنج کلاه معرفی‌شده، چهار کلاه آن از جنس نمد هستند و در فرم کلی شبیه کلاه‌های تولیدشده در استان چهارمحال و بختیاری هستند به گفتهٔ هرودت[۱۷۴] و پلوتارک[۱۷۵] تیار یا تیارا کلاهی نمدی است که به شکل تاجی مخروطی بلند و در جلو، برآمده است که دنبالهٔ آن به‌صورت نواری در پشت گردن آویزان است بیشتر محققان و مورخان یونانی کلاه ترک‌دار هخامنشیان و به‌طورکلی کلاه اقوام آریایی (ماد و پارس) را تیارا یا میتر نامیده‌اند "(غیبی، ۱۳۸۷، ۸۶). همچنین نظریات پروفسور گزنفون، نظر پلوتارک و هرودت را تأکید می‌کند که کلاه متعلق به صاحب‌منصبان ماد نوعی کلاه گرد و ساده که جنس این کلاه احتمالاً از نمد بوده و گاهی حفاظی فلزی همراه با حلقه در پشت برای استحکام بیشتر به آن متصل بوده است.

جدول ۲-۱، انواع کلاه نمدی در دوره ماد

نوع	مشخصات	موارد استفاده
نوع اول	نوع اول کلاه گرد ساده‌ی نمدی است که قسمت جلو آن کمی به سمت جاوآمده است و در پشت دنباله‌ای دارد. بلندی این دنباله در پشت گردن و تا مهره‌های پشت گردن و برخی موارد تا زیر بغل می‌رسد، این دنباله به کلاه دوخته می‌شود، این کلاه به مادهایی که با پارس‌ها قرابت دارند، بر سر می‌کنند.	نگهبانان و خدمت‌گزاران و نیز رئیس نمایندگان خراج‌گزار چنین کلاهی بر سردارند.
نوع دوم (باشلق)	نوع دوم مانند کلاه اول است،"باشلق از نمد یا کتان بود و در قسمت آن بالای معمولاً نوک‌تیز و بلند و به شکل کیسه‌ای مخروطی بود به عقب یا جلو برگشته و در قسمت پشت دنباله‌ی کوتاهی داشت که گردن را می‌پوشاند و در دو طرف نیز تکه‌ی اضافی گوش‌ها را	این کلاه هنگام مسافرت، سواری و گفت‌وگو با شاه (برای جلوگیری از دمیده شدن نفس به‌صورت شاه) به‌کاربرده می‌شد. باشلق یک کلاه همگانی بوده است که بعدها در زمان هخامنشیان به تقلید از مادها در میان

173 Tyar
174 Herodotus
175 Plutarch

	می‌پوشاند "(غیبی، ۱۳۸۷، ۸۸). "در مواقع بی‌نیازی گوش‌پوش‌ها را بالا زده به‌وسیله دنباله‌ی خودشان مانند گره از هم رد می‌کنند "(ضیاءپور، ۱۳۳۴: ۱۲).	پارسیان رواج یافت و هم‌چنین در میان پارت‌ها. "(غیبی، ۱۳۸۷، ۸۸). این کلاه را ماد پوشانی که هدیه می‌آوردند بر سر می‌گذارند "(ضیاءپور، ۱۳۳۴: ۱۲).
نوع سوم	در فرم کلی مانند دو کلاه قبلی است، اما " به‌جای دنباله پشت سر، دنباله‌ای پیوسته شده به خود دارد که با کلاه مالیده می‌شود، در دو پهلوی خود کنگره‌های محدب دارد و در آخر نیز نوک‌تیز می‌شود و کلاه در دو پهلوی خود گوش‌پوش‌هایی مانند نوع دوم اما بلندتر دارد. این گوش‌پوش‌ها " قسمت ریش و چانه را می‌پوشاند در مواقع لزوم یکی را زیر چانه روی دیگری قرار داده مقداری از آخر گوش‌پوش رویی را در بغل گوش‌پوش زیری فروکرده قسمت آخری دنباله را بیرون می‌گذارند "(ضیاءپور، ۱۳۳۴: ۱۳).	این کلاه را ماد پوشانی به سر می‌گذارند که در صف یک‌درمیان پارسی از پلکان بالا می‌روند و هریک هدیه‌ای در دست دارند "(ضیاءپور، ۱۳۳۴: ۱۳).
نوع چهارم	کلاه نمدی بدون دنباله است، دارای دو گوش‌پوش نوک‌تیز بلند که در زیر چانه به هم متصل می‌شوند. فرم این کلاه اندکی با سه کلاه قبلی متفاوت است، برجستگی بالای پیشانی برجسته‌تر و گردتر است.	

جدول ۲-۲، انواع کلاه نمدی در دوره ماد

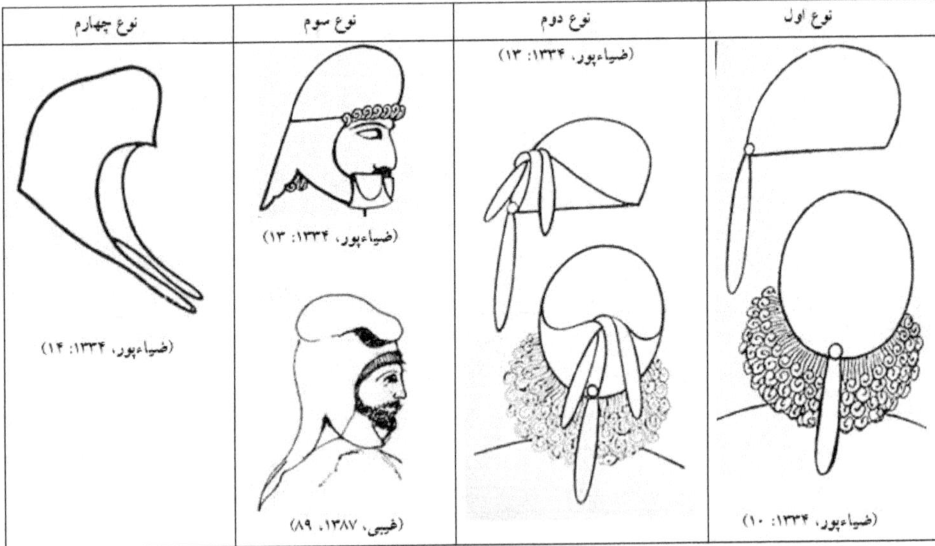

نوع چهارم	نوع سوم	نوع دوم	نوع اول
(ضیاءپور، ۱۳۳۴: ۱۴)	(ضیاءپور، ۱۳۳۴: ۱۳) (غیبی، ۱۳۸۷، ۸۹)	(ضیاءپور، ۱۳۳۴: ۱۳)	(ضیاءپور، ۱۳۳۴: ۱۰)

۲-۲-۴-۲ پیشینه و زمینه‌های تاریخی کلاه نمدی در دوره پارسیان-هخامنشی

کورش پادشاه هخامنشی از ترکیب لباس مادها تقلید کرد. کلاهی که بر سر سربازان و افراد عادی پارسی دیده می‌شود با کلاه افسران تفاوت داشت. "برای پارسیان می‌توان هشت نوع کلاه و تاج را عرضه کرد؛ ولی نوع اصلی و معمولی و مشخص آن کلاه پارسی، همان کلاه خیاره‌دار است که به نام کلاه پارسی شناس است "(ضیاءپور،۱۳۴۳: ۶۶). به‌جز چند مورد که در جدول ۵-۳ ذکر خواهد شد، بقیه‌ی کلاه‌ها، تاج هستند.

استاد جلیل ضیاءپور بر اساس نظریات اومستد[۱۷۶] درباره پوشاک پارسیان-هخامنشی چنین می‌نویسد " تن‌پوش مادی‌ها با آنچه به نام تن‌پوش پارسی خوانده‌شده بسیار فرق دارد. تن‌پوش پارسی شامل، کلاه نمدی خیاره‌دار، لباس بلند تا مچ پا و کفش‌های کوتاه شناخته می‌شد "(ضیاءپور، ۱۳۳۴: ۳۷) و درباره جنس نمدی کلاه پارسیان همگی تاریخ‌نویسان بر یک نظرند، مگر در مورد کلاه‌های جنگی که از جنس آهن و مفرغ ساخته می‌شدند. "هرودت می‌گوید: پارسی‌ها کلاهی نمدین که خوب مالیده بودند و آن را تیارا می‌گفتند بر سر داشتند "(ضیاءپور، ۱۳۳۴: ۶۰).

ضیاءپور به نقل از «سرپرسی سایکس» در رابطه بالباس پارسیان ذکر می‌کند که هخامنشی‌ها کلاه نرمی از جنس نمد موسوم به «تیارس» بر سر می‌گذاشتند. نوشته‌های گزنفون و کتزیاس و دیگر مورخان حاکی از آن است که مردمان عهد هخامنشی به‌تدریج لباس‌های قومی خود را کنار گذاشته و به‌خصوص هنگام جنگ و سواری از لباسی به سبک مادها استفاده می‌کردند، "یعنی تقلید از آنان از شلوار و تونیک و کلاهی نمدی استفاده می‌کردند "(غیبی، ۱۳۸۷، ۹۴).

کلاه مهم‌ترین بخش پوشاک پارسیان محسوب می‌شود، از کلاه‌های گوناگونی که مردم و نژادهای و تیره‌های مختلف به سر می‌گذاشتند، پارسیان نیز در زمان و مکان و منصب‌های مختلف از کلاه‌های گوناگون استفاده می‌کردند و طبقات گوناگون مردم پارس از شاه تا بزرگان و کارگزاران و لشکریان و توده مردم هرکدام کلاه مخصوص به خود داشتند که از روی این کلاه شناخته می‌شدند. این نکته ازنظر تاریخ تمدن یک قوم بسیار مهم بوده است. از این لحاظ دارای انواع مختلفی با اندکی تفاوت است. به صورتی که تنها شاه حق داشت که «کلاهی برافراشته» بر سر بگذارد.

بر طبق نظریات هرودت، هووخشتره نخستین ارتش آسیای را سازمان داد، سربازان گارد جاوید در دربار هخامنشی از مادها و پارس‌ها و خوزستانی‌ها انتخاب می‌شدند، در توصیف لباس و ابزار جنگی آن‌ها، از کلاه‌های نمدین که به آن را تیار می‌نامیدند را ذکر می‌کند. هرودت درباره پوشاک سپاه جاویدان در دوره هخامنشی می‌گوید که "آنان تیار یا کلاه نمدی نرمی بر سر وردایی آراسته باروکش شلوار داشتند (Chrissanthos, 2008, 22)"(معینی سام، رحیمی، ۱۳۹۱، ۱۳).

به گفته پروفسور هایدماری کخ در کتاب «از زبان داریوش»، در رابطه با پوشش لباس گارد جاویدان هخامنشیان، باشلق سواران گارد جاویدان هخامنشی از جنس نمد بود و نمونه‌های آن را می‌توان در حجاری‌های تخت جمشید دید که یونانیان آن را تیارا نامیده‌اند. به گزارش استرابون از سربازان ایرانی، در مورد سلاح و لباس آن‌ها نوشته است که "کلاه آن‌ها مانند مغ‌ها است "(کخ، ۱۳۷۶: ۲۹۹). نمونه‌ی کلاه سربازان

[176] Albert T.Olmstead(March 23, 1880- April 11, 1945)

گارد جاویدان در نقش برجسته‌های کاخ آپادانا و هیئت‌های هدیه آورندگان دیده می‌شوند.

تشکیل ارتش منظم و به وجود آوردن سپاه جاویدان و به‌طورکلی بنیاد تشکیلات کشوری تنوع کلاه و پوشش سر، نشان‌دهنده آن است که این پوشش‌های سرنشانه‌ی مقام و منزلت فردی بود که از آن استفاده می‌کردند

جدول ۲-۳ انواع کلاه نمدی در دوره پارسیان-هخامنشی

نوع	مشخصات	موارد استفاده
کلاه خیاره‌دار یا ترک‌دار	کهن‌ترین مدرک باستانی از این کلاه در نقش برجسته آنوبانی‌نی[۱۷۷] است. اولین اسیری که در رده‌ی اسیران برهنه در زیر پای آنوبانی‌نی پادشاه لولوبی نقش شده است، اسیری است که کلاه ترک‌دار بر سر دارد. تعداد خیاره یا ترک‌های آن از هجده‌تا بیست‌ودو و از جنس نمد است که کلگی آن در وسط دارای کمی برجستگی است و بر گرداگرد لبه‌های پایین خود نواری دارد که اساساً برای باز نشدن ترک‌ها در نظر گرفته‌شده است؛ احتمالاً جنس این نوار از نمد باشد. ادامه‌ی ترک‌های کلاه در محل سقف کمی کلف تر و در برخی حجاری‌ها به شکل نیم‌دایره و زیگزاگی هم تصویر شده است.	این کلاه در نقوش برجسته‌ی تخت جمشید بر سربازان و بزرگان هخامنشی به‌کرات دیده می‌شود. این کلاه مورداستفاده بزرگان و راهنمایان درباری که از بزرگان پارسی و مادی برگزیده می‌شدند، بوده است "(غیبی، ۱۳۸۷، ۱۱۸). اومستد که بر اساس حجاری‌های تخت جمشید برای پارسیان کلاه نمدی خیاره‌دار و برای پیادگان کلاه نمدی به همراه سربند را مشخص کرده است.
کلاه راسته	" نوعی از کلاه شاهنشاهان هخامنشی، کلاهی بلند و ساده که گردی لبه بالایی آن اندکی از گردی لبه پایینی بزرگ‌تر بوده، ازاین‌رو طاق آن در دورتادور کلاه، اندکی از دیواره‌اش بیرون می‌زده است. این کلاه از نمد ساخته‌شده و بنا به اشاره هزیکیوس با مواد صمغی و معطر آغشته شده و با زر و گوهر تزئین می‌یافته است "(ذکاء، ۱۳۴۲: ۲۲). این کلاه راسته را تیار راسته می‌نامند که در بالای آن کنگره ندارد.	"روی‌هم‌رفته از مطالعه نقوش تخت جمشید و نوشته‌های تاریخ‌نویسان چنین دانسته می‌شود که کلاه راسته بلند، در مواقع نیمه‌رسمی، از تاج زرین و کنگره‌دار بلند در مواقع تاج‌گذاری و تمام‌رسمی استفاده می‌شده و هر دو مخصوص شاهنشاهان و ولیعهدهای آنان بوده است و به‌جز آن‌ها دیگری حق نداشته ازاین‌گونه کلاه بر سر گذارد "(ذکاء، ۱۳۴۲: ۲۳).
کلاه کوتاه پارسی یا حلقه‌ای	با توجه به نقوش تخت جمشید، یک کلاه حلقه‌ای کم ارتفاع نمدین تقریباً به بلندی شش سانتی‌متر موهای دور سر را احاطه کرده است و موی سر کسانی که این کلاه را بر سردارند به‌خوبی دیده می‌شود؛ حاکی از آن است که این کلاه طاق یا کلگی ندارد.	از این نوع کلاه هم شاهنشاهان و خدمت‌گزاران دربار شاهی، نگهبانان شاه و پیشخدمت‌های مخصوص نیز از این کلاه استفاده کرده‌اند. (عکس ۳-۳)
تیارس	کلاه نمدی گردی است که دنباله‌ای لوله‌وار در پشت به آن دکمه شده و روی دوش او آویخته است "(کخ،	بلندپایه‌ترین مقام پس از شاه مقام رئیس تشریفات بود، در زمان داریوش مدت‌زمان

[۱۷۷] Anubanini

	۱۳۸۶، ۴۳).	طولانی این مقام به عهده فرنکه بود. تصویر وی با این نوع کلاه در پیکره‌های کنده‌شده در تخت جمشید مشاهده می‌شود. (عکس ۳-۳)
باشلق	با این باشلق سروصورت از آب‌وهوای بد، مانند توفان برف و شن و یا باران در امان بود و برای پوشاندن دهان و بینی از دو انتهای باشلق استفاده می‌شد.	جامه‌دار شاه و سواران "به هنگام تاخت‌وتاز در صحرا و کویر شنی با این باشلق می‌توان سر و جلو دهان و بینی را پوشاند و تنها چشم‌ها را آزاد گذاشت. همه‌ی خدمه‌ی درون دربار مخصوصاً آن‌هایی که با غذا سروکار داشتند، باشلق به سر بودند تا آن را روی دهان بکشند و مانع این شوند که نفسشان خوراکی یا آشامیدنی را آلوده کند "(کخ، ۱۳۷۶: ۱۱۰). "زنان نیز به هنگام قربانی و در مراسم آیینی باشلق بر سردارند تا نفس آنان با آتش در تماس مستقیم نباشد. (کخ، ۱۳۷۶: ۲۵۳). در نقش برجسته‌ی پلکان شرقی کاخ آپادانا نمایندگان مادی، ارمنی، آریایی و پارتی باشلق بر سردارند. (عکس‌های ۵-۶ تا ۵-۹) مغان نیز از باشلق استفاده می‌کردند. (عکس ۳-۱۰)

جدول ۲-۴ انواع کلاه نمدی در دوره پارسیان-هخامنشی

کلاه ترک‌دار پارسی	کلاه بدون ترک پارسی	باشلق	توارس
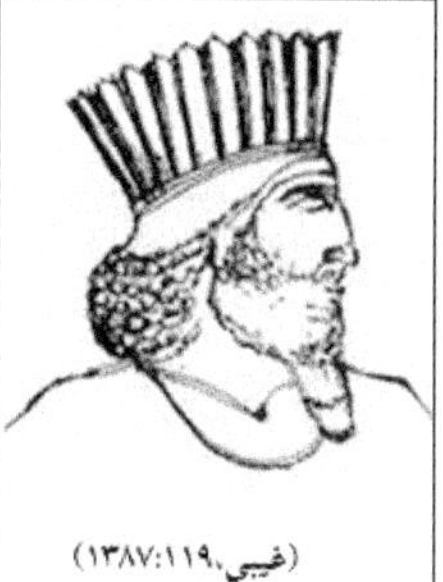 (غیبی،۱۱۹:۱۳۸۷)	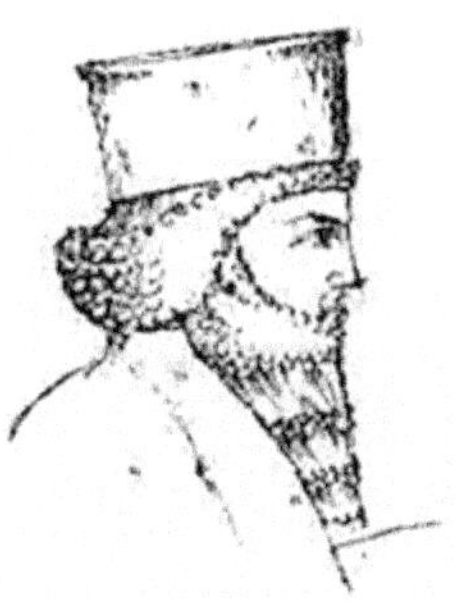 (غیبی،۱۱۹:۱۳۸۷)	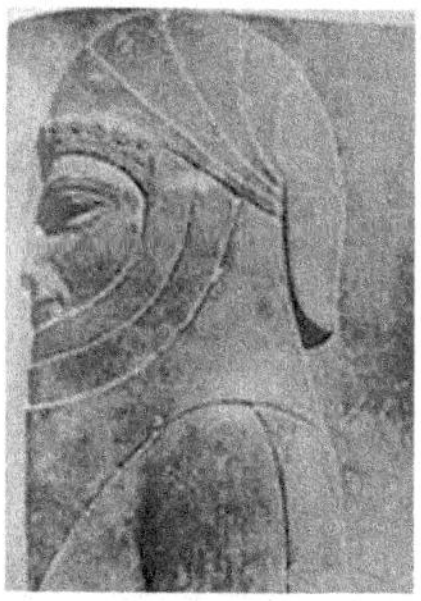 (کخ، ۱۳۷۶: ۱۹۸)	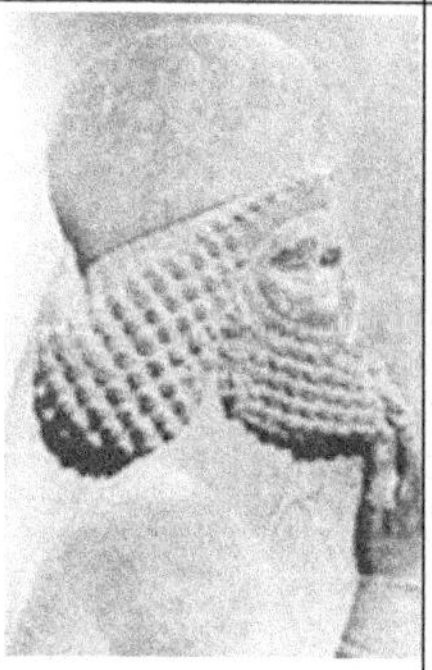 (کخ، ۱۳۸۶، ۴۴)

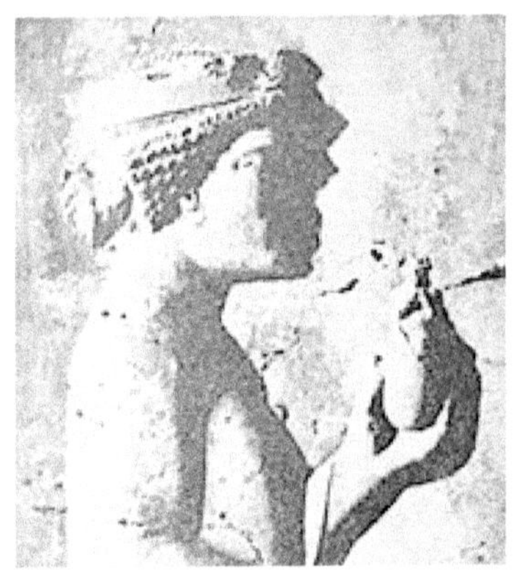

عکس ۲-۱۴، کلاه کوتاه پارسی (ضیاءپور، ۱۳۴۳: ۶۶)

تصویر فرنکه در پیکره‌های کنده‌شده در تخت جمشید مشاهده می‌شود. با قامتی کمی خمیده به سمت جلو، روبه‌روی داریوش ایستاده است."لباس وی لباس سواره‌نظام ایرانی است، سرپوش او کلاه نمدی گردی است که دنباله‌ای لوله وار در پشت به آن دکمه شده و روی دوش او آویخته است "(کخ، ۱۳۸۶، ۴۳)

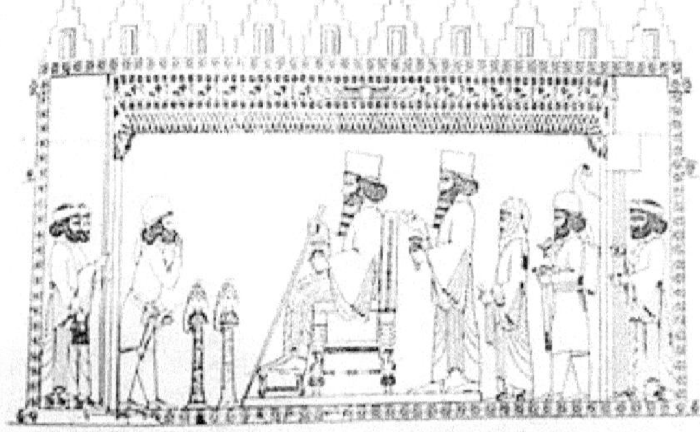

عکس ۲-۱۵، نگاره‌ی داریوش بر تخت، تصویر بازسازی‌شده (کخ، ۱۳۸۶، ۲۰۳)

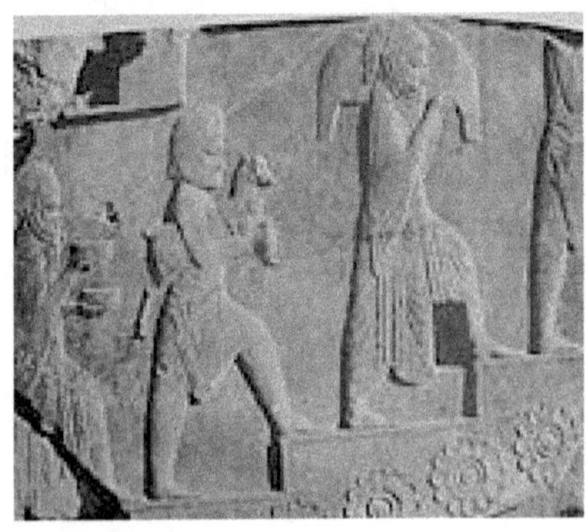

عکس ۲-۱۶، سنگ‌نگاره تخت جمشید، سده چهارم و پنجم پ.م، خدمتکاران در حال حمل غذا و مشک شراب و بزغاله‌ای زنده به کاخ داریوش، (کخ، ۱۳۷۶: ۲۰۱)

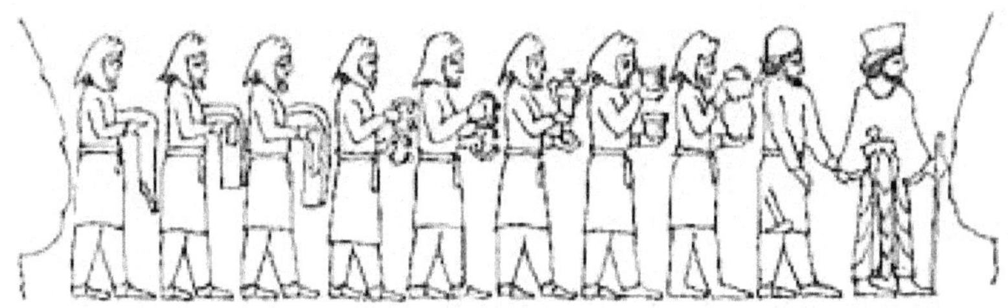

عکس ۲-۱۷، گروه نمایندگی مادی‌ها، تخت جمشید، پلکان شرقی کاخ آپادانا، قرن ششم تا پنجم پ.م (کخ، ۱۳۷۶: ۱۱۷)

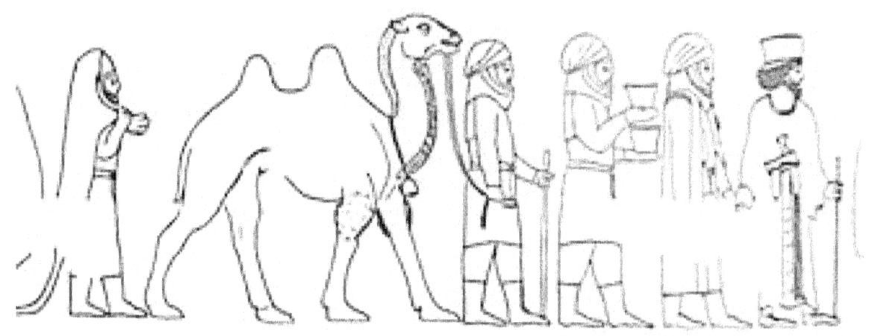

عکس ۲-۱۸، هیئت نمایندگی پارتی‌ها، (کخ، ۱۳۷۶: ۱۱۸)

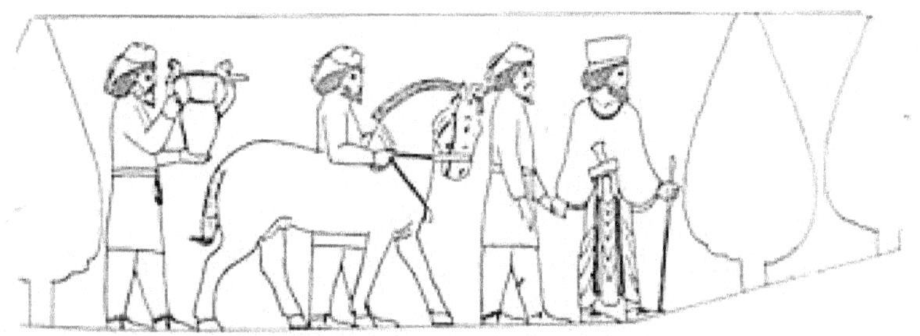

عکس ۲-۱۹، هیئت نمایندگی ارمنی‌ها، (کخ، ۱۳۷۶: ۱۱۹)

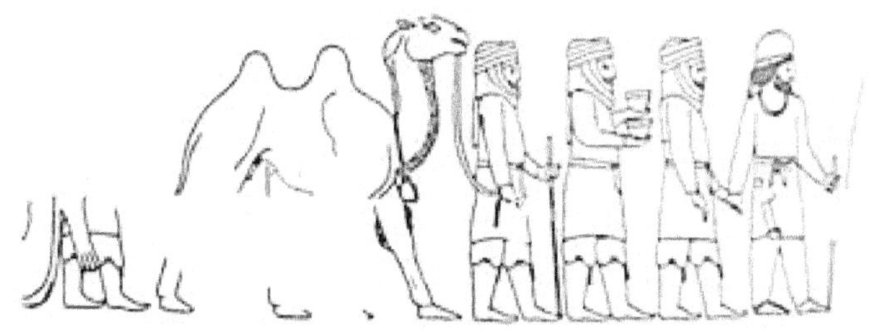

عکس ۲-۲۰، هیئت نمایندگی آریایی‌ها، (کخ، ۱۳۷۶: ۱۱۸)

۲-۲-۴-۳ پیشینه و زمینه‌های تاریخی کلاه نمدی در دوره پارتی (اشکانی)

دکتر ضیاءپور از قول سرپرسی‌سایکس در مورد پوشاک پارتیان چنین می‌نویسد "لباس پارتیان مانند پارسی‌ها قبایی بلند و گشاد بود که در آن زمان معمول مردم ماد بود و شلواری فراخ که میان جماعت پتان الآن هم مرسوم است. به‌جای کلاه چیزی به شکل نوار برگرد سر می‌بستند که از دو طرف منتهی به دو رشتهٔ دراز می‌شد و یا تیار، تاج گردی مخصوص پادشاهان هخامنشی بر سر می‌گذاشتند "(ضیاءپور، ۱۳۴۳: ۱۲۶) "در کلاه و تاج عهد اشکانی بازتاب سبک هخامنشی به‌خوبی دیده می‌شود. از انواع تاج‌های اشکانی نوعی کلاه کوتاه نمدی مخروطی شکل در تصاویر به چشم می‌خورد که یادگار دوره سکاها است و در عهد هخامنشی متداول بوده ولی نوک مخروطی آن به بلندی قبل نیست. گوش‌پوش‌های آن بلند بوده و تا روی شانه‌ها می‌رسیده است. در نقوش این کلاه بر سر مغ‌های آن روزگاردیده شده، با این تفاوت که اطراف آن شیارهایی دیده می‌شود "(شهشهانی، ۱۳۷۴، ۴۱) در پوشاک قوم پارت (اشکانی) نیز پوشش سر شامل کلاهی بلند از نمد بود."که گوش‌پوش‌ها رهاشده و ساده در وسط زائده‌ای نوک‌تیز داشت و گاهی با زائده‌هایی تزئین شده بر روی حاشیه و کناره‌ها و بالای آن، پشت گردن و گوش‌ها را می‌پوشاند و معروف به کلاه پارسی بود و بر روی سکه‌های باقی‌مانده از مهرداد دوم، تیرداد اول و فرهاد سوم و اردوان چهارم مشاهده می‌شود "(غیبی، ۱۳۸۷، ۱۶۹)

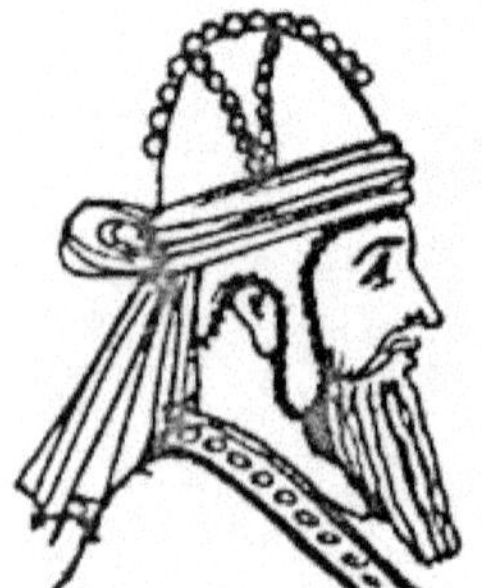

عکس ۲-۲۱، سکه‌ی پارتی، کلاه نمدی مرصع به جواهر فرهاد سوم، ۷۰-۷۵ پ.م (غیبی،۱۳۸۷:۱۷۰)

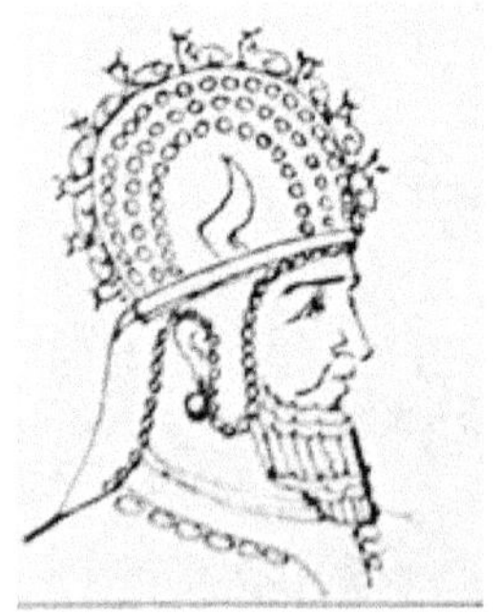

عکس ۲-۲۲، سکه‌ی پارتی، کلاه نمدی مرصع به جواهر با نوار سر اردوان چهارم، ۸۱-۸۰ میلادی، (غیبی،۱۳۸۷:۱۷۰)

۲-۴-۴- پیشینه و زمینه‌های تاریخی کلاه نمدی در دوره پارسیان-ساسانیان

ساسانیان در ترکیب لباس‌هایشان از اقوام عهد هخامنشی تقلید کرده‌اند." که به دلایل مذهبی از جلال و ابهت آن کاسته شده و وجه تمایز آن فقط در تاج پادشاهان است چون هر شاه جدیدی تاج جدیدی برای خود ترتیب می‌داده است "(شهشهانی، ۱۳۷۴، ۴۶)."لباس ساسانی را در شکل کلاه این نقش، مانند کلاه‌های نمدی امروزی نواحی مختلف فارس است. دو نوار باریک از پشت کلاه آویزان شده که در حقیقت دو سوی نوار بلندی است که پس از یک دور که در قسمت لبهٔ پایین بسته‌شده، در پشت کلاه گره‌خورده و دنباله آن به‌صورت نوار باریک آویزان شده است "(چیت‌ساز، ۱۳۸۶: ۱۰) "عناصر اصلی تن‌پوش‌ها در زمان ساسانیان همان است که در دورهٔ اشکانیان و مادها وجود داشته ولی در زمان ساسانیان پوشاک به‌طورکلی تزئینی‌تر شده است؛ مرصع کردن کلاه‌ها و تنوع آن‌ها و نقوش زیبای پارچه‌ها و تغییرات بارز پیراهن‌ها ازلحاظ تزئیناتی که برای آن قائل بودند و برش ویژه آن در فرم دادن به دامن پیراهن بیانگر تمدنی است که متعلق به ساسانیان است "(غیبی، ۱۳۸۷، ۱۹۹) قدیمی‌ترین نقشی که پوشش تن، سر و پای ساسانیان را می‌نمایاند نقوش است که بر روی دیوارهای سنگی تخت جمشید کنده‌شده است؛ و بنا به گفتهٔ هرتسفیلد، اولی شاپور (برادر اردشیر) را که به‌عنوان ساتراب در عهد هخامنشیان حکومت می‌کرده، نشان می‌دهد که دقیقاً تن‌پوش پیراهن و شلوار او مانند مردان روستایی ما طراحی‌شده و بالطبع، چون در آن زمان هنوز ساسانیان به فرمانروایی نرسیده بودند می‌توان گفت این نقش نشان‌دهندهٔ قدیمی‌ترین مدل تن‌پوش در خانواده اردشیر پاپکان (ساسانیان) و قطعاً رایج‌ترین آن در میان مردم عادی در آن زمان بوده است. پوشش سر نیز مانند کلاه‌های نمدی دهقانان امروزی و ما تکامل‌یافته آن را با نواری که از پشت سر آویزان است در نقوش حجاری‌شدهٔ نقاط مختلف ایران (طاق‌بستان، فیروزآباد و...) مشاهده می‌کنیم "(غیبی، ۱۳۸۷، ۲۰۰).

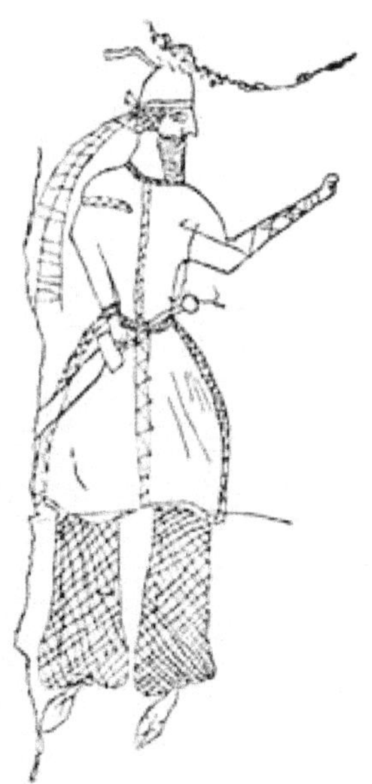

عکس ۲-۲۳، شاپور (برادر اردشیر) با پیراهن و شلوار و کلاه نمدی، تخت جمشید (غیبی، ۱۳۸۷، ۲۰۰)

در خصوص شکل اصلی کلاه ساسانیان نیز دکتر ضیاءپور عقیده دارد که "کلاه معمول ساسانیان جز تاج‌ها در برخی مواقع از جنس نمد بوده و شکل آن‌ها گرد است و سه نوع بلند، کوتاه و کوتاه‌تر دارد و بر دور لبهٔ آن‌ها نواری با دنبالهٔ دراز در پشت می‌بستند. گاهی در پشت کلاه ضمیمه‌ای از جنس خود آن برای حفاظت پشت گردن تعبیه می‌شده است، در کلاه بلند و ضمیمه‌اش اندک تنوع در شکل آن‌ها ازنظر انحناها که گاهی گوش را می‌پوشاند و یا پیشانی کلاه جلوتر آمده بود وجود داشت "(ضیاءپور، ۱۳۴۳: ۲۵۳). در نقش رجب همراهان شاپور اول، خویشاوندان بهرام در نقش رستم و نیز تنگ چوگان شاپور نمونه‌های بسیاری از کلاه‌هایی که امروزه نزد لرهای لرستان و خوزستان و چهارمحال و بختیاری استفاده می‌شود را می‌توان مشاهده کرد."در این دوره کلاه‌هایی با اشکال متفاوت و گوناگون در این دوره وجود داشت. اکثر این کلاه‌ها به‌صورت کلگی نیم‌دایره بودند که معمولاً نواری دور لبه آن‌ها بسته می‌شد و دنباله این نوار در پشت به‌صورت کوتاه یا دراز پس از گره زدن در پشت کلاه آویزان می‌شد. گاهی پشت کلاه، ضمیمه‌ای از جنس خود کلاه داشت که برای حفاظت پشت گردن از باد و باران و تابش آفتاب به‌کاررفته بود. همچنین برخی از آن‌ها گوش‌ها را می‌پوشاندند یا در محل پیشانی جلوتر آمده بودند، این کلاه‌ها از نمد و گاهی نیز از فلز تهیه می‌شد "(چیت‌ساز، ۱۳۸۶: ۱۴).

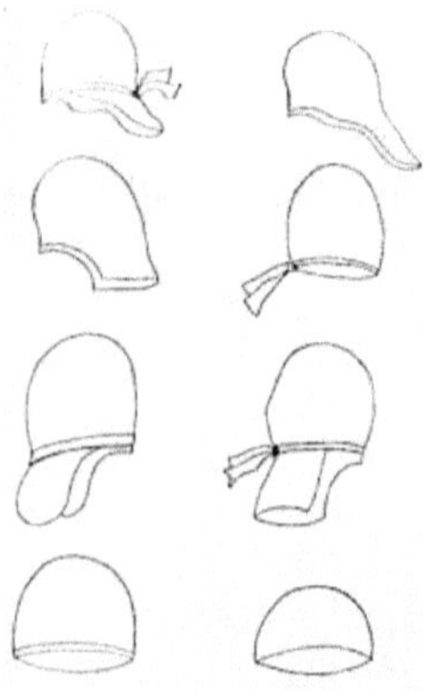

عکس ۲-۲۴، انواع کلاه‌های دوره ساسانی، (ضیاءپور، ۱۳۴۳: ۲۵۲)

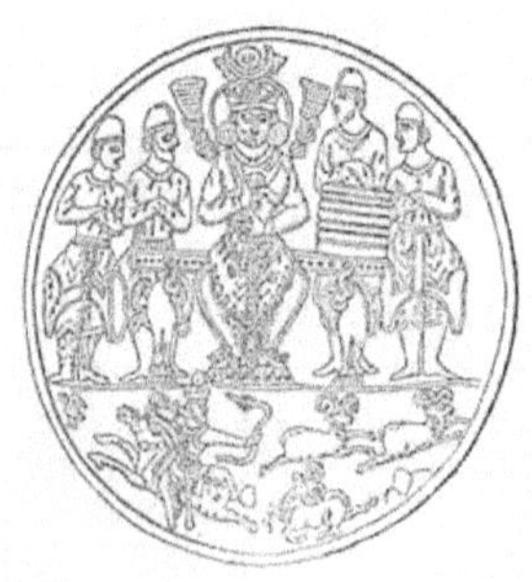

عکس ۲-۲۵، جام خسرو یکم و بخشی که کلاه ملازمین را می‌نمایاند (غیبی، ۱۳۸۷، ۲۱۴)

در این دوره طرح و شکل پوشش سر بسیار متنوع بود. این تنوع کلاه نه‌تنها در طرح تاج‌های پادشاهان دیده می‌شود بلکه در طرح کلاه مردان عادی آن روز نیز به چشم می‌خورد. منتها نسبت به تنوع تاج‌ها، کلاه مردمان عادی از تنوع کمتری برخوردار بوده است؛ طرح کلی پوشش سر، یک کلاه دایره‌ای شکل ساده است که در پوشش سر مردمان عادی، ساده و بدون تزئینات کافی، گاهی با ضمیمه‌ای برای پوشش گوش‌ها و گردن (ملتزمین رکاب، شاپور اول در نقش رستم)؛ و در پوشش سر پادشاهان به‌صورت تاج با تزئینات فراوان و ویژه که کره‌ای فلزی (سمبل قدرت زمین و خورشید) که بر بالای کلاه اصلی تعبیه‌شده بود به کار می‌رفته است؛ و البته باید دانست که این کره فلزی که بعدها در ساختمان تاج‌ها به کار می‌رفت، ابتدا موهای جمع شده‌ای بود که در یک دستمال ابریشمی در بالای قرار می‌گرفت.

نمونهٔ تاج‌های پادشاهان ساسانی را در سکه‌های بسیاری که از این دوره باقی‌مانده می‌توان مشاهده کرد؛ در این دوره هر پادشاهی که به سلطنت می‌رسید تاجی مخصوص بر سر می‌نهاد که با ویژگی‌هایی که در شکل تزئینات آن به چشم می‌خورد از دیگر پادشاهان بازشناخته می‌شد."شکل اصلی تاج همان‌طور که گفته شد همان کلاه گرد نمدی است که مردمان آن روزگاران مانند روستائیان امروزی ما بر سر می‌نهادند. ولی بر روی آن یا دور آن و یا در انتهای پشت آن سمبل‌های جواهرنشان وجود داشت که هریک از این نشانه‌ها یا سمبل‌ها مخصوص یک پادشاه و رنگ این تاج‌ها غالباً سبز، آبی آسمانی و سرخ بوده است؛ گاهی سنگینی تاج‌ها به حدی بود که آن را از سقف آویزان می‌کردند تا بدون فشار بر روی سرشان قرار گیرد. تاج‌ها معمولاً دنباله‌ای از پارچهٔ حریر نازک داشتند، این دنباله غالباً در طرح کلی، با کمربندهایی که بر روی تونیک‌ها می‌بستند، هم آهنگی داشت "(غیبی، ۱۳۸۷، ۲۱۳).

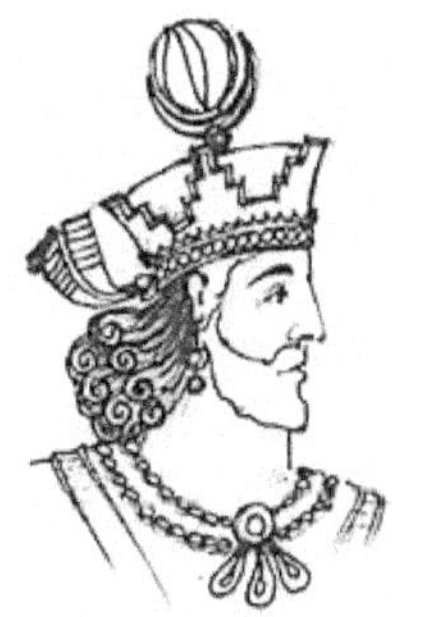

عکس ۲-۲۶، تاج اردشیر سوم، سده‌ی هفتم میلادی، کتابخانه ملی پاریس (غیبی، ۱۳۸۷، ۲۱۳)

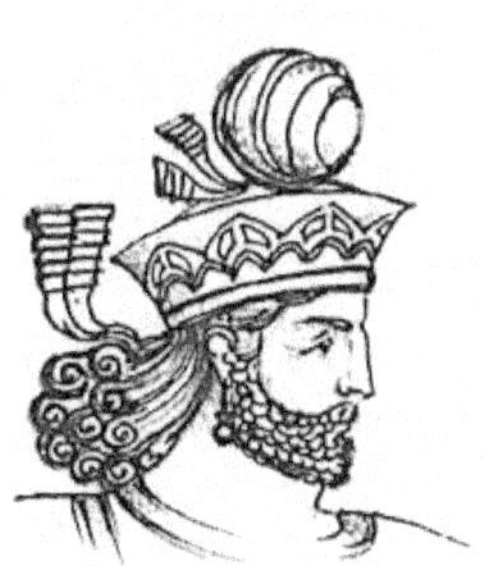

عکس ۲-۲۷، تاج شاپور سوم، سده‌ی چهارم میلادی، کتابخانه ملی پاریس، (غیبی، **۱۳۸۷، ۲۱۳)**

از مطالب فوق‌الذکر می‌توان دریافت که همیشه عاملی مانند موقعیت جغرافیای و اقلیمی، فرهنگ و تمدن قومی و نژادی، جایگاه اجتماعی، جهان‌نگری (دین و مذهب) وضعیت اقتصادی و بالاخره تجارت و اوضاع سیاسی در پوشش تن و سر و پای اقوام در دوره‌های مختلف، عوامل تأثیرگذار بوده است و تغییراتی را در پوشاک سبب شده است؛ طرح نمادین آن‌ها را در نقش برجسته‌ها و آثار باقی‌مانده از آن دوران می‌توان دید. "به‌گونه‌ای که در آثار برجستهٔ شوش و تخت جمشید دیده می‌شود کلاه‌های نمدی همیشه در ایران متداول بوده است؛ و این هم قابل توجیه است زیرا در برابر تغییر درجه حرارت هوای سرد و یخزدهٔ زمستان و آفتاب سوزان کلاه محافظ خوبی است. "(ولف، ۱۳۸۴: ۲۰۳).

۲-۲-۴-۵ پیشینه و زمینه‌های تاریخی کلاه نمدی در دوره اسلامی

دوران طاهریان، صفاریان، سامانیان، سلجوقیان، غزنویان و خوارزمشاهیان در میان مردم عادی کلاه‌هایی نوک‌تیز و شیاردار و کلاه‌های نمدی نیم‌گرد مانند کلاه روستائیان امروز ما رواج داشت که ادامهٔ پوشش سر دورهٔ ساسانیان است. "کلاه‌ها معمولاً کروی یا مخروطی شکل است؛ و گاهی دور کلاه قبه مانند دستاری رنگی پیچیده شده که الینور سیمز آن را دستارهای بلند درهم‌پیچیده در کلاهی رنگی توصیف می‌کند؛ و یا لبه‌دار است، جنس آن معمولاً از نمد یا پوست است "(غیبی، ۱۳۸۷، ۳۶۳).

در دوره ایلخانان مغول، "در کتاب عجایب‌المخلوقات تصویر مردی وجود دارد که کلاهی مخروطی شکل، بدون نوک و قرمزرنگ که به نظر می‌آید از جنس نمد باشد بر سر دارد " (شهشهانی، ۱۳۷۴، ۸۴).

پوشش سر در دوره زندیه و افشاریه به‌صورت، تاج کلاه نادری و کلاه مردم عادی بوده است. در دوره افشاریه نوعی کلاه نمدی در میان مردم رواج داشت که بلند بود و دور آن دستاری می‌پیچیدند. نوع بدون دستار در میان افسران معمول بود. به‌طورکلی در آثار به‌جامانده از دوره زندیه مشاهده می‌شود که مردم عادی کلاه‌های نمدین بر سر می‌نهادند که دستاری به دور آن پیچیده می‌شده است البته شکل کلاه در تمام این تصاویر کاملاً تمیز داده می‌شود. گاهی این کلاه‌ها در تصاویر با پارچه مخطط و راه‌راه بدون کلگی و دستار به شکل ذوزنقه دیده‌شده است "(غیبی، ۱۳۸۷، ۴۸۸). در کتاب‌های مربوط به زندیه رایج‌ترین پوشش سر ظاهراً همان است که در تصویرها بر سر کریم‌خان دیده می‌شود؛ کلاهی استوانه‌ای که ترمه یا پارچه‌ای سفیدرنگ دور آن بسته‌شده است."در تصویرهایی که از کریم‌خان و اطرافیان او برجا مانده انواعی از دستار برگرد کلاه نمدین مشکی‌رنگی دیده می‌شود. "(شهشهانی، ۱۳۷۴، ۱۴۲).

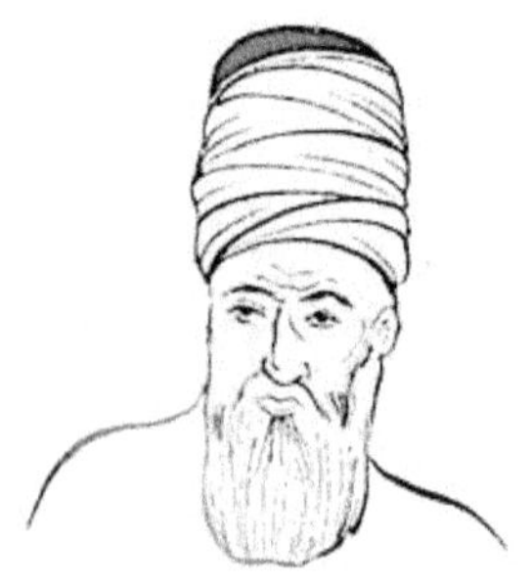

عکس ۲-۲۸، کلاه دوره زندیه، (شهشهانی، ۱۳۷۴، ۱۴۲)

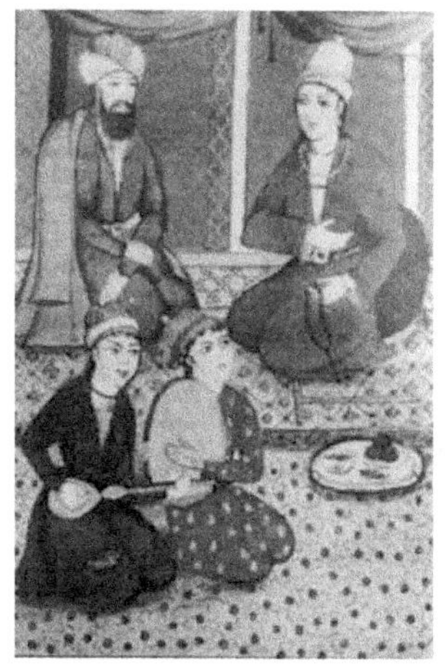

عکس ۲-۲۹، نقاشی مینیاتور از یک رونوشت دیوان حافظ، کلاه مردم عادی دوره زندیه را می‌نمایاند ("غیبی، ۱۳۸۷، ۴۸۸)

پوشاک در دوره قاجاریه به دو دوره تقسیم می‌شود. دوره دوم همزمان با ورود سیاحان و تجار اروپایی به ایران تغییرات چشم‌گیری در پوشاک به وجود آمد. ج. الگروو مکداول در مقاله نساجی در کتاب هنرهای ایران زیر نظر ردبلیو فریه چنین می‌نویسد:"در اواخر دوره قاجاریه جامهٔ مرد و زن تا حدودی شکل اروپایی به خود گرفت، قبایل و ایلات به جامه‌های اجدادی خود وفادار ماندند، در دوره پهلوی نیز انواع جامه و کلاه غربی در همه جای ایران رواج یافته بود اما مردان وزنان روستایی و عشایر و ایلات به سرپوش‌های محلی و مألوف خود پناه بردند؛ کردها و بختیاری‌ها به سرپوش‌های پیچیدنی، ترکمن‌ها به کلاه‌های پوست بره‌ای و قشقایی‌ها به کلاه نمدی‌های قبه مانند مأخوذ از ماده‌های منقوش بر سنگ‌های تخت جمشید. امروزه حتی در معیت پیراهن درشت نقش یقه‌باز و شلوار جین، سرپوش ایلیاتی وقار و اعتبار خود را بیشتر آشکار می‌دارد. می‌توان اندیشید که کلاه نمدی دیرین سال و کپنک دراز آستین که با سردست‌های بسته خودکار دو جیب انسان را انجام می‌دهد، نه‌تنها قبیله‌نشینان و شبانان را از سرمای زمستان که نیز از سموم زمان مصون می‌دارند "(فریه، ۱۳۷۴: ۱۶۹).

در دورهٔ دوم مردان وزنان عادی از کلاه‌های نمدی مدور چون عرقچین استفاده می‌کردند که گاهی با ترمه و جواهر تزئین می‌شود. کلاه نمدین استوانه‌ای نیز در میان مردمان رواج داشت؛ دیولافوآ (۱۳۶۱:۹۱) ،و طرح کلاه‌های نمدی روستائیان و چوپانان را، کلاه حاج طرخانی نیز از انواع کلاه در دورهٔ قاجاریه بود که نشان آهنین شیر و خورشید داشت؛ و گاهی منگوله‌ای بر آن آویخته شده بود، ذکر می‌کند. "در روستای نظام‌آباد بین کاشان و تهران جوانی در کاروانسرایی با کلاه نمدین نسبتاً بزرگی دیده می‌شود. در اصفهان نیز کلاه نمدین، مخروطی بلند و دستار معمول بوده است "(شهشهانی، ۱۳۷۴، ۱۵۶).

هم‌اکنون پوشاک مردمان بومی و روستایی ایران در نقاط مختلف متناسب و هماهنگ با آب‌وهوای محیط‌زیستشان و فراهم بودن مواد خام چون پوست حیوانات مختلف، پنبه، ابریشم، گیاهان رنگرزی و غیره در آن نواحی دارای تنوع بسیار است ولی آنچه در این تن‌پوش‌ها مشاهده می‌شود ویژگی‌های پوشاک دوره‌های مختلف تاریخی اصالت آن‌ها و حفظ هویت ملی و فرهنگی است که در میان پوشاک عشایری و ایلیاتی از زیبایی خاصی برخوردار است که شرح آن تحقیق وسیع‌تری را می‌طلبد. "(غیبی، ۱۳۸۷، ۵۷۷). ایرج عشایر در مقاله هنر و مردم در توضیح جامعه‌ی عشایر چهارمحال و بختیاری در باب هنرهای سنتی در مورد نمدمالی در

نزد این قوم چنین شرح می‌دهد " کلاه‌مالی در بیشتر شهرستان‌های شهرکرد و بروجن صورت می‌گیرد. مواد نخستین، آن پشم، صابون و رنگ‌های جوهری است و گاه به‌جای پشم از موی بز بهره می‌گیرند "(افشار، ۱۳۸۳: ۱۹۶).

تمام مردان از هر قوم و طایفه جامعه‌ای یکدست و تقریباً یکسان به تن می‌کنند، از قبیل کلاه نمدی[۱۷۸]، پیراهن و جلیقه، شلوار بلند با درجات گشادی مختلف (تمبون یا شلوار) و صندل‌ها (گیوه). امروز کلاه کوچکی (گاهی به آن شاوکلاه می‌گویند) از نمد سیاه قهوه‌ای یا بژ، رایج‌ترین سرپوش است. بااین‌حال در میان بختیاری‌ها، این کلاه را فقط پسرها و چوپانان می‌پوشند. مردان بزرگ‌سال و رؤسا ترجیح می‌دهند کلاه خسروی که بلندتر و تقریباً به فرم استوانه‌ای و سیاه‌رنگ است (گرچه سابقاً گاه در میان سران رتبه دار و خوانین بزرگ به رنگ سفید بوده) به سر بگذارند. مشخصهٔ ویژهٔ جامعهٔ مردانهٔ لری، تونیک راستهٔ تا زانو و بی‌آستین (چوقا[۱۷۹])، از جنس پشم سفید طبیعی با راه‌راه‌های عمودی هست. "(یارشاطر، ۱۳۸۲، ۳۵۷).

ایرج عشایر در مقاله هنر و مردم در توضیح جامعه‌ی عشایر چهارمحال و بختیاری در باب پوشاک مردان بختیاری چنین شرح می‌دهد " کلاه از نمد و سیاه‌رنگ استوانه‌ای به نام کلاه خسروی است. کلاه دیگری شوکله یا شب‌کلاه است "(افشار، ۱۳۸۳: ۱۹۱). "کلاه نمدی به‌صورت نیم‌کره یا نماد آسمان است. کلاه دوگوشی قشقایی از قدیمی‌ترین نقوش حک‌شده بر ستون‌های هخامنشی است "(شهشهانی، ۱۳۷۴، ۱۸۴).

۲-۲-۴-۶ پیشینه و زمینه‌های تاریخی کلاه نمدی در استان چهارمحال و بختیاری

ایزابلا بیشوب[۱۸۰] سفرنامه نویس اروپایی در سفر به سرزمین چهارمحال و بختیاری همچون لایارد[۱۸۱] و الیزابت مکبن روز[۱۸۲] مدت‌ها در بین بختیاری‌ها به سر برده و با مسائل مختلف چون زندگی، کوچ و آداب‌ورسوم آن‌ها آشنا گردیده و دیده‌های خود را جهت آشنایی آیندگان و خارجی‌ها ثبت کرده است. سفرنامه وی از ارزش و اعتبار بسیاری برخوردار است، مطالعه این سفرنامه موجبات آشنایی خواننده را با وضعیت و موقعیت ایل بختیاری در اواخر قرن نوزدهم فراهم می‌سازد. ایزابلا بیشوب در خصوص آداب لباس پوشیدن بختیاری‌ها در کتاب از بیستون تا زرد کوه بختیاری می‌نویسد. معمولاً مردان بختیاری از نوعی پارچه زیرکتانی پیراهن می‌پوشند و از یک پارچه مشکی‌رنگ شلوار به پا می‌کنند که هر پارچه شلوار تقریباً دو یارد[۱۸۳] و بلندی آن تا روی گیوه[۱۸۴] می‌رسد. آنان یک عبای قدی هم‌روی لباس خود می‌پوشند که به زبان محلی چوخا[۱۸۵] نام دارد همه بختیاری‌ها یک نوع کلاه به سر می‌گذاردند که رنگ آن یا قهوه‌ای – مشکی و گاهی شیری هست (نک بیشوب، ۱۳۷۵).

کلاه مردان بختیاری و قشقایی ساکن در استان چهارمحال و بختیاری، کلاه گرد نمدی شناخته‌شده از سالیان

---

[178] kolah
[179] chogha
[180] Isabella Bishop
[181] Layard
[182] Elizabeth Mcben Ross
[۱۸۳] Yard واحد اندازه‌گیری طول برابر ۹۱۴۰۴ میلی‌متر یا ۳ فوت است .
[184] Giveh
[185] Chokha

بسیار دور است. روی سنگ برخی گورهای بختیاری همراه نشانه‌های دیگر، گاهی تصویر یک کلاه سنگتراشی شده است. تصویر این سنگ‌نگاره‌ها، کلاه بی لبهٔ آئینی مردان بختیاری که کلاه خسروی نامیده می‌شود، بالاتر از دیگر نگاره‌ها کارشده است. شکل کلاه بختیاری یک استوانه بلند است که از پایین به بالا گشاد می‌شود. این کلاه یادآور کلاه اقوام ماد و ساسانی، نقش شده در حجاری‌های آن دوران است. در همهٔ سنگ‌نگاره‌های ایرانی از سنگ‌نگاره آنوبانی‌نی و سایر سنگ‌نگاره‌ها هیچ مردی بدون سرپوش نشان داده نشده است."کارکرد پیکره کلاه به گونهٔ برجسته روی سنگ گورهای بختیاری نشانهٔ و یاد بزرگی مرد خفته در زیر سنگ است "(شاهمرادی،۵۱۹:۱۳۶۵).

۲-۳ زمینه‌های فرهنگی و اجتماعی

۲-۳-۱ فرهنگ استان چهارمحال و بختیاری

"چهارمحال و بختیاری از هزاران سال پیش دارای فرهنگ درخشان بوده که همانند آن در تاریخ زندگی سیاسی، اجتماعی و فرهنگی ملت‌های زنده جهان، کمتر دیده می‌شود. از هزاره هفتم پیش از میلاد این استان از مناطق مهم سیاسی، اجتماعی، اقتصادی و فرهنگی دنیای پیشین به شمار می‌رفته است. انسان پیش‌ازتاریخ در این سرزمین کوزه‌گر و نقاش ماهری بوده و به بزرگ‌ترین پدیده‌های آن روز، یعنی خط پیروز شد و این افتخار بزرگ را در دنیای پیشین برای خود به دست آورد "(افشار، ۱۳۸۳، ۱۸۳).

اقوام ساکن در این استان شامل لری، ترکی، ارمنی و فارس می‌شود. بر اساس نتایج سرشماری سال ۱۳۹۰، جمعیت استان برابر ۸۹۳۶۲۹ نفر بوده و ازلحاظ ترکیب شهری و روستایی جمعیت، ۵۰ درصد در مناطق شهری و ۵۰ درصد در مناطق روستایی سکونت دارند. گویش ساکنان این استان را فارسی، ترکی قشقائی و گویش بختیاری هستند. زبان مردم این استان عموماً گویش بختیاری است. ولی به‌مقتضای مهاجرت‌ها زبان ترکی و ارمنی در بعضی از روستاها رایج است. همچنین در مرکز استان هفشجان، بروجن،فرخ شهر و شهرهای کوچک استان لری بختیاری جای خود را با فارسی عوض کرده است. دانشنامه ایرانیکا در مقاله زبان لری، زبان مردم این استان را ازنظر جغرافیایی نیمی فارسی و نیمی لری معرفی می‌کند (نقل از دانشنامه ایرانیکا[۱۸۶])، وب‌گاه میراث فرهنگی و گردشگری استان چهارمحال و بختیاری زبان لری بختیاری را به‌عنوان زبان عمومی در این استان معرفی می‌کند (نقل از سایت سازمان میراث فرهنگی و گردشگری استان چهارمحال و بختیاری[۱۸۷])، دانشنامه جهان اسلام گویش مردم این استان را فارسی با گویش بختیاری معرفی می‌کند (نقل از دانشنامه جهان اسلام[۱۸۸]). درواقع استان چهارمحال و بختیاری به دو بخش چهارمحال و بختیاری تقسیم می‌شود که چهارمحالی‌ها به زبان فارسی و ترکی با لهجه‌های مختلف صحبت می‌کنند و بختیاری‌ها به زبان لری صحبت می‌کنند.

این استان از مراکز پراهمیت در هنرهای دستی است. زنان و مردان این استان با دستان هنرمندشان هنرهای بسیار زیبایی را تولید می‌کنند. ازجمله، قالی، گلیم، نمد و... که دارای اعتباری جهانی هستند. نمدمالی در

[186] http://www.iranicaonline.org/articles/lori-language-ii)Accessed on February 2, 2014)

[187] http://www.miraschb.ir/index.php/Introducing_our_province/Anthropology/Languages_dialects.html(Accessed on February 2, 2014)

[188] http://www.encyclopaediaislamica.com/madkhal2.php?sid=5608(Accessed on February 2, 2014)

منطقه چهارمحال و دو شهر شهرکرد و بروجن به‌صورت عمده ادامه دارد. نمدمالان شهرکرد به علت نزدیکی با شهرستان کوهرنگ، با قوم بختیاری و نمدمالان بروجن به علت نزدیکی این شهر با مناطق تمرکز قوم قشقایی ارتباط نزدیکی با این اقوام دارند. دامداران بختیاری و قشقایی پشم حاصل از گوسفندانشان را با تولیدات نمدمالان دادوستد می‌کنند.

شایسته است اندکی در باب این دو قوم و فرهنگشان صحبت شود."پیرامون ماهیت قومی و نژادی ایل بختیاری دو نظریه وجود دارد: برخی از نویسندگان با توجه به شواهد زبانی، فرهنگی و حضور بختیاری‌ها دریکی از باستانی‌ترین حوزه‌های ایران آنان را ایرانی و از نژاد آریایی می‌دانند (پژمان،۱۳۴۴، لورمیر،۱۹۲۲[۱۸۹] و واهمن،[۱۹۰]۱۹۹۵) دسته دیگر از صاحب‌نظران با توجه به جابجایی اقوام و گروه‌های مختلف در تاریخ ایران، بختیاری‌ها را اختلاطی از اقوام مختلف به شمار می‌آورند (میرزائی،۱۳۷۳ و گارثویت،۱۹۸۳[۱۹۱])"(قربان پور، ۱۳۸۱: ۱۷۹)."بختیاری‌ها شاخه‌ای از اقوام لر هستند که دریکی از مناطق باستانی ایران زندگی می‌کنند. در این منطقه اقوام گوناگونی به سرمی‌برند، مانند فارس‌ها، ترک‌ها و ارامنه. بازمانده‌های فرهنگی این اقوام در منطقه بیانگر آن است که این جوامع به‌تدریج مراحل تکامل فرهنگی را پشت سر گذاشتند. چنان‌که عیلامیانی که در حوزه بختیاری، خوزستان و لرستان ساکن بودند تمدن درخشانی داشتند که سابقهٔ آن به پنج هزار سال پیش می‌رسد "(امان‌الهی، ۱۳۷۴: ۲۴ و ۲۵). "اعضای گروه‌های قومی لر زبان که شامل لرها، بختیاری‌ها و بویراحمدی‌ها می‌شود. با اسلوب مشابهی در لباس، البته با تغییراتی که تفاوت‌های قومی و طبقهٔ اجتماعی افراد را نشان می‌دهد، موجود بوده است "(حسینی و دیگران، ۱۳۸۷: ۱۰۸).

وضعیت طبیعی و غلبه زندگی عشایری تأثیر زیادی بر سبک زندگی بختیاری به‌ویژه پوشش آن‌ها داشته است، اما طرح اسکان اجباری عشایر از سال ۱۳۰۰ به بعد باعث به وجود آمدن تغییراتی در سبک زندگی و پوشش آن‌ها شد. "این تغییرات می‌تواند معنای بسیار قوی نمادین، به‌ویژه در میان بختیاری‌ها داشته باشد. در این قرن در لباس اصلی مردانه، در مقایسه بالباس مرسوم تغییرات عمده‌ای به وجود آمده است. تمام مردان از هر قوم و طایفه، جامه‌ای یکدست و تقریباً یکسان به تن می‌کنند؛ از قبیل کلاه نمدی، پیراهن و جلیقه، شلوار بلند با درجات گشادی مختلف و صندل‌ها (گیوه). امروزه کلاه کوچکی (گاهی به آن شاوکلاه می‌گویند) از نمد سیاه قهوه‌ای یا بژ، رایج‌ترین سرپوش است. بااین‌حال در میان بختیاری‌ها، این کلاه را فقط پسرها و چوپانان می‌پوشند. مردان بزرگ‌سال و رؤسا ترجیح می‌دهند کلاه خسروی که بلندتر و تقریباً به فرم استوانه‌ای و سیاه‌رنگ است (گرچه سابقاً گاه در میان سران رتبه‌ها و خوانین بزرگ به رنگ سفید بوده) به سر بگذارند "(حسینی و دیگران، ۱۳۸۷: ۱۰۸).

ترکان قشقایی نیز که محل استقرار اصلی آنان در استان فارس هست به دلیل هم‌جواری با منطقه بروجن و نیز وجود مسائل و علایق قومی مشترک از دیرباز رفت‌وآمدهایی در این ناحیه داشته‌اند و حتی ییلاق خود را تا نواحی شهرستان بروجن نیز گسترش داده و گروهی از آنان به‌تدریج در مناطق مختلف چهارمحال مانند شهرهای بلداجی، بروجن و گندمان سکونت گزیده‌اند. لباس مردان عادی ایل قشقایی، شلوارهای دم پا گشاد

[189]D.L.R. Lorimer
[190] F.Wahman
[191]G.R.Garth waite

(تنبان)، پیراهن‌های بی یقه (قیناق)، عبایی بلند (ارخالق) که با شال محکمش می‌کنند و قبای نمدی گرم (کپنک) می‌پوشند. ایشان کلاه نمدی سیاه گردی (برک) نیز بر سر می‌گذارند. این کلاه در رنگ‌های نخودی، مازویی و خاکستری نیز تولید می‌شود. کلاه نزد مردان قشقایی سمبلی از قدرت، خودمختاری و هویت قشقایی‌ها است. شغل اصلی قوم قشقایی پرورش دام است."برخی لباس‌های شبانی نظیر کلاه، نمد و کپنک از طریق واگذاری پشم به نمدمال‌ها تولید می‌شود "(نادرپور،۱۳۷۹: ۱۶).

از مهم‌ترین صنایع دستی مردم قشقایی می‌توان به قالی‌بافی، گلیم‌بافی، جاجیم‌بافی، گبه بافی و همچنین بافته‌های «رِند» و بافته‌های «چرخ» اشاره کرد. به‌طورکلی تولید دستباف‌ها از مرحله ابتدایی تا آخرین مرحله به دست‌زنان صورت می‌گیرد

۲-۳-۲ فرهنگ نمد در ادبیات ایران و استان چهارمحال و بختیاری

نمدمالی، صنعتی است که با تمام اعضای بدن در ارتباط است و نمدمال با عشق تمام به کار، همراه با حرکات موزون و دل‌نشین دست‌وپا و خواندن شعرهای لطیف و موزون خستگی مفرط ناشی از کار مداوم را همراه با عرق کردن فراوان از تن خسته خود بیرون می‌کند و به انتظار فرش کردن دستمایه تلاش خود می‌نشیند. شعرا و ادیبان در متون فارسی از واژه‌های مرتبط با نمد استفاده کرده‌اند و اشعار بسیار زیبایی سروده‌اند، مثلاً "مولوی در مثنوی معنوی آورده است: سال‌ها او را به بانگی بنده‌ای- در چنین ظلمت نمد افگنده‌ای و یا در سمک عیار: آن جوان نمدپوش... سر عیاران است... در مجمع الاصناف: چون یار جفاپیشه نمدمال بود- ما پیر نمدپوش و قلندر باشیم، در امثال‌وحکم دهخدا: کسی که بود مر او را از این نمد کلاه‌ای است- و یا منم که بدین سیرت و بدین‌سانم. خاقانی هم آورده است: مسند از تخت و مخده ز نمط برگیرند- حجله از بهو و ستاره از حجر بگشایید " (معین، ۱۳۸۴: ۴۸۱۴).

فصل سوم

مستندنگاری نمد استان چهارمحال و بختیاری

روش مستندنگاری در پژوهش هنر برای رسیدن به اصول هماهنگ گام‌های مشخصی دارد که در بخش روش‌شناسی تعریف و شرح داده شدند. در این فصل بر آنیم با بهره‌گیری از روش مستندنگاری و گام‌های مشخص‌شده در بخش روش‌شناسی نمدهای موجود، روش‌های ساخت و ابزار و مواد به‌کاررفته در استان چهارمحال و بختیاری توصیف و تشریح کنیم. با توجه به تنوع نمدها، نمدهای شاخص ازنظر طرح، نقش و رنگ موردبررسی قرار می‌گیرند و درنهایت نمد استان چهارمحال و بختیاری را طبقه‌بندی می‌کند.

فرآیند مستندنگاری با تنظیم مسئله پژوهش، بررسی فشرده متون، ایجاد فرضیه و اهداف، آماده‌سازی طرح پژوهش، تعیین طرح نمونه آغاز می‌شود. گام‌های اساسی در مستندنگاری از جمع‌آوری داده‌ها، اجرای طرح و تجزیه‌وتحلیل داده‌ها آغاز می‌شود و با ارائه نتیجه‌گیری و تهیه‌ی گزارش پایان می‌یابد. نویسنده گام‌های جمع‌آوری داده‌ها، تجزیه‌وتحلیل داده‌ها، نتیجه‌گیری، تهیه گزارش و یا ارائه نتایج را در بخش روش‌شناسی توصیف و تشریح کرده است، اما توضیح مختصری برروند عملی این گام‌ها بر پژوهش مستندنگاری نمد استان چهارمحال و بختیاری در این بخش خواهد آمد. گام ششم و هفتم دو گام درهم‌تنیده هستند، پژوهشگر همزمان با جمع‌آوری داده‌ها مسیر اجرای طرح را برنامه‌ریزی می‌کند.

پژوهشگر برای ورود به میدان تحقیق و مشاهده نیاز به آمادگی دارد و این آمادگی از طریق جستجوی مطالب مرتبط با موضوع و ارتباط با افراد مطلع ایجاد می‌شود. وی افراد مطلع و کارگاه‌های فعال نمدمالی را با کمک سازمان میراث فرهنگی، افراد آگاه و اطلاعات قبلی‌اش شناسایی و سپس در این کارگاه‌ها حضور پیدا می‌کند. وی از دامنه‌ی وسیعی از روش‌های پژوهش استفاده می‌کنند تا داده‌هایشان را جمع‌آوری کند، برای دستیابی به داده‌ها در پژوهش مستندنگاری نمد، از طریق مواجه عینی و شخصی محقق تلاش کرد، از طریق مشاهده و مصاحبه با نمدمالان و افراد مطلع در شهرهای شهرکرد و بروجن اطلاعات میدانی را کسب کند و همچنین داده‌های تصویری (تصاویر نمدها، روش‌های تولید، ابزارها و...) را با ابزار دوربین عکاسی در میدان پژوهش گردآوری کند، همچنین با مراجعه به موزه‌ها و بازارچه‌های صنایع‌دستی توانست داده‌های تصویری و تاریخی را که با حضور در میدان تحقیق کسب نکرده است، به دست آورد. نگارنده در پژوهش نمد از انواع روش مشاهده با توجه به شرایط محیط استفاده کرده است که کاربردی‌ترین روش مشاهده در مستندنگاری نمد، مشاهده مشارکتی است. پژوهشگر باید در یادداشت‌های میدانی به مستند کردن نمدهای موجود، وقایع ملموس و تجربیات خودش، ثبت گفته‌های مردم، فرآیند تولید نمد، بررسی اشکال دیداری رویدادها و... بپردازد، برای مستند کردن نمدها نیاز به ثبت مشخصات مربوط به نمدها شامل اندازه، سازنده، محل تولید و ... است و می‌توان آن‌ها را در یک جدول تعریف‌شده قرارداد. مصاحبه کردن جزء جدایی‌ناپذیر کل فرآیند

تحقیق میدانی است؛ اما نمدمالان مانند بسیاری از قومیت‌ها و خرده‌فرهنگ‌ها از مصاحبه دوری می‌کنند، همچنین در پژوهش مستندنگاری نمد استان چهارمحال و بختیاری مصاحبه‌شوندگان تمایلی به حضور در مصاحبه با ساختار مشخص نداشتند. ولیکن نگارنده بدون ذکر عنوان مصاحبه و فقط در طی گفتگویی دوستانه با مصاحبه‌شونده سؤالات موردنیاز را از آن‌ها پرسیده است. این نوع مصاحبه در مواجه با هنرمندان تجربی و بدون تحصیلات آکادمیک کاربرد دارد. ترس ایشان از بکار بردن لغات و اصطلاحات نادرست، البته ازنظر خودشان، مانع از انجام مصاحبه با ایشان شود. هنرمندان نمدمال نیز تمایلی به انجام مصاحبه نداشتند و مصاحبه با ایشان از طریق مصاحبه‌های غیرساختارمند انجام شد. تأکید پژوهش مستندنگاری بر ذکر عناوین و اسامی بومی و محلی میدان پژوهش بدون کوچک‌ترین تغییر است، لذا در این کتاب سعی می‌شود، عناوین و اسامی مصطلح و بومی در شهر بروجن و شهرکرد ذکر شوند.

پژوهشگر در برخی از موارد با یک‌بار حضور در کارگاه‌ها نمی‌تواند داده‌ها را جمع‌آوری کند و نیاز به رجوع به کارگاه را دارد در این صورت گاهی مانند عضوی از میدان پژوهش می‌شود یکی از دلایل به وجود آمدن اعتماد بین نمدمالان و پژوهشگر بومی بودن وی است. ولیکن عدم سنخیت جنسی پژوهشگر با نمدمالان یکی از مشکلات عمده این پژوهش بود.

پژوهشگر بعد از جمع‌آوری داده‌های میدانی نیاز به جمع‌آوری داده‌های کتابخانه‌ای برای دستیابی در مورد پیشینه و منابع تاریخی نمد استان چهارمحال و بختیاری با استفاده از انواع کتب، مجلات و مقالات علمی، همچنین طرح‌های پژوهشی در کتابخانهٔ دانشگاه هنر اصفهان و سایر مراکز مرتبط با موضوع‌های مرتبط با هنر نمدمالی موردبررسی قرارگرفته‌اند.

نگارنده در گام هشتم، تجزیه‌وتحلیل داده‌ها، بعد از گردآوری تصاویر نمدها و اطلاعات مربوط به آن‌ها، وظیفه تجزیه‌وتحلیل آن‌ها را دارد. پژوهشگر با شناسایی الگوهای شاخص در میان حجم انبوه داده‌ها باید نمدها را با توجه به طرح، رنگ و نقش کدگذاری و طبقه‌بندی کند و از طریق طبقه‌بندی نقوش، طرح‌ها و رنگ‌های شاخص و پرکاربرد در هنر نمدمالی را توصیف کند و همچنین تعاریف مربوط به آن به دست آید و پس از طبقه‌بندی آن‌ها بتوان، تجزیه‌وتحلیل بصری این آثار انجام شود.

۳-۱ مواد اولیه

ماده اولیه واصلی نمدمالی پشم گوسفند است که پس از حلاجی جهت رنگرزی آماده می‌شود. "پشم گوسفند و موی بز از گذشته در صنعت بافندگی بکار می‌رفته و شاید به این جهت پرورش گوسفند و بز در ایران از دوران نوسنگی آغازشده است "(فرشاد، ۱۳۷۶: ۲۸۵). پشم به‌عنوان مهم‌ترین ماده اولیه برای نمدمالی از خصوصیات ویژه‌ای برخوردار است."پشم نمد باید از اولین چین بره‌ای تهیه شود که یک سال دارد. این نوع پشم تنها در بهار طبیعت موجود است. پشم بهاره به سبب لطافت، نازکی و بلندی الیاف آن به‌خوبی درهم‌تنیده شده و در اثر مالش و فشار شکل می‌گیرد. پشم‌های چین دوم به بعد دارای این خاصیت نبوده و خوب حلاجی نمی‌شود. الیاف این نوع پشم همدیگر را نمی‌گیرند و از هم جدا نمی‌شوند. گفتنی است که بیشترین پشمی که در نمدمالی به کار می‌رود پشم سفید است از پشم سیاه علاوه بر زمینه برای نقش اندازی بر روی نمد نیز بهره می‌برند. میزان استفاده از آن برای هر قطعه نمد بسیار محدود و بسته به‌اندازه و نوع نقش متغیر است "(حسنی و قلی‌پور، ۱۳۹۰:۴). الیاف پشم‌های چین دوم به‌خوبی باهم ترکیب نمی‌شوند و تکه‌تکه

می‌شوند. پشم‌های مورداستفاده در نمدمالی دارای درجات متنوعی ازنظر ظرافت و مرغوبیت هستند. شامل: پشم ظریف، پشم بلند و ضخیم است. نوع ظریف پشم به دلیل لطافت و نرمی و استحکام بالاتر بیشتر مورداستفاده است، پشم تولیدشده توسط عشایر و دامداران بختیاری و قشقایی مقرون به‌صرفه‌تر است اما به دلیل شرایط جغرافیایی، تغییرات آب و هوایی، نوع علوفه، آمیختگی نژادی و حتی فقر غذایی از کیفیت پایین‌تری برخوردار است و بیشتر به رنگ خاکستری، قهوه‌ای و سفید است."مرغوبیت آن بستگی به نوع الیاف و کوتاهی و بلندی الیاف دارد که این کیفیت به نوع آب‌وهوا و پوشش گیاهی مرتع مربوط می‌شود "(جزمی و دیگران، ۱۳۶۴: ۶۷). پشم‌های بومی در نمدهای زیرانداز و کولی استفاده می‌شود، اما برای تولید نمدهای نوین و کلاه نیاز به پشمی باظرافت بیشتر است و نمدمالان نمد را از استان‌های دیگر یا از کشورهای تولیدکننده پشم مانند استرالیا وارد می‌کنند، این پشم را به‌اصطلاح «مرینوس» می‌نامند.

۳-۲ ابزار

هنرمند برای تولید نمد به ابزار خاص و مهارت نیازمند است که ابزار و نحوه‌ی استفاده از آن را از پیشینیان به ارث برده‌اند چه بسی که ابزارهایی که از پدر به پسر به ارث رسیده باشند و همچنان کارایی داشته باشند. آرتور اپهام پوپ در کتاب سیری در صنایع‌دستی ایران در باب تقلید ناآگاهانه در صنایع‌دستی چنین گفته است: "هنر ایرانی در سده‌های اخیر دچار انحطاطی تدریجی شده است، انحطاطی که امروزه قطعی و نهائی می‌نماید؛ اینک اغلب می‌گویند که دیگر چیزی آفریده نمی‌شود، بلکه همه‌چیز حاصل تقلید و تکرار نا هوشیارانه است. این سخن تمامی حقیقت را بیان نمی‌کند "(گلاک، ۱۳۵۵: ۱۷).

۳-۲-۱ ابزارهای سنتی

نمدمالان درگذشته تمام فرآیند تولید نمد را با ابزارهای سنتی و بدون دخالت ابزارهای صنعتی انجام می‌دادند تا گذشته‌ای نه‌چندان دور نمد مالان برای حلاجی پشم از ابزاری تحت عنوان کمان حلاجی و مُشته استفاده می‌بردند. ولیکن با توجه وضعیت فعلی این صنعت و هنر ارزنده، عواملی همچون کاربردهای خاص، ابداع و خلاقیت، استفاده از مواد اولیه و امکانات موجود و هم‌چنین بهره‌گیری از حداکثر امکانات و فنّاوری برای دستیابی به‌حداعلای کیفیت و ظرافت در اثر، عوامل بنیادین در خلق یک محصول نمدین را تشکیل می‌دهند. در دهه اخیر با روی کار آمدن دستگاه‌های برقی حلاجی پشم بهره‌گیری از ابزارهای سنتی به حداقل ممکن کاهش‌یافته است. شایسته است در ابتدا با ابزارهای سنتی که شاید استفاده از بسیاری از آن‌ها تا چند سال آینده از رونق بیفتد و سپس با ابزارهای صنعتی آشنا شویم، البته برخی از ابزارهای سنتی جایگزین صنعتی ندارند که در کارگاه‌های صنعتی همچنان از آن‌ها استفاده می‌شود، مانند قالب، چنگک و... .

ابزار و وسایل سنتی نمدمالی عبارت‌اند از: قالب، کمان، چک[۱۹۲]، چنگک[۱۹۳]، سنگ مهره، بند قالب، چوب مال، صابون نمدمالی و ... که در زیر به شرح آن‌ها پرداخته خواهد شد.

---

[192] check
[193] Changak

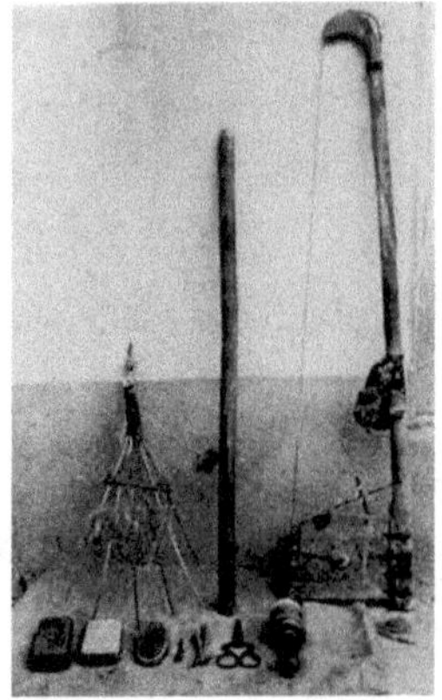

عکس ۳-۱، ابزارهای نمدمالی، گلاک، ۱۳۵۵: ۲۷۹)

ابزارهای مورداستفاده در بخش حلاجی:

کمان: این ابزار چوبی نوعی، کمان مخصوص است که حلاجان با آن، پنبه و پشم را حلاجی نموده و در اصطلاح «شاد» (باز) می‌کنند. کمان حلاجی از سه قسمت تشکیل می‌گردد. چوب بلندی که بدنهٔ کمان است، چوب مورداستفاده در آن باید سبک باشد که مانع از خسته شدن دست شود و هم محکم باشد. معمولاً آن را از چوب چنار یا گردو می‌سازند، این قسمت را دسته کمان می‌نامند. قسمت انتهای کمان که پهن و چهارگوش است و ضربات مشته را تحمل می‌کند آن را معمولاً از چوب درخت گردو می‌سازند، دارای سطح بزرگ و ضخامت کم است که از استحکام قابل‌توجهی برخوردار می‌باشند. این قسمت کمان را دف[194] می‌نامند. این قسمت کمان را به‌وسیله سوراخ کردن تزئین می‌کنند، این سوراخ‌ها بر کارآیی کمان می‌افزاید و کمی هم از وزن آن می‌کاهد. نمدمالانی که از آن استفاده کرده‌اند، نام‌هایشان را روی این قسمت حک می‌کنند. ممکن است کمان مانند سایر ابزارها از استاد به شاگرد یا از پدر به فرزند به ارث برسد. زه[195] را از روده گوسفند تهیه می‌نمایند. زه از ابتدا تا انتهای کمان کشیده شده و با گذاشتن سوراخ‌هایی موجود در دسته و سر کمان مهار می‌شود. نمدمال با مشته به زه ضربه وارد می‌کند و آن را به ارتعاش درمی‌آورد، این ارتعاشات و نوسانات باعث گسستن پشم از یکدیگر می‌شود. در قسمت میانی از دسته کمان، دسته‌ای به‌اندازه دست و به شکل نیم‌دایره نصب می‌شود که جنس آن از طناب است و برای آنکه الیاف طناب باعث آزار دست نشود پارچه‌ای بر روی آن نصب می‌شود، این پارچه به دلیل حالت انعطاف‌پذیری از شدت ضربه‌ها می‌کاهد.

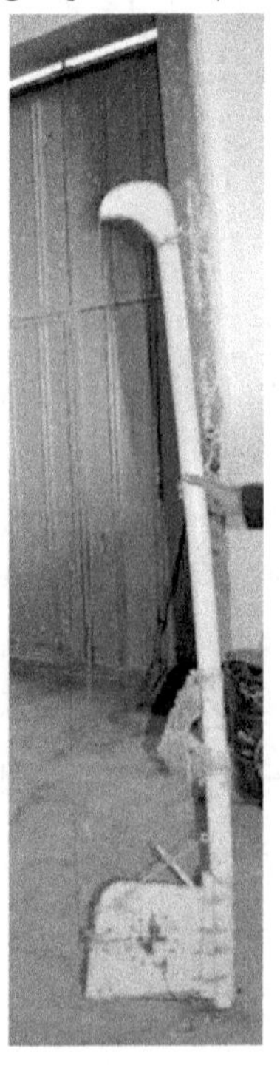

عکس ۳-۲، کمان (نگارنده)

---

[194] Daf
[195] zeh

موم: نمدمال مقداری موم را همیشه در دسترس دارد و این موم را پیوسته به زه کمان می‌مالند تا سبب استحکام کمان شده و از پاره شدن آن در مقابل ضربات مشته محافظت نماید.

چک[۱۹۶] **یا مشته**[۱۹۷]: ابزاری چوبی شبیه دسته‌هاون که برای ضربه زدن به زه کمان و حلاجی پشم‌ها کاربرد دارد. این ابزار توسط خراطان از چوب کیکم تولید می‌شود؛ که در زمان انجام حلاجی دسته آن در دست راست قرار می‌گیرد و درحرکت دادن آن مفصل آرنج حرکت می‌کند. هنگامی‌که ضربه‌ای وارد می‌شود برجستگی لبه چک با زه کمان درگیر می‌شود و آن را پیش می‌کشد و زمانی که رها شود حالت ارتعاش ایجاد می‌کند و باعث لرزاندن پشم‌ها و جدا شدن آن‌ها از هم و پرتاب شدن آن‌ها می‌شود.

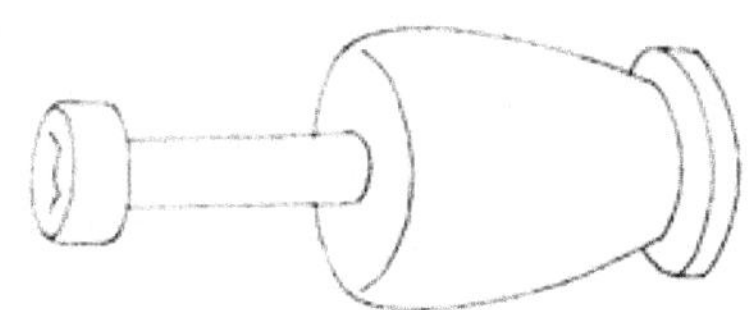

عکس ۳-۳، چک (کارگر ابرقویی، ۱۳۷۴: ۳۹)

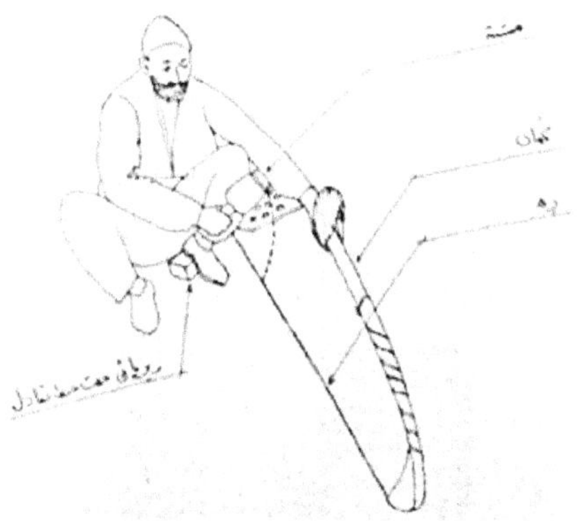

عکس ۳-۴، طرز استفاده از کمان و چک (جزمی و دیگران، ۱۳۶۴: ۶۳)

وجود ماشین‌های حلاجی، سبب شده است، کمان و مشته حلاجی آرام‌آرام به خاطره‌ها بپیوندند و تولیدکنندگان آن‌ها نیز تولید این ابزارها را متوقف سازند.

ابزارهای مورداستفاده در بخش نمدمالی:

قالب: عبارت است از حصیرهایی در ابعاد متفاوت که دربرگیرنده پشم‌ها و نقوش نمد است. در قدیم به‌وسیله بستن نخ‌هایی به پرچ‌های[۱۹۸] علفی حصیری برای قالب ساخته می‌شد، همچنین از نوعی جگن[۱۹۹] به

[196] Chek

[197] Moshte

[198] Parch.نوعی علف خودرو و هرزه است که دارای ساقه‌های سبز و بلند و پهن در نزدیکی نهرها و جوی‌ها می‌روید

[۱۹۹] جگن نوعی گیاه از تیره جگن‌ها، جزو رده تک‌لپه‌ای‌ها که دارای ساقه سه‌گوش و برگ‌های مقطع و لب‌های منفردالجنس است معمولاً در نقاط مرطوب و باتلاقی می‌روید

نام پیزر[200] نیز جهت ساخت قالب استفاده می‌شده است. حصیرهایی که برای قالب استفاده می‌شود، امروزه از حصیرهای آماده در بازار به این منظور تهیه می‌شود. اندازه قالب باید از اندازه نمد موردنظر بزرگ‌تر باشد.

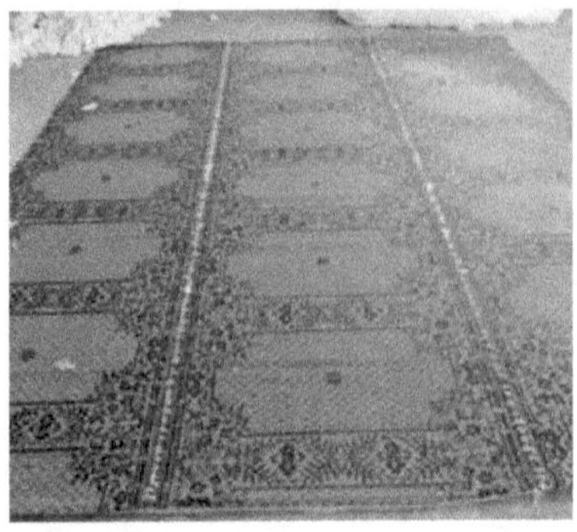

عکس ۳-۵، قالب (نگارنده)

کرباس: کرباس یک نوع پارچه کنفی است که جنس آن نخی ولی درشت‌بافت و سنگین است. دو قطعه کرباس؛ در اندازه موردنظر برحسب سایز قطعه نمدی برای خواباندن الیاف پشمی و حرکت نکردن نقوش استفاده می‌شود.

چنگک یا چنگال[201]: این وسیله جارو مانند در بروجن به نام کلک[202] و در شهرکرد به نام پنجی[203] معروف است. برای پخش کردن الیاف به‌صورت یکنواخت بر بستر قالب بکار می‌رود. پنجه را از شاخه‌های نازک درخت بید تهیه می‌کنند. این شاخه‌ها در یک ردیف قرارگرفته و در یک‌تکه چوب کمی ضخیم‌تر از ترکه‌ها را سوراخ‌هایی با فواصل منظم به‌اندازه قطر ترکه‌ها ایجاد کرده و ترکه‌های را درون این سوراخ‌های قرار می‌دهند، یک‌سوی آن‌ها جمع شده و به شکل یک دسته بسته می‌شود طرف دیگر آن مثل پنجه دست از هم باز است. برای آزار ندادن دست، دسته را با مقداری پارچه می‌پوشانند.

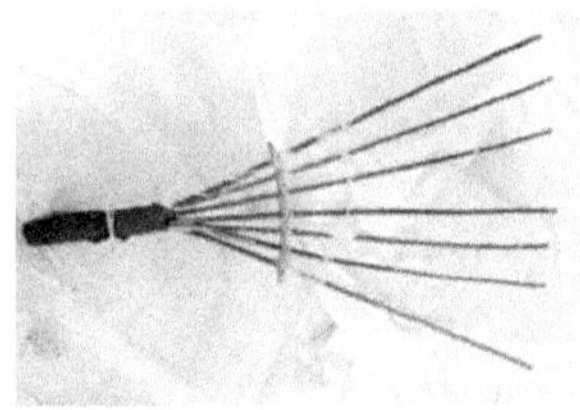

عکس ۳-۶، پنجه (نگارنده)

سنگ مهره: سنگی سنگین‌وزن و صاف و صیقلی است که جهت واردکردن فشار بر روی نمد و صیقلی نمودن آن کاربرد دارد. (بعضی نمدمالان از سنگ‌پا استفاده می‌کنند.)

بند قالب: بند یا طنابی است به طول ۱۰ الی ۱۲ متر که برای بستن قالب یا حصیر بعد از پیچیدن یا لول کردن، است؛ و آن را به شکل استوانه درمی‌آورد.

---

[200] Pizor
[201] Kelk
[202] Kelk
[203] Panji

چوب‌مال: چوبی است به طول ۱ الی ۲/۵ متر و قطر ۱۰ الی ۳۰ سانتی‌متر نمدمال این چوب را داخل قالب گذاشته ولوله می‌کند تا از چین‌وچروک شدن نمد جلوگیری کند.

صابون نمدمالی: صابونی مخصوص بدون بو و دارای «سود» بسیار که در قالب‌های بسیار بزرگ تهیه می‌شود جهت استحکام هنگام مالش به‌کاربرده می‌شود. صابون سنتی که در این منطقه استفاده می‌شود توسط صابون سازان محلی تولید می‌شود که در ساخت آن آب، نمک، سود سوزآور و پیه گوسفند استفاده می‌شود و در دو نوع صابون نمدمالی و صابون سرشویی تهیه می‌گردد. مخلوط فوق را پس از چهار بار جوشانیدن و پختن در پاتیل و تعویض آب، درون قالب‌های کوچک و بزرگ فلزی ریخته تا منجمد شوند و خودشان را بگیرند. سپس آن‌ها را از قالب خارج کرده و در اندازه‌های یک کیلویی و دو کیلویی به فروش می‌رسانند. تفاوت این دو نوع صابون در مقدار سود موجود در آن‌هاست، صابون نمدمالی دارای سود بیشتر و آب کمتر و صابون سرشویی دارای سود کمتر و زمان بیشتری جهت پخت آن صرف شده تا مانع ریزش مو شود. نمد مالان غالباً ۲-۳ قالب صابون را در یک ظرف آب گرم حل کرده و بر روی پشم‌ها می‌پاشند. نمدمال از خاصیت لغزندگی صابون استفاده می‌کند تا اصطکاک بین پشم‌ها را به حداقل رسانده و الیاف پشم در مدت‌زمان اندک و به‌راحتی درهم‌تنیده می‌شود.

چکش: از چکش در مرحله نقش اندازی برای جای دادن نقوش روی نمد ساده استفاده می‌کنند.

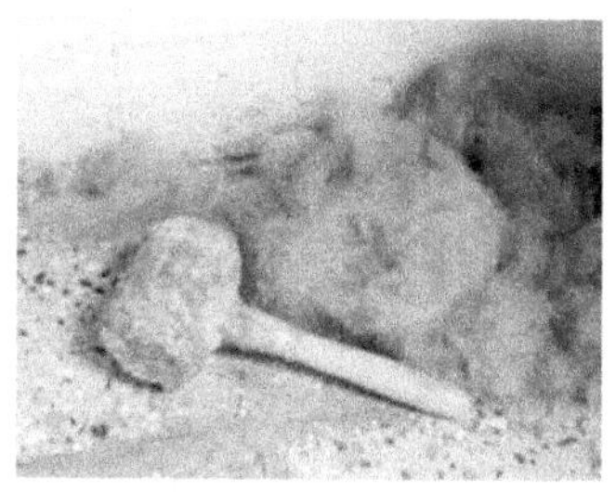

عکس ۳-۷، چکش (نگارنده)

ظرف آب و صابون: برای مرطوب کردن الیاف در مرحله دوم مالیدن نمد آب و صابون را باهم جوشانده و روی پشم‌ها می‌پاشند. این آب را به‌وسیله دست یا آب‌پاش روی پشم‌ها می‌ریزند.

آب‌پاش: از جنس فلز یا پلاستیک است و برای پاشیدن آب بر روی پشم استفاده می‌شود.

الگو: برای سهولت در انجام برش نمدهای نوین نیاز به الگو دارند. این الگوها توسط خود هنرمندان به‌صورت ابتکاری تهیه می‌شوند.

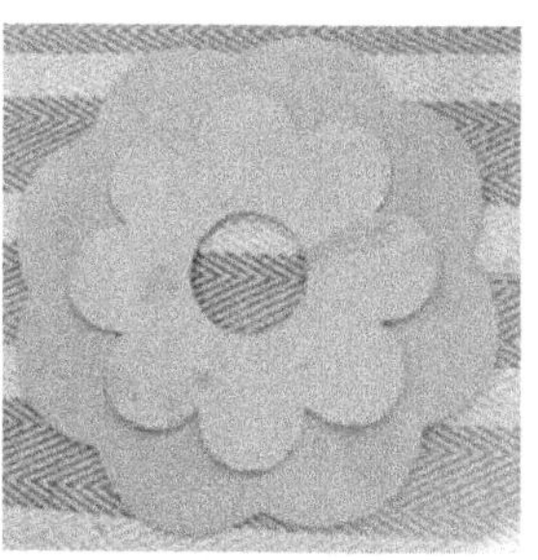

کس ۳-۸، الگو (نگارنده)

الگوی قالبی: برای برجسته‌سازی و سهولت در برخی از مدل‌های نوین از قالب‌های ابتکاری که معمولاً توسط خود هنرمندان ساخته می‌شود، استفاده می‌کنند.

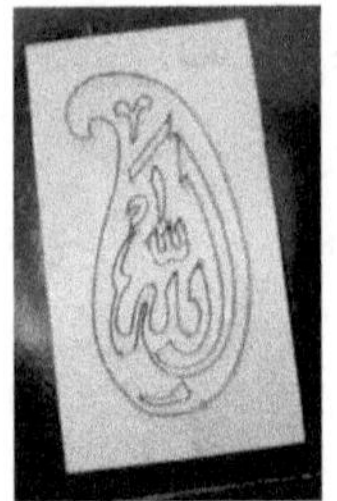

عکس ۳-۹، الگوی قالبی (نگارنده)

نقش بر یا قیچی: یک قیچی آهنی است و برای بریدن پیش‌آمدگی‌های بی‌جا و زشت نمد و آرایش آن به کار می‌رود. همچنین برای برش نمدهای تخته‌ای به‌کاربرده می‌شود. قیچی در چند سایز مختلف استفاده می‌شود که بستگی به ضخامت نمد دارد. در برخی موارد از کاتر به‌عنوان نقش‌بر استفاده می‌شود.

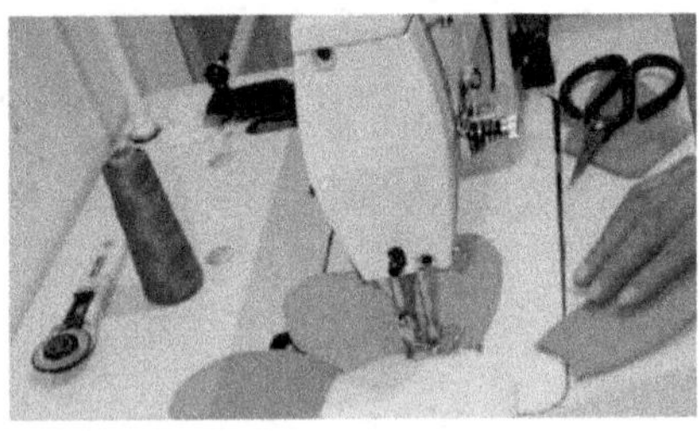

عکس ۳-۱۰، قیچی و کاتر (نگارنده)

چرخ‌خیاطی: برای دوخت الگوهای بریده و تبدیل آن‌ها به محصولات نوین استفاده می‌شود.

نخ فاستونی: برای دوخت استفاده می‌شود. این نخ‌های متنوع و با توجه به رنگ نمد به‌کاربرده می‌شوند.

۳-۲-۲ ابزارهای صنعتی

دررروند تغییر کارکرد در نقوش، کاربرد و ابزار ابتدا هنرمند در برابر آن ایستادگی می‌کند ولی به هر لحاظ ناگزیر از استفاده از ابزار جدید است، دلیل بروز رفتارها و واکنش‌های احساسی در مقابل تغییرات و پدیده‌های جدید به دلیل انس به وجود آمده بین هنرمند و پدیده‌ها با استفاده طولانی‌مدت از آن‌ها به وابستگی احساسی‌ای منجر شده است و مانع پذیرش پدیده‌های جدید می‌شود. این حس احتمالاً به دلیل عدم هماهنگی و مطابقت با برخی از ابزارها یا وابستگی به ارزش‌های اجتماعی، مذهبی و ترس از عقاید خرافی در مقابل تغییر وجود دارد. نمدمالان دریافته‌اند که تنها با ابزارهای سنتی نمی‌توان نمدهای نوین و مدرن تولید کرد و نیاز به ابزارهای صنعتی در این هنر صناعی ضروری است.

دستگاه گردگیر: حلاج یا نمدمال در ابتدا پشم‌ها را بر اساس رنگ طبقه‌بندی می‌کند و پشم‌ها را با دست‌باز می‌کند. سپس به علت وجود ناخالصی و ضایعات همراه با پشم مانند مواد دفع شده، کود، ناخالصی حیوانی (مثل ساس، کنه و ...) ناخالصی‌های نباتی (خار و خاشاک، علف خشک)، ناخالصی‌های معدنی (شن و خاک و ...) ابتدا آن را وارد دستگاه گردگیر می‌کنند، این دستگاه دارای نیروی گریز از مرکز است و تقریباً ۵۰

درصد ناخالصی‌ها را از پشم جدا می‌کند.

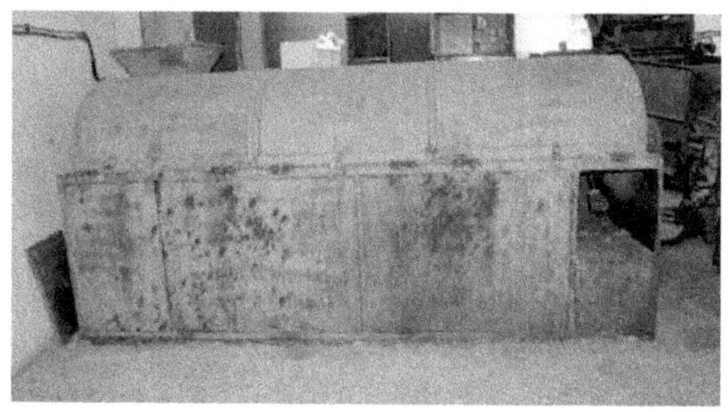

عکس ۳-۱۱، دستگاه گردگیر (نگارنده)

دستگاه حلاجی (ولف): مراحل اولیه تهیه نمد مرغوب حلاجی پشم موردنیاز پس از چیدن پشم است. اگر عمل حلاجی و پوک کردن پشم انجام نگردد این پشم اصلاً قابلیت تبدیل‌شدن به نمد را ندارد. در قدیم این کار با زه و کمان حلاجی دستی صورت می‌گرفت، که به‌تدریج این روش وقت‌گیر و پرزحمت منسوخ‌شده است. چند سالی است که متصدیان این صنعت پشم موردنیاز نمدمالی را با دستگاه‌های ماشینی حلاجی می‌نمایند. این ابزار علاوه بر شاد کردن (باز کردن) پشم، خار و خاشاک و ناخالصی باقی‌مانده از دستگاه گردگیر را جدا می‌نماید. این دستگاه در دو مدل کوچک و بزرگ موجود است که در کارگاه‌های بزرگ از نوع بزرگ‌تر آن استفاده می‌کنند.

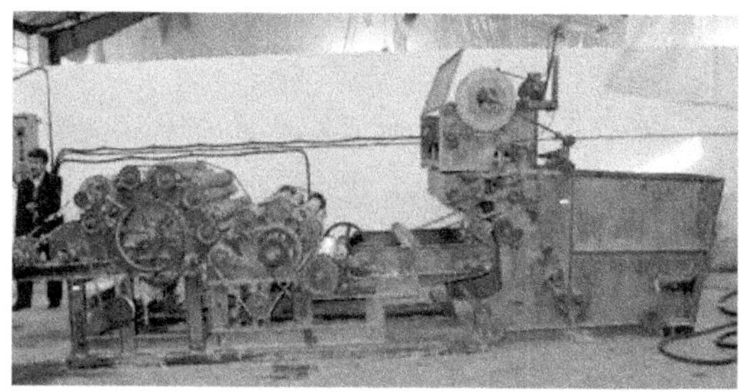

عکس ۳-۱۲، دستگاه حلاجی (نگارنده)

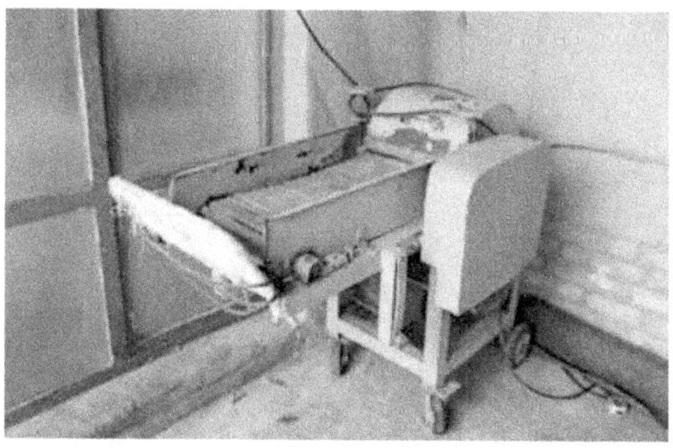

عکس ۳-۱۳، دستگاه حلاجی کوچک (نگارنده)

دستگاه نمدمالی: اولین دستگاه صنعتی واردشده در هنر صناعی نمدمالی است و امروزه در تمام کارگاه‌های نمدمالی جهت مالیدن قطعه‌ی موردنظر، کاربرد داشته و مرحله سخت و طاقت‌فرسای مالیدن نمد را که قبلاً نمدمالان بادست‌وپا انجام می‌دادند به‌صورت یکنواخت و البته راحت‌تر انجام می‌دهد. فواید استفاده از این دستگاه موجب شده است، نمدمالان در همه ماه‌های سال مشغول به کار باشند زیرا نمدمالان در فصول سرد به دلیل برودت هوا و سختی کار فعالیت نمی‌کردند، همچنین تولید نمد ظرف ۳ الی ۴ ساعت به پایان می‌رسد، درصورتی‌که بر روی یک ساخت نمدی دستی روزها و شاید هفته‌ها بایستی کار نمود.

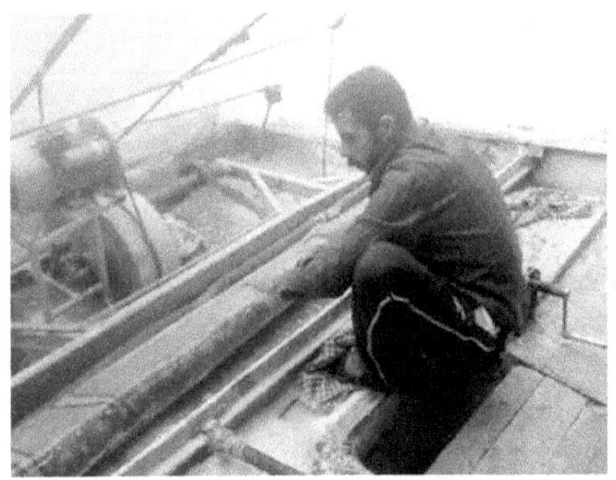

عکس ۳-۱۴، دستگاه نمدمالی (نگارنده)

لیکن جوانان نمدمالی را به جهت دشواری کار، کمی درآمد، تنوع کالاها عدم استقبال از جانب خریداران و اینکه نمدمالی شغلی مناسب و درخور خود نمی‌یابند حاضر به ادامه این هنر- صنعت نیستند. به هر جهت تا زمانی که دامداری وزندگی عشایری در این استان برجا و برپا است این صنعت قدیمی نیز تداوم دارد. تا زمانی که بختیاری‌ها به شیوه‌ی کوچ زندگی می‌کردند و به دامداری می‌پرداختند از محصولات نمدی استفاده می‌کردند درحالی‌که پس از یکجانشینی و آغاز کشاورزی در همان اقلیم پیشین، اقدام به ساخت خانه‌های روستایی کاه‌گلی و آجری نمودند و کمتر نیاز به محصولات نمدی دارند.

۳-۳ فن‌شناسی

نمد، زیراندازی است که بدون استفاده از دار تولید می‌شود."برای تهیه آن عمل بافت صورت نمی‌پذیرد، بلکه با استفاده از دو خاصیت پشم (جعدیابی و پوسته‌ای شدن) تولید می‌شود و با ایجاد فشار (مالیدن) و رطوبت و حرارت و درنتیجه درهم‌رفتگی الیاف پشم، نمد تولید می‌گردد "(سید صدر، ۱۳۸۸، ۴۴۰). پشم براثر آب و صابون گرم، جمع می‌شود و الیافش درهم می‌تابند ولی لایه‌هایش نمی‌گذارند که الیاف گسیخته شوند. "درنتیجه، مصنوعی به دست می‌آید که گرم و مستحکم و بالنسبه ارزان و دارای مصرف عملی و اغلب خوش‌ترکیب است و اگر در آغاز کار بدین نحو آماده شود در برابر رطوبت، نفوذناپذیر می‌گردد "(گلاک، ۱۳۵۵: ۲۷۸).

نمد نسبت به سایر زیراندازها دارای مزایای است، این مزایا موجب گردیده تا فراهم‌سازی و استفاده از آن طی قرن‌ها ادامه یابد، برخی از این مزایا عبارت‌اند از:

۱- رطوبت را از خود عبور نمی‌دهد
۲- عایق گرما و سرما است
۳- تا حدی انعطاف‌پذیر است
۴- مستحکم و بادوام و سبک است و حتی نوشته‌اند شمشیر نیز نمد مرطوب را پاره نمی‌کند و خاصیت ضدگلوله دارد.
۵- ابزار کار نمدمالی معدود و ساده و ارزان است
۶- مواد اولیه آن در دسترس و ارزان است
۷- نمدمالان مزدکمی برای ساخت می‌گیرند، مجموعاً نمد ارزان تمام می‌شود
۸- فراهم‌سازی آن نیاز به تخصص چندانی ندارد
۹- از پشم به‌صورت خام استفاده می‌شود
۱۰- نرم است و تن را آزار نمی‌دهد، لذا برای تولید پوشاک و زیرانداز مناسب است.
۱۱- زمان فراهم‌سازی آن کوتاه است، معمولاً یک نمد به روش سنتی یک‌روزه آماده می‌شود و در طی ۳ الی ۴ روز خشک می‌شود؛ اما درروش صنعتی به‌مراتب زمان کمتری نیاز دارد.
۱۲- ترمیم نمد به‌سادگی میسر است و نمد کهنه را با برش زدن و دور دوزی می‌توان با کاربردهای جدید آماده ساخت.
۱۳- ایمنی از گزندگان و دندان و چنگال درندگان به وجود می‌آورد
۱۴- به دلیل تغییر نکردن شیوه کار از گذشته تاکنون و شیوهٔ ساده آن، فراگیری ساخت آن ساده است.
۱۵- عمر آن زیاد است.

این مزایا سبب شده تا همچنان نمد جایگاه خود را در زندگی عشایری و روستایی حفظ کند و با تغییر کارکرد به زندگی شهری و مدرن راه باز کند.

کارگاه نمدمالی

کارگاه نمدمالان درگذشته خانه و محل سکونت ایشان بود و ایشان به‌صورت خانوادگی به این کار می‌پردازند؛ اما امروزه به دلیل گسترش شهرها و گسترش شهرنشینی برخی از کارگاه‌های نمدمالی فعال به حومه‌ی شهر و مناطق صنعتی منتقل‌شده است، اما همچنان برخی از نمدمالان قدیمی همچنان به سبک قدیمی به کار در خانه ادامه می‌دهند. اگر تولید نمد در خانه انجام شود، ابتدا پشم‌ها را رنگ کرده و سپس آن‌ها را حلاجی کرده و بعد از تمیز کردن کارگاه قالب را پهن کرده و نمدمالی را شروع می‌کنند. در کارگاه صنعتی چند فضای مجزا برای حلاجی و رنگرزی و نمدمالی در نظر گرفته می‌شود. در کارگاه به علت حضور کارگران در بخش‌های مجزا و تقسیم‌کار و فضای بزرگ‌تر سرعت کار از کارگاه خانگی بیشتر است و بر بازده کار نیز تأثیر می‌گذارد.

۳-۳-۱ روش تولید نمد

۳-۳-۱-۱ روش تولید نمد سنتی

ارتباط بین نمدمالان و مصرف‌کنندگان درگذشته بدون واسطه انجام می‌شد، درواقع دامداران پشم چیده شده خود را به نمدمالان تحویل می‌دادند و "تمامی رنگ‌ها، طرح‌ها و نقوش طبق موافقت طرفین و بانام و نشان مشخص برای رنگ‌ها و نقش‌ها در نمد به کار می‌رفت. در این مرحله کار نمدمال به جهت امکان عرضه تفکرات، آرمان‌ها و اعتقادات نمدمال و به دلیل ارتباط مستقیم عاطفی با خریدار خود بعد هنری نیز پیدا می‌کند "(جزمی و دیگران، ۱۳۶۴: ۶۷). نمدمالان در نمد نوین و درحال‌توسعه، نمد بنا به سفارش مشتری یا با توجه به نیاز بازار در شکل‌ها و کاربردهای گوناگون تولید می‌شود. در شکل تولید بازاری، نمدها جنبه‌ی کالا پیداکرده و نمدمال بدون توجه به کیفیت‌های لازم و به دنبال کمیت بیشتر تولید نمد را افزایش می‌دهد.

شیوه نمدمالی سنتی و تهیه نمد از زمان‌های دور تاکنون تغییر نکرده و در نقاط مختلف ایران، بنا به شرایط اقلیمی، تقریباً یکسان است. برای تهیه انواع مصنوعات نمدی، چه ساخته‌ی بروجن که از جهت ظرافت و چه مصنوعات شهرکرد که ازنظر استحکام و کارکرد معروفیت دارند، از پشم گوسفند استفاده می‌شود. بدین ترتیب که پس از چیدن پشم تن گوسفندان، آن‌ها را شسته و در مقابل نور آفتاب خشک می‌کنند. مرحله بعد حلاجی پشم‌هاست که به دو روش سنتی و کارخانه‌ای انجام می‌شود.

مرحله اول، حلاجی

حلاجی سنتی: توده‌های پشم خام، به‌وسیله چوبی ضخیم به طول ۱ الی ۱/۵ متر، مرتباً به پشم‌ها ضربه زده تا از هم باز و کاملاً حلاجی شوند، سپس باکمان حلاجی و چک پشم‌ها را حلاجی می‌کنند. نمدمال در اینجا نقش حلاج را بازی می‌کند و دست چپ را درون دسته می‌گذارد و دسته کمان را با دستشان می‌گیرد و قسمت پارچه پیچ طناب روی دست قرار می‌گیرد و به‌صورت یک اهرم کمان را مستقیم نگاه می‌دارد به صورتی که در اثر ضربه‌هایی که به زه با چک می‌خورد، دسته کمان در دست نمی‌چرخد. نمدمال برای کیفیت بیشتر پشم‌ها معمولاً دو بار آن‌ها را حلاجی می‌کند. در مواقعی که زه با پشم تماس دارد صدای زیر است و وقتی زه با پشم در تماس نیست صدای بم دارد و همین دو عمل است که نوای خاص کمان حلاجی را به وجود می‌آورد، امروزه این شیوه به جهت صرف زمان زیاد و زحمت بسیار به‌ندرت انجام می‌گیرد و روش کارخانه‌ای که به‌وسیله ماشین حلاجی صورت می‌گیرد، معمول‌تر است.

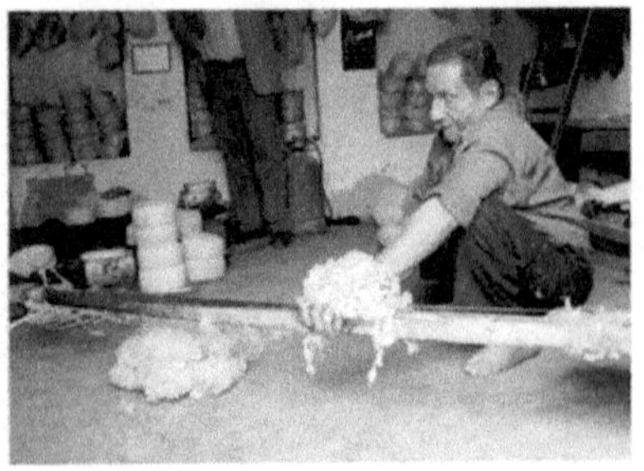

عکس ۳-۱۵، حلاجی سنتی (نگارنده)

حلاجی صنعتی: در این شیوه به پشم‌ها بر اساس رنگ‌های طبیعی تفکیک می‌شوند ابتدا به‌وسیله ماشین گردگیر فضولات حیوانی و گردوخاک از پشم‌ها زدوده و سپس نمدمالان پشم‌ها را وارد دستگاه حلاجی می‌کنند تا کاملاً حلاجی شوند.

مرحله دوم، تخت کردن پشم و قالب‌گیری

نمدمال پس‌ازآنکه همهٔ پشم‌ها حلاجی شد آن‌ها را به کارگاه نمدمالی انتقال می‌دهد، مواد زائد را از کف کارگاه خارج می‌کند، با توجه به ابعاد نمد فضای سرپوشیده‌ای که دارای زمین سفت و هموار باشد برای کار باشد را انتخاب می‌کند. سپس یک قطعه کرباس به روی زمین پهن می‌کند و روی آن را با حصیر می‌پوشاند که در اصطلاح «قالب» نام دارد (در برخی کارگاه‌ها صرفاً از کرباس استفاده می‌شود). سپس پشم‌های حلاجی‌شده را با چنگک به‌صورت یکنواخت و ضخامتی متناسب تقریباً تا ارتفاع شصت سانتی‌متر، بر روی حصیر یا کرباس پخش می‌کنند و آن‌ها را با یک چوب به نام ترکه می‌زنند تا از هم جدا شوند و خاصیت انعطاف‌پذیری خود را بازیابند. در کارگاه‌های نوین کمتر از کرباس و فقط از حصیرهای آماده که از بازار تهیه می‌کنند، برای قالب استفاده می‌کنند. به‌اصطلاح محلی پشم را به‌صورت پف یا پفکی درآورده و بعد به‌وسیله پنجی یا پنجه بر روی پشم پف شده فشار می‌دهند تاکمی از حجم آن کاسته شود.

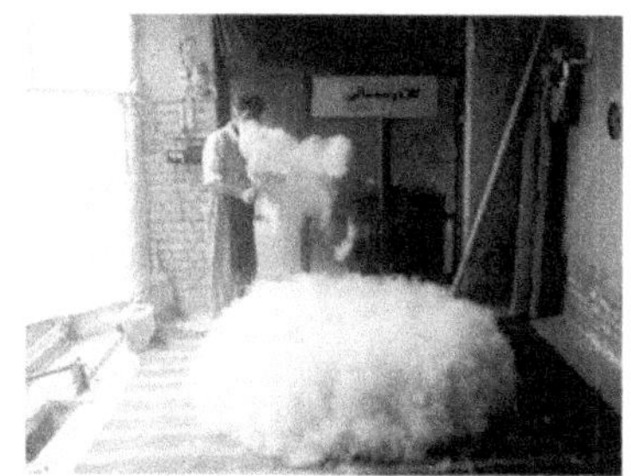

عکس ۳-۱۶، قالب‌گیری (نگارنده)

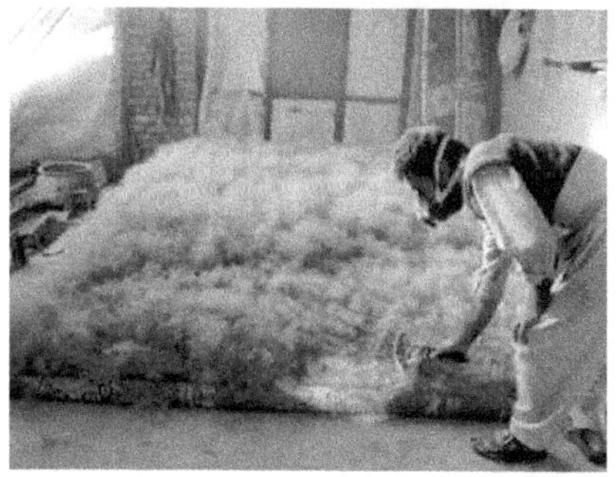

عکس ۳-۱۷، فشردن پشم‌ها به‌وسیله پنجی (نگارنده)

مرحله سوم، آب‌پاشی

مقداری آب داغ به‌صورت یکنواخت روی پشم‌های مزبور به‌وسیله آب‌پاش می‌ریزند، این عمل باعث سنگین شدن پشم و پیوستگی زنجیروار الیاف پشم می‌شود.

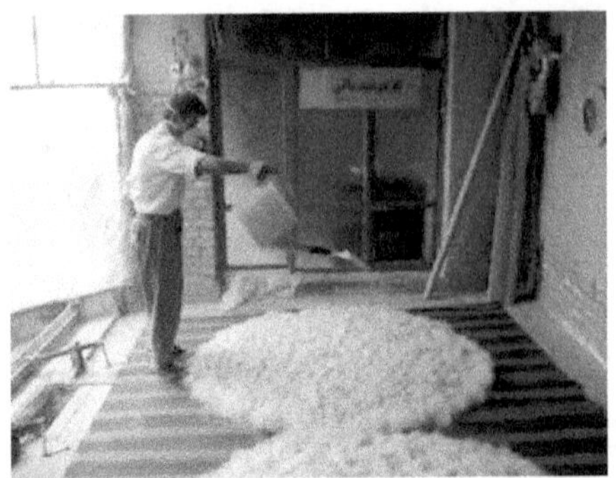

عکس ۳-۱۸، ریختن آب داغ روی پشم‌ها (نگارنده)

مرحله چهارم، لوله کردن قالب و خامه

قبل از لوله کردن قالب، چوب‌مال را داخل قالب گذاشته ولوله می‌کند تا از چین‌وچروک شدن نمد جلوگیری کند. سپس به‌وسیله بند یا طناب قالب را می‌بندد تا هنگام ضربه مالش قالب باز نشود؛ و حدود ۲۰ دقیقه با ضربات دست و پای تحت‌فشار قرار می‌دهند. تعداد نفرات شرکت‌کننده در مالیدن نمد بستگی به‌اندازه آن دارد. مرحله اول به مدت ۱۰ دقیقه مالیدن طول می‌کشد تا نمد خام تهیه شود. نمدمالان ضربات لگد را بر روی قالب بسته‌شده می‌کوبند تا آب کاملاً جذب پشم‌ها گردد، الیاف به هم فشرده و نسج گونه می‌گردند که به این مرحله خامه می‌گویند.

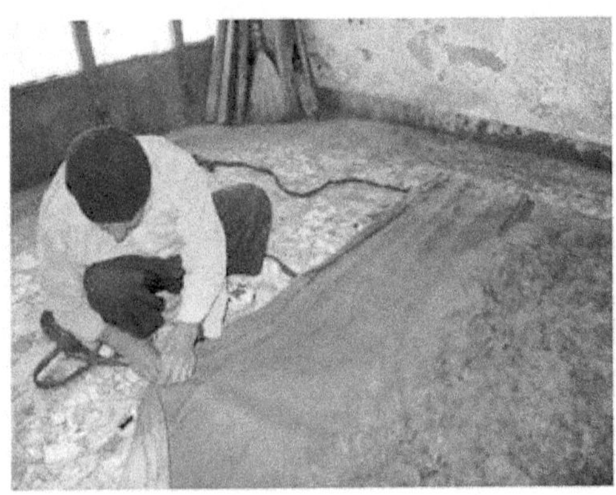

عکس ۳-۱۹، رد کردن طناب از سوراخ‌های دور کرباس (نگارنده)

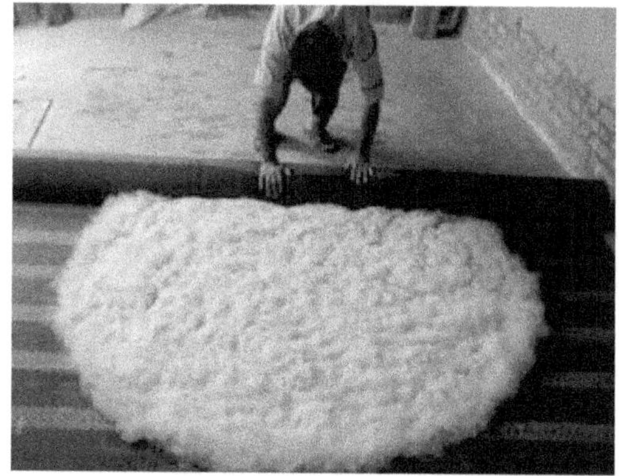

عکس ۳-۲۰، لوله کردن پشم‌ها به‌وسیله قالب (نگارنده)

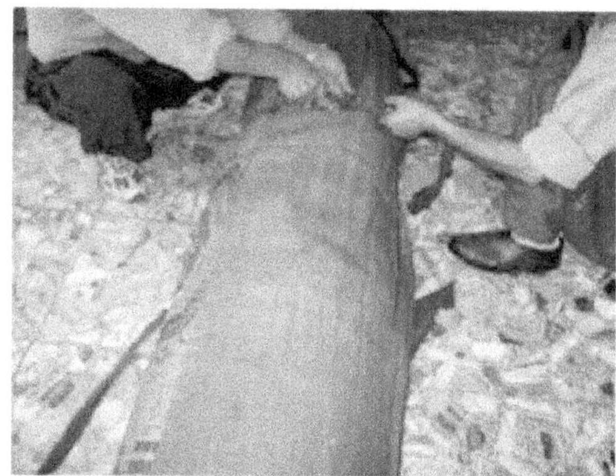

عکس ۳-۲۱، بستن قالب به‌وسیله بند یا طناب (نگارنده)

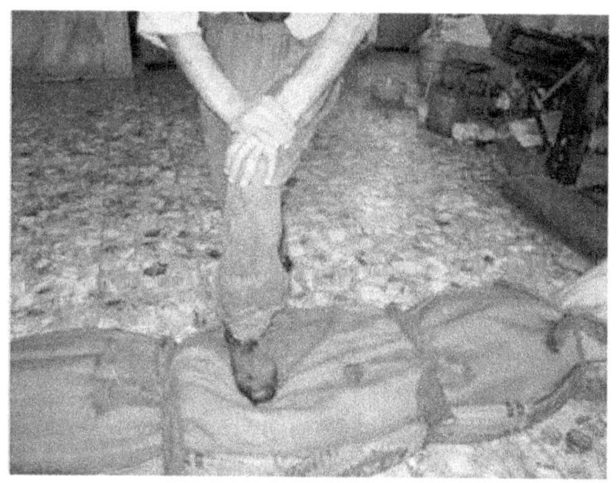

عکس ۳-۲۲، مالیدن به‌وسله پا (نگارنده)

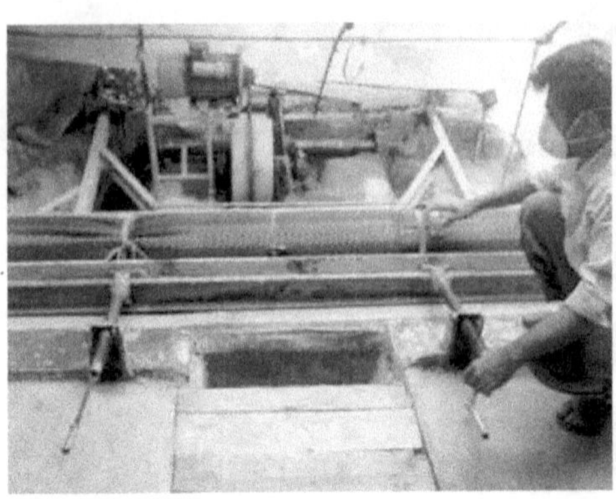

عکس ۳-۲۳، مالیدن به‌وسیله دستگاه نمدمالی (نگارنده)

برای حفظ تعادل نمدمالان در هنگام مالیدن نمد، دست‌هایشان را به طنابی که از سقف کارگاه طنابی آویزان است، می‌گیرند. نمدمالی دارای ادبیات شفاهی بسیار غنی است، نمدمالان در حین مالیدن نمد اشعار محلی یا نام حضرت علی (ع) را بر زبان می‌آورند. نمدمالان از حضرت علی مدد گرفته و در زیر لب زمزمه می‌کنند: یا علی جانم علی، یا علی، علی جانم و... مرتباً قالب را می‌چرخانند و مالش می‌دهند.

مرحله پنجم، تیرمال

نمدمال طناب دور قالب را باز و چهار طرف آن را برای به دست آوردن لبه‌های صاف و گرد بر روی سطح نمد برمی‌گرداند. لبه نمد به هنگام مالیدن نظم خود را از دست می‌دهد نمدمال به آن مقدار پشم حلاجی‌شده می‌افزاید و بر روی سطح کار مخلوط آب و صابون پخته‌شده (صابون معروف به پی) می‌ریزند و مجدداً قالب را بسته و مالش می‌دهند. پس از اتمام مجدداً قالب را بسته و به‌وسیله پا آن را مالش داده که در اصطلاح محلی این عمل را "تیرمال " گویند.

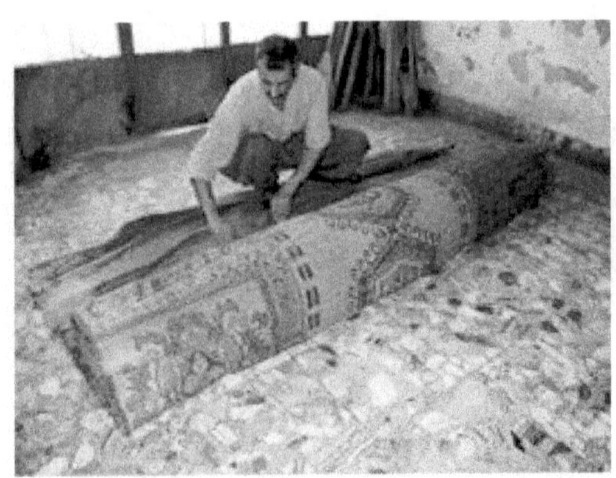

عکس ۳-۲۴، باز کردن نمد در مرحله چهارم (نگارنده)

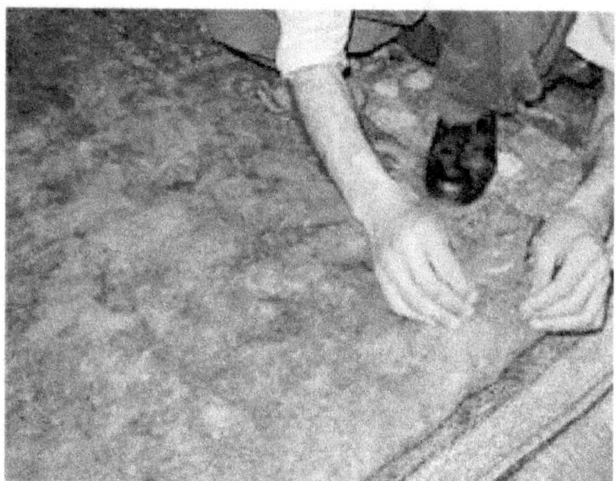

عکس ۳-۲۵، افزودن پشم به لبه‌های آن (نگارنده)

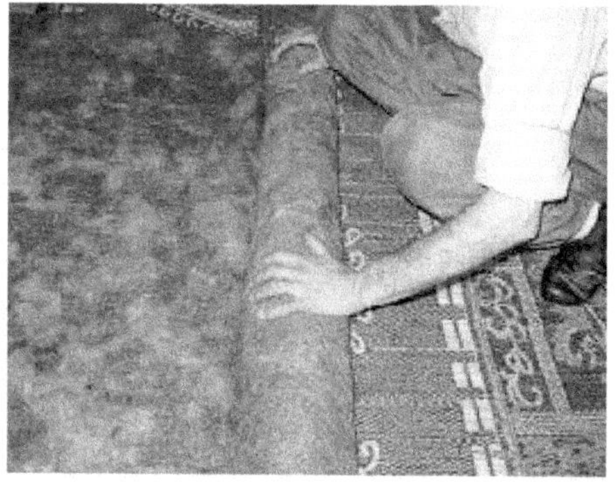

عکس ۳-۲۶، جمع‌کردن نمد در مرحله پنجم (نگارنده)

مرحله ششم، ترک‌گیری و پاشیدن آب و صابون و تولید نمد خام

با پایان گرفتن کار مالش نوبت به مرحله «ترک‌گیری» می‌رسد؛ بدین ترتیب که قالب را باز و درصورتی‌که جایی از نمد دارای ضخامت یا نازکی باشد کمبود آن را با افزودن پشم‌های همرنگ برطرف نموده و سپس محلول آب و صابون نمدمالی (معروف به پی) را که از قبل مخلوط کرده و حرارت داده‌اند و به حالت دلمه درآمده است بر روی پشم‌ها می‌افشانند و با دقت و فشار مناسب آن را می‌بندند؛ و مجدداً قالب را با طناب می‌بندند و شروع به مالیدن آن با دست یا دستگاه می‌کنند. در این مرحله کار به‌صورت گروهی انجام می‌شود."صدای ضربه‌هایی که می‌خورد و نفس زندهای مداوم و ضربه‌های نمدمالان حکایت از سختی و صعبت کار دارد و ساعدهای دست سرتاسر سرخ می‌شود، خون در سر زانو جمع می‌شود و پوست نازک شده و زخم برمی‌دارد. صدای تند نفس‌ها شبیه آه و ناله زخمیان شلاق‌خورده است. نای حرف زدن نیست و نیروی بدن کاملاً باید به ساعد منتقل شود، نمی‌شود با حرف زدن هدر داد "(جزمی و دیگران، ۱۳۶۴: ۷۶). در این حالت الیاف پشم درهم‌فرورفته و یک‌تخته می‌شود. نمد تولیدشده در این مرحله ساده و بدون نقش است که به آن در اصطلاح محلی "نمد خام یا خامه " می‌گویند، کاربرد و طراحی و نقش‌بندی آن در این مرحله مشخص می‌شود. اگر نمد کاربرد لباس داشته باشد یقه، آستین و... در این مرحله طرح‌ریزی می‌کنند. در اینجا الگو یا طرح خاصی لازم نیست. نمدمال درصورتی‌که بخواهد روی بستر نمد طرح یا نقش تمامی طرح‌ها و مدل‌ها نشأت‌گرفته از ذهن و تجربه نمدمال است.

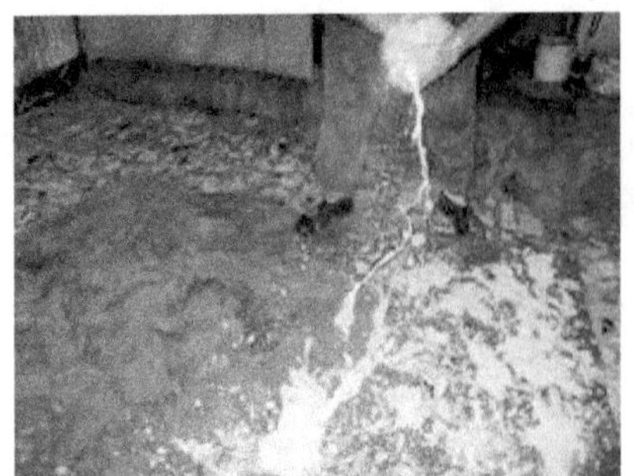

عکس ۳-۲۷، ریختن آب و صابون روی پشم‌ها (نگارنده)

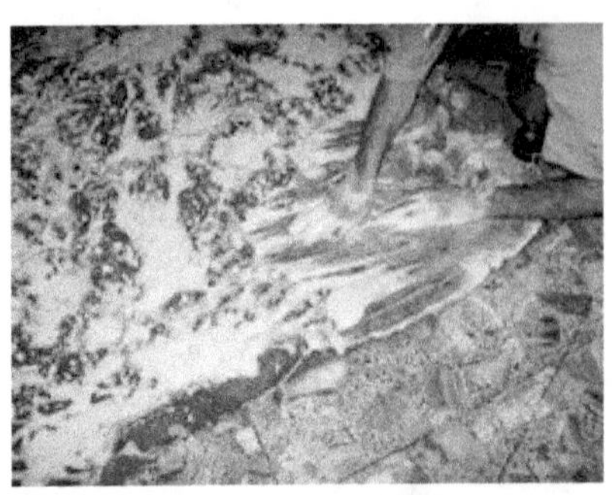

عکس ۳-۲۸، ریختن آب و صابون روی پشم‌ها و مالیدن آن با دست (نگارنده)

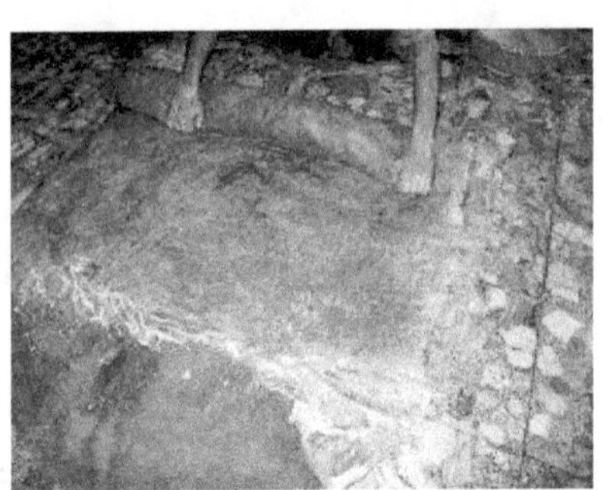

عکس ۳-۲۹، لوله کردن نمد و مالیدن آن (نگارنده)

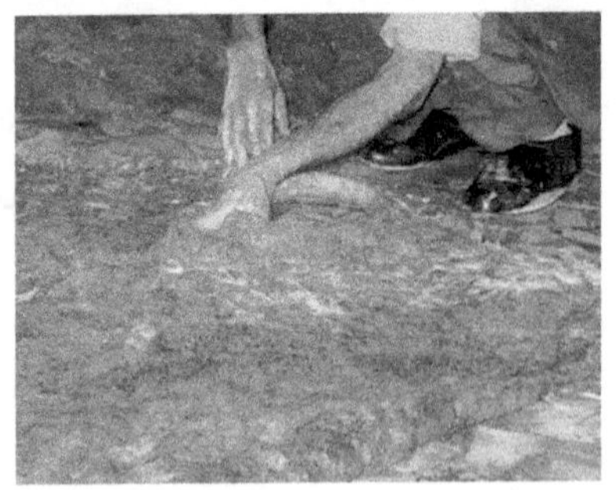

عکس ۳-۳۰، طرح‌ریزی یقه کپنک (نگارنده)

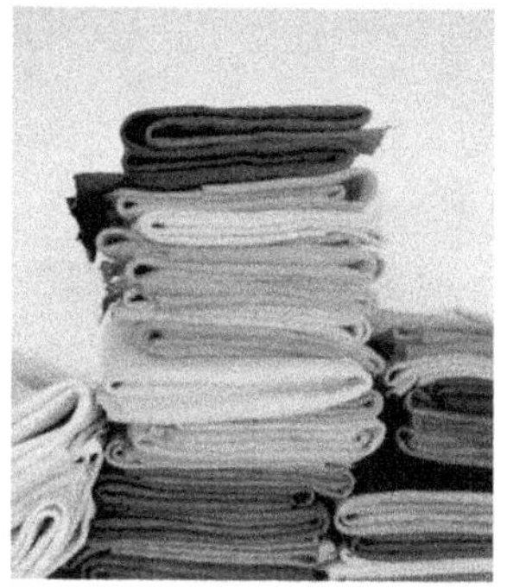

عکس ۳-۳۱، نمد خام در رنگ‌های متنوع (نگارنده)

مرحله هفتم، نقش اندازی

ایجاد طرح و نقش بر روی نمدهای زیرانداز یکی از مراحل اساسی کار است،"اینک نقش نمد باید تهیه شود؛ مانند نقاشی پشت شیشه، کار را بارنگ‌های رو آغاز می‌کنند. نقش‌ها به‌طور ذهنی از گنجینه نقوش سنتی که به یاد سپرده‌شده است تهیه می‌شود و هر محلی به ویژگی‌های نقوش خود ممتاز است. نه به الگویی مراجعه می‌شود و نه وسیله‌ای برای اندازه‌گیری بکار می‌رود "(گلاک، ۱۳۵۵: ۲۸۱). در نقش اندازی در نمد با نقوش سنتی و نمد نوین تفاوت‌هایی مشاهده می‌شود. در نقوش سنتی از فتیله استفاده می‌شود ولیکن در نمدهای نوین در کنار استفاده از فتیله‌هایی باضخامت بیشتر، از نمدهایی باضخامت‌های متفاوت و بارنگ‌های متنوع تولیدشده بر روی پشم باضخامت کم قرار می‌گیرد و سایر مراحل شبیه تولید نمد به‌وسیله فتیله و نمد تکه‌ای است.

نمدمال برای ایجاد طرح‌های سنتی، با استفاده از نوارهای پشم رنگ‌شده که آن را از قبل به شکل فتیله تهیه نموده اقدام به ترسیم طرح ذهنی خود می‌نماید و بعد از کامل شدن طرح، نقوش و جزئیات آن‌ها را ترسیم می‌کند. (فتیله پشم رنگ‌شده‌ای است که نمدمالان با استفاده از دست آن را بر روی پای خود و در اثر حرکت چرخشی شکل می‌دهند.) نمدمال قالب را بازکرده و طرح و نقش نمد را به دو روش زیر ایجاد می‌کنند.

روش اول نقش‌اندازی

نمدمال پس از تهیه‌ی نمد خام به قطر ۱۰ سانتی‌متری از پشم ساده و به رنگ زمینه، قطعات رنگی را مطابق با طرح موردنظر بر روی آن چیدمان می‌کند. نمدمال در نمدهای نوین از نمدهای تک‌رنگ که قبلاً آماده‌شده با توجه به طرح می‌برد و روی نمد خام قرار می‌دهد. قبل از قرار دادن نمدهای بریده‌شده سطح نمد زمینه را با آب و صابون مرطوب می‌کنند تا قطعات نمدی به‌خوبی با نمد زمینه درهم‌تنیده شوند. نمدمال پس از چیدن نقوش سنتی یا نوین محلول آب و صابون بر روی نمد می‌افشاند و بر روی آن‌یک کرباس یا یک پلاستیک ضخیم پهن کرده و با دقت و فشار مناسب لوله می‌کنند، پشم‌های لوله شده را با طناب می‌بندند و شروع به مالیدن آن با دست یا دستگاه می‌کنند تا زمانی که الیاف آن کاملاً درهم‌تنیده شوند و نقش ثابت و باضخامت مشخص به دست بیاید به مالیدن ادامه می‌دهند، این کار با دستگاه حدود ده دقیقه به طول می‌انجامد. نمد منقوش لوله شده را بازکرده پشم‌های اطراف نمد را باحوصله تا نموده و بر روی نمد می‌خوابانند تا لبه نمد گرد شود. آنگاه یک‌بار دیگر بر روی نمد آب و صابون پاشیده آن را لوله نموده و با پا یا دستگاه آن را می‌غلتانند تا نمد شکل کلی خود را پیدا کند.

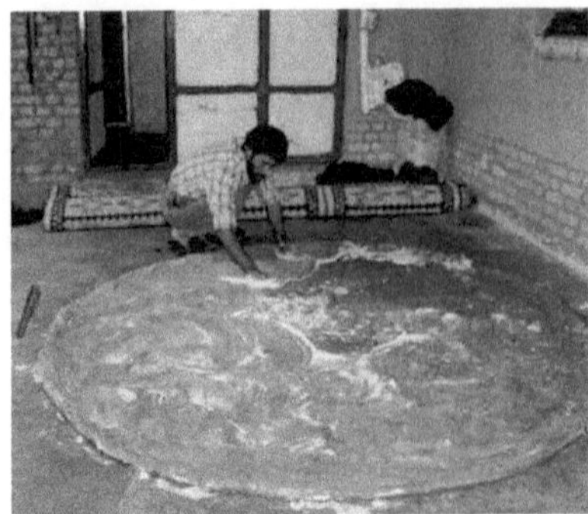

عکس ۳-۳۲، مرطوب نمودن نمد زمینه با آب و صابون (نگارنده)

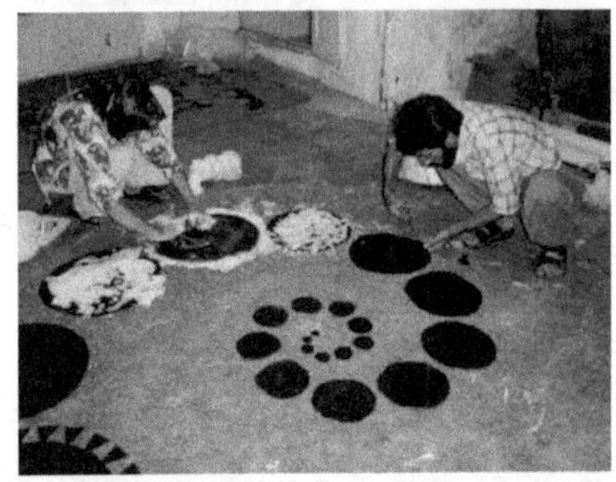

عکس ۳-۳۳، چیدن نقوش نوین روی پشم و مالیدن آن‌ها با آب و صابون (نگارنده)

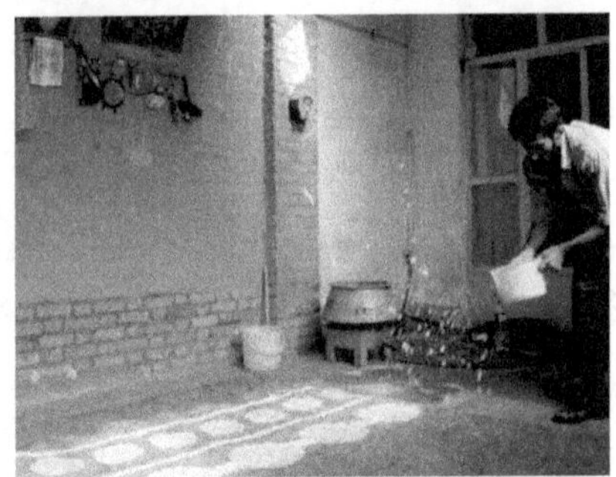

عکس ۳-۳۴، پاشیدن محلول آب و صابون روی نمد (نگارنده)

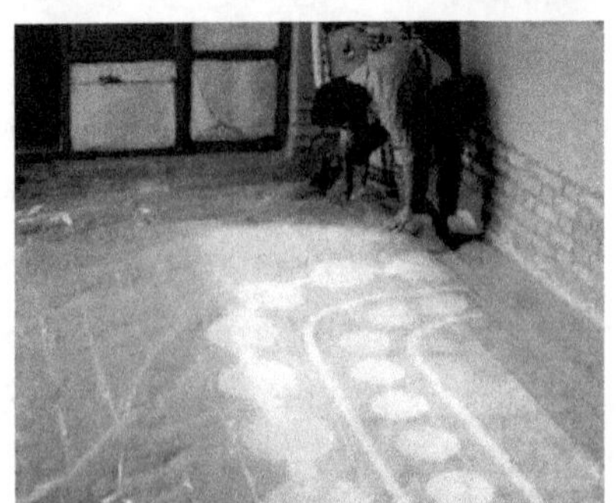

عکس ۳-۳۵، انداختن یک‌لایه پلاستیک ضخیم بر روی نقوش (نگارنده)

روش دوم نقش‌اندازی

نمدمال ابتدا طرح و نقوش موردنظر به‌طور ذهنی با فتیله‌های پشمی رنگی بر روی کرباس یا حصیر می‌چیند و سپس پشم حلاجی‌شده به رنگ ساده و هم‌رنگ زمینه اصلی را روی نقوش می‌ریزند و با کمک پنجه آن را ماهرانه پوشش می‌دهند. نمدمال محلول آب و صابون بر روی پشم‌ها می‌افشاند و بر روی آن‌یک کرباس یا یک پلاستیک ضخیم پهن کرده و با دقت و فشار مناسب لوله می‌کنند، پشم‌های لوله شده را با طناب می‌بندند و شروع به مالیدن آن با دست یا دستگاه می‌کنند تا زمانی که الیاف آن کاملاً درهم‌تنیده شوند و نقش ثابت و باضخامت مشخص به دست بیاید به مالیدن ادامه می‌دهند، این کار با دستگاه حدود ده دقیقه به طول می‌انجامد. پس از تهیه‌ی نمد منقوش در اندازه کوچک آن را بر روی پشم حلاجی‌شده گذاشته و روی آن آب و صابون را با دست و یا جاروی کوچک روی پشم‌ها پاشیده و آن را در اصطلاح نمدار می‌کند در این هنگام قالب نمد را از عرض لوله‌کرده و دور قالب را طناب‌پیچ می‌نمایند. قالب را تحت‌فشار و مالش با دست یا دستگاه قرار می‌دهند تا نقش در زمینه تثبیت شود و سپس آن را بازکرده و نقوش و طرح‌های حاشیه را به آن اضافه می‌کند و مجدداً آب و صابون می‌پاشند و نمد را بسته و مالش می‌دهند.

نمدمال حتی می‌تواند درروش دیگری تمام طرح و نقش را بر روی کرباس یا حصیر بچیند و سپس بر روی آن پشم زمینه را بریزد و بر روی آن آب و صابون بیفشاند و آن را لوله‌کرده و مالش دهد.

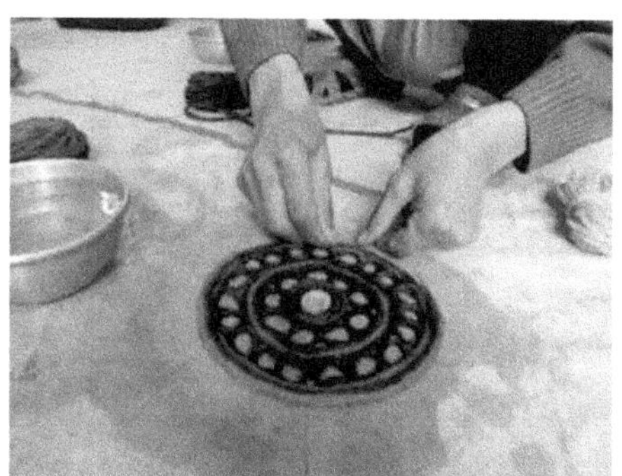

عکس ۳-۳۶، نقش اندازی (نگارنده)

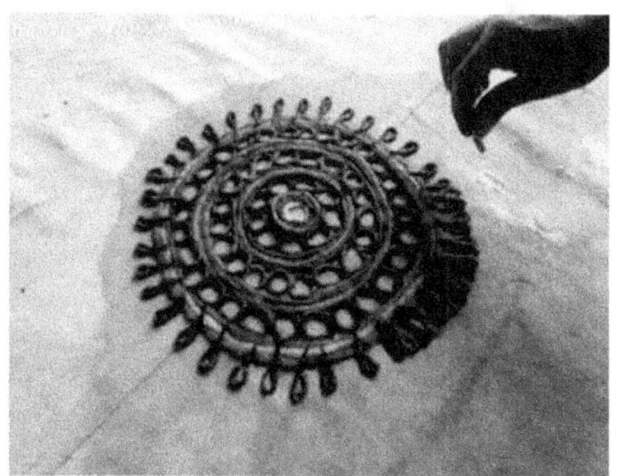

عکس ۳-۳۷، نقش اندازی (نگارنده)

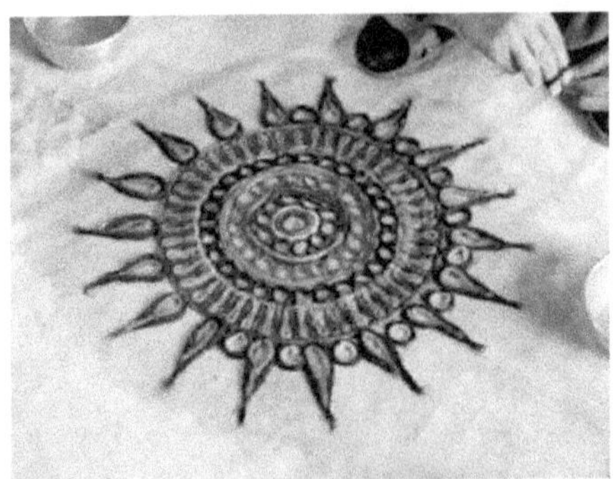

عکس ۳-۳۸، نقش اندازی (نگارنده)

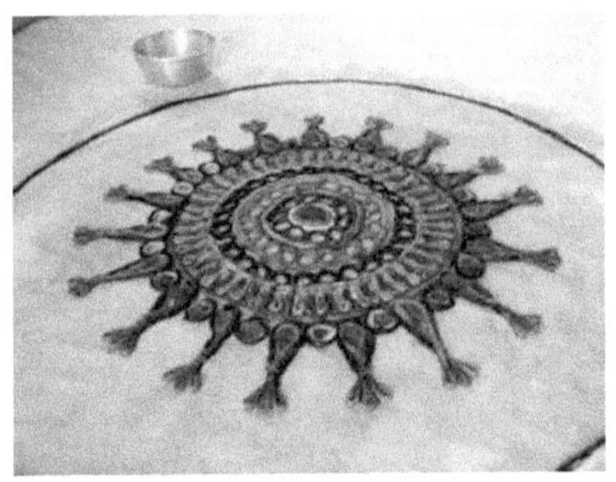

عکس ۳-۳۹، نقش اندازی (نگارنده)

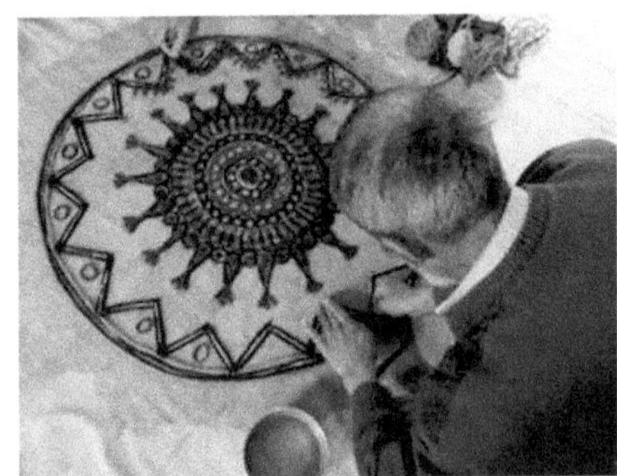

عکس ۳-۴۰، نقش اندازی (نگارنده)

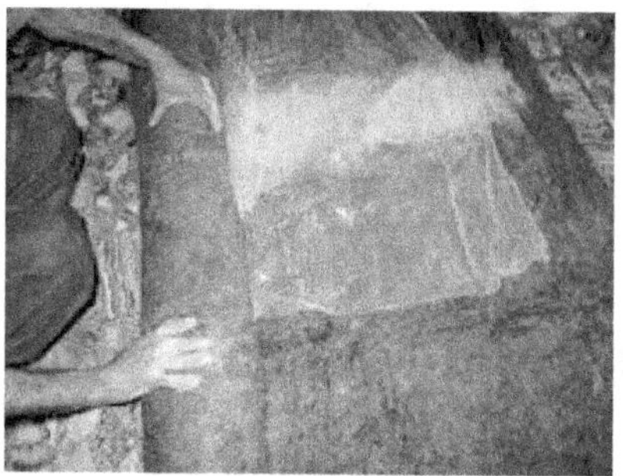

عکس ۳-۴۱، لوله کردن نمد بعد از قرار دادن پلاستیک بر روی نقوش (نگارنده)

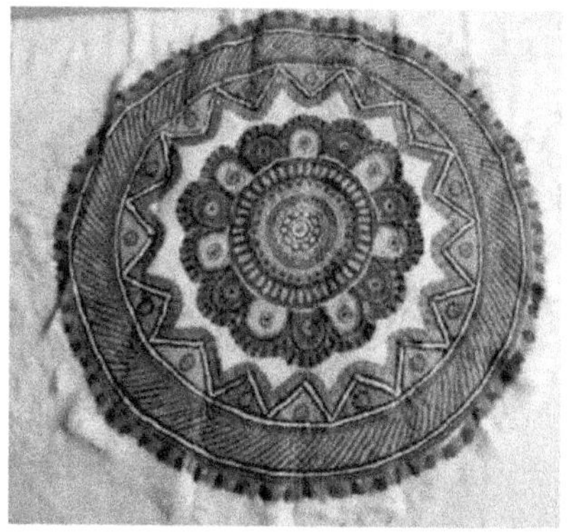

عکس ۳-۴۲، یک نمد از پیش آماده‌شده (نگارنده)

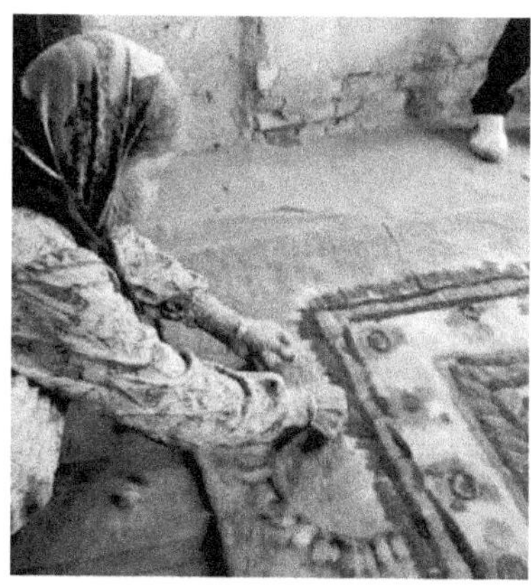

عکس ۳-۴۳، قرار دادن طرح نمدی از قبل آماده‌شده روی نمد ساده و افزودن جزئیات دیگر به آن (نگارنده)

مرحله هشتم، مالیدن نهایی نمد

دشوارترین مرحله‌ی آخر است که نمدمالان نمد را لوله‌کرده و به مدت ۱/۵ الی ۲ ساعت مالش می‌دهند. نمدمالان همگام باهم به‌وسیله ساعد دست راست و بار دیگر به‌وسیله ساعد دست چپ بر روی نمد ضربه وارد می‌کنند با دست‌هایشان همزمان نمد لوله شده را بلند می‌کنند و آن را محکم به زمین می‌کوبند و با پاهایشان باقدرت تمام به آن فشار می‌آورند. لازم به توضیح است که اگر بخواهیم مدت‌زمان خاصی را جهت کار مالش تعیین کنیم تقریبی است، لیکن آنچه در بالا بردن کیفیت هر ساخت نمدی تأثیر دارد مقدار مالش و

ضربات آهنگین واردشده بر روی آن است که طبق تجربیات و حدسیات نمدمال مدت‌زمان و مقدار آن مشخص می‌شود. درصورتی‌که مدت‌زمان بیشتری را صرف مالش کنند نمد نرم‌تر و مستحکم‌تر و از مرغوبیت بالاتری برخوردار می‌شود. به‌طوری‌که قابل‌استفاده برای نمدهای کول چوپانی است و چوپان را از باد و باران و سرما و گرما در شب و روز مصون نگه می‌دارد.

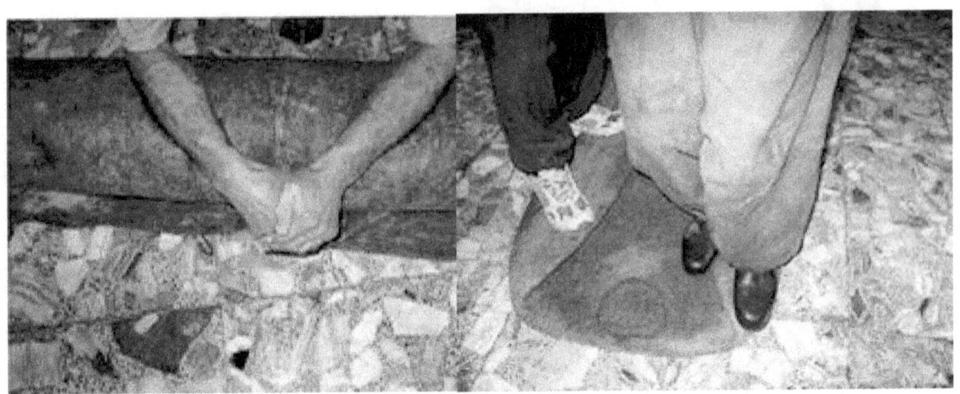

عکس ۳-۴۴، سمت چپ، مالیدن نمد به‌وسیله دست (نگارنده)

عکس ۳-۴۵، سمت راست، مالیدن نمد به‌وسیله پا (نگارنده)

مرحله نهم، کش دادن نمد

پس از یک ساعت کار، نمد باز می‌شود و در این حال که نقش کاملاً در جسم آن جای گرفته است شبیه به فرش دستباف پر از نقوش رنگارنگ و چشمگیر به نظر می‌آید. استادکاران دو سوی نمد را گرفته می‌کشند تا هیچ‌گونه ناراستی در شکل آن نماند. این عمل را کش دادن می‌گویند.

مرحله دهم، پروند کردن نمد

سپس آب گرم و صابون را روی لبه‌های نمد می‌ریزند و آن‌ها را می‌مالند و لبه‌ها را تو می‌زنند و گوشه‌ها را صاف می‌کنند تا لبه‌ها راست درآید و ضخامت آن‌ها باضخامت بقیهٔ نمد یکسان شود. لبه‌ها را محکم می‌مالند تا خودشان را بگیرد. این عمل را اصطلاحاً لبه‌گیری یا پروند کردن می‌نامند.

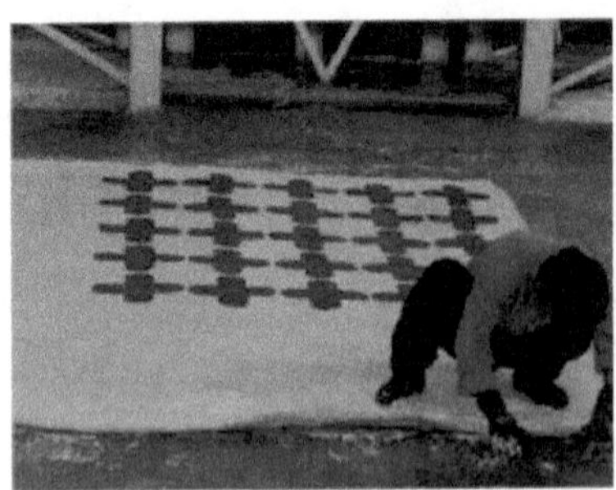

عکس ۳-۴۶، لبه گیری نمد یا پروند کردن نمد (نگارنده)

مرحله یازدهم، جداسازی نمد از قالب و خشک‌کردن آن

پس از در هم تنیدن کامل پشم‌ها، قالب نمد را بازکرده و در این مرحله ابعاد نمد را تنظیم کرده و اختلاف سطح احتمالی را برطرف نموده، پس از اتمام مرحله نمدمالی، نمد را از قالب جدا کرده و در هوای آزاد خشک می‌کنند.

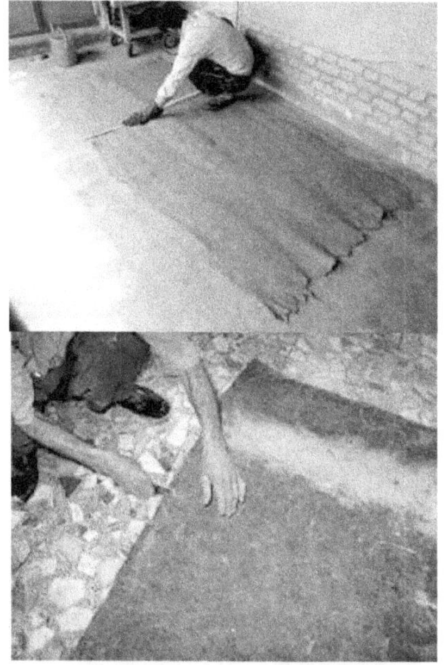

عکس ۳-۴۷، تنظیم کردن ابعاد نمد (نگارنده)

عکس ۳-۴۸، تنظیم کردن لبه‌های نمد (نگارنده)

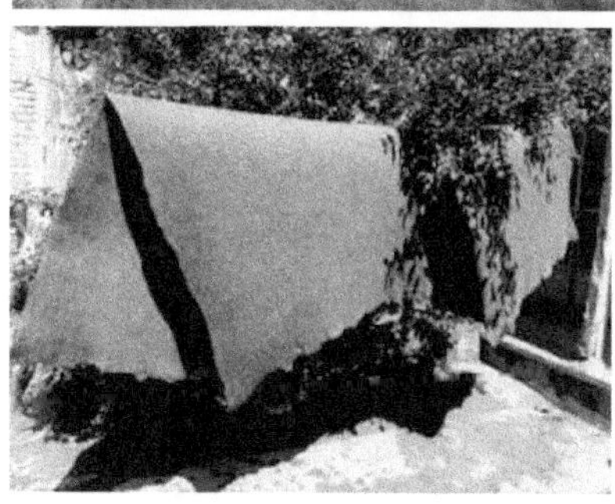

عکس ۳-۴۹، قرار دادن نمد در مقابل آفتاب جهت خشک شدن (نگارنده)

مرحله دوازدهم، پرز سوزی

بعدازآنکه نمد کاملاً خشک شد، به‌منظور از بین بردن پشم‌ها اضافی بر روی سطح نمد (الیافی که از بستر نمد جداشده‌اند) را با تیغ جدا کرده و یا سطح نمد را پرز سوزی می‌کنند. درگذشته این کار را به‌وسیله بوته‌های گیاه جاز که در منطقه فراوان بود انجام می‌دادند با سوزاندن این گیاه و حرارت ناشی از آن این عمل را انجام می‌دادند؛ و نمد را اصلاح می‌کردند؛ اما امروزه به‌وسیله مشعل پرزهای اضافی را می‌سوزانند و با جارو آن‌ها را از سطح نمد می‌زدایند.

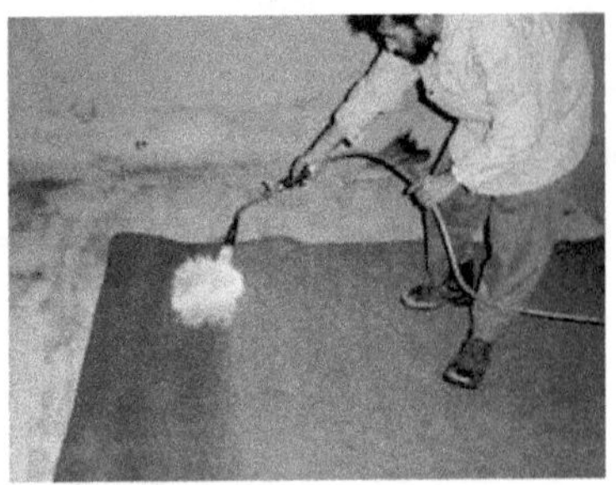

عکس ۳-۵۰، سوزاندن پرزهای اضافی (نگارنده)

مرحله سیزدهم، مهره کشی و صیقلی کردن

سطح نمد به‌وسیله سنگ مهره یا سنگ‌پا مهره کشی و صیقلی می‌شود، نمد آماده‌شده را با آب ولرم شستشو داده و آن را به مدت سه تا چهار روز، برحسب موقع سال، بیرون مقابل آفتاب می‌گذارند تا خشک شود.

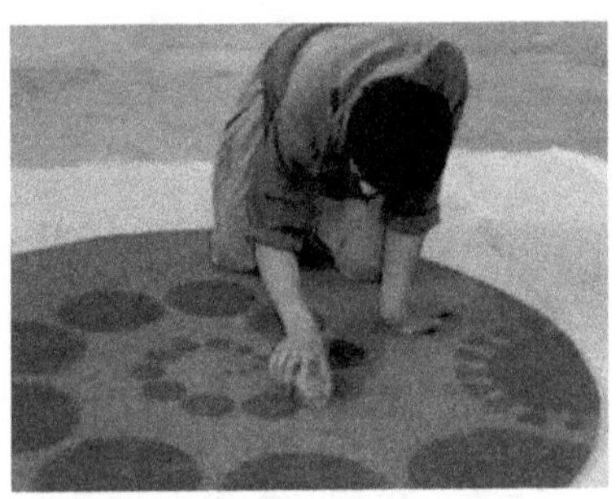

عکس ۳-۵۱، صیقلی کردن سطح نمد (نگارنده)

۳-۳-۱-۲ روش تولید نمد با دستگاه صنعتی

نمدمال، حلاجی و نمدمالی را درروش صنعتی با دستگاه انجام می‌دهد. مرحله قالب‌گیری به‌وسیله دست و به شکل سنتی انجام می‌شود. پشم‌های در قالب ریخته و آن را با یک طناب محکم می‌بندند و سپس آن را در دهانه ماشین نمدمالی قرار داده و دستگاه با اهرم خویش به‌کرات ضربات محکمی بر نمد وارد می‌کند که موجب استحکام الیاف پشم می‌شود. این عمل به‌وسیله دستگاه در حدود ۲ ساعت انجام می‌شود درصورتی‌که به روش سنتی در حدود ۵ الی ۶ ساعت زمان می‌برد. برای به دست آوردن نمد یکنواخت هر نیم ساعت الی یک ساعت نمد را بیرون آورده و چک می‌کنند و مجدداً آن را پیچیده و وارد دستگاه می‌کنند. باید مرتباً میزان رطوبت نمد سنجیده شود و در صورت نیاز به آن آب و صابون اضافه شود. بعد از آماده شدن مانند روش سنتی عمل می‌کنند.

۳-۳-۱-۳ تولید نمد نوین

ماشین‌آلات تولید و ساخت نمدهای نوین را به‌مراتب آسان‌تر از نمد سنتی کرده است، همچنین این نمدها دارای طیف رنگی بسیار بالا و زیبا و تنوع در جنس نمد هستند و به همین علت می‌توان آثار هنری بسیار زیبا و متعددی تولید کرد، چون لبه‌های نمد در اثر برش، مثل بقیه‌ی پارچه‌ها به حالت ریش‌ریش

درنمی‌آید، بنابراین دوخت از رو انجام می‌شود و نیازی به برگرداندن ندارد، البته برای زیبایی، بعضی کارها مثل کیف و جامدادی از داخل دوخت می‌شوند و سپس به سمت بیرون برگردانده می‌شوند. برای ساخت یک نمد نوین ابتدا نیاز به یک الگو هست، بیشتر الگوها توسط هنرمند نمدمال طراحی می‌شوند، نمدمالان با توجه به حضور در عرصه رقابت با دیگر نمدمالان به دنبال ایجاد الگوهای جدید و منحصربه‌فرد هستند. الگوها را به مقوا یا چوب انتقال داده و الگوهای بادوام‌تری به وجود می‌آورند. سپس الگوها را بر روی تخته نمد خام قرار داده و به‌وسیله قیچی یا کاتر برش می‌زنند.

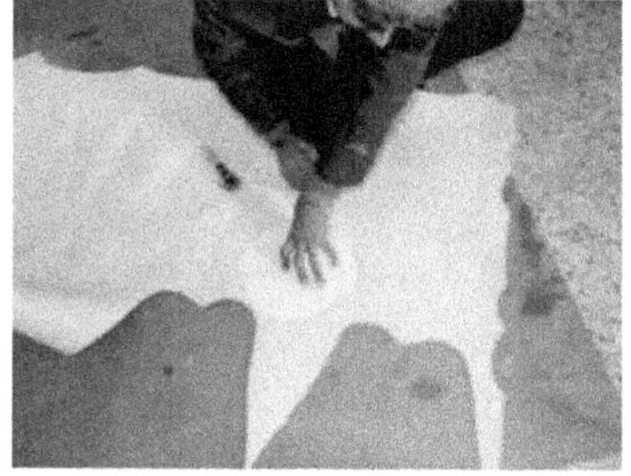

عکس ۳-۵۲، انتقال طرح به نمد (نگارنده)

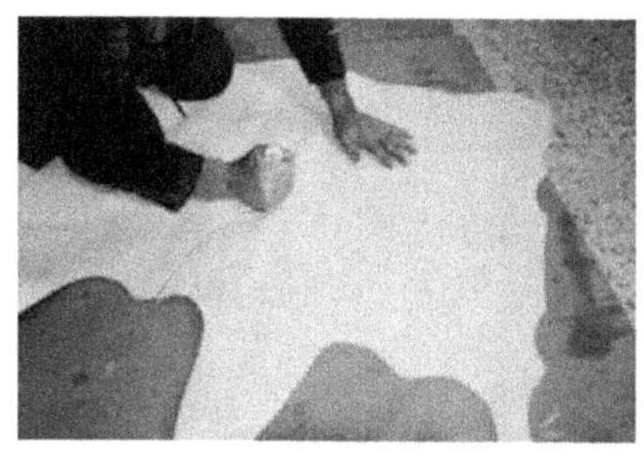

عکس ۳-۵۳، برش نمد به‌وسیله کاتر (نگارنده)

برای متصل کردن برش‌ها اگر کار صرفاً جنبه تزیینی داشته باشد و شستشو نخواهد مانند ریسه یا آویز اسم و یا تابلو و مانند آن‌ها می‌توان از چسب‌های مایع استفاده کرد ولی اگر کار نیاز به شستشو و استحکام بیشتری داشته باشد از چسب حرارتی یا درنهایت دوخت استفاده شود.

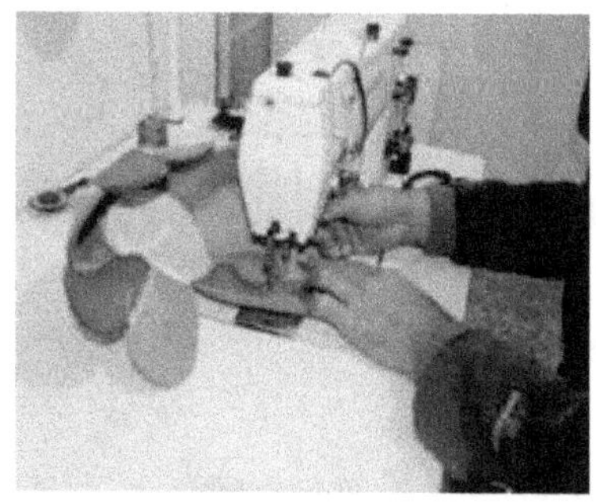

عکس ۳-۵۴، متصل کردن قطعات به‌وسیله چرخ‌خیاطی (نگارنده)

آنچه در نمدمالی نوین می‌توان مشاهده کرد، ذوق و هنر به همراه تحرک نمدمالی است که خود تولیدکننده، بازاریاب و فروشنده است. تولیدات این گروه شامل، زیرانداز با تنوع نقوش برگرفته از نقوش مدرن و نوین و انواع کیف، کفش، زیورآلات و ...می‌شود.

۴-۳ رنگ

رنگ از مهم‌ترین و زیباترین پدیده‌های طبیعت است که در تأثیرگذاری آثار هنری بر انسان نقش مؤثری دارد."رنگ را می‌توان قدیمی‌ترین و ابتدایی‌ترین پدیده‌ای دانست که انسان کشف کرده است. این پدیده طبیعی همواره با انسان بوده و بر احساسات و عواطف او اثر داشته و به همراه تکامل دانش و ذهنیاتش متحول شده است. نوشته‌اند بشر اولیه با رنگ‌آمیزی پوست حیوانات و درختان و برگ گیاهان وسیله رنگ‌های گیاهی و طبیعی ساده آن‌ها را مورداستفاده قرار می‌داده است "(دانشگر، ۱۳۷۶: ۲۵۱). رنگ‌های بکار گرفته‌شده از سوی هر ملت و قوم در حقیقت واژگان تصویری‌اند که به اعتقادات و آداب‌ورسوم آن ملت و قوم اشاره دارد. رنگ‌ها مترجمان و شارحان فرهنگ و مذهب ملت‌ها هستند که یک فرهنگ می‌تواند به‌وسیله آن‌ها تشخیص داده شود. این رنگ‌ها در هنر، لباس، آرایش، جواهر، نقاشی‌ها، معماری و... هر ملت وجود دارد. در عرصه هنرهای سنتی و صنایع‌دستی ایران پیش‌زمینه‌های فرهنگی و تاریخی در تکوین صورت‌های هنری هر دوره از هنر دخالت داشته‌اند یکی از عناصر بصری که در انتقال مفاهیم فرهنگی نقش مؤثری داشته، رنگ‌ها هستند.

طرح، نقش و رنگ در این هنر متأثر از شرایط اقلیمی، فرهنگی، تاریخی و همچنین بافت تصویری منطقه است. هنرمندان و بافندگان این نقوش، با توجه به برداشت‌ها، باورها، فرهنگ و قدمت تاریخی این دیار، نقش‌ها و رنگ‌های خاصی را که حاوی مفاهیم آشکار و پنهان است، بر روی آثار خود به کار می‌گیرند ."نقش و رنگ را می‌توان زبان نماد دانست که توأم با سکوت انسان ظاهر می‌شود و به‌عنوان هنر زاییده ناخودآگاهی بشر و در خدمت آرزوها و خواسته‌ها و تمایلات اوست؛ زیرا رنگ متکی بر درک مستقیم و احساسات است، ازاین‌رو، اصلی‌ترین راه برای انتقال آرزوها، ترس، هراس و امیدواری انسان به شمار می‌رود "(کهربایی، ۱۳۸۰: ۱۰۷).

رنگ عنصر جدایی‌ناپذیر طبیعت و در گیاهان، حیوانات و تمام عناصر هستی وجود دارد. انسان نیز از دیرباز رنگ را در جشن‌ها و مراسم گوناگون خود به کار می‌گیرد و رفته‌رفته شیوه‌های متعدد به دست آوردن رنگ از طبیعت را می‌آموزد. طبیعت ما را بارنگ‌های گوناگونش احاطه کرده است. پس‌ازاینکه بشر متوجه این پدیده شگرف و زیبای طبیعت شد سعی کرد که با جدا کردن رنگ از طبیعت وسایل رنگی درست کند و یا اینکه خودش را با این رنگ‌ها آرایش دهد."رنگ با طبیعت همراه است و بیشتر مواد طبیعی دارای رنگ هستند. بر اساس مستندات موجود، رنگرزی در ایران سابقه‌ی بسیار طولانی دارد اما شواهد برجا مانده قدیمی بسیار اندک است. این‌که از چه زمانی بشر از رنگ استفاده کرده است، معلوم نیست. از گذشته‌های دور توجه به رنگ و کاربرد آن برای بشر مهم بوده است. قدیمی‌ترین آثاری که از کاربرد رنگ به دست انسان خبر می‌دهد، قدمتی حدود پانزده هزار سال دارد. استخوان‌هایی از آن دوران یافت شده است که روی آن‌ها اثر رنگ اخرا دیده می‌شود. آثاری از هشت هزار سال پیش به‌دست‌آمده است که اولین نشانه‌های هنری انسان را بارنگ بیان می‌کند "(طالب‌پور، ۱۳۹۲: ۱۵).

انتخاب رنگ‌های زیبا و ظریف در این هنر سنتی به‌گونه‌ای است که این رنگ‌ها را به‌وفور در طبیعت می‌توان یافت. نمدها از جهت رنگ‌بر دو گونه هستند: ساده، از پشم سیاه یا سفید فراهم می‌شود و رنگین، با رنگرزی پشم خودرنگ فراهم می‌شود."نمد عمدتاً به رنگ‌های طبیعی پشم یعنی سیاه، سفید، خاکستری و قهوه‌ای تهیه می‌شود. علاوه بر آن از رنگ گیاهی خصوصاً جهت رنگ‌آمیزی استفاده می‌شود "(ریاحی، ۱۳۷۱:

۳۴). درگذشته از نمدهای خودرنگ در تولید نمد استفاده می‌شد که برای تولید نمدهای نوین باعث بروز محدودیت‌هایی شده بود، اما امروزه با استفاده از رنگ‌های شیمیایی و تنوع بسیار بالا آن‌ها پشم‌های حلاجی‌شده را با این رنگ‌های شیمیایی رنگرزی می‌کنند. تقریباً ۹۰ درصد کار رنگرزی با این رنگ‌ها انجام می‌شود و مابقی بارنگ‌های گیاهی و سنتی رنگرزی می‌شوند. نمدمالان بدون توجه به خاصیت رنگ‌های طبیعی ازجمله ثبوت و جلا و سادگی فراهم‌سازی و در اختیار بودن آن‌ها به‌منظور ایجاد سرعت در کار و صرفه‌جویی در وقت و نیز عدم احتیاج به متخصص و تحت تأثیر تبلیغات معمول به‌جای استفاده از رنگ‌های طبیعی و گیاهی به استفاده از رنگ‌های شیمیایی روی آورده‌اند.

کارشناسان صنایع‌دستی مصرف رنگ‌های شیمیایی را مردود می‌دانند؛ زیرا رنگ‌های شیمیایی به علت ثابت نبودن آسیب‌های جدی بر روی زیراندازها و بافته‌ها گذاشته و از ارزش آنان کاسته است. رنگرزی به شیوه‌ی سنتی کیفیت بسیار بالایی را دارد ولی کاری طاقت‌فرسا است و به همین دلیل این کیفیت جای خود را به صنعت جدید و رنگ شیمیایی داده که این مهم ضربه بزرگی به اقتصاد صنایع‌دستی وارد کرده است یکی از دلایل کاهش صادرات زیراندازها و بافته‌ها، استفاده کردن برخی تولیدکنندگان از رنگ‌های شیمیایی که علاوه بر صدمه واردکردن بر اقتصاد و تولید کشور به هنگام شستشوی الیاف باعث آلودگی محیط‌زیست نیز خواهند شد."نمد از درخشان‌ترین مظاهر کاربرد رنگ‌های طبیعی و سنتی است. شیوه‌ی رنگرزی بارنگ‌های طبیعی و سنتی در نمد، مشابه رنگرزی قالی‌بافی است که رنگرزی سنتی دارند "(حیدری شکیب، ۱۳۸۸، ۴۹).

هنرمندان نمدمال با استفاده از مواد رنگ‌زای طبیعی می‌توانند در حفظ روش‌های سنتی و بومی و احیای آن‌ها ازلحاظ هنر و صنعت به جد مؤثر باشند؛ زیرا بازتاب مهم صنعت رنگرزی با مواد طبیعی بیشترین کاربرد خویش را در دستباف‌ها و زیراندازها به‌جای گذاشته است. همچنین هنرمندان با استفاده از رنگ‌های طبیعی می‌تواند موجب صرفه‌جویی اقتصادی و جلوگیری از خروج ارز، اشتغال‌زایی و استفاده بهینه از برخی زمین‌های بایر جهت کاشت گیاهان رنگ‌زا شوند."نعمت‌های الهی به‌صورت گیاهی خودرو و امکان کاشت و تکثیر گیاهان صنعتی به‌خصوص گیاهان رنگ دار و معادن غنی ایران را به‌صورت کشوری ثروتمند درآورده که متأسفانه به دلایل عدیده بهره‌برداری مناسبی از آن نشده است. امکان اشتغال افراد زیادی در فعالیت‌های فوق وجود دارد که با برنامه‌ریزی صحیح می‌توان حداکثر استفاده را از این امر نمود. تشویق بخش‌های دولتی، تعاونی و خصوص به برداشت این‌گونه گیاهان و مواد معدنی از مراتع و دشت‌ها، کاشت و عرضه محصولات در بازارهای تمامی شهرها احیاء کارگاه‌های رنگرزی سنتی و جانشین ساختن رنگ‌های طبیعی به‌جای رنگ‌های مصنوعی، از راه‌کارهای مهمی است که درعین‌حال به میزان چشمگیری ایجاد شغل می‌نماید. این کار مبالغ هنگفتی صرفه‌جویی ارزی در پی خواهد داشت که قطعاً مجموعه این موارد تأثیر تعیین‌کننده‌ای بر نظام اقتصادی و فرهنگی کشور خواهد گذارد "(فانی، مسعود، ۱۳۷۳:۲۳). بهره‌گیری از رنگ‌های طبیعی و گیاهی باعث خودنمایی هنر و صنعت رنگرزی سنتی و بی‌نیاز ساختن کشور از واردات رنگ می‌شود. وادار کردن پژوهشگران و محققان برای تدوین روش‌های جدید و استفاده از تکنیک‌های پیشرفته علمی و فنی برای بهره‌گیری از مواد رنگ‌دار محلی و داخلی، از دیگر راهکارهای کمک به حوزه هنرهای سنتی ازجمله فرش و نمد است.

عنصر رنگ در نمدهای استان چهارمحال و بختیاری نیز مانند نقش به صورت‌های بصری متعدد در

ایجاد کیفیت وحدت و تنوع در تمام تزیینات مهم و اساسی است. انتخاب رنگ‌های زیبا و ظریف در این هنر به‌گونه‌ای است که به‌وفور در طبیعت یافت می‌شود. مهم‌ترین نمونه‌های وحدت در کثرت در عنصر رنگ به‌صورت وحدت رنگی میان رنگ زمینه و نقوش و وحدت میان رنگ‌های متنوع نقوش دیده می‌شود. رعایت و هماهنگی بین رنگ زمینه و نقوش باعث به وجود آمدن ترکیب‌بندی بسیار زیبا در نمدها شده است. هنرمند نمدمال در انتخاب رنگ از تجربیات غنی خود و اصولی که از استادان خود یاد گرفته‌اند و تکیه‌بر ادراک بصری و شناخت کامل از رنگ‌ها به ترکیب آن‌ها دست می‌زند."از ترکیب آن‌ها رنگی پدید می‌آورد که دارای طراوت و شفافیت بوده و بیش از هر عامل دیگری در آشکار شدن نقوش نمد تأثیر بسزایی دارد. رنگ‌ها و احساس و ترکیب آن‌ها باورکردنی نیست. تناسب و خوش‌ترکیبی و چشم‌نوازی رنگ‌های نمد و هم آهنگی و تقارنی که در میان رنگ‌ها و نقش‌های آن به چشم می‌خورد، نشان از توانایی و تجربه غنی‌شده هنرمند در طول سال‌های رنج و مشقت است. باآنکه رنگ‌های به کار گرفته‌شده محدودند، هنرمند نمدمال باتجربه‌ای که کسب کرده، خلوص رنگ و درصد اشباع رنگ‌ها را در یک حد و اندازه می‌سازد. مثلاً اگر بخواهد رنگ قرمز را در کنار رنگ سیاه قرار دهد سعی می‌کند درصد خلوص رنگ آن‌ها را به حد و اندازه‌ای نزدیک به هم برساند و چنان چشم‌نوازی‌ای ایجاد کند و چنان با یکدیگر تناسب و هماهنگی پدید آورد که نامی جز تجلی احساس رنگ چیز دیگری نمی‌توان بر آن نام نهاد "(نصرتی،۱۳۸۵: ۶۸). بی‌تردید هر رنگی معنا و کارکردی دارد که در جوار رنگ‌های دیگر ساختار معنایی را شکل می‌دهند. رنگ و هنر در کنار یکدیگر هستند و هنر بی کمک رنگ نمودی ندارد. هنرمند نمدمال با گزینش رنگ درواقع به دنبال یک ارتباط منطقی بین طرح، نقش و رنگ است. ازآنجاکه هنرهای سنتی و صنایع‌دستی هر منطقه مطابق باسنت و فرهنگ بومی مردمان همان منطقه رشد می‌کنند، باورهای مردم در تکوین آن‌ها نقش اصلی دارند.

رنگ‌های بکار رفته در منطقه چهارمحال میان دو شهر شهرکرد و بروجن متفاوت است. "مجموعه عواملی چون شرایط اقلیمی، نوع معیشت، تفاوت‌های سنی و ویژگی‌های بصری ازجمله علل اساسی هستند که تأثیرات مهمی بر انتخاب و به‌کارگیری رنگ‌ها در صنایع‌دستی داشته است "(رضادوست و مومبینی، ۱۳۹۰: ۸۷). در نمدهای سنتی بروجن رنگ‌های نارنجی، قرمز و سبز به صورتی خام و پرتلالو استفاده‌شده است که یادآور رنگ‌های پرهیجان گلیم‌های قشقایی است. "در نمد بروجن باوجوداینکه از رنگ‌های بسیار پرتلالو بعضاً جوهری استفاده می‌شود اما همانند نمد دیگر مناطق به لحاظ گستراندن لایه ۳ تا ۶ سانتی‌متری نهائی پشم سفید بر روی لایه نقش، رنگ‌ها را از حالت کروماتیک (رنگ‌بندی خالص با اشباع بالا) درآورده و به‌صورت منو کروم (رنگ‌بندی ملایم بارنگ‌های اصطلاحاً خواب و ملیح که به خاکستری‌های رنگی کم کنتراست نیز اطلاق می‌گردد) تبدیل می‌کند و این‌چنین، بافت فوق‌العاده زیبا و یکدستی را به محصول می‌دهد "(ابراهیمی، ۱۳۸۸: ۷۷). در نمدهای شهرکرد، رنگ‌های شیمیایی با رنگ‌بندی زیاد استفاده می‌شود، پشم‌های رنگین صرفاً برای نقوش استفاده می‌شوند و زمینه‌ی نمد از پشم خودرنگ تهیه می‌شود.

۳-۴-۱ رنگرزی

"نمدمالی یک‌روزه انجام می‌گیرد مگر در مورد کارهای مقدماتی مربوط به رنگ کردن پشمی که برای تزئین نمد بکار می‌رود. بیشتر نمدمالان در دسته‌ها خویشاوندی دونفری (مثلاً پدر و پسر) کار را از بامداد زود آغاز می‌کنند و پشم دارای رنگ طبیعی را آماده می‌کنند؛ این پشم، بدنهٔ نمد را تشکیل خواهد داد و زمینهٔ

نقوش آن را دربر خواهد گرفت. پشم معمولاً سفیدرنگ است یا «بژ» و سیاه است و گاه به آن کمی رنگ قهوه‌ای یا خرمائی زده می‌شود. معمولاً در یک‌تخته نمد بیش از یکرنگ بکار می‌رود. درروش سنتی پس از شستن پشم، نیمهٔ نخست روز را به حلاجی مقدار کافی پشم برای یک روز می‌گذرانند ولی استفاده از ماشین به این کار پرزحمت پایان می‌بخشد و مقدار وقت آن را به کمتر از یک ساعت کاهش می‌دهد. پشم‌هایی را که برای ساخت نقوش بکار می‌برند، پیش از حلاجی، رنگ‌آمیزی می‌کنند "(گلاک، ۱۳۵۵: ۲۷۹).

رنگرزی مرحله‌ای است که بعد از حلاجی پشم صورت می‌گیرد. در مورد کولی یا جلیقه به رنگرزی نیازی نیست و از رنگ طبیعی پشم جهت ساخت استفاده‌شده و در صورت تمایل برای تهیه کولی سیاه‌رنگ، پشم را با زاج سیاه مخلوط و با حرارت جوش می‌دهند. پشم‌های رنگی مختلف جهت منقوش ساختن تخته نمد و یا زیرمنقلی و ... کاربرد دارند." نکته جالب‌توجه آن است که برای تهیه یک نمد دو در سه متر همان مقدار پشم موردنیاز است که در تولید قالی به همین ابعاد موردنیاز است. فقط مدت‌زمان تولید نمد (یک روز) باعث می‌شود که نمد بسیار ارزان‌تر از قالی به فروش برسد "(سید صدر، ۱۳۸۸: ۴۴۰). پشم‌ها همانند الیاف مورداستفاده در فرش، بارنگ‌های طبیعی مانند روناس، نیل، زاج سفید و سیاه و ... رنگ می‌شوند، با این تفاوت که الیاف پشم در فرش ریسیده شده‌اند لیکن پشم برای ساخت نمد بعد از حلاجی، رنگ و داخل قالب ریخته می‌شود. نیاز به تنوع رنگ و تغییر شکل از سنتی به صنعتی، از رنگ‌های شیمیایی نیز به‌وفور استفاده می‌شود که تقریباً جایگزین رنگ‌های گیاهی شده‌اند. (رنگ شیمیایی ۹۰ درصد و رنگ گیاهی ۱۰ درصد)

رنگرزی یا صباغی به فرآیندی گفته می‌شود که در طی آن کالای نساجی (الیاف، نخ، پارچه و یا پوشاک) در محلولی که شامل مواد رنگ‌زا و مواد شیمیایی است، رنگ‌آمیزی گردد و مولکول‌های رنگ، بادوامی نسبی با مولکول‌های کالای نساجی، پیوند محکمی برقرار نمایند. ماده رنگ‌زا به همه مواد طبیعی و یا شیمیایی که قابلیت رنگرزی الیاف و یا منسوجات رادارند اطلاق می‌شود. کالای رنگرزی شده باید ثبات رنگ داشته باشد و "در مقابل سایش، شستشوی شیمیایی مانند اسیدها، بازها، حلال‌ها، نور خورشید، حرارت، رطوبت، گردوخاک و... یکنواخت و دارای حداکثر مقاومت باشد "(دانشگر، ۱۳۷۶: ۲۳۵). از سوی دیگر هم بایستی در عمق الیاف نساجی پخش شود و تنها روی سطح آن قرار نگیرد. رنگ‌زاها به دودسته طبیعی و شیمیایی، تقسیم می‌شوند و گروه سوم با ترکیب رنگ‌های طبیعی و شیمیایی ساخته می‌شود .

مواد رنگ‌زای طبیعی استفاده‌شده در فرآیند رنگرزی، ریشه طبیعی دارند و به سه دسته تقسیم می‌شوند:

۱. گیاهان رنگ‌زای بدون مازوج شامل روناس، اسپرک، نیل، چغندر، پوست پیاز؛

۲. گیاهان رنگ‌زای با مازوج نظیر پوست انار، بلوط (جفت)، پوست گردو، گزنه؛

۳. گیاهان رنگ‌زای غیرمرسوم نظیر زعفران، گنیما، شوند، لرگ و تیره سرخاب "(وکیلی، ۱۳۸۳:۱۸).

در ایران بیش از صد نوع رنگینه گیاهی به ثبت رسیده که ازنظر ثبات از درجات مختلفی برخوردار است و بعضی از آن‌ها دارای ثبات کمی بوده و برای عوض کردن «شید» رنگ‌های دیگر استفاده می‌شوند. دسته‌ای دیگر دارای رنگینه‌هایی باثبات عالی و متوسط هستند و در رنگرزی سنتی نقش مؤثری دارند. گیاهان مورداستفاده در رنگرزی سنتی از گیاهان و درختان تهیه می‌شوند. مهم‌ترین انواع رنگ‌های سنتی و طبیعی

نمدمالی عبارت‌اند از:

روناس "گیاهی بانام علمی Robia pinctrum و از خانواده روناسیان[204] که برای تهیه شید رنگ قرمز از آن استفاده می‌کنند "(کلوندی، ۱۳۸۶: ۱۲۲). از ریشه روناس که دارای جوهر روناس است، استفاده می‌کنند، از بادوام‌ترین رنگ‌های قرمز است. پوست انار " گیاهی بانام علمی Ponica و از خانواده Granatum که برای تهیه‌ی رنگ زرد از آن استفاده می‌شود. برای به دست آوردن رنگ پرکلاغی از رنگ پوست انار و زاج سیاه استفاده می‌شود "(سهی‌زاده ابیانه، مرتضی، ۱۳۶۸" ۴۰).

پوست انار بیشتر از هر گیاه برای به دست آوردن رنگ‌های خاکستری و تیره استفاده می‌کنند.

پوست گردو: گردو گیاهی بانام علمی juglans regialو از خانواده Jualandacea که در رنگرزی به‌خصوص قالی و دیگر دست‌بافت‌های پشمی، از این گیاه برای به دست آوردن رنگ تیره استفاده می‌کنند "(جهانشاهی، ۱۳۸۰: ۱۰۸). وقتی‌که در پاییز میوه گردو را چیدند، پوست سبز آن نیز به سهولت از گردو جدا می‌شود، آن را خشک کرده و سپس به مصرف می‌رسانند. پوست گردو را می‌جوشانند یک محلول قهوه‌ای مایل به قرمزی به دست می‌آید که پشم‌ها را در آن می‌جوشانند.

برگ مو: "گیاهی بانام علمی Vine leaves و از خانواده vitas vini fera که برای تهیه‌ی رنگ زرد طلایی از آن استفاده می‌کنند "(جهانشاهی، ۱۳۸۰: ۵۵). برگ مو طیف رنگی زرد تا قهوه‌ای را تولید می‌کند.

نیل: برای تهیه طیف رنگ‌های آبی روشن تا تیره استفاده می‌شود، در هندوستان، از نیل استخراج‌شده از گیاه نیل و همچنین از آلیزارین به‌عنوان ماده رنگ‌زا استفاده می‌کردند.

پوست پیاز[205]: کانون ماده رنگی پیاز در پوشش کاغذی روی پیاز است و برای رنگ‌های طیف زرد کاربرد دارد.

گیاه گندل[206] طیف زرد برای رنگرزی ازگل‌های گیاه استفاده می‌شود.

بلوط[207] یا جفت[208] از پوست آرد شده درخت بلوط اطلاق می‌شود؛ که حالت ژلاتین داشته و رنگ قرمز می‌دهد. برای رنگ‌های اصلی و به‌منظور ثبات رنگ از دندانه، زاج سفید یا اوره استفاده می‌کنند.

هنرمندان به‌منظور ایجاد تنوع رنگی و گسترش فام از روش‌های متفاوتی ازجمله استفاده از دندانه‌های گوناگون، ترکیب مواد رنگ‌زا و... به‌صورت تجربی بهره می‌جویند. ایشان با شناخت دقیق عوامل مؤثر در فرآیند رنگرزی‌های ترکیبی می‌توانند عاملی مؤثر در جهت ارتقاء کیفیت رنگرزی‌ها و ایجاد تنوع در فام‌های به وجود آورند، مثلاً نمدمالان برای به دست آوردن رنگ سبز ابتدا پشم را با مقدار موردنیاز برگ مو به رنگ زرد تبدیل‌شده و بسته به نوع رنگ‌بندی که موردنیاز است در حمام نیل قرار می‌دهند. نمدمالان درگذشته از ترکیب برگ مو و روناس رنگ قهوه‌ای روشن تا تیره، آب‌غوره و روناس و جوهر لیمو و دوغ، طیف صورتی

[204] Anacardiaceae
[205] Alium cepa
[206] Gandal
[207] Quercuc persia
[208] Joft

روشن تا قرمز تیره، از مخلوط نیل و جوهر قند رنگ قهوه‌ای روشن، نیل و برگ مو و گیاه شیرمال، سبز (سبز مغز پسته‌ای)، زاج سیاه و پوست گردو و پوست انار، رنگ سیاه، به دست می‌آوردند. کارشناسان غنا و اصالت فرش‌های بختیاری در رنگرزی و بافت آن‌ها به روش سنتی می‌دانند."درگذشته زنان عشایر بختیاری در اوقات خاص یا به هنگام جابجایی (کوچ) سالیانه خود گیاهان رنگ دار طبیعی را جمع‌آوری و خشک می‌کردند، سپس با شناختی که از خاصیت رنگ دهی آن‌ها داشتند آن‌ها را در آب جوشانده و مایه رنگین آن را استخراج کرده و همراه با دانه‌های آب انار ترش مورداستفاده قرار می‌دادند و رنگ باثباتی به دست می‌آوردند. در بعضی موارد برای کاستن شدت تندی و پختگی رنگ‌ها از خاکستر استفاده می‌کنند، در حال حاضر ۹۰ درصد رنگ‌های مورداستفاده در فرش‌های بختیاری گیاهی می‌باشند "(سلیمانی، ۱۳۸۸:۳۶).

برای یک رنگرزی خوب و نتیجه‌بخش در کارگاه‌های نمدمالی به ترتیب اقدامات زیر صورت می‌گیرد:

۱- وسایل کار از قبیل حمام، پاتیل‌ها، آب گردان و وسایل گرم‌کنندۀ مهیا می‌گردد.

۲- مواد لازم از قبیل رنگ، آب، دندانه‌ها و پشم که باید رنگ شود در سرکار آماده گردد.

رنگرزی به دو صورت سنتی و شیمیایی صورت می‌گیرد.

رنگرزی سنتی: نمدمال بدون دخالت مواد شیمیایی، پشم را درون یک پاتیل که از قبل آب درون آن گرم شده قرار می‌دهد، باید مقدار آب در پاتیل رنگرزی به‌اندازه‌ای باشد که پشم در آن به‌اصطلاح رنگرزها خوب غلت بخورد؛ یعنی پشم کاملاً آزاد و رها باشد و در آب پاتیل بچرخد و به‌طور متناوب آن را در میان پاتیل رنگرزی جابجا می‌نمایند. بعد از ساعتی پشم‌ها را بیرون آورده، شستشو داده و در مقابل آفتاب خشک می‌نمایند. به‌کارگیری رنگ‌های طبیعی در رنگرزی الیاف یا نخ‌ها به‌طور سنتی ساده و ارزان‌قیمت است و مواد اولیه آن از قبیل پوست گردو، پوست انار، برگ‌های درختان چنار و توت و مو و بسیاری مواد متنوع دیگر در دسترس بوده فراوان‌اند.

رنگرزی شیمیایی: نمدمال در این مرحله ابتدا آب را گرم نموده، مقداری رنگ شیمیایی را در آب سرد حل کرده و به پاتیل اضافه می‌کنند، پس از هم زدن و افزودن مقداری زاج سفید، پشم را در محلول آب و رنگ فروبرده و به‌طور متناوب آن را در میان پاتیل رنگرزی جابجا می‌نمایند. بعد از ساعتی پشم‌ها را بیرون آورده، شستشو داده و در مقابل آفتاب خشک می‌نمایند.

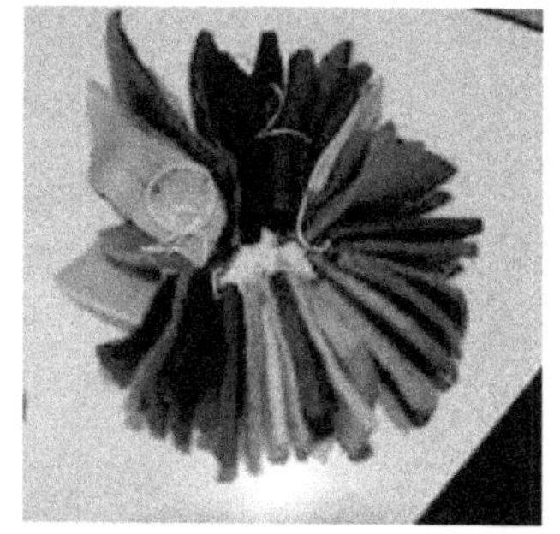

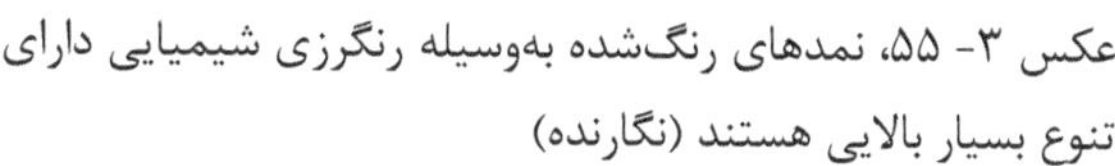
عکس ۳- ۵۵، نمدهای رنگ‌شده به‌وسیله رنگرزی شیمیایی دارای تنوع بسیار بالایی هستند (نگارنده)

۳-۴-۲ رنگ‌بندی

هنرمند نمدمال تجربه غنی‌شده و موفق خود را در انتخاب رنگ‌ها به کار می‌گیرد. وی اگرچه رنگ‌های محدودی را انتخاب می‌کند اما چیدمان رنگی را پدید می‌آورد که دارای طراوت و شفافیت بوده و بیش از هر عامل دیگری در آشکار شدن نقوش نمد تأثیر بسزایی دارد. نمدمالان توانایی و تجربه غنی‌شده‌شان در طول سال‌ها را به‌صورت طرح‌ها، نقوش و رنگ‌های متناسب، خوش‌ترکیب، چشم‌نواز، هم آهنگ و متقارن نشان می‌دهد." رنگ همواره در این پیوستگی ارزش و اعتبار و مفهوم و معنای ویژه و مجرد خود را حفظ می‌کند و درعین‌حال در یک مجموعه مفاهیم مشترک به وجود می‌آورد و در حقیقت عضوی از اعضاء پیکره خانواده نقش حاصل می‌گردد؛ به‌عبارت‌دیگر دریک رنگ‌بندی جالب ابتدا جدای از طرح و فرم موردبررسی قرار می‌گیرد زیرا حال و هوایی سوای جهان سایر عوامل تشکیل‌دهنده یک مجموعه دارد اما پس از استقرار با دیگر رنگ‌ها هم آهنگی موردنظر را به وجود می‌آورد "(دانشگر، ۱۳۷۶: ۲۴۹). هنرمند نمدمال بدون آموختن هیچ‌گونه آموزه‌ای و با تکیه‌بر غریزه و دانسته‌های قبلی خود به‌خوبی رنگ‌های هم آهنگ با خلوص و درصد اشباع در یک حد و اندازه را می‌سازد و در یک طرح چیدمان می‌کند، مثلاً اگر بخواهد رنگ قرمز را در کنار رنگ سیاه قرار دهد، سعی می‌کند درصد خلوص رنگ آن‌ها را به حد و اندازه‌ای به هم برساند. هنرمند نمدمال شهرکردی از رنگ‌هایی که یادآور آرایه‌ها و رنگ مایه‌های گلیم‌های بختیاری است، بهره می‌برد."رنگ‌های قرمز لاکی تعدیل‌شده، ترکیبات کم تباین که در اغلب موارد با سیاه‌وسفید (آکروماتها) متناسب می‌گردند و نیز آرایه‌های انتزاعی پرندگان و حیوانات و گیاهان از مشخصه‌های دستبافهای بختیاری هست که به شکلی گسترده بر کلیت نقش و رنگ نمد شهرکرد سایه انداخته است "(ابراهیمی، ۱۳۸۸: ۷۷).

باآنکه رنگ‌های به‌کاررفته محدودند، هنرمند نمدمال باتجربه‌ای که کسب کرده، خلوص رنگ و درصد اشباع رنگ‌ها را در یک حد و اندازه می‌سازد. رنگ‌های نمد نه‌تنها خود به‌طور مجرد بر بیننده تأثیرات متفاوتی دارند بلکه از جهات گوناگون ازجمله در مقایسه با سایر رنگ‌ها دارای اثرات مختلف می‌گردند. برخی از این تأثیرات به شرح زیر هست:

۱. از جهت مقایسه رنگ‌ها با یکدیگر: در این مورد می‌توان به تضاد و هماهنگی رنگ‌ها اشاره نمود که اثرات مطلوب یا نامطلوب بر بیننده می‌گذارند به‌نحوی‌که با تغییر رنگ و ایجاد تضاد یا هماهنگ منظره واحدی را می‌توان شادی‌بخش یا غم‌افزا جلوه داد.
۲. از جهت برداشت‌ها و اعتقادات فرهنگی نسبت به رنگ‌ها: برداشت افراد و فرهنگ‌های متفاوت از رنگ گوناگون هست.
۳. ازلحاظ گرمی و سردی و تأثیرات باطنی و روحی رنگ‌ها
۴. ازلحاظ مجاورت رنگ‌ها
۵. ازلحاظ کمیت سطح رنگ
۶. از جهت غلظت و رقت و کیفیت رنگ
۷. محل قرار گرفتن رنگ‌ها و زمان مشاهده آن‌ها
۸. از جهت چگونه دیدن رنگ‌ها
۹. نورپردازی و جلوه دادن رنگ

بدین ترتیب آن‌چنان چشم‌نوازی ایجاد می‌کند و چنان با یکدیگر تناسب و هماهنگی پدید می‌آورد که نامی جز تجلی احساس رنگ چیز دیگری نمی‌توان بر آن نام نهاد.

نمدمالان در رنگ‌آمیزی نمد و نقش‌های آن در اصل محدود به رنگ‌های طبیعی پشم همچون سفید، سیاه، قهوه‌ای و خاکستری است؛ اما در بسیاری از موارد نیز از الیاف رنگ‌آمیزی شده گوناگون همچون قرمز، زرد، آبی و نارنجی در تزیین محصولات نمدی خصوصاً آنچه جنبه مفرشی و تزیینی دارد، استفاده می‌برند. اختلاف میان رنگ‌های مختلف عاملی است که باعث می‌شود ما قادر به درک و تشخیص رنگ‌ها از یکدیگر باشیم. به عبارتی هر چه اختلاف یا تضاد میان یکرنگ با اطرافش بیشتر باشد، آن رنگ برجسته‌تر و قابل‌تشخیص‌تر خواهد بود.

نمدمال در انتخاب رنگ‌ها سعی کرده است از اصول متعارفی برای قرار دادن رنگ‌ها در کنار هم استفاده کند، بر این اساس رنگ‌های مورداستفاده در نمدها در شش دسته ازلحاظ ارتباط بین رنگ‌ها یا تباین بین رنگ‌های قرار می‌گیرند.

۱- ارتباط میان رنگی‌های اصلی
۲- ارتباط میان رنگ‌های سرد و گرم
۳ – ارتباط میان رنگ‌های مکمل
۴ - تضاد هم‌پایه
۵ - تضاد کمیت و کیفیت رنگ
۶ - تضاد تاریک و روشن

ارتباط میان رنگی‌های اصلی: ارتباط میان رنگ‌های اصلی آبی، زرد، قرمز خالص و بدون هیچ ترکیبی است که مشاهده آن در محیط شفاف بسیار ساده هست و بیننده هرچند ناآشنا به ویژگی‌های رنگ‌ها باشد با مشاهده این رنگ‌ها سرشار از حیات و شادی و شدت‌اند و تضاد بین آن‌ها را درک می‌نماید. "این تضاد حد اعلای تضاد بین رنگ‌ها را می‌نمایاند و چنانچه بجای رنگ‌های اولیه از رنگ‌های ثانویه و درجه دوم استفاده شود از شدت تضاد کاسته خواهد شد " (دانشگر، ۱۳۷۶: ۱۶۰). ارتباط میان رنگ‌های اصلی ساده‌ترین نوع ایجاد ارتباط است و در هنرهای بومی و محلی از این نوع رابطه استفاده زیادی می‌شود. هنرمند نمدمال از تضاد بین رنگ‌های اصلی برای افزودن به زیبایی نمدها استفاده می‌کند، مانند تصویر ۴-۵۶، با استفاده از سه رنگ اصلی زرد، آبی و قرمز در حاشیه ارتباط میان رنگ‌های اصلی را به‌خوبی حفظ‌شده است و این رنگ‌های هماهنگ را چنان هنرمند نمدمال برگزیده است که هیچ‌کدام بر دیگری برتری نیافته است.

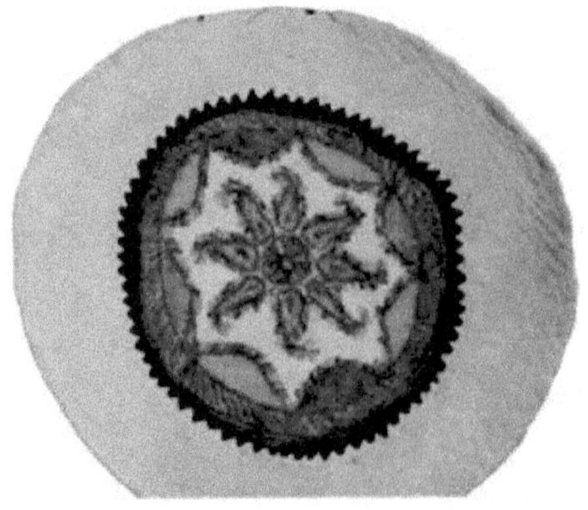

عکس ۳-۵۶، نمد زیرمنقلی، شهرکرد، قطر ۱۰۰**cm** تضاد میان رنگ‌های اصلی در نقوش گنبدی اطراف حاشیه دیده می‌شود (نگارنده)

ارتباط میان رنگ‌های سرد و گرم[۲۰۹]: اگر در چرخه رنگی بین دورنگ بنفش و زرد خطی رسم کنیم به رنگ‌هایی مثل آبی، سبز که در یک‌طرف این خط قرار می‌گیرند، اصطلاحاً رنگ‌های سرد و به رنگ‌هایی که در طرف دیگر هستند، مانند قرمز و نارنجی، رنگ‌های گرم گفته می‌شود. هنرمند نمدمال با سود جستن از ارتباط بین رنگ‌های سرد و گرم، رنگ‌بندی‌های بسیار زیبایی بر روی نمد اجرا می‌کند.

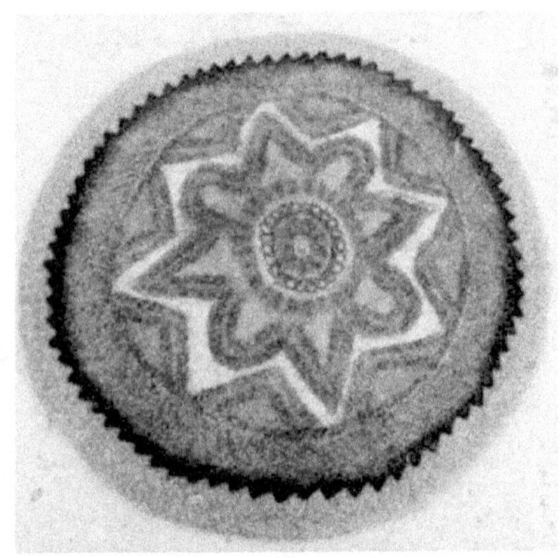

عکس ۳-۵۷، نمد زیرمنقلی، بروجن، قطر ۱۰۰**cm**، قرار گرفتن رنگ سبز و زرد در کنار هم در مرکز طرح نشان‌دهنده تضاد سرد و گرم (نگارنده)

نمد ۳-۵۸ قرار گرفتن رنگ‌های سرد و گرم را نشان می‌دهد، در نقوش مشبک وسط حوض‌ها، هنرمند نمدمال ابتدا رنگ زرد که از درخشان‌ترین رنگ‌ها است را به‌عنوان مرکز انتخاب کرده و سپس رنگ آبی و سپس صورتی و سپس به‌وسیله فتیله‌های آبی شکل‌های دایره‌ای متصل ایجاد کرده و درون آن‌ها را با پشم‌هایی به رنگ زرد پرکرده است.

[209] Cold and warm contrast

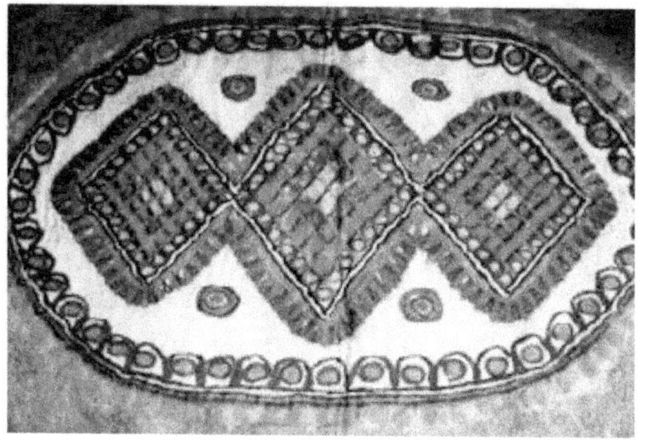

عکس ۳-۵۸، نمد زیرمنقلی با طرح سه حوضی، بروجن، **cm**۹۰×۱۸۰ ، تضاد رنگ‌های سرد و گرم میان رنگ‌های زرد، آبی و صورتی برقرار است (نگارنده)

ارتباط میان رنگ‌های مکمل[۲۱۰]: نمدمال از ارتباط بین رنگ‌های مکمل (رنگ‌هایی که در چرخه رنگ روبروی هم قرار دارند) رنگ‌بندی بسیار زیبایی را پدید می‌آورد. به‌عنوان‌مثال قرار گرفتن دورنگ قرمز و سبز در کنار هم اختلاف آن‌ها را به‌خوبی نشان می‌دهد. قرار گرفتن رنگ سبز و قرمز در حاشیه نمد، رنگ نارنجی و آبی در نقوش شمسه نشان‌دهنده‌ی وجود رنگ‌های مکمل در نمدهای استان چهارمحال و بختیاری است. (عکس ۳- ۵۹)

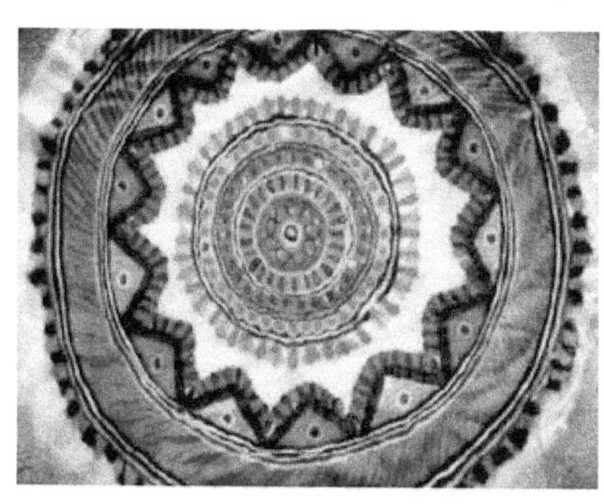

عکس ۳-۵۹، نمد زیرمنقلی، شمسه در وسط و ستاره‌ای در اطراف این نمد، قطر **cm**۹۰، این نمد در مرحله ابتدایی کار است و هنوز مالیده نشده است، تضاد مکمل (نگارنده)

نمدمال از ارتباط بین رنگ‌های اصلی، سرد و گرم و رنگ‌های مکمل همزمان در نمد استفاده می‌کند و به‌تنهایی از یکی بهره نمی‌برد."هر زوج رنگی مکمل دارای ویژگی‌ها و نمود خویش‌اند مثلاً دورنگ مکمل زرد و بنفش علاوه بر مکمل بودن خاصیت تضاد تاریک و روشن را هم دارند یا رنگ‌های قرمز و نارنجی و سبز و آبی دورنگ مکمل‌اند درعین‌حال پرقدرت‌اند اثر تضاد سردی و گرمی را هم در خود حفظ کرده‌اند. از همین خواص است که نقاشان، کاشی‌کاران، نقش‌پردازان قالی از کنار هم قرار دادن رنگ‌ها مقاصد خویش را از زبان آن‌ها بیان می‌کنند مثلاً از رنگ‌های زرد و بنفش، آبی و نارنجی، سرخ و سبز برای نشان دادن بودن و نبودن، جنگ و صلح بهره می‌گیرند " (دانشگر، ۱۳۷۶: ۱۶۲).

تضاد هم‌پایه: تضاد تکمیلی و هم‌زمان و پی‌درپی است. "در چشم بیننده در مقابل رنگ‌ها فعل‌وانفعالاتی به وجود می‌آید و براثر همین تأثیرات چشم در مقابل هر رنگ که می‌بیند رنگ مکمل آن را در

[210] Coloar quantity contrast

ذهن می‌سازد تا به‌نوعی تعادل برقرار شود. درواقع تضاد همزمانی پدیده‌ای ذهنی است. برای ایجاد تضاد در تصاویر درواقع باید به اثر خنثی‌کننده پدیده همزمانی رنگ مکمل توجه داشت." و به همین جهت است که هارمونی (هم آهنگی) رنگ مشمول قوانین تکمیلی رنگ‌ها هست. رنگ تکمیلی در چشم یک احساس است و وجود خارجی ندارد، فقط تحت شرایطی به وجود می‌آید و تحت شرایطی برطرف می‌گردد "(همان: ۱۶۲).

هنرمند نمدمال برای ایجاد هارمونی و تعادل بین رنگ‌ها از رنگ‌های مکمل به‌خوبی استفاده می‌کند. انتخاب طرح و نقش و رنگ در زمان تولید نمد صورت می‌گیرد و هنرمند بدون نقشه قبلی اقدام به نقش‌بندی و رنگ‌بندی می‌کند. با توجه به رنگ زمینه، رنگ نقوش اصلی را تعیین می‌کند و سپس به رنگ‌بندی نقوش فرعی می‌کند. ابتدا دورنگ را به‌عنوان رنگ‌های اصلی و رنگ‌های بعدی را برای حمایت این رنگ‌ها انتخاب می‌کند. هنرمند نمدمال بروجنی از رنگ‌های شاد وزنده‌تری نسبت به هنرمندان شهرکرد استفاده می‌کند، این نکته در انتخاب رنگ‌های درخشان و پرتلالوتری مانند رنگ‌های قرمز و زرد با کنتراست بیشتری استفاده می‌کنند، این رنگ‌ها برگرفته از رنگ‌های گلیم قشقایی هستند. داشتن هارمونی بین دورنگ پایه و رنگ‌های ثانویه دیگر به زیبایی و ارزش نمد می‌افزاید.

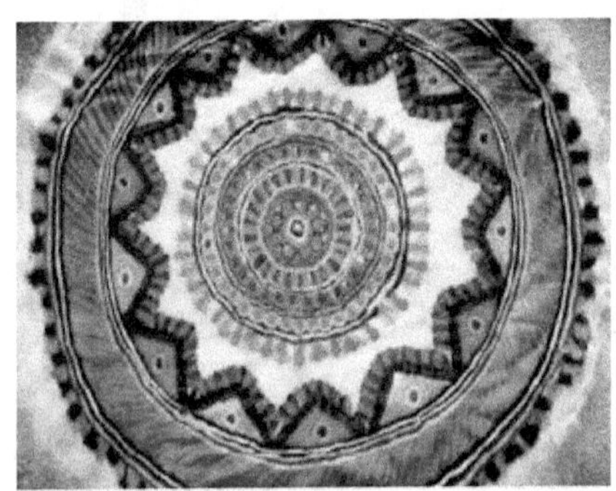

عکس ۳-۶۰، نمد زیرمنقلی، بروجن، قطر **۹۵cm**، تضاد هم‌پایه بین رنگ سبز و قرمز (نگارنده)

تضاد کمیت و کیفیت رنگ: تضاد کمیت، مساحت نسبی دو یا چند قطعه رنگی است و تضاد کیفیت اشباع درجه خلوص رنگ را مشخص می‌کند. ایجاد توازن بین رنگ‌ها از طریق تنظیم وسعت و سطوح و درجه اشباع و درخشش و تاریکی رنگ‌ها به‌نحوی‌که هیچ‌یک برجسته‌تر از دیگری به نظر بیننده نیاید کاری بس مشکل است. قدرت رنگی هر رنگ بستگی به کمیت یا وسعت سطح رنگ و میزان روشنی و سیری رنگ نیز با حداقل درجه اشباع آن سنجیده می‌شود. "برخی بر این عقیده‌اند که برای ایجاد توازن در جلوه‌گری رنگ باید درجه خلوص، درخشندگی آن را موردتوجه قرارداد و سطوح رنگ‌ها را با در نظر گرفتن عوامل مذکور تعیین و در کنار یکدیگر گذاشت. برای تعیین میزان درخشندگی یا ارزش نورانی بودن رنگ‌های خالص آن‌ها را بر روی یک زمینه به رنگ خاکستری خنثی با درخشندگی متوسط قرار می‌دهند و بدین گونه است که تندی یا ارزش‌های نورانیت رنگ‌ها دقیقاً مشخص می‌شود "(همان: ۱۶۲). تضاد کمیت باعث دگرگونی در سایر کنتراست‌ها می‌شود و کاربرد دو تضاد رنگی موجب شدت بخشیدن یکی بر دیگری است و می‌تواند اثرات رنگی فوق‌العاده زنده و نادری به وجود آورد مثلاً در یک ترکیب‌بندی رنگی که تضاد تاریک و روشن مطرح است اگر سطح کوچک روشنی در میان سطح وسیع تیره یا تاریک قرارگرفته باشد، قدرت خودنمایی سطح کوچک رنگی شدیدتر می‌شود و سطح دیگر پهن‌تر و عمیق‌تر می‌گردد؛ بنابراین ملاحظه می‌گردد که تضاد نسبت و انتخاب سطوح متفاوت رنگی به همان اندازه پراهمیت است که انتخاب خودرنگ‌ها و به همین منظور باید همیشه در

ترکیب‌بندی رنگی اندازه و حدود رنگ‌ها با دقت زیاد رعایت شود البته رنگ‌ها و نسبت‌هایشان در رابطه با درخشندگی و میزان درجه اشباع آن‌هاست و تضادهای رنگی هم نقش مهمی در آن دارند. تضاد کمیت در طرح‌های هندسی و نقوش منظم نمدهای استان چهارمحال و بختیاری بیشتر به چشم می‌خورد، هنرمند نمدمال برای نقش‌بندی ابتدا به‌وسیله فتیله‌هایی مشکی و رنگی طرح و نقوش را مشخص می‌کند و سپس محدوده‌های بین آن‌ها را پشم پر می‌کند. در نمد ۴-۶۱ هنرمند با تقسیم‌بندی مناسب نمد وسعت مناسبی را برای هر رنگ در نظر گرفته است به‌طوری‌که هیچ رنگی ازلحاظ مساحت بر دیگری ارجحیت نیافته است و رنگ‌ها هرکدام درخشندگی و جلوه خود رادارند.

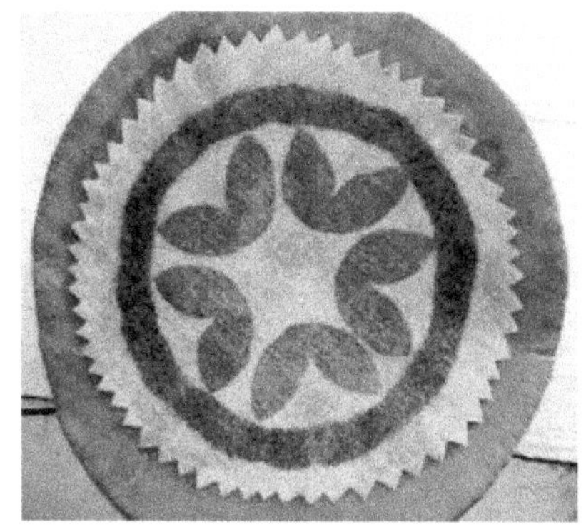

عکس ۳-۶۱، نمد زیرانداز، شهرکرد، نقش خورشید در وسط، این نمد در مرحله ابتدایی کار است و هنوز مالیده نشده است، تضاد کمیت رنگ (نگارنده)

تضاد تاریک و روشن: قرار گرفتن دورنگ سیاه (آخرین حد تاریکی) و سفید (اولین حد روشنایی) در کنار هم بیشترین تضاد رنگی را ایجاد می‌کند. این تضاد در نمدهایی با پشم خودرنگ به‌خوبی مشاهده می‌شود، زمینه نمد از رنگ سفید و نقوش آن به رنگ مشکی، تضاد تاریک و روشن را نمایش می‌دهد.

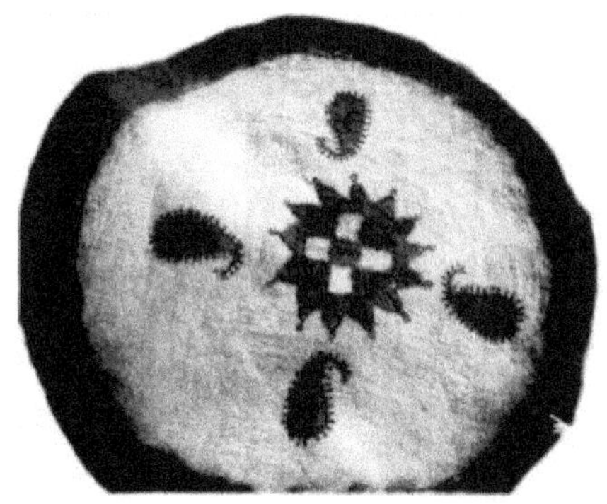

عکس ۳-۶۲، نمد زیرمنقلی، قطر ۹۰ **cm** تضاد بین رنگ سیاه‌وسفید، بروجن (نگارنده)

هنرمند نمدمال در چیدن نقوش و رنگ‌ها در کنار هم به‌خوبی از اصول مبانی هنر ناخواسته پیروی می‌کند و همچون نقاشی چیره‌دست با ایجاد هماهنگی و تضاد میان رنگ‌ها، می‌تواند نقش را نشاط‌آور، آرام‌بخش، غم‌انگیز یا محرک سازد. هماهنگی و تلفیق رنگ‌ها یا تضاد بین آن‌ها و ارتباط رنگ با نقش و طرح به این هنر صناعی زیبایی می‌بخشد. با توجه به استفاده پشم‌های خودرنگ و رنگ‌های صنعتی در نمد، در بررسی زیبایی نمد ازنظر رنگ سه عامل اهمیت دارند: انطباق رنگ‌های استفاده‌شده با اسلوب و مبانی رنگ، انطباق فام‌های رنگی استفاده‌شده با جغرافیای محل بافت که رنگ‌های بومی در اولویت قرار دارند، رنگرزی

صنعتی مورداستفاده در نمد و تأثیر آن بر زیبایی کل طرح.

۳-۵ طرح

در پیکربندی هنر ایران در دوران چندین هزارساله تاریخی‌اش، عواملی چون رویدادهای تاریخی ویژگی‌های فرهنگی، پشتوانه‌های اقتصادی و اقتضائات اقلیمی تأثیر فراوان داشته است. نمد به‌عنوان یکی از کهن‌ترین صنایع‌دستی ایرانی، محمل نقوش و طرح‌های است که در طی چندین هزار سال، کالبد آثار باستانی را تزئین کرده است. نمدهای ایران، در هر منطقه از این سرزمین، رازی سربه‌مهر دارند که با شکل‌های تجریدی و نمادین و رنگ‌های برگرفته از طبیعت، بخشی از فرهنگ هنرهای عامیانه ایران را تشکیل می‌دهند. فرهنگی که سرشار از زیبایی، رمز و راز، عشق و...؛ و به یک معنی مالامال از زندگی است. ابهت و جنبهٔ روحانی هنر باستانی ایران به سبب زیبایی معنادار آن است."تزیین که منبع اصلی و هدف هنر ایرانی است تنها مایهٔ لذت چشم یا تفریح ذهن نیست، بلکه مفهومی بسیار عمیق‌تر دارد. نخستین ادراک مبهم ولی اساسی که بشر از جهان داشت با نقوش و اشکال تزیینی صورت خارجی یافت و به‌وسیلهٔ همین نقوش، انسان با سرنوشت و مایه‌ای برای راز و نیاز و آرامش و نیروی باطنی گردید. به سبب مجموع این امور، هنر تزیینی ایران که از تجربیات ضروری ناشی شده بود به بالاترین درجهٔ کمال رسید و چون پیوسته به تأثیر این عوامل، ظریف‌تر شده و توسعهٔ فراوان یافته است؛ اکنون مستقیماً بادل آدمی سخن بگوید "(اپهام پوپ، ۱۳۷۸: ۲).

در تمام ادوار تاریخی ایران خواه در ایام پیش از اسلام و خواه در عهد اسلامی هنرمندان در این کشور شاهکارهای متعدد به وجود آورده‌اند، که نمونه‌های زیبایی از آن‌ها در موزه‌های مختلف جهان‌دیده می‌شود. هنرمندان متفکر دوران اسلامی از همان ابتدا به اهمیت بصری این طرح‌ها و نقوش پی بردند و بر همین اســاس با کاربرد آن‌ها، این طرح‌ها و نقوش را به یکی از عناصر اصلی تزیینی دوره‌ی اسلامی تبدیل کردند. هنرهای دوره اسلامی طرح‌های تزیینی بسیاری دارد که هر یک به‌تناسب مکان و همچنین سازگاری با نوع مصالح، در بیشتر ادوار هنر اسلامی بکار رفته است. برخی از این طرح‌ها، منحصر و محدود به یک دوره و یا به یک مکان خاص و قابل‌اجرا بر روی مصالح خاصی نیستند. بلکه چنین طرح‌هایی را می‌توان بر روی تمامی آثار هنری دوره اسلامی، در ادوار مختلف و با مصالح مختلف مشاهده کرد. کارکرد این نوع طرح‌ها در هنر اسلامی به‌عنوان یک نماد یا یک مفهوم پنهانی، سندی از عوالم دنیای هنرمندان دوره‌های مختلف اسلامی است. یک طرح از شکل کاربردی خود به‌عنوان یک نماد یا مفهوم در طول دوره اســلامی به یک طرح ســاده و تزیینی صرف تبدیل می‌شود. تأثیر مذهب و دین در کاربرد طرح‌ها بسیار مهم است به معرفی برخی طرح‌های خاص، مفهوم، کارکرد و ایجاد ضابطه‌های مشــخصی می‌انجامد و هنرمند مســلمان با یک نگاه دینی به این مفاهیم به ایجاد طرح در هنر اسلامی دست می‌زند. برخی از طرح‌های زیبای مورداستفاده در پیش از اسلام و دوره اسلامی، اوایل دوره اسلامی دارای جنبه‌های نمادگرایی و بر اساس برخی افکار و اهداف ابتدائی، در تزیینات اسلامی ظاهر می‌شــوند و کم‌کم در ســیر تحول و تکامل خود در طول دوره اسلامی به اوج کاربرد خود به‌عنوان یک نماد تزیینی دست می‌یابد و در طول زمان از جنبه‌های مفهومی و نمادین آن کاسته شده و بیشتر بر ارزش زیبایی آن افزوده‌شده و ازاین‌جهت اهمیت پیدا می‌کند. "طرح‌های سنتی هر منطقه تجلی‌گاه نوع اعتقادات، فرهنگ، مناسبات و شئون عدیده‌ای است که به‌مرور و طی نسل‌های متمادی بر مبنای این خاستگاه‌ها شکل‌گرفته‌اند و به‌تدریج نیز بافرهنگ‌های هم‌جوار نوعی تأثیر و تأثر متقابل فرهنگی داشته و

همگونی فرهنگی خاصی در مجموعهٔ آن‌ها دیده می‌شود. لذا انتقال غیرطبیعی طرح‌های هنرهای سنتی از منطقه‌ای به منطقه دیگر موجب می‌شود که از جهت فرهنگی مشخصات شناخته‌شدهٔ صنعت بومی منطقه خدشه‌دار شود و هویت آن از بین برود و به دنبال آن به ارزش اقتصادی آن در بازار داخلی و خارجی لطمه خورد و آن بخشی از صنایع‌دستی که می‌تواند ارزش فرهنگی و هنری داشته باشد مقهور جنبه‌های فنی و تجاری گردد " (جزمی و دیگران، ۱۳۶۴: ۱۰).

نمد یکی از مناسب‌ترین بسترها برای نمایش طرح‌ها و نقوش هنرمندانی است که تمایل دارند دستبافت خویش را به‌صورت ذهنی باف، رنگ خیال بزنند. هنرمند هرچقدر در قالی و گلیم به اصول ثابت و لایتغیر برای گلگون کردن و تزئین کارش، مقید است، در نمد از آزادی و سیالی خیال بیشتری بهره می‌برد. هرچند نمی‌توان قریحه‌ای ساده‌گرا و پریمیتیو هنرمندان راستین این دستبافت‌ها را نادیده گرفت؛ عامل تکنیک و خصایص مترتب بر آن در این جریان البته بی‌تأثیر نیست. این طرح‌ها و نقوش "برای آنکه در ذهن انسان تأثیر کند و روح را به هیجان آورد، لازم بود که با وجوه اصلی ادراک بشری متناسب گردد "(ابهام پوپ، ۱۳۷۸، ۲). مرد نمدمال می‌تواند طرح‌های ساده و معنادار را انتخاب کند "طرحی که وی انتخاب می‌کند چه خشتی، چه ترنج- و یا هر نقش دیگر- انتخاب اوست و آزاد است اندازه خشت یا ترنج‌ها را تغییر دهد و هر رنگ و نمادی می‌خواهد، داخل آن‌ها کار بگذارد به‌شرط آنکه استخوان‌بندی قالب را به هم نریزد. طرح‌های ریشه‌داری چون سرو، قاب سماوری و خشتی برای نمدمال به‌منزله ماده اولیه کار است. وی با مراجعه به این طرح‌ها و از طریق دخل و تصرفاتی که در ابعاد آن‌ها و انتخاب رنگ می‌نماید، می‌تواند منظور خود دست یابد و مثل هنرمندان، لحظات بهشت گونه‌ای را در خلوت خود سیر کند. (نک تناولی، ۱۳۸۳: ۳۹)

به‌رغم تنوع گسترده طرح و ترکیب‌بندی در نمد محدودیت‌هایی هم در این رشته وجود دارد. آزادی عمل و محدودیت هر دو از سجایای نمدها است و نمدمالان به هردو صفت به دیده تساوی می‌نگرند و کمتر اتفاق افتاده در تعادل آزادی و محدودیت نمدمالان پا را از حد لازم فراتر نهد. برخلاف بسیاری از هنرها محدودیت در نمد عملی بازدارنده نیست بلکه نوعی سجیه هم هست و می‌تواند چالشگر خلاقیت باشد. طرح‌های ریشه‌داری چون لچک و ترنج و... برای نمدمال به‌منزله ماده اولیه کار است او با مراجعه به این طرح‌ها و از طریق دخل و تصرفی که در ابعاد آن‌ها و انتخاب رنگ می‌کند به بیان احساسات خود دست می‌یابد، چه بسی در این میان نیز به طرح‌ها و نقوش جدید نیز دست یابد. قالبی را که وی انتخاب می‌نماید چه لچک و ترنج و یا هر طرح دیگر مال اوست و آزاد است اندازه طرح را تغییر دهد و هر رنگ و نقشی که می‌خواهد داخل طرح بگذارد.

دکتر شایگان (۱۳۸۲: ۲۶۱) در مورد تأثیر قومیت بر هنر چنین می‌نویسد: یکی از وجوه شاخص هنر مشرق زمین وفاداری به خاطره قومی است؛ یعنی خاطره‌ای که ساخت‌های ذهنی و کلیت سازنده‌ی نظام فرهنگی را همواره حفظ می‌کند. در این نظام الگوها، شکل‌ها نه‌فقط در تجلیات ظاهری و نمودهای عینی، بلکه در جوهر خود تجدید حیات می‌کنند، گواه این واقعیت است که هنرمندان آسیایی، قرن‌ها همان نقش‌ها و الگوهایی را که باتجربه‌ی درونی‌شان غنی‌شده است، تکرار می‌کنند. منظور هنرمند، چندان ابداع فردی و خودنمایی نیست که وفاداری به خاطره و احیای گنجینه‌های آن است. این خاطره گذشته را به حال می‌پیوندد و حال را به آینده و همه را در افق بی‌زمانی لحظه می‌شکوفاند."اما این اصرار در صراحت و جست‌وجوی کمال

در حسن نظم و زیبایی حرکت و خط و رنگ هرگز هنری سرد و دور از زندگی به وجود نیاورد. البته اعتراف باید کرد که گاهی ممکن است بیش ازآنچه باید دقیق و تعمدی و ملال‌انگیز باشد، اما این‌گونه نقص‌ها در هر شیوه‌ای هست. بر روی‌هم هنر ایران همیشه متعادل و متناسب و جامع بوده است "(اپهام پوپ، ۱۳۷۸، ۳).

ساختار نمد ازنظر طرح به دودسته ساده و طرح‌دار تقسیم‌بندی می‌شود و در تقسیم‌بندی دیگر ازلحاظ نوع، به چهار دسته تقسیم می‌شوند: ۱- طرح‌های انسانی ۲- طرح‌های گیاهی ۳- طرح‌های هندسی ۴- طرح‌های حیوانی. انجام می‌گیرد. نمدمال در طراحی و ترکیب‌بندی نقوش را ذهنی و با بهره‌گیری از نقوش و طرح‌هایی که از گذشتگان به یادگار مانده و به‌کارگیری ذوق و خلاقیتش انجام می‌دهد. نمدمال با در نظر گرفتن قالب نمد (مستطیل، دایره و...) ساختار کلی طرح را پی‌ریزی می‌کند این ساختار شامل، زمینه و حاشیه به‌عنوان یک کادر یا قاب است، حضور حاشیه در طرح حتمی نیست و در برخی از طرح‌ها نمدمال آن را طراحی نمی‌کند. حاشیه اغلب از نقوش هندسی مانند خطوط زیگزاگ یا خطوط ریتمیک است. طرح‌های زمینه شامل: حوضی یا ترنجی، محرابی، گلدانی، قابی و... است. طرح و نقش در نمد هیچ‌گاه دقیق، آن‌طوری که استادکار مدنظر دارد شکل نمی‌گیرد چون به دلیل مالیدن نمد و فشار و خاصیت در هم روندگی پشم، تغییر طرح حتمی خواهد بود. حاشیه‌های نقش معمولاً محو به نظر می‌آید و خط دقیق و تیز هیچ‌گاه در نمد به چشم نمی‌خورد.

روش تولید نمد سنتی در بروجن و شهرکرد به یک‌شکل انجام می‌شود ولی در طرح، نقوش و رنگ تفاوت‌های اندکی دارند. هنرمندان نمدمال بروجنی به اجرا طرح‌ها و نقوش سنتی وفادار مانده و در طرح‌ها سنتی ازلحاظ رنگ و نقش از نقش‌مایه‌های فرش و عمدتاً گلیم‌های قشقایی و فارس متأثر است، که برگرفته از نقوش رایج در میان عشایر قشقایی است، که در حوضه جنوب غربی و غرب استان و شهر بروجن سکونت دارند و مانند عشایر بختیاری به دامداری می‌پردازند. نمدهای بروجن نسبت به نمدهای شهرکرد پخته‌تر و رنگ‌بندی محدودتری دارند. نمدهای شهرکرد مانند سبک نمد بروجن به دلیل مجاورت و محاوره ایشان با عشایر بختیاری در طرح، نقش و رنگ از دستباف‌های بختیاری متأثر است. این انگیزه در نمدمالی شاید به این دلیل باشد که بیشتر مصرف‌کنندگان عمده ایشان عشایر قشقایی و بختیاری هستند و به جهت رضایت ایشان از نقوش و رنگ‌های مرسوم خودشان استفاده می‌کنند.

با ایجاد نوآوری و خلاقیت در تولید محصولات جدید نمدی در چندین نوع محصول در شهرکرد، با رویکرد جدید تولیدات نمد در کارگاه‌های نمدمالی، چندین نمونه نمد محلی با نقش‌های گرافیکی جدید و بدون پرز و بوی نامناسب[۲۱۱] با استفاده از پشم‌های داخلی و پشم‌های وارداتی تولید می‌شوند و در بازارهای خارجی حرفی برای گفتن دارد.

۳-۵-۱ طرح‌های زمینه

۳-۵-۱-۱ طرح‌های گیاهی

در هنر اسلامی طرح‌های گیاهی مانند درخت طوبی و درخت زندگی بیشتر از طرح‌های دیگر به چشم

[۲۱۱] بوی نامناسب پشم بعد از رنگرزی و مالیدن به‌منظور تولید محصول نمدین به وجود می‌آمد که باعث نارضایتی طرفداران محصولات نمدی بود.

می‌خورند. مهم‌ترین دسته این طرح‌ها شامل، درخت (سرو)، لچک و ترنج خاستگاه گیاهی دارند. این طرح‌ها فراگیرترین نقوش هستند چراکه کمتر طرحی را می‌توان دید که فاقد نقوش گیاهی باشند.

۳-۵-۱-۱-۱ طرح ترنج

این طرح به لحاظ کثرت استفاده و تولید از جایگاه خاصی در زیراندازها و دست‌بافت‌ها به‌خصوص نمد دارد. این طرح در هنر اسلامی به بالاترین درجه پختگی و زیبایی رسیده است. ترنج عموماً در مرکز قرار می‌گیرد و اندازه آن بسته به منطقه بافت، اندازه قالب و نوع طرح متغیر است. دهخدا، "ترنج، نقش گلی بزرگ، مدور یا چند گوش که در میان قالی ببافند " (دهخدا، ۱۳۷۷: ۶۶۷۵) تعریف کرده است. در فرهنگ عمید از ترنج به‌عنوان "نوعی از نقش و نگار که از ترکیب گل و برگ و طرح‌های اسلیمی ساخته می‌شود و بیشتر در نقشه قالی و قالیچه و پرده قلمکار و کاشی و تذهیب‌کاری در وسط نقش‌های دیگر قرار می‌گیرد " (عمید، ۱۳۷۸: ۶۷۵ و ۶۷۶) یادشده است. دراین‌بین شاید کلیدی‌ترین شاخصه ترنج در طرح کلی آن است."نقش ترنج در ادامه اعتقادات اسطوره‌ای و نمادین گلستان و حوض شکل‌گرفته، اما تکامل آن به شکل امروزی در اصل انعکاس ذهنیت، اندیشه و آرزوهای هنرمند مسلمان ایرانی در تجلی باغ بهشت و فضایی روحانی است. از طرفی در ترنج عینیت بخشیدن به تصورات مینوی از شکل زمینی و این دنیایی خود خارج‌شده و بابیانی نمادین با استفاده از نقوش تجریدی و انتزاعی، سعی در القای فضایی مقدس را دارد و اختصاصاً تأکیدش بر دنیایی لامکان و لازمان است که در قالب تصویر و فرم خاصی نمی‌گنجد و اینجاست که هنرمند به بیان نمادین متوسل می‌گردد "(میرزاامینی و بصام، ۱۳۹۰: ۹).

طرح ترنج، از سه جز تشکیل‌شده است: ترنج که هسته اصلی طرح است و لچک و سرترنج، این دو جز با توجه به طرحی که نمدمال در نظر گرفته تصویر می‌شوند، ممکن است یک طرح فاقد این دو جز باشد. طرح ترنج در قالب مستطیل اجرا می‌شود، ابتدا نمدمال در مرکز نمد طرح ترنج که دارای اشکال مختلفی مانند دایره، بیضی و لوزی هست را به‌وسیله فتیله‌های نمدی مشخص می‌کند و سپس به‌صورت قرینه در امتداد محور تقارن طولی و عرضی ترنج در دو سمت بالا و پایین سرترنج‌ها را تصویر می‌کند، نمدمالان سرترنج را گردن ترنج می‌نامند. سرترنج، دو کلاله هستند که دو جانب ترنج در انتهای محور طولی قرار می‌گیرند و ازلحاظ رنگ، طرح و نقش تحت تأثیر ترنج اصلی است. هنرمند نمدمال ممکن است در محل اتصال ترنج و کلاله یک سرترنج کوچک متأثر از ترنج اصلی نقش کند و آن را مکمل ترنج می‌نامند.

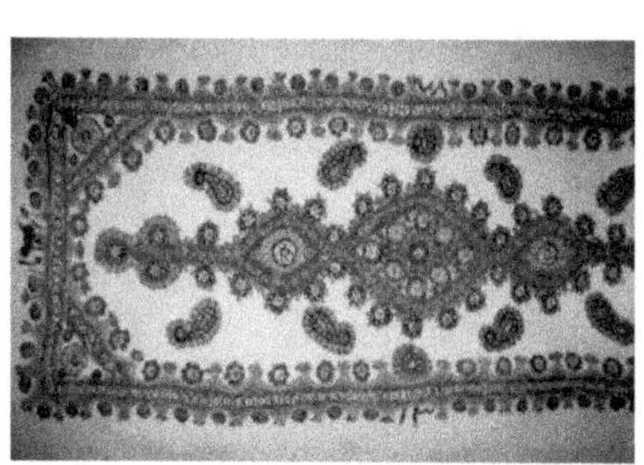

عکس ۳-۶۳، نمد امضاء دار با طرح ترنج و سرترنج در وسط و نقوش بته سر کج در اطراف ترنج‌ها، ۲۲۰×۱۲۰cm، بروجن، امضاء در قسمت حاشیه بیرونی سمت چپ قابل‌مشاهده است (نگارنده)

هنرمند نمدمال طرح یک‌چهارم ترنج عیناً یا با تغییرات در نقش و رنگ‌آمیزی بنام «لچک» در چهارگوشه زمینه تصویر می‌کند. لچک در لغت به نام گوشه است، ممکن است طرح نمد فاقد لچک و دارای

ترنج باشد و برعکس. طرح، ممکن است دارای دو لچک باشد مثل طرح محرابی و طرح‌های سجاده‌ای و طرحی هم ممکن است، از دو یا سه ترنج تشکیل‌شده باشد. نسبت بین مساحت لچک با ترنج در نمدهای مختلف متفاوت است و مقیاس مشخصی ندارد. طرح لچک در جلوه‌گری نمد و شکل‌بندی آن بسیار مؤثر است و با نقشی که به خود می‌گیرد ممکن است زمینه و متن نمد را به اشکال گوناگون ازجمله مربع، مستطیل، بیضی، دایره نشان دهد. طرح لچک و ترنج اغلب با نقوش گیاهی ظریف و زیبا و خوش‌ترکیب تزئین می‌شود. دارای انواع مختلفی ازنظر تعداد، رنگ‌بندی و نقوش است.

الف- از جهت تعداد: معمول‌ترین نوع لچک بندی چهار لچکی که در هر گوشه نمد یک لچک وجود دارد و نوع خاص آن دولچکی است که در طرح محرابی دو لچک پایین نمد قرار می‌گیرند. (عکس ۳-۷۲)

ب- ازلحاظ تطبیق رنگ و نقش ترنج با لچک:

ب-۱ لچک عیناً یک‌چهارم ترنج است و از هر لحاظ ازجمله نقش و رنگ‌آمیزی به ترنج شباهت کامل دارد.

ب-۲ ترنج از جهت ابعاد، نقش و رنگ با یکی از این عوامل فرعی متفاوت باشد یا به‌طورکلی وضعیت مستقل و جدایی دارد.

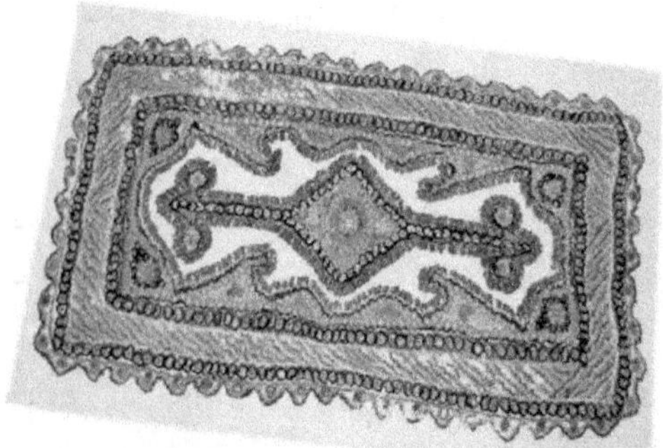

عکس ۳-۶۴، نمد زیرانداز با طرح ترنج و سرترنج، cm۹۰×۱۵۰، بروجن، (نگارنده)

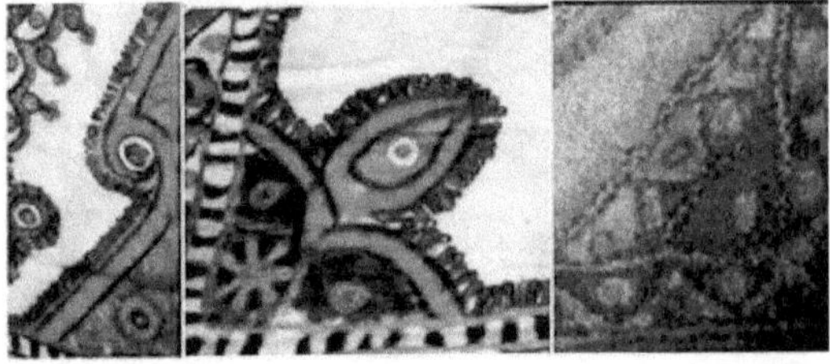

عکس ۳-۶۵، نمونه‌ای از نقوش لچک و سرترنج، (نگارنده)

۴-۵-۱-۱-۲ طرح سینی و کشکول

طرح سینی و کشکول ازلحاظ فرمی شباهت بسیاری با طرح لچک و ترنج دارد. تفاوت آن در سرترنج است که در طرح سینی و کشکول، کشکول جایگزین سرترنج شده است، شاید به‌نوعی از طرح لچک و ترنج اقتباس‌شده باشد و به‌صورت ساده‌تر اجرا می‌شود. این طرح در مرکز نمد قرار می‌گیرد و در تلفیق با طرح خشتی یا قابی استفاده می‌شود. قدیمی‌ترین نمدهای مستند شده نیز از این طرح بهره می‌برند (عکس ۲-۸ و ۲-۹)

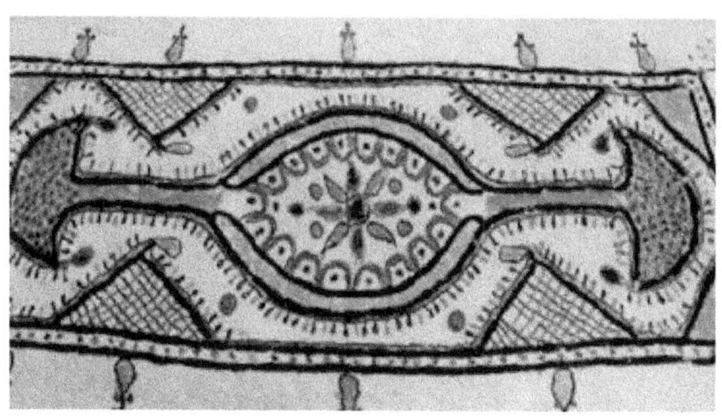

عکس ۳-۶۶، نمد زیرانداز با طرح قابی و سینی و کشکول در وسط و نقوش زیگزاگی، متعلق به آقای بنی‌مهدی، شهرکرد، cm۱۴۵×۳۲۵ (نگارنده)

۳-۵-۱-۲ طرح‌های هندسی

این گروه دومین نوع طرح‌های هنر اسلامی را دربر می‌گیرد. همان‌گونه که از نام طرح‌های این گروه پیداست، کلیه طرح‌های این گروه به‌صورت هندسی و با استفاده از خطوط زاویه‌دار به وجود می‌آید."طرح‌های هنر اسلامی، گونه‌ای از طرح‌های سنتی ایرانی هستند که در عین دارا بودن زیبایی، ملاحت و کاربردهای متنوع، از یک سری اصول و قواعد هنری و ریاضیات فرمی، نیز بهره می‌برند "(فراست، ۱۳۸۵: ۳۲). "اصول هندسه در تمامی هنرهای اسلامی اعم از معماری و صنایع‌دستی، نمودار است "یکی از کاربردهای آن؛ در کنار هم قرار گرفتن و تکرار الگوهای ساده هست که تا بی‌نهایت قابلیت گسترش دارد. نقوش هندسی بر پایه تعبیرات و فرم‌های اصلی دایره، مربع، مثلث، مستطیل و...است که با ابزارهای نقطه، خط و سطح ساخته می‌شوند. این نقوش پیچیده و زیبا، ساختار ساده‌ای دارند؛ و از تکرار واحدهای دایره، مربع و مثلث به دست می‌آیند " (عنایت، ۱۳۸۷: ۳۷). گروه‌های فرعی مهم این طرح عبارت‌اند از: قابی، قاب سماوری، هندسی لچک ترنج، هندسی کف ساده، هندسی ترنج‌دار و ... .

۳-۵-۱-۲-۱ طرح خشتی یا طرح قابی

پرشمارترین طرح‌های نمد، طرح قابی یا طرح خشتی است. این طرح شباهت بسیاری با نظام هندسی و معماری دارد. چنانکه از نامش مشخص است، بستر نمد با خشت‌های مربع و مستطیل تقسیم می‌شود و سپس درون هرکدام با طرح‌ها و نقوش نمد تزیین می‌شود. طرح قابی شباهت‌هایی با طرح خشتی دارد و این طرح از قاب‌های چهارضلعی به شکل مستطیل یا لوزی متداخل طراحی و به‌صورت منظم تکرار می‌شود که این خود سبب به وجود آمدن نوعی وحدت، هارمونی و هماهنگی در کل نمد می‌شود. فضای داخلی طرح قابی به‌وسیله نقش‌مایه‌های و طرح‌های دیگر فضای داخلی آن پر شود. در نمدهای خشتی شکل‌های مربع هم‌اندازه کنار هم چیده می‌شوند اما طرح قابی تغییر زاویه ۴۵ درجه خشت به شکل لوزی است. "خیال بهشت که اندیشه‌ای بنیادی در تمدن ایرانی است و اعتقاد به وجود درخت خیر و شر و درخت حیات در بهشت، از موارد مؤثر در تصویرگری درخت مقدس بر روی قالی‌های باغی است. در این باغ‌ها درخت سرو، درخت بید، درخت گل‌دار و تاک و همچنین صورت‌های استیلیزه درختی ظاهر می‌شوند. نقش قابقابی نقوش قابقابی (بختیاری و چهارمحال)، نقوش تکراری درختی و ترنجی با تکرار درخت در چهار جهت متقارن، شیوه دیگری از نقش‌پردازی درخت زندگی در بهشت است "(عابددوست و کاظمی، ۱۳۸۸: ۱۲۴). نقوش بکار رفته در قاب‌ها، نقوش گیاهی، درختی و... است که اکثر اوقات این نقوش به سلیقه‌ی هنرمندان تغییر می‌کند. قدیمی‌ترین نمونه‌ی این طرح نمد ۳-۱۰ با طرح قابی یا خشتی است.

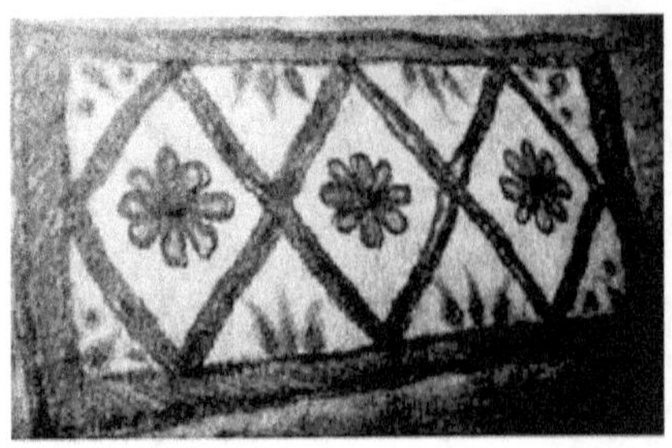

عکس ۳-۶۷، نمد زیرانداز با طرح سه قابی و گل هشت‌پر در وسط هر قاب، بروجن،۸۷×۱۲۰ cm (نگارنده)

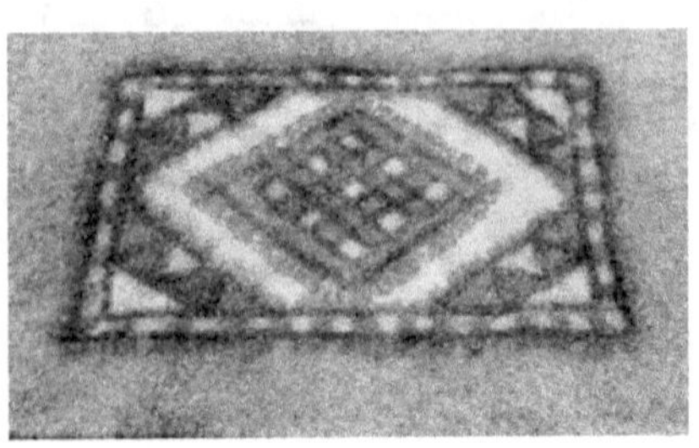

عکس ۳-۶۸، نمد زیرانداز با طرح قابی، بروجن، ۵۰× ۸۰ cm (نگارنده)

فضای میانی بین لوزی‌های متداخل با نقوش هندسی و مربع‌های توخالی بارنگ‌های مختلف پر می‌شود. شکل چهارضلعی (مربع و لوزی) در این طرح ممکن است به "چهارعنصر اصلی آب، باد، خاک و نور و یا چهارفصل سال سبب اهمیت فصول و تأثیرشان در کشاورزی اشاره کند "(بختورتاش، ۱۳۷۰، ۵۶۱).

۴-۵-۱-۲-۲ طرح حقه یا قاب سماوری

طرح از قاب‌های متوالی تشکیل‌شده است و نمدمال تمام زمینه‌ی نمد را با این طرح به‌صورت مساوی تقسیم‌بندی کرده است. نقوش گیاهی پرتکرار تزئینات درون قاب‌ها یا حقه‌ها را تشکیل می‌دهند. در نمد (عکس ۳-۶۹) نقش گل هشت پر و درخت تکرار شده است. به علت شباهت فرم قاب‌ها به طرح قاب سماوری مورداستفاده در قالی استان چهارمحال و بختیاری و به‌خصوص قالی چالشتری گاهی به نام طرح قاب سماوری خوانده می‌شود. طراحان برای این قالی سه قاب، بارنگ زمینه سفید و نقش درخت سرو، قاب زمینه آبی و نقش درخت کاج و نقش زمینه قرمز لاکی با نقوش زیبای اسلیمی و ختایی در نظر گرفته‌اند. قاب‌های سرو و کاج در یک ردیف و ردیف بعدی قاب با نقش گل طراحی‌شده است. این فرش را در اصطلاح بومی، سرو و کاجی نیز می‌نامند. شباهت نقوش این قالی و نمد با طرح قاب سماوری نیز قابل‌تأمل است.

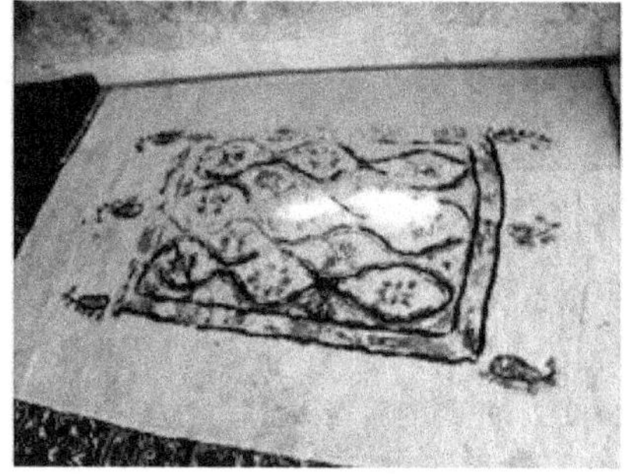

عکس ۳-۶۹، نمد زیرانداز با طرح حقه و نقش گل هشت پر و درخت و بته‌جقه در حاشیه بیرونی، ۱۲۲×۷۵**cm**

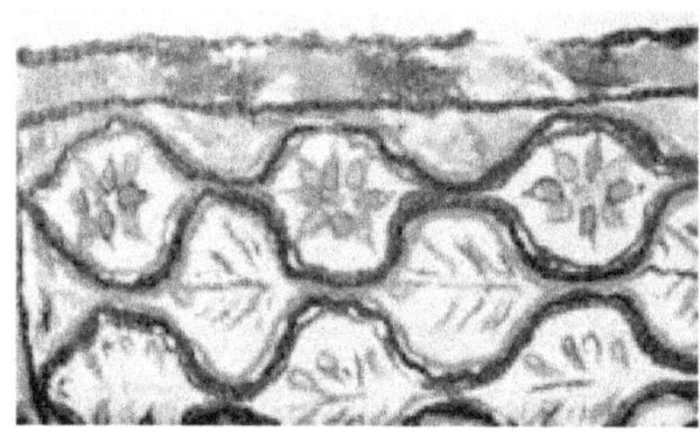

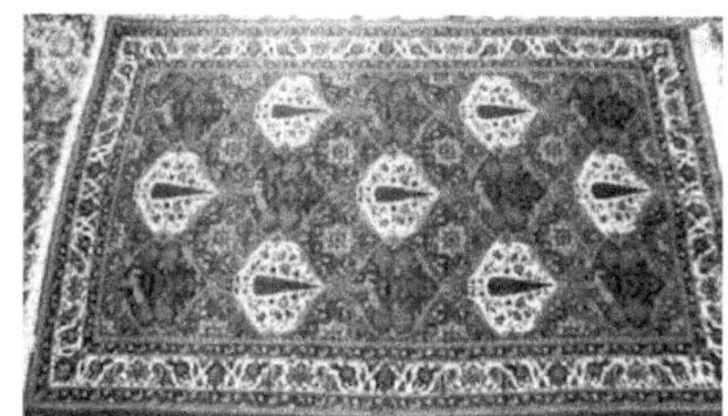

.عکس ۳-۷۰، قالی با طرح سر و کاجی، چالشتر، ۱۵۰×۲۵۰**cm**(نگارنده)

۴-۵-۱-۲-۳ طرح حوضی

این طرح شباهت بسیاری با طرح لچک و ترنج دارد و نمی‌توان تفاوت فاحشی بین این دو گذاشت؛ اما طرح حوضی اغلب خالی از نقش یا نقوش ساده هندسی است. گاهی طرح حوضی از یک چهارگوشه و یا یک لوزی با خط‌های متقاطع در میان زمینی خالی فراتر نمی‌رود. (عکس ۳-۷۱ نمونه‌ای از نمد زیر منقلی با طرح سه حوضی است)

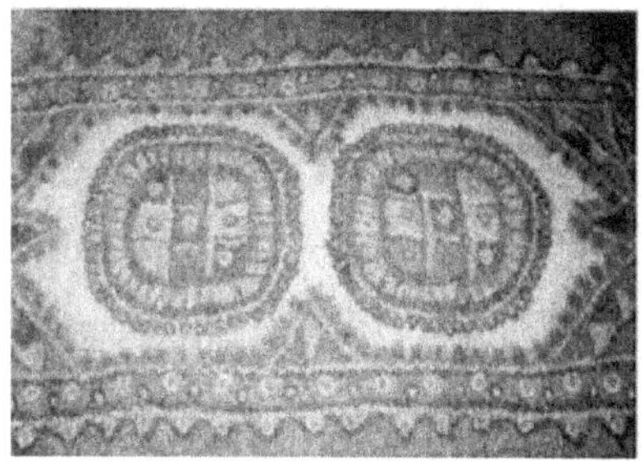

عکس ۳-۷۱، نمد زیرمنقلی با نقش حوضی، بروجن، ۱۲۲×۷۵**cm**، (نگارنده)

۴-۵-۱-۲-۵ طرح محرابی

در این طرح سعی می‌شود قداست محراب به بیننده القاء شود و با برخورداری از نقش گل‌ها و خورشید و ستاره بهشت موعود را در چشم بیننده مجسم می‌کند. نقش محرابی برحسب آن‌که در تزیین آن از چه عناصری استفاده شود، نام‌های مختلفی دارد، اگر از درختان و گلدان‌هایی برای تزیین استفاده‌شده باشد به طرح محرابی درختی یا گلدانی شناخته می‌شود. نام این طرح چنان‌که از نامش پیداست، ریشه در آیین مهر دارد،" مهرپرستی از همان آغاز آیینی برای گروه‌ها و دسته‌های کوچک بود و این از معابد کوچک مهر که اکنون در اروپا پیداشده است معلوم می‌شود و چنان‌که گفته شد در اصل هم معابد مهر در غارها بود. درون معبد راهرویی بود که در دو سوی آن سکوهایی برای نشستن مهرپرستان بناشده بود. در انتهای راهرو محراب مهر بود که نقش مهر در حال کشتن گاو نر نشان می‌داد و در دو سوی آن نقش دو مشعل‌دار دیده می‌شد " (ورمازرن،۱۳۸۶: ۷)."به‌موجب روایات تصویری کشتن گاو به‌وسیله مهر، در غاری روی‌داده بوده است. کشته شدن گاو به‌وسیله مهر ممیزه اساسی این آیین است و بدون استثنا در تمام مهرابه‌ها در انتهای آن نقش کشته شدن گاو به دست مهر چه به‌وسیله نقاشی و چه به‌وسیله نقش برجسته وجود داشته است. مهر ناجی مردم بوده و برای رهایش آنان گاو را می‌کشد و خود با حواریونش به آسمان بالا می‌روند؛ اما غار نشانه گنبد آسمان است و به همین علت طاق پرستشگاه معمولاً محدب و مزین به ستاره است "(قدیانی،۱۳۷۶: ۹۵ و ۴۸). آنچه مسلم است ورای این سخنان، در دوره اسلامی شکل بنیادی طرح محرابی از محراب مساجد، گرفته شد و در تمدن و فرهنگ اسلامی به اوج باروری خود رسید. قطع و برش نمدها با طرح محرابی نیز به‌صورت طرح آن و به فرم محراب است.

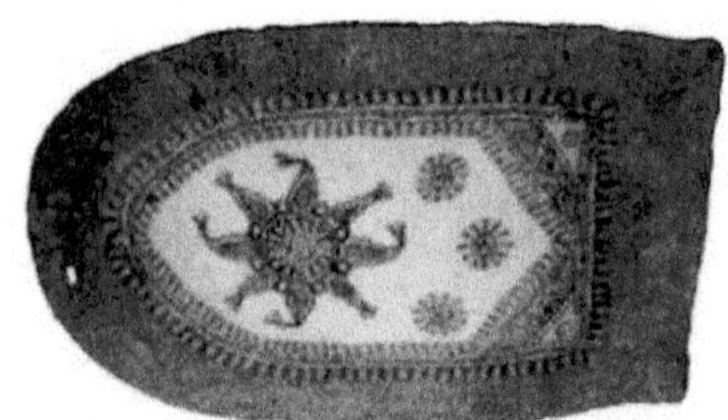

عکس ۳-۷۲، نمد زیرانداز با طرح محرابی، نقش خورشید و بته سرکج در بالای محراب و گل دوازده پر در پایین، دو طرح لچک در دو گوشه پایین، بروجن، cm۷۵×۱۲۲، (نگارنده)

۳-۵-۱-۳ طرح‌های ترکیبی

طرح‌های این گروه از ادغام شدن چند طرح مختلف به وجود آمده است. برخی از این طرح‌ها به جهت تلفیق زیبا و صحیح نقوش مختلف از جذابیت بالایی برخوردار هستند. این نوع طرح از تلفیق چند نقش موزون با یکدیگر، که دارای نقوش جدیدی است، تشکیل می‌شود. از انواع این طرح می‌توان طرح لچک ترنج کف ساده را نام برد. این طرح دارای حاشیه و لچک و ترنج است و ترنجی در وسط دارد که به‌صورت لوزی یا بیضی است و داخل ترنج از نقوش به‌صورت ریزودرشت است و لچک‌ها هم در چهارگوشه متن به‌صورت مثلث است؛ اما متن آن غیر از ترنج وسط به‌صورت ساده و یکرنگ است.

۳-۵-۲ حاشیه

قسمتی است از اطراف نمد که به‌وسیله خطوط مستقیم از بخش میانی (متن، زمینه) آن جدا می‌گردد؛ و مانند قابی نقش و نگار زیبایی زمینه را در برمی‌گیرد. حاشیه وسیله مناسبی است برای محدود ساختن و

جلوه دادن به زمینه نمد است. مثلاً در قالی،"زمینه را محدود می‌سازد و همچون حصاری در اطراف آن می‌ایستد تا نگرانی طراح و بافنده از عدم تأمین خود را بیان دارد، بیننده را ایمنی بخشد، طرح و رنگ زمینه را جلوه دهد و سرانجام متن فرش را چون تابلویی زیبا به بیننده پیشکش کند. حاشیه تکراری حاشیه به گونه‌های مختلف تکرار می‌گردد "(دانشگر، ۱۳۷۶: ۱۹۸). نمدمال معمولاً حاشیه مشخص برای نمد تعریف نمی‌کند و بعضاً به‌وسیله خطی مستقیم چهار طرف را مشخص می‌سازند.

حاشیه در نمد دارای مفهوم و اهمیت خاص است و نمدمالان بدون شک با این مفهوم آشنا و به اهمیت آن پی برده و از آن در آثارشان استفاده می‌کنند. تعداد حاشیه نمد، حتی باریک و پهن بودن آن محدودیتی ندارد، اما معمولاً در صورت تعدد حاشیه میانی پهن‌تر انتخاب می‌گردد. ممکن است نمد بدون حاشیه طراحی شود که در این صورت آن را «حاشیه سرخود» می‌نامند، در این‌گونه نمدها حاشیه جزء طرح زمینه درمی‌آید. برخی نمدمالان علاوه بر حاشیه چهار طرف نمد یک یا چند «حاشیه تکراری» نیز بر آن می‌افزایند که ممکن است در چهار طرف یا دو طرف داخل متن و به قرینه یا غیر قرینه قرار گیرد.

تناسب طرح و نقش و سایر خصوصیات حاشیه و متن نمد از اهمیت خاصی برخوردار است و رعایت هنرمندانه همین تناسب یک از ویژگی‌ها و وجوه مشخصه زیراندازها و دستبافه‌های ایرانی در مقایسه با بافته‌های سایر ملل جهان است. پهنای حاشیه نمد متغیر است و رنگ‌های حاشیه و متن این دستبافت به‌هرحال تحت تأثیر یکدیگرند.

۴-۵-۲-۱ انواع حاشیه

قرارگیری حاشیه در زیراندازها و دستبافه‌ها بسیار باهم مشابه هستند، ازجمله شباهت بین نقوش و قرارگیری نقوش در قالی و نمد بسیار به هم شبیه هستند و در اندکی موارد دارای تفاوت هستند.

- ازلحاظ اندازه و محل قرار گرفتن:

۱- حاشیه پهن که حاشیه اصلی یا مادر نیز نامیده می‌شود.

۲- حاشیه باریک که در اطراف حاشیه پهن طراحی می‌گردد.

۳- حاشیه باریک بیرونی: حاشیه باریک کنار نمد

۴- حاشیه باریک درونی: که نسبت به حاشیه پهن به‌طرف درون نمد قرار دارد.

- از جهت تعداد و تقارن:

۱- حاشیه سه نوار متقارن که ساده‌ترین حاشیه است و حاشیه میانی پهن‌تر است

۲- حاشیه بیش از سه نوار متقارن این نوع معمولاً ۵ تا ۹ حاشیه دارد

۳- حاشیه غیرمتقارن

- ازلحاظ تکرار حاشیه

۱- حاشیه ساده و معمولی در چهار طرف نمد به‌طور عادی تولید می‌شود و طراحی این حاشیه در نمدهای سراسر ایران معمول است.

۲- حاشیه تکراری، حاشیه به گونه‌های مختلف تکرار می‌گردد.

هنرمند نمدمال بر اساس نقوش ذهنی اقدام به نقش اندازی می‌کند و ممکن است در نمدهایی با نقوش

مشترک شاهد تنوع در حاشیه باشیم یا بالعکس.

۴-۵-۲-۲ نقوش حاشیه

در زیراندازها و دستبافت‌های ایرانیان معمولاً حاشیه‌های بدون توجه به تعداد و انواع آن ازلحاظ نقش و رنگ‌آمیزی و ابعاد با یکدیگر و با زمینه در ارتباط است. این ارتباط که بیشتر در حاشیه پهن و زمینه مشاهده می‌گردد نه از جهت تبعیت کامل حاشیه از متن است بلکه به‌هرحال تناسب و هماهنگی این دو موردنظر بوده است.

نقش‌مایه‌های معمولی نمد استان چهارمحال و بختیاری عبارت‌اند از: خط به‌صورت شکسته هندسی یا منحنی و گردان با ابعاد و رنگ‌های اصلی، این نقوش در حاشیه نمد به‌گونه‌ای انفرادی یا ترکیب‌شده با سایر نقوش تصویر می‌شوند.

عکس ۳-۷۳، نقوش مورداستفاده در حاشیه نمدها

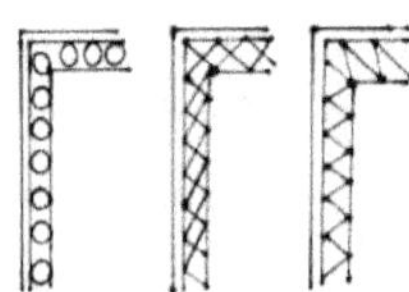

۳-۶ نقش

مهم‌ترین ویژگی نمد، نقوش چشم‌نواز و خوش‌ترکیب و هماهنگ باهم و تناسبات به‌ویژه در تقارن است. این نقوش بسیار زیبا است که نمد را به تاریخ هنر ایران متصل کرده است و می‌توان نشانه‌های حضور نقوش کهن و فناناپذیر را در آن یافت. "ذوق ایشان در نمایش اشکال طالب آن شیوه بود که از قید زمان و مکان آزاد باشد و طعم فنا ندهد، بلکه به‌سوی خلود و بقا میل کند "(اپهام پوپ، ۱۳۷۸، ۴). نقوش از اصلی‌ترین خصوصیت‌های هنری ایرانی و از عوامل مؤثر در درک زیبایی است، در نخستین برخورد موجب جلب‌توجه مخاطب می‌گردد."نقوش را از ویژگی‌های اصلی و مهم‌ترین ویژگی نمد دانسته‌اند، نقوشی هماهنگ، متناسب، متقارن و انتزاعی و تجریدی، علاقه‌ی زیاد هنرمند به هنر انتزاعی یا انتزاع هندسی که به‌گونه‌ای بیانگر هنری پرجنب‌وجوش است همچون حرکت هنرمند نمدمال است. وی بدون اینکه از طراحان و رنگرزان و کارگاه پشم‌ریسی بهره گیرد، در عین اصالت، نمد را تولید می‌کند و بدون وجود طرحی از قبل، نقش ذهنی و تجریدی خود را در شروع کار پیاده می‌کند. نمدمال، برخلاف سایر دست‌بافت‌ها، بدون طرح و نقش، آن را پیش از شکل‌گیری نمد به وجود می‌آورد "(نصرتی، ۱۳۸۵: ۱۱۸).

نقوش نمد در استان چهارمحال و بختیاری چون آینه عرش، بازتابی از نقش‌های نمادین، انتزاعی و هندسی‌ای است که به‌صورت ذهنی و با الهام از طبیعت و عناصر آن، باورها و آرزوهای مردمان این منطقه باستانی و رازآلود، توسط دستان هنرمند نمدمال چهارمحالی بر زمینه نمد این دیار نقش بسته است. هنر نمدمالی چهارمحال و بختیاری با حفظ خصایص و ویژگی‌های بومی همچنان راه خود را می‌پوید و نقش‌های خاص خود را پدید می‌آورد. نمدهای طبیعت‌گرا و نمادین که مقصود خود را در قالب نقش حاصل از تراوش ذهن و رنگرزی طبیعی و سنتی بیان می‌کند و سینه‌به‌سینه از نسلی به نسل دیگر منتقل می‌شود؛ ازاین‌رو "از میان عوامل متفاوت در شکل‌گیری این هنر می‌توان به دو عامل کلی یعنی طبیعت و فرهنگ (اسطوره، باور و

نماد) توجه کرد "(حسین‌آبادی و دیگران، ۱۳۸۵، ۶۱).

باید اذعان کرد که بیان معنا و هدف نقوش از دید هنرمند بسیار سخت و پیچیده است. "این نقوش به منطقه خاصی تعلق ندارد و بی‌شک از نقوش پیش از اسلام مایه گرفته و تنها جنبه‌ی تزیینی آن مطرح نبوده است. درواقع این فرهنگ موتیف‌های متقارن و قرینه و اشکال هندسی، سوای جنبه‌ی تزیینی، حالتی نمادین دارند. این نقوش بدون داشتن تصویری روشن و برداشتی شخصی ایجاد نشده‌اند، بلکه نشانگر تصورات مردمان این سرزمین است که در رابطه‌ای نمادین با طبیعت پیرامون با مفاهیم معنوی رابطه‌ی نسبی خاصی به وجود آورده‌اند "(نصرتی، ۱۳۸۵: ۱۱۹). نگرش هنرمند نمدمال به طبیعت اطراف وی و باورها و سنت‌هایی که در طی قرون پدید آمده‌اند و باعث به وجود آمدن یک هویت قومی تغییرناپذیر در وی شده است، موجب به وجود آمدن نقوش پایدار و ثابت می‌شود.

هنرمند نمدمال چهارمحالی به‌موجب هوش و قریحه ذاتی به هماهنگی، تعادل و ستایش در چیزهای مرتبط با خود میل دارد تا بدین‌وسیله به زیبایی واقعی دست یابد؛ بنابراین آن را در محورهای اصلی زندگی خود قرار داده و به‌نوعی بازتاب آن را با تفسیر، تحلیل و تجارب گوناگون رهنمون فرایندها و کشمکش‌های خویش می‌سازد. یکی از مهم‌ترین معیارهای هنری، ارزش وحدت در کثرت است. "این مهم در موسیقی، معماری، مجسمه‌سازی، رقص و هنرهای تجسمی اهمیت ویژه‌ای دارد "(حسین‌آبادی و دیگران، ۱۳۸۵:۶۴). در هنرهای سنتی استان چهارمحال و بختیاری این کیفیت بیشتر در دو عنصر طرح و نقش به چشم می‌خورد.

نمدمال بدون کمک گرفتن از طراحان و نقشه‌کشان و رنگرزان، نقوش ذهنی و تجریدی را برخلاف سایر برخی دست‌بافت‌ها و زیراندازها بر کار پیاده می‌کند." نقوش نمد مانند قالی از قبل تهیه نمی‌شود و نقشه‌ای برای آن ترسیم نمی‌شود بلکه این نقش به‌وسیله نمدمال به هنگام کار مطابق درخواست خریدار یا به سلیقهٔ خود او به‌صورت ذهنی و سنتی و معمولاً با خطوط هندسی ابداع و خلق می‌شود. نمد معمولاً حاشیه‌های جدا مانند قالی ندارد و تنها به‌وسیلهٔ نوارهایی حاشیه اطراف آن مشخص می‌شود "(صادقی سیگارودی، ۱۳۷۳: ۱۴۸). درواقع نمدمال نتیجه کار ذهنی خود رازمانی می‌بیند که کار نمدمالی به پایان رسیده باشد. تکرار نقوش در هنر نمدمالی، ناشی از تکرار الگوی یکسان نیست، "زیرا نقوش همه ذهنی بوده و تکرار نقوش یکسان و یکنواخت ملال‌آور دیده نمی‌شود "(نصرتی، ۱۳۸۵: ۱۱۹).

اما در نمدهای نوین هنرمند، ناگزیر استفاده از طرح‌ها و نقوش موردپسند جامعه است. ازاین‌روی با استفاده از رنگ‌ها و نقوش جدید و تجربه‌ی غنی و توانایی‌اش از نقوش غنی جدید استفاده می‌کند، نقوش چشم‌نواز و متناسب پدید می‌آورد. از این گذر ناگزیر استفاده از الگوهای جدید است ولیکن نقوش نوین صدمه‌ای به هنر سنتی وارد نکرده است، زیرا هنرمند نمدمال همچنان به نقوش سنتی وفادار است و از آن‌ها در کنار این نقوش بهره می‌برد. در اینجا وفاداری به خاطره قومی متجلی می‌شود، آنچه باعث می‌شود، یک نظام سازنده فرهنگی با حفظ و تکرار نقوش و الگوهایش به زندگی خود ادامه دهد، هنرمند به دنبال ابداع شخصی نیست، بلکه آنچه مهم است وفاداری به خاطره و احیای نقوش است.

نمدمالان استان چهارمحال و بختیاری همسو با دیگر نمدمالان ایرانی، نمد را به دو صورت ساده و منقوش تولید می‌کنند. "در نمدهای بروجن نمدمال اکثراً برش‌هایی از نقوش دستباف‌های مناطق عمده شهرستان بروجن و لردگان را گزینش کرده و بر آن رنگ‌های متنوع و موردپسند خویش را بدون هرگونه

ملاحظه گری اضافه می‌کند. این نقوش از فرم‌های هندسی و اسلیمی‌ها و ختائی گرفته تا جزئی از لچک ترنج‌های زیراندازهای قشقایی و لری در تغییر و نوسان است. تقریباً می‌توان گفت علاوه بر چند مورداستفاده از نقوش حیوانی و پرندگان، خاصیت عاریتی نقوش و وام‌گیری مستقیم از نقوش دستباف‌های بافتنی در نمد بروجن وجهی غالب است. تکرار نقوش در نمد بروجن تابع قاعده تکرار نقش در هنر قومی و روستایی است که نسبت به‌تازگی خصوصاً از حیث انطباق با سلایق سطحی و عامه‌پسند بی‌قرار نیست. این نقوش یادآور خاطرات قومی و ارزش‌های ماندگار و ساختاری است که تحت لوای آن نظام ایلیاتی و قومی صیانت گشته و تداوم می‌یابد "(ابراهیمی، ۱۳۸۸: ۷۷). سختی اجرای نقوش سنتی بر بستر نمد باعث گشته که اکثر نمدهای شهرکرد به سمت نقوش تجریدی و ساده متمایل گردد؛ و این در حالی است که اکثر آثار نمدی بروجن پرنقش‌ونگار و بعضاً با ظرایف و ریزه‌کاری‌های زیادی تولید می‌شود. محصولات نمدی سنتی شهرکرد با همان ساختار فرمی که برای نمد بروجن توصیف شد، تهیه می‌شود ولی نقوش و آرایه‌های نوین صرفاً در شهرکرد تولید می‌شوند.

نقوش نمد اکثراً دورگیری می‌شوند، ابتدا نقوش به‌وسیله فتیله‌های متمایز بارنگ نقش چیده می‌شوند و سپس به‌وسیله پشم‌های رنگی این فضاها پر می‌شوند.

در هر سنت هنری یک سری الگوهای قالب وجود دارد در ایران بر روی زیراندازها و دستباف‌ها است، باید بین نقوش تزیینی و نمادین تفکیک قائل شد و نقوش مورداستفاده بر روی نمد عبارت‌اند از:

تقسیم‌بندی نقوش بر اساس اجرا بر روی نمد:

الف- نقوش ذهنی که هنرمند خودش آن‌ها را خلق می‌کند و همه باهم متفاوت‌اند.

ب–نقوش حفظی که هنرمند بر اساس یک الگوی قدیمی سال‌ها یک نقش خاصی را به‌صورت حفظی و بدون نقشه تولید می‌کند.

ج –نقوش ارجاعی که مصداق و ما به ازای بیرونی دارند که این نقوش یا ارجاع به نقشه است یا ارجاع به طبیعت

ازنظر بازنمایی نقوش نمد به این گروه‌ها تقسیم می‌شوند:

۱) نقوش طبیعت‌گرایانه یا ارجاعی از طبیعت: عین ارجاع بیرونی بازنمایی می‌شوند

۲) نقوش انتزاعی و تجریدی:

۲-۱ نقوش تجریدی: نقوشی که استیلیزه و خلاصه می‌شود اما ماهیت آن مشخص است.

۲-۲ نقوش انتزاعی: نقوشی که ارجاع بیرونی به معنای واقعی ندارد مانند نقوش هندسی البته ممکن است این گروه منشأ بیرونی داشته باشند اما آن‌قدر تغییریافته‌اند که اصلاً به ارجاع خود در عالم بیرون شباهت ندارند.

۳-۶-۱ نقوش طبیعت‌گرایانه

طبیعت، خاستگاه نخستین هنر و عامل ذهن و تخیل در نقش‌پردازی هنرمند است. هنرمند با درک

صورت اشکال طبیعت به آفرینش محتوایی اقدام می‌نماید که در راستای فرهنگ تصویر جامعه است. انتزاع گری هنرمند در هنر محصول نگرش انسانی به ابعاد پنهان در ظواهر طبیعت است که تأثیرات آن در فرایند خلق اثر هنری یا هنرهای صناعی به‌هیچ‌وجه قابل‌چشم‌پوشی و انکار نیست. ساده‌زیستی هنرمند نمدمال، بی‌آلایشی و نحوهٔ نگرش وی به محیط پیرامون و طبیعت، سنت‌ها و باورهایی پدید آمده و درواقع ارتباط یکسان و یکنواخت او با طبیعت و همانندی باورها و سنت‌هایی که در طول قرون از نسلی به نسل بعد رسیده و چندان تغییری نکرده و سبب شده تا رشته وفاداری به خاطره قومی را از هم نگسلد و نقش‌ها همچنان پایدار و باثبات تکرار گردند. نقوش طبیعت‌گرایانه به نقوش گیاهی، حیوانی، انسانی و سایر نقوش طبیعی طبقه‌بندی می‌شوند.

۳-۶-۱-۱ نقوش گیاهی

نقوش گیاهی از قدیمی‌ترین ایام به‌عنوان نقوش تزیینی مورداستفاده قرارگرفته است." این نقش مجموعه‌ای گل و گیاه و بوته و درختچه‌های مشخص، گاه یکسان گاه متفاوت اغلب جدا از هم ولی با آرایش منظم و متقارن و گاه به‌هم‌پیوسته متصل در ردیف‌های عمومی است. بوته‌ی گل‌ها و درختچه‌های ساده و لوزی‌های به‌هم‌پیوسته از دیرباز به سبب مقدس بودن درخت نزد ایرانیان باستان متداول بوده است "(نصرتی، ۱۳۸۵:۱۲۵). "نقش‌مایه‌های گیاهی، بیشترین زیرمجموعه را در میان نقوش هنری تمدن‌های بشری به‌خصوص هنر اسلامی خاص خودکرده است. نمادین بودن این نقوش، بی‌تردید یکی از پیچیده‌ترین و متنوع‌ترین نمادگرایی‌های بشری را شامل می‌شود "(عنایت، ۱۳۸۷: ۳۲). این نقوش شامل، مجموعه‌ای ازگل‌ها، گل‌های چندپر و گل لاله، درخت که بیشتر به شکل درخت سرو دیده می‌شود و بته‌ای کاربردی‌ترین نقوش گیاهی بر روی نمد استان چهارمحال و بختیاری هستند.

الف - گل‌های چندپر

گل‌های چندپر کاربردی‌ترین نقوش بر روی نمد استان چهارمحال و بختیاری هستند، این گل بیشتر به‌صورت گل‌های چندپر پنج، هشت، دوازده و شانزده پر دیده می‌شود. گل دوازده پر یا پنج پر همان نیلوفر آبی ازجمله نقوش کهن است که با گل نیلوفر آبی و لوتوس نیز آن را می‌شناسیم. این نقش سینه‌به‌سینه و از قومی به قوم دیگر انتقال‌یافته است. نمونه‌های این نوع نقش را می‌توان در حجاری‌های تخت جمشید مشاهده کرد. این نقش ازجمله نقوشی است که با اساطیر کهن پیوند خورده است. گل هشت پر، باستانی‌ترین نقش متداول در دست‌بافت‌ها و زیراندازها است. با گلبرگ‌هایی به رنگ‌های متنوع، گاهی رنگ گلبرگ‌های کنار هم متفاوت است. (نمونه‌هایی از این نقش را می‌توان در عکس‌های ۴-۵۸، ۴-۶۷، ۴-۶۹ و ۴-۷۲ مشاهده کرد.)

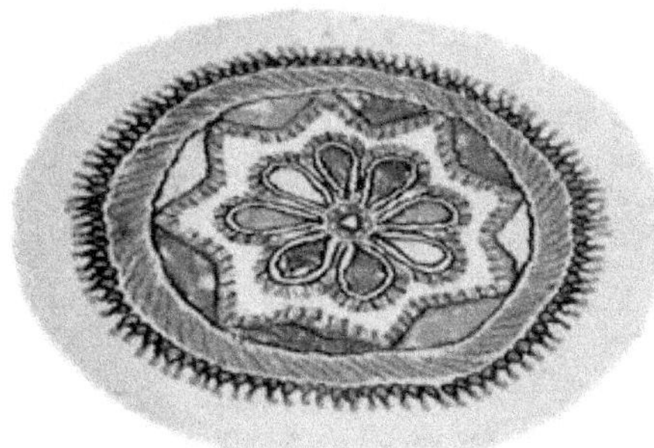

عکس ۳-۷۴، نمد زیرمنقلی با نقش گل هشت پر، بروجن، قطر cm۱۰۸، (نگارنده)

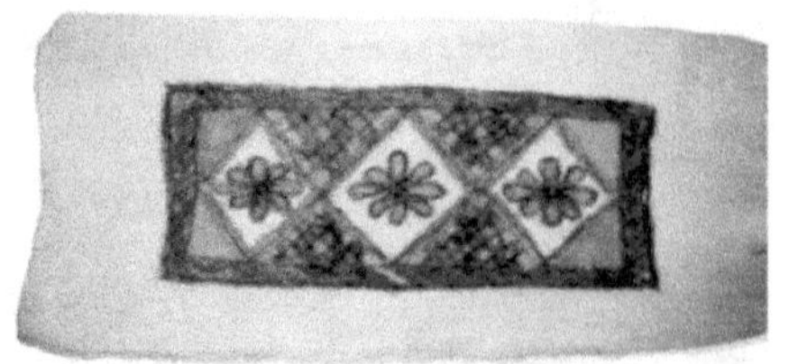

عکس ۳-۷۵، نمد زیرانداز با طرح خشتی و نقش گل هشت پر، شهرکرد، قطر **cm**۱۲۰×۸۷، (نگارنده)

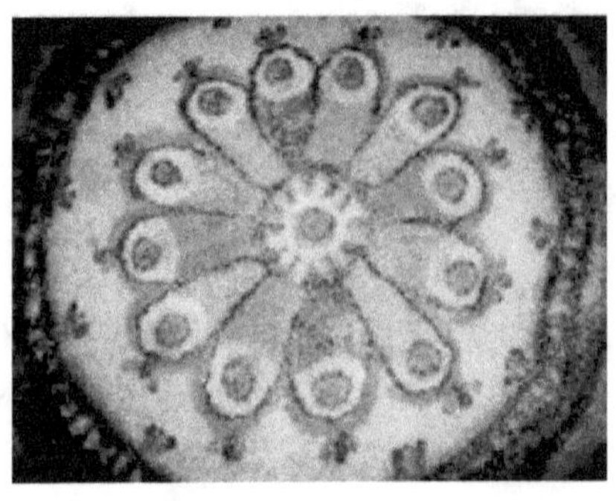

عکس ۳-۷۶، نمد زیرمنقلی با نقش گل دوازده پر، بروجن، قطر **cm**۹۰، (نگارنده)

همچنین یک نمونه نمد مستند شده با نقش گل لاله حاکی از اجرای نقش سایر گل‌ها به‌صورت محدود بر روی نمد است.

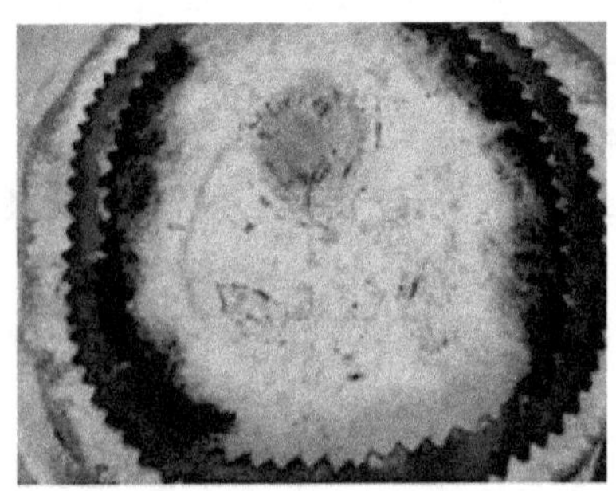

عکس ۳-۷۷، نمد زیرمنقلی، نقش گل لاله در وسط، شهرکرد، قطر cm۱۰۸، (نگارنده)

ب- درخت

نقش درخت یکی از رایج‌ترین و کهن‌ترین نقوش بر روی زیراندازها و دست‌بافت‌ها است که در بیشتر آثار هنر تجسمی و معماری نیز دیده می‌شود. "بسیاری از اقوام باستانی درخت را به‌عنوان جایگاه خدا یا درواقع خدا می‌پرستیدند. همچنین درخت منبع باروری، نماد دانش و حیات جاودانی بوده است، اعتقاد بر اینکه در بعضی درختان و گیاهانی که برای بشر سودمند است، روحی درون درخت وجود دارد به‌پیش از تاریخ برمی‌گردد " (هال،۱۳۸۰، ۲۸۵.) جی سی کوپر (۱۳۷۹: ۲۱۵) درخت را، ترکیب آسمان و زمین و آب، زندگی پویا و در تقابل با سنگ که حیات ساکن است و رحمت الهی است، معرفی کرده است. در هنر بابل، آشور، ایلام و در دوره هخامنشی، پارتی و ساسانی و نیز دوره اسلامی به اشکال گوناگون می‌توان مشاهده کرد. هیچ پدیده‌ای به‌اندازه نقش درخت در طول تاریخ نتوانسته در فرهنگ‌های مختلف به‌طور عمیق رسوخ کند و در اساطیر، سنت‌ها و افسانه‌های ایشان به چشم می‌خورد. نقش درخت بر روی زیراندازها و دست‌بافت‌ها نیز از زندگی جاودانه خبر می‌دهد " به همان شکل که گیاهان و درختان مقدس متنوع و متفاوت‌اند، تصویرگری این

رستنی‌های مقدس بر روی فرش‌های ایرانی از تنوع خاصی برخوردار است. نظر به اینکه اعتقاد به بهشت ازلی و فردوس برین اندیشه‌ای بنیادی و اصیل در تمدن ایرانی است، بازتاب این تفکر در طرح‌های فرش‌های ایرانی آشکار است و ازآنجاکه بهشت دارای درخت ازلی ابدی است "(پوپ، ۱۳۸۷، ۲۶۱۲). این نقش گاهی به‌صورت تک‌درخت بزرگ در وسط نمد آمده است. نقش درخت چه به‌صورت رئالیستی یا استیلیزه شده یک‌تنه به همراه شاخه‌های اصلی نقش شده است. نقش درخت سرو پرکاربردترین نقش‌مایه در بین نقوش و طرح‌های درختی مورداستفاده بر روی زیراندازها و دستبافها است. این نقش یادآور عقاید و باورهای جمعی ایرانیان و درنهایت به هویت ملی و گذشته ایرانیان است. این نقش دارای یک محور میانی و تکراری از خطوط مورب به‌طور قرینه در حاشیه است. به نظر می‌رسد همین در مرکز واقع‌شدن درخت در اساطیر و ادیان مختلف، سبب ایجاد یک ترکیب‌بندی کاملاً قرینه در تمام آثاری شده است که از دوران باستان این نقش‌مایه را دربر گرفته‌اند و درخت همچون محور تقارنی برای کل ترکیب به‌کاررفته است " (شوالیه و گرابر، ۱۳۸۵، ۴۳۶).

عکس ۳-۷۸، نمد با نقش درخت سرو و گل

شانزده پر، بروجن، ۱۷۵×۱۲۲**cm**، (نگارنده)

ج- نقش بته‌ای

نقش بته‌ای ازجمله نگاره‌هایی است که از هزاران سال قبل به گونه‌های مختلف زینت‌بخش آثار هنری و دست‌بافت‌ها و زیراندازها بوده است. نقش بته‌ای در هنر ایرانی-اسلامی یادآور هویت و خاطره جمعی ایرانیان در قبل و بعد از اسلام است. پژوهشگران سال‌هاست بر اصل و منشأ این نقش بحث کرده‌اند. هرکدام آن را به‌گونه‌ای تفسیر کرده‌اند، برخی معتقدند بته نقش شعله و نماد آتش مقدس زرتشتیان است، عده‌ای آن را به میوه درخت کاج شبیه دانسته‌اند، عده‌ای آن را به درخت سروی که به آن باد وزیده است، بادام، زهدان مادر، پرنده‌ی مهری (پرنده‌ای که طبق باورهای سنتی مشرق زمین دروازه‌بان بهشت است) و ... تشبیه کرده‌اند. حضور این نقش در زیراندازها و دستبافها آیینه هویت ایرانیان است. نقش بته‌ای را با اسامی مختلفی مانند بته‌جقه که دسته‌ای کوچکی از آن بیرون آمده است و نام دیگرش بته مادر و فرزند می‌نامند، بته بادام و ... می‌نامند. نمدمالان استان چهارمحال و بختیاری این نقش را بته سرکج و بته‌جقه می‌نامند و منشأ آن را درخت سرو می‌دانند. به آذین (۱۳۷۳: ۷۱) معتقد است که، نقش بته نمودار درخت سرو است و در نگاره‌های تزئینی قدیم ایران نیز می‌توان شواهدی بر آن جست. نقش بته‌ای تجرید یافته درخت سرو است و بته‌های سرکج فرش ایران که به بته‌جقه شهرت یافته است. دهخدا در مورد معنی بته‌جقه می‌نویسد "بته‌جقه سرو سرافکنده نشان ایران و ایرانیان است و روی فرش‌ها، پارچه‌ها، خاتم‌کاری‌ها و سایر زیورهای صنایع‌دستی ایران دیده می‌شود "(دهخدا، ۱۳۳۸: ۵۵). در نقوش بته‌ای اندازه و اشکال مختلف به چشم می‌خورد.

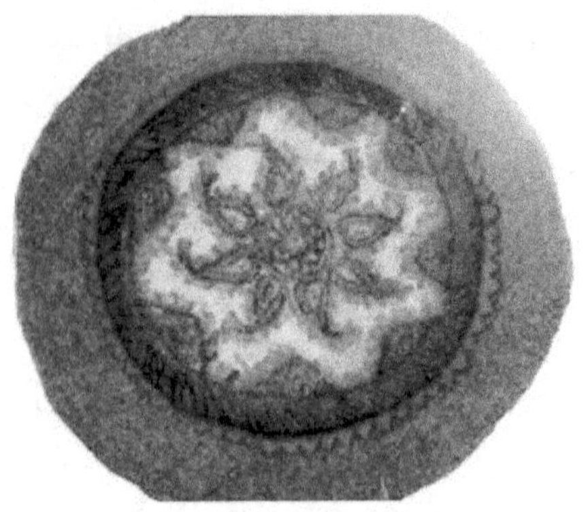

عکس ۳-۷۹، نمد زیرمنقلی با نقش بته سرکج در مرکز و گنبدی در اطراف، بروجن، قطر **cm۹۵**

۳-۶-۱-۲ نقوش حیوانی

از دیرباز طراحان و نقش‌پردازان صنایع‌دستی در طرح‌ریزی نقش انواع فرش مانند قالی، قالیچه، پشتی، گلیم، نمد، پلاس و غیره با توجه به اشیاء و حیوانات و اشجار و وسایل و لوازم در اطراف خویش نقش‌های بسیار جالب تهیه‌کرده و آن را با دستان هنرمند خود بر فرش جاودانه ساخته‌اند. بافندگان عشایر و ایلات و روستایی که نقش بافته‌های خود را بدون طرح و نقشه و سلیقه شخصی و به‌صورت ذهنی انتخاب کرده و می‌بافند نیز مشاهدات و خواسته‌ها و اعتقادات و باورهای خویش را در این کار دخالت می‌دهند و در نقش فرش موجودات اطراف خود ازجمله حیوانات را به‌صورت واقعی و موجود در طبیعت یا افسانه‌ای و خیالی اما نزدیک به‌واقع می‌بافند. "طراحان و بافندگان اعم از شهری یا روستایی در طرح‌های مختلف خود هیچ نقش‌مایه‌ای را بدون هدف و بیهوده بکار نمی‌برند و از بافت حتی هر نقطه و خط بر فرش هدفی خاص دارند و اندیشه‌ای را القاء می‌کنند "(دانشگر، ۱۳۷۶: ۲۰۶). کاربرد نقوش حیوانی بر روی زیراندازها و دستباف‌ها تداعی‌کننده فرش و نمدهای پازیریک است. بر روی آن‌ها نقوش شیر، حیوانات اسطوره‌ای، بز کوهی، قو و گوزن شمالی و... دیده می‌شود.

مضامین حیوانی نمد استان چهارمحال و بختیاری به علفخواران تعلق دارد. پرندگانی مانند، طاووس، گنجشک، اردک و کبوتر و سایر حیوانات مانند، گوزن، پروانه و اسب بر روی نمد استان چهارمحال و بختیاری نقش می‌شوند. تصاویر حیوانات به‌صورت ایستاده و بدون تحرک که غالباً به‌صورت نیم‌رخ نشان داده‌شده است.

الف- پرنده

ادبیات و هنر ایران سرشار از نقش پرنده است. شاعران و نویسندگان از تمثیل پرنده، برای مقاصد عرفانی و معنوی خویش سود جسته و هنرمندان نیز تصویر آن را در اثر هنری خویش انعکاس داده‌اند .پرنده در معنای کلی آن، نمادی از رهایی و آزادی است و نمدمالان نقش پرندگان را به‌وفور بر روی نمدهایشان تصویر کرده‌اند. "در ایران باستان، مرغان و پرندگان، مظهر ابر و پیک باران بوده‌اند. (پرهام، ۱۳۷۱، ۱۵۴) آنچه مسلم است، این نقوش علاوه بر زیبایی شکل و صورت، معانی نمادین و عمیقی را نیز انتقال می‌دهند. "سهروردی (۱۳۸۰، ۲۶۴)، در رساله مجموعه مصنفات شیخ اشراق، مرغ را به روح و جان آدمی تشبیه نموده که در انسان عارف و خداجوی، آرزوی پرواز و رهایی از قفس تن دارد؛ به‌طوری‌که این شوق و شور به هنگام مستی و سماع جلوه می‌کند: «شیخ را گفتم که رقص کردن بر چه آید؟ شیخ گفت: جان، قصد بالا کند همچو

مرغی که خواهد خود را از قفس به دراندازد. قفس تن مانع آید، مرغ جان قوت کند و قفس تن را از جای برانگیزاند». چنین تمثیلی در اشعار عارفان نیز به‌کرات تجلی‌یافته و سبب شده عنصر پرنده و مرغ، دستمایه بسیاری از شاعران برای بیان مفاهیم بلند عرفانی و حکمی گردد. هم چون منصور حلاج (۱۳۶۳:۱۸۸) که در این معنا سروده است:

اگر ای طایر قدسی ز حبس تن برون آیی　　　ز شاخ سدره طوبی نخستین آشیان بینی

مصداق بارز دیگر در این زمینه، بیت مشهور و فوق‌العاده زیبای حافظ است:

مرغ باغ ملکوتم نیم از عالم خاک دو سه روزی قفسی ساخته‌اند از بدنم "(صباغ‌پور و شایسته‌فر، ۱۳۸۹: ۴۰). ازآنجاکه مرغ در فرهنگ اسلامی و اعتقادات ایرانیان نقش عمیقی دارد، به یکی از نقوش ثابت و برجسته بر روی زیراندازها و دست‌بافت‌ها تبدیل‌شده است. نمدمالان نقش پرندگانی مانند طاووس، کبوتر، اردک و ...را در مرکز نمد نقش کرده‌اند و اغلب به‌صورت یک نقش منفرد استفاده است و صرفاً با یک حاشیه ساده قاب می‌شود. رنگ‌های بکار گرفته‌شده برای این نقوش با رنگ طبیعی خود پرندگان متمایز هستند.

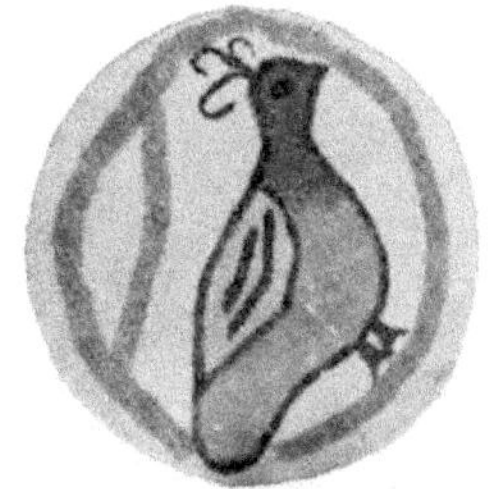

عکس ۳-۸۰، نمد زیرمنقلی با نقش پرنده، بروجن، قطر **cm۹۰** (نگارنده)

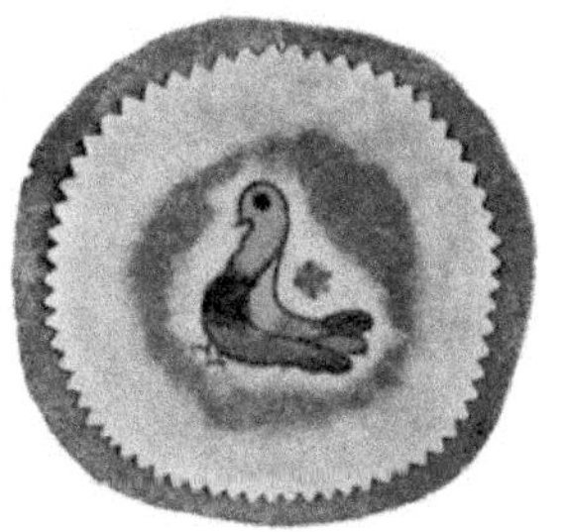

عکس ۳-۸۱، نمد زیرمنقلی با نقش کبوتر، شهرکرد، قطر **cm۱۱۰** (نگارنده)

طاووس: نقش طاووس در فرهنگ و هنر ایرانی-اسلامی جایگاه مهمی را به خود اختصاص داده است. حضور نقش طاووس به لحاظ اهمیت این نقش که در بین ایرانیان داشته و دارد، همواره در هنر ایرانی و به‌طور ویژه در طرح‌های زیراندازها و دستباف‌های ایرانی به‌خصوص قالی و نمد به چشم می‌خورد. این پرنده که نمودی از فرهنگ و هنر ایرانی به شمار می‌رود به پرنده بهشتی نیز مشهور است."نقش طاووس اغلب دارای مفاهیم مذهبی است و نه‌تنها به‌عنوان نمادی مذهبی در آثار هنری دوره اسلامی به کار گرفته شد، بلکه در دوران باستان و در آیین زرتشت به‌عنوان مرغی مقدس موردتوجه بوده است " (Gelefer, 1986: 131). هنرمند نمدمال، نقش طاووس را از نیاکان خویش به ارث برده است و بر روی نمد تصویر می‌کشد؛ و آن را یادگاری از نمادهای ایرانی-اسلامی می‌داند. از زیباترین نقوش پرندگان، نقش دو طاووس به‌صورت قرینه است. این نقش بر روی نمدهای استان کمیاب است و در اندکی موارد هنرمند نمدمال اقدام به تولید این

نمد می‌کند. نقش طاووس به‌صورت یک نقش کلی ترسیم می‌شود و درون آن با نقوش ریزی مانند دایره و خط پر می‌شود.

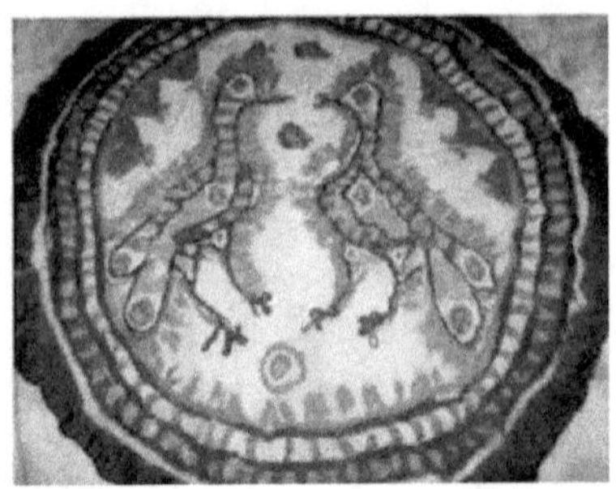

عکس ۳-۸۲، نمد زیرمنقلی با نقش طاووس، بروجن، قطر cm۹۸ (نگارنده)

نقش طاووس و خورشید (مرغ آفتاب[۲۱۲]): "در دوران باستان باور بر این بود که طاووس به دلیل نوشیدن آب حیات، عمر جاودانه دارد. همچنین نقش طاووس در درون قرص خورشید به‌عنوان نمادی از «مرغ آفتاب» آسیای باستان موردنظر هنرمندان سده‌های اول اسلام بوده است. در فرهنگ اسلامی نیز طاووس به‌مثابه یک مرغ بهشتی موردتوجه بوده است، بر اساس متون فال‌نامه منسوب به امام صادق (ع) و قصص‌الانبیای اسحاق بن ابراهیم نیشابوری (اواخر قرن دهم هجری) طاووس به دلیل اینکه بین حضرت آدم و حوا و شیطان بوده است، همراه آن‌ها (در هیبت مار یا اژدها) از بهشت رانده می‌شود. این صحنه در بسیاری از نسخ خطی مصور شده است "(خزایی، ۱۳۸۶: ۸). قرار گرفتن طاووس در وسط نمد و یک دایره در اطراف و نقوش مثلث‌های به‌هم‌پیوسته به‌عنوان پرتوهای خوشید نمونه‌ای از نقش مرغ آفتاب است.

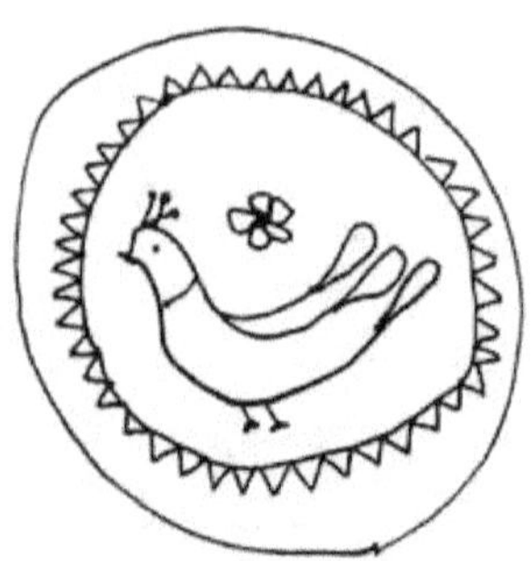

عکس ۳-۸۳، نمد با نقش طاووس و خورشید به دور آن، بروجن، قطر cm۱۱۰ (نگارنده)

ب- سایر حیوانات

نقوش پرندگان نسبت به بقیه حیوانات پرکاربردتر است و تعداد اندکی از نقوش سایر حیوانات مانند گوزن و خرگوش نقش شده است، به نظر می‌رسد این نقوش بر اساس درخواست سفارش‌دهنده تولید می‌شوند.

[212] Astiatc Sunbird

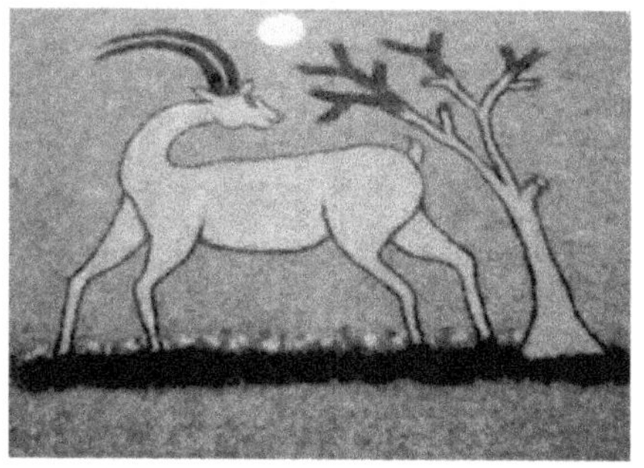

عکس ۳-۸۴، نمد زیرمنقلی با نقش گوزن، شهرکرد، cm۹۰×۱۵۰ (نگارنده)

۳-۶-۱-۳ نقوش انسانی

در میان عناصر و مضامین تصویری هویت ایرانی-اسلامی نقوش انسانی کمتر از نقوش گیاهی و حیوانی تصویر می‌شود. نقوش انسانی شباهت‌هایی با نقوش پادشاهان ایرانی دارند که به دلیل داشتن شاخصه‌های متفاوت با دیگر افراد، رفتار و سلوک ایشان هنرمند نمدمال سعی کرده با سادگی همراه با زیبایی، نقش ایشان را بر بستر نمد نقش کند. نام بومی این نقش شاه‌عباسی است، شاید بتوان گفت به‌طورکلی نمدهای عکس‌دار یا به‌اصطلاح تصویری اکثراً به‌طور سفارشی بافته می‌شوند.

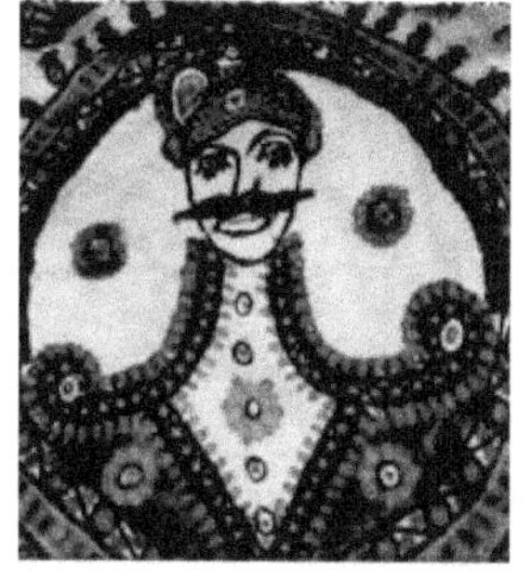

عکس ۳-۸۵، نمد زیرمنقلی با نقش شاه، قطر cm۹۵، (نگارنده)

۳-۶-۱-۴ نقوش بنیادی طبیعی

الف- خورشید یا شمسه

نقش خورشید را در مرکز نمد نمادی از مرکزیت خورشید در عالم هستی است. تجسم نمادین خورشید یا شمسه جایگاه مهمی در هنر ایرانی به خود اختصاص داده و در دوره‌ها و صنایع مختلف موردتوجه هنرمندان بوده است."هنرمند مسلمان ایرانی علاوه بر ابداع نقش‌های نمادین مطابق بافرهنگ اسلامی، بسیاری از نقش‌های نمادین ایران باستان را مثل قرص خورشید (شمسه)، سیمرغ، اژدها، طاووس و...را تعدیل و با هماهنگ ساختن آن‌ها با جهان‌بینی اسلامی، این نقش‌ها را مجدداً احیا نمودند "(خزایی، ۱۳۸۱، ۱۳۱). این نقش همواره دارای معانی و مفاهیم نمادین فراوانی است. در هنر اسلامی شمسه از نقش خورشیدگرفته شده است. ازجمله معانی آن "نماد الوهیت و نور وحدانیت اشاره کرد "(خزایی، ۱۳۸۱: ۱۳۲). نقش خورشید به صور مختلفی توسط هنرمند نمدمال تصویر شده است. نقش خورشید از نقطه مرکزی نمد با دوایر متحدالمرکزی ترسیم می‌شود (۱۰-۸ عدد دایره فرم کلی خورشید را تشکیل می‌دهند) و بین دوایر با نقوش

هندسی و فتیله‌های رنگی تزیین می‌شود. پرتوهای خورشید در محیط بیرونی آخرین دایره ترسیم می‌شوند، این شعاع‌ها دارای نقوش متنوع ازجمله، خطوط صاف و کوتاه، به شکل نیم‌دایره و ... هستند.

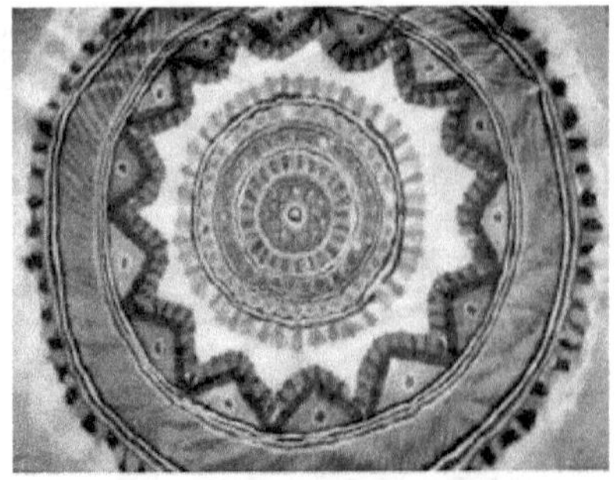

عکس ۳-۸۶، نمد زیرمنقلی با نقش خورشید در وسط و ستاره‌ای در اطراف، این نمد در مرحله ابتدایی است و هنوز مالیده نشده است، قطر cm۹۵، (نگارنده)

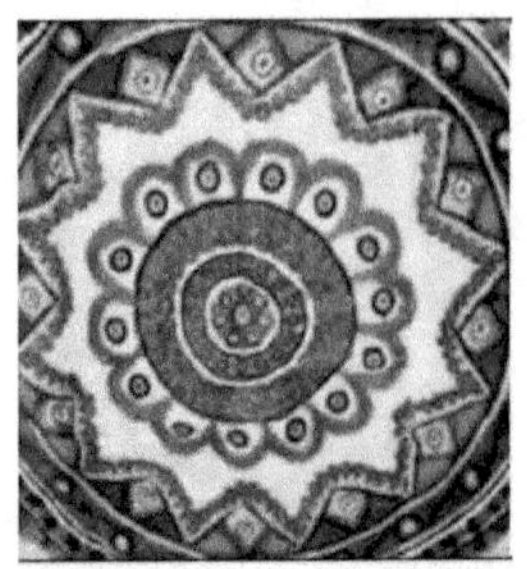

عکس ۳-۸۷، نمد زیرمنقلی با نقش شمسه در وسط، قطر cm۹۵، بروجن، (نگارنده)

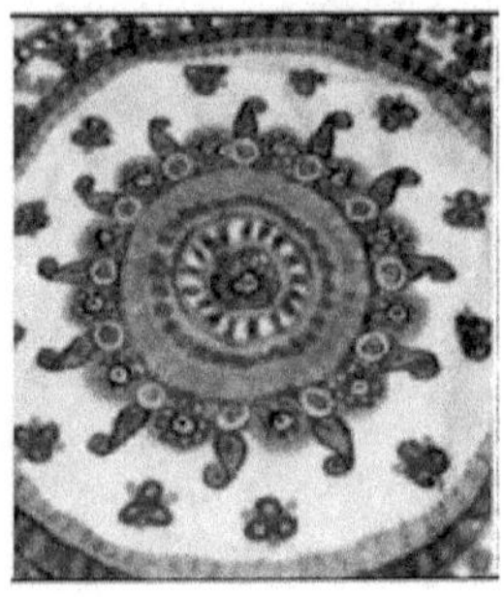

عکس ۳-۸۸، نمد زیرمنقلی با نقش شمسه در وسط و گل و غنچه درزمینه، قطر cm۹۵، نقنه، (نگارنده)

ب- نقش ستاره

نقش ستاره به‌صورت چهار، پنج پر، شش‌پر، هشت پر و... تصویر می‌شود."آسمان پرستاره ایران تأثیر بسیار روی اعتقادات مردم آن نهاده است تا جایی که هر ایرانی در آسمان خود ستاره‌ای دارد "(نصرتی، ۱۳۸۵: ۱۲۵). ستاره و خورشید از نقوش اصلی نمد هستند."نقش ستاره در مرکز با دایره‌ای که بر پره‌هایی که میان آن‌ها دایره کوچک قرارگرفته، احاطه‌شده است. هنرمند با ایجاد نقش ستاره به‌عنوان نقش اصلی و قرار دادن آن در مرکز نقوش اهمیت نقش را تأکید نموده است (نصرتی، ۱۳۸۰: ۳۴). نقش گل چندپر گاهی در مرکز ستاره ترسیم می‌شود.

عکس ۳-۸۹، سمت چپ، نمد زیرمنقلی با نقش ستاره و گل چندپر در مرکز، بروجن، **cm۹۰**، نگارنده

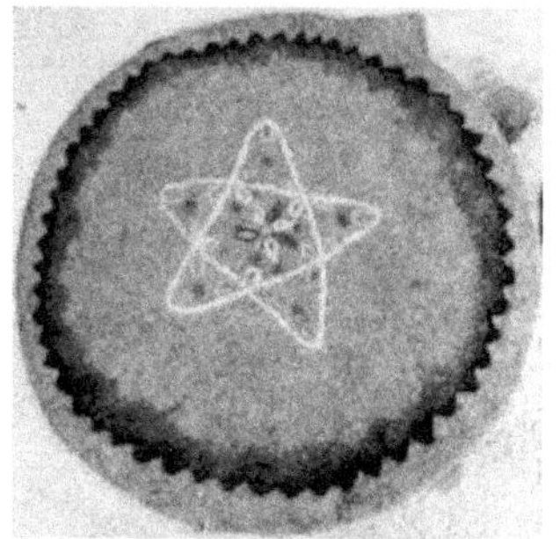

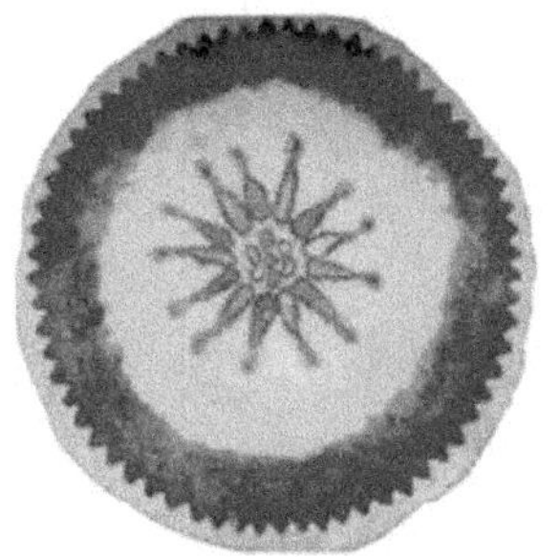

عکس ۳-۹۰، سمت راست نمد زیرمنقلی با نقش ستاره، شهرکرد، **cm۱۰۸**، نگارنده

ب-۱ ستاره هشت پر

"از روزگاران باستان مظهر و جانشین خورشید به‌حساب می‌آید و هر ستاره هشت پر مرکزی مظهر خورشید باشد، ستارگان دوازده‌گانه گرداگرد خورشید جز آنکه نمودار دوازده ماه از سال خورشیدی باشد مفهوم دیگری نمی‌تواند داشته باشد "(نصرتی، ۱۳۸۰: ۳۴). "ستاره‌ی هشت پر از روزگار باستان مظهر و جانشین خورشید به‌حساب می‌آید و هر ستاره‌ی هشت پر مرکزی مظهر خورشید است "(نصرتی، ۱۳۸۵: ۱۲۶).

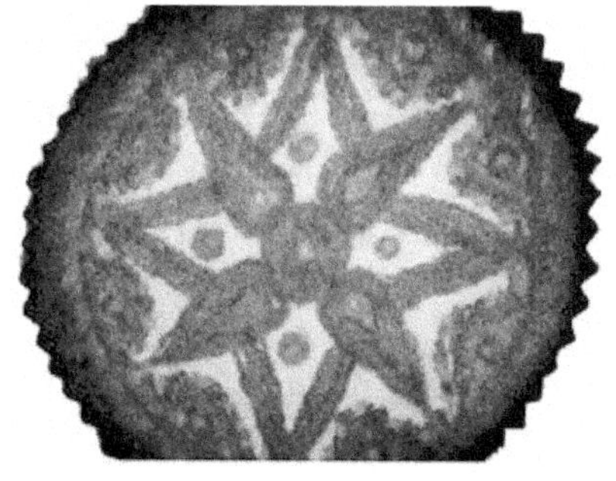

عکس ۳-۹۱، نمد زیرمنقلی با نقش سرو و ستاره هشت پر، بروجن، قطر **cm۹۵**

۳-۶-۲ نقوش انتزاعی و تجریدی

«ساختن» و «تقلید» هر دو از رکن‌های اساسی تولید برای این هنر است. پیدایش و انتزاع فرم‌ها، چه نباتی، چه حیوانی و چه انسانی، در نقوش نمد به‌خوبی مشاهده می‌شود این انتزاعی‌گری بر دو اصل اساسی متمرکز است. اصل اول، تکنیک و محدودیت‌های تکنیک و بافت است. اصل دوم اساس و چگونگی تولید طرح، نقوش و رنگ است.

انگیزه‌ای مشخص و تعریف‌شده برای انتزاعی‌گری هنرمندانی که اصول آکادمیک را نیاموخته و خودانگیخته، بدون هرگونه آموزشی کار می‌کنند، وجود دارد، هدف نمدمال گزارشگری و توصیف نقوش و طرح‌ها نیست و بیشتر به‌قصد جلوه‌گری این صور زیباست آن‌ها را تصویر می‌کند و همان‌گونه که «اریک نیوتن» گفته است: "آنچه هنرمند را برمی‌انگیزد تا زبده یا برشی از انگاره جهانی را بر ما بنمایاند، تنها عشق وی به انگاره است "(نیوتن، ۱۳۷۷، ۳۵). مشاهده‌ی دقیق ایشان (نمدمال‌ها) در زبده گزینی از صور طبیعت ساده‌ی محیط پیرامونشان نشان‌دهندهٔ اندیشه آن‌هاست که این خود بدون داشتن سه وجه معتبر تفکر از دیدگاه ارسطو یعنی " دانایی و معرفت نظری؛ معرفت عملی و معرفت صناعی، امکان‌پذیر نیست "(ضیمران،۱۳۸۴: ۲۰).

نقوش انتزاعی به نقوشی اطلاق می‌شود که هیچ صورت یا شکل طبیعی در جهان در آن قابل‌شناسایی نیست و فقط از رنگ و فرم‌های تمثیلی و غیرطبیعی برای بیان مفاهیم خود بهره می‌گیرد. هنرمند سنتی با ستایش مظاهر طبیعت و سادگی تا حدی که آشنایی آن با ذهن از بین نرود نقوش طبیعی مانند خورشید، ستاره و...را استفاده می‌کند. نگرش هنرمند به فراخور کارکرد اثر تکامل می‌یابد و موجب آفرینش‌های بصری با تجسم و تکیه‌بر طبیعت می‌شود، تبلور این زیبایی به‌خوبی بر روی نقوش او هویدا است. نیاز انسان به طبیعت و تعامل با عناصر آن موجب می‌شود تا علاوه بر آنکه نیاز در سایه کارکرد برطرف می‌شد به کمال و آفرینش زیبایی نیز در صورتی انتزاعی بپردازد. به نظر می‌رسد بیشتر نقوش طبیعت‌گرایانه و انتزاع را به هم‌آمیخته‌اند و در این آمیختگی نقوش اصیل و نمادین ترسیم‌شده‌اند."صعبت اجرای نقش‌مایه‌های پرتکلف و پر پیرایه در بستر نمد باعث می‌گردد که اکثر آرایه‌های نمد به سمت تجرید و ساده شدن متمایل گردد؛ و این در حالی است که اکثر آثار نمدی بروجن پرنقش‌ونگار و بعضاً با ظرایف و ریزه‌کاری‌های زیادی تولید می‌شود "(ابراهیمی، ۱۳۸۸: ۷۷). نمدمال برای اینکه بیشتر جاهای خالی را پر و کار را جذاب‌تر کند از نقوش هندسی شکسته و منحنی استفاده می‌کند. هنرمند نمدمال در نمدهای استان، خود را از قید قواعد و قوانین سخت فرش خلاص کرده و طراحی ساده‌تر را اساس کار قرار داده است."نقش‌های غالب عبارت‌اند از سطوح صاف، خطوط صاف و مستقیم و خمیدگی‌های منظم حک‌شده‌ی دوار و مارپیچ که احتمالاً به دلیل تجربه‌ی فنی و مهارتی که در تولید آن به‌کاررفته، ایجادشده‌اند زیرا موارد مشابه آن در طبیعت نادر و حتی کمتر از مواردی است که بتواند نشانه‌ای از آن‌ها در ذهن انسان جایی بگذارد "(بوآس،۱۳۹۱: ۸۴).

نقش تعالیم اسلام ازجمله ممنوعیت تصاویر عینی و مجسمه خود باعث تجرید و استیلیزه شدن نقوش طبیعی می‌گردد و خود یکی از عوامل مهم در ظهور نقوش انتزاعی و تجریدی می‌شود. مجموعه‌ای از اشکال هندسی منظم همانند دایره، مربع، مثلث یا ترکیب‌هایی همچون سطوح شطرنجی، ستاره‌های شش پر، اشکال ماندالا، چلیپا و ... نمادهای هندسی هنر ایران محسوب می‌شوند.

۴-۶-۲-۱ نقوش انتزاعی و تجریدی شکسته

"طرح‌های نقوش هندسی از امتیازات انحصاری هنر اسلامی نیست بلکه در هنر اسلامی است که گسترده شده و آنچه در طرح‌های هندسی به لحاظ زیبایی‌شناسی مهم است همانا کیفیت است نه کمیت. در اینجا هنرمند (اسلامی) ذهن و نیروی تصور خود را با ابتکار و نوآوری به کار می‌گیرد و قواعد کلی استخراج می‌کند "(عصامه‌السعید و عاشیه پارمان،۱۳۶۳:۱۳). "بزرگ‌ترین گروه نقوش هندسی با استفاده از چندضلعی‌های مختلط، شکل‌هایی را پدید می‌آورد که اطراف آن‌ها با کمان‌هایی از دایره محدود می‌شوند. آن‌ها نقوش فضاپرکن هستند و سلول اصلی طرح، بارها و بارها تکرار می‌شود " (عباس، سیدجان و عامر، شاکر سلمان، ۱۳۸۳: ۵۰).

نقوش هندسی شکسته شامل: هفت هشتی‌ها، بند امیری، خشتی یا قابی، حوضی، دایره و مشبک، ستاره، صلیب، گنبدی، پیکان (فلش) است. این نقوش امکان دارد از دیگر صنایع‌دستی مانند گلیم یا سفال و گره چینی و نقش برجسته‌ها بر اساس الگوهای ارائه‌شده الهام گرفته‌شده باشد و اکثراً طراحی این نقوش در وسط نمد صورت می‌گیرد و گاهی هم به شکل ریتمیک در حاشیه نمد به چشم می‌خورد. طراحی این نقوش به دلیل انسجام، تعادل و زیبایی و نظمی که درون آن‌ها نهفته است، هنرمند به‌خوبی از پس اجرایشان برمی‌آید. در نمدمالی استان چهارمحال و بختیاری، مفاهیم کلی موجود در طبیعت و محیط زندگی نمدمالان با سادگی در فرم‌های هندسی جای یافته است. ساده‌ترین اشکال تزیینی دستباف‌ها نقوش هندسی هستند. این نقوش گاه در قالب فرم‌های اصلی چون مربع، مستطیل، مثلث، لوزی و گاهی با اشکال هندسی پیچیده‌تر ایجاد می‌شوند. نمونه‌ی این نقوش در عکس ۳-۷۳ ارائه‌شده است.

الف- خط

خط عنصر اصلی شکل دادن به نقوش و طرح نمد است. نمدمال به‌وسیله‌ی فتیله‌های رنگی که از قبل آماده کرده محدوده طرح و نقش نمد را می‌چیند درواقع نقوش نمد همه دورگیری می‌شوند و نمدمال در برخی موارد بین خطوط را با پشم‌های رنگی یا نمدهای پیش‌ساخته پر می‌کند.

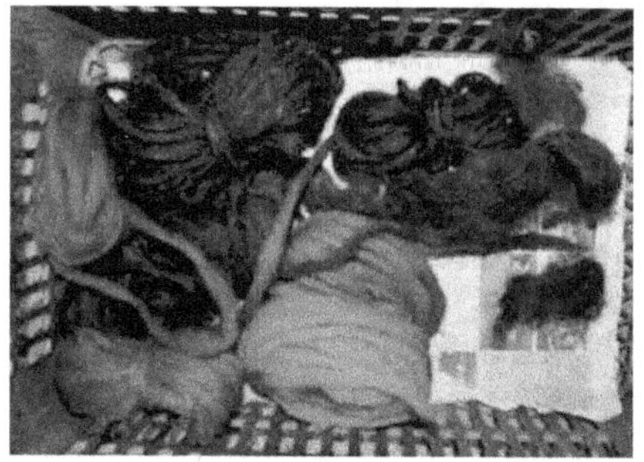

عکس ۳- ۹۲، فتیله‌های رنگی (نگارنده)

خط دارای انواع زیر است:

الف: ازلحاظ شکل

۱- خط مستقیم: فاصله میان دونقطه با خط مستقیم متصل می‌شوند، در نمد این‌گونه خط به‌صورت محدودکننده و به وجود آورنده حاشیه یا سازنده نقش‌ها در طرح‌های شکسته هندسی بکار می‌رود و نمدمال مستلزم داشتن تبحر و مهارت فراوانی در ایجاد خط‌های مستقیم بلند است.

۲- خط شکسته: از چند قسمت خط مستقیم متصل‌به‌هم تشکیل می‌گردد.

۳- خط منحنی: قوسی شکل بوده حالت گردان و دورانی مانند قسمتی از محیط دایره دارد و در ساختار نقوش گل چندپر، درخت و ... رایج است. ایجاد این‌گونه خط نیاز به تخصص نمدمال دارد.

ب- ازلحاظ وضعیت قرار گرفتن

۱. خط عمودی که عمود بر افق ترسیم می‌گردد، خطوط طولی در نمدهای مستطیل خطوط عمودی هستند.

۲. خط افقی به‌موازات افق کشیده می‌شود، خطوط عرضی در نمدهای مستطیل خطوط افقی هستند.

۳. خط جناغی: که به‌صورت ۷ و ۸ ترسیم می‌گردد، این خطوط نقش زیگزاگی یا به‌اصطلاح بومی استان چهارمحال و بختیاری نقش هفتی و هشتی را شکل می‌دهند.

۴. خط مورب: مستقیم است و مسیر خود را نزولی یا صعودی طی می‌کند، این خطوط اغلب در حاشیه‌ی نمد به چشم می‌خورند.

ب- نقش زیگزاک یا هفت و هشتی‌ها

یکی از متداول‌ترین نقش‌مایه‌های در هنر ایرانی سه‌گوشه‌های به هم پیوسته‌ای است که مانند سلسله‌ای ناگسستنی اغلب در حاشیه در چند ردیف متوازی امتداد می‌یابد و یکی از نمدهای که از مجموعه پازیریک یافت شده نقش زنجیره سه‌گوشه‌ی به‌هم‌پیوسته را بر خود دارد. "آراستن حاشیه‌ها با سه‌گوشه‌های به‌هم‌پیوسته رنگارنگ، در گبه‌های لرهای کهکیلویه و بختیاری بسیار رایج است "(پرهام، ۱۳۷۵: ۸۶)."سه‌گوش نشانه کوه و سه‌گوش‌های به‌هم‌پیوسته نمودار سلسله جبال در فلات ایران بوده است. چون در روشنایی آفتاب آب‌های روان را به‌صورت سایه‌روشن می‌بینیم که نقش شطرنجی تجریدی‌ترین شیوه تجسم آن است، بنابراین کوهی که شطرنجی باشد از آب لبریزاست .این سه‌گوشه‌ها نشانه تأکید مضاعف است بر این‌که کوه‌ها نگهدار آب باران‌اند که این در سرزمین‌های خشک و کم آب جنوب ایران بزرگ‌ترین نعمت است "(ژوله، ۱۳۸۱: ۴۷) "همچنین در اسلام عدد سه و مثلث نیز تفسیر ویژه‌ای داشت. گوشه اولین هرم بسته به معنای روح، روان و جان و اضلاعش به صعود و نزول و تعادل تشریح می‌شد "(تناولی، ۱۳۸۳: ۱۹). نمدمال این نقش را به‌وسیله برش نمد بر روی حاشیه نمدهای گرد و زیرمنقلی ایجاد می‌کند. (عکس ۳-۶۴)

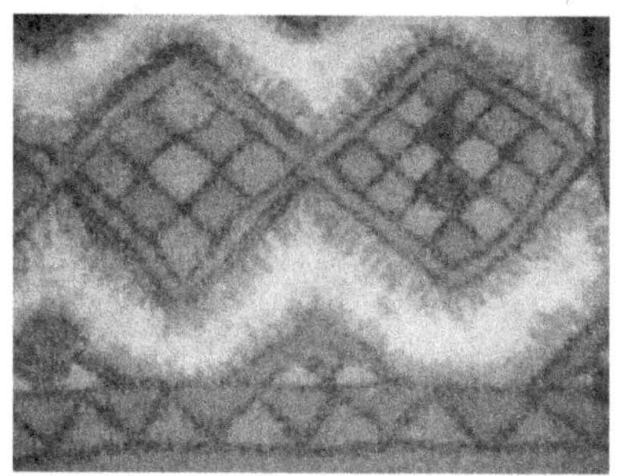

عکس ۳-۹۳، نمد زیرانداز با طرح حوضی و نقوش شطرنجی در وسط و نقوش هفت و هشتی در حاشیه، بروجن، cm۹۰×۱۵۰، (نگارنده)

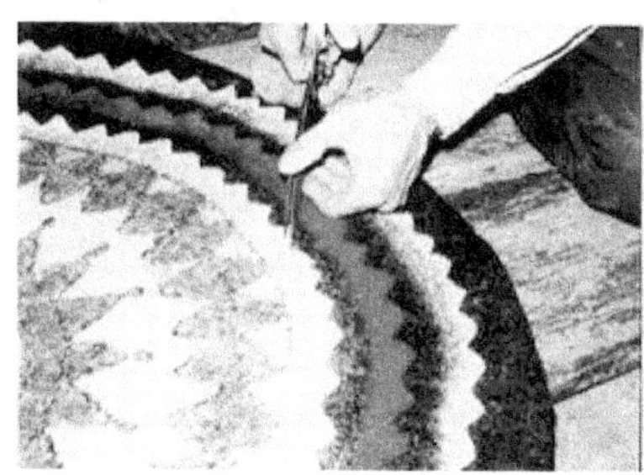

عکس ۳-۹۴، برش دادن نمد به‌منظور ایجاد نقش هفت و هشتی یا زیگزاگی در حاشیه، (نگارنده)

ج- نقوش مشبک

نقوش مشبک از نقوش کاربردی در صنایع‌دستی، معماری و سایر هنرها است. نقوش مشبک از نقوش هندسی است که بر یک نظام شبکه‌ای استوار هستند. نظامی که در آن، شبکه‌های هندسی به واحدهای مشخصی (مربع، مثلث، لوزی و ...) تقسیم‌شده‌اند و به‌طور منظم قابل تکرار هستند. نقوش مشبک همان‌گونه که از نامشان برمی‌آید، نقوش شبکه شبکه بر روی نمد هستند. در این نقوش خطوط راست با حداقل گسستگی با یکدیگر پیوند خورده‌اند و یک طرح واحد را ساخته و آراسته کرده‌اند. نمدمال در ترسیم این نقوش ابعاد محل موردنظر را به واحدهای منظم و معینی از مربع‌ها، مثلث‌ها یا لوزی‌ها تقسیم می‌کنند. هریک از این واحدها همچون مبنایی است که نقوش هندسی بر آن‌ها ترسیم می‌شود درنهایت این واحدها از هر طرف، به دیگر واحدها می‌پیوندند تا طرح گلی را به وجود آورد. لازم به ذکر است که شبکه‌های هندسی بیشتر در ترسیم نقوش ساده هندسی کاربرد دارد. اگر نقوش مشبک به‌صورت مربع‌هایی موازی خطوط طولی و عرضی قرار بگیرند مشبک مربع و اگر با زاویه‌ی ۴۵ درجه قرار بگیرد را شبکه مربع‌های مورب و اگر شبکه با نقش لوزی پر شود شبکه لوزی می‌نامیم. نمدمال نقوش مشبک را مانند نقوش شطرنجی اجرا می‌کند، اما فواصل بین خطوط را با نمدهای رنگی پر نمی‌کند و زمینه زیر نقوش مشبک، زمینه اصلی نمد است.

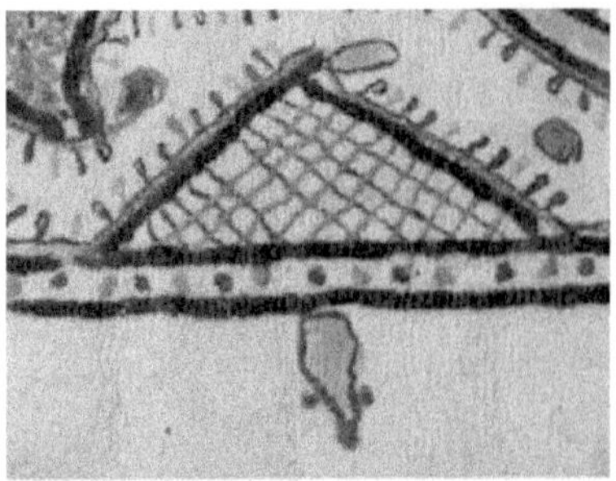

عکس ۳-۹۵، نقوش مشبک مربوط به نمد ۳-۱۰، (نگارنده)

د- نقوش شطرنجی

یک نقش باستانی است و بر سفالینه‌های تل باکون، سیلک کاشان و ... دیده می‌شود. این نقش در طرح حوضی برای نقوش درون حوض استفاده می‌شود یا به‌عنوان نقش حاشیه به‌وسیله اشکال مثلث و...احاطه‌شده است. " فیلیس آکرمن[۲۱۳] در پژوهش‌های خود که درباره نمادهای پیش‌ازتاریخ انجام داده، بر این عقیده است که لوزی‌های شطرنجی یک‌درمیان سیاه‌وسفید و رنگینشان تلألؤ و از نمادهای آب است. آب، این توده بی‌شکل، نشانگر نامحدود بودن امکانات است "(پرهام،۱۳۷۱، ۳۵۹). با توجه به اهمیت آب در زندگی مردم این استان و بنا بر نظر پژوهشگران باستانی، می‌توان این نقش کهن را که امروزه نیز در زیراندازها و دستباف‌های جایگاهی دارد، نمادی از آب دانست. آب یکی از چهارعنصری است که نزد ایرانیان، مقدس و ایزدی بوده است. از قدیم‌ترین ایام ساکنان ایران به نقش آفرینندگی آب در نظام جهان معتقد بوده‌اند؛ ازاین‌رو در اوستا به اهمیت و تقدس آن اشاره‌شده است. در این نقش و سایر نقش‌ها یک ترکیب قرینه و متعادل، پایهٔ اولیهٔ شکل‌گیری نقوش است. تقارن محوری با توجه به شکل قرینه‌اش نمونه‌ای از ارتباط بین ظاهر و محتواست. در اکثر موارد ترکیب‌بندی دارای نظم و قانون و توازنی است که در زیبایی بخشیدن به بیشتر آثار از آن تبعیت شده است.

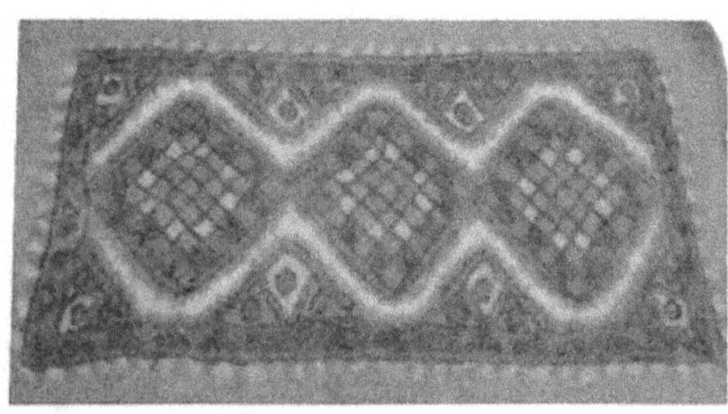

عکس ۳-۹۶، نمد زیرانداز با طرح حوضی و نقوش شطرنجی، بروجن، cm۱۵۰×۸۰، (نگارنده)

ه- نقش فلش یا پیکان

فلش یک نماد گرافیکی مانند → یا ← که به نقطه خاصی اشاره می‌کند. ساده‌ترین شکل آن‌یک خط و یک مثلث در انتهای آن است. نمدمال این نقش را چهار طرف نمد طوری ترسیم کرده است که دوبه‌دو در یک راستا قرار بگیرند و نوک پیکان به سمت خارج اشاره دارد.

[213] Phyllis Ackerman

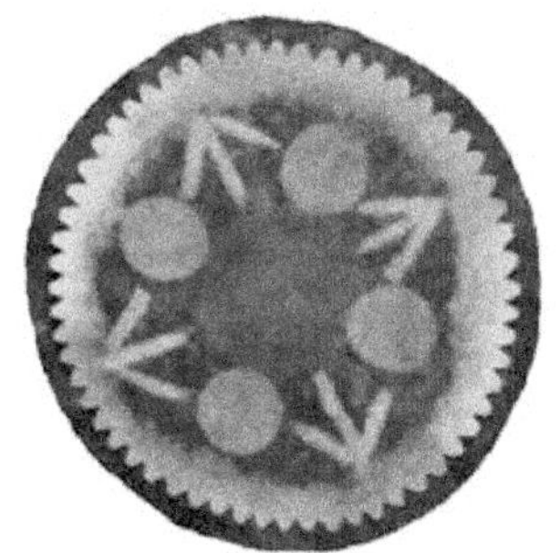

عکس ۳-۹۷، نمد زیرمنقلی، نقش دایره و پیکان و نقوش هفتی و هشتی در حاشیه بیرونی، قطر cm۱۷۰، شهرکرد (نگارنده)

و- نقش مربع

مربع یکی از اشکال هندسی است که بیش از هر شکل دیگر و به‌عنوان جهانی‌ترین نقش بکار گرفته‌شده است. این شکل پرراز و رمز و ثبات‌گرا همراه با مستطیل که خود زاییده آن است، به معماران و هنرمندان زیادی از سراسر جهان را در طول تاریخ الهام بخشیده است. مربع نمادی است از زمین در برابر آسمان (دایره) و در سطحی دیگر نمادی است از جهان مخلوق (زمین و آسمان) در برابر خالق است. مربع شکلی است ایستا و ثبات‌گرا که اضلاع و زوایای برابرش احساسی از سکون، استحکام، ایستایی، آرامش، تعادل، کمال و استقرار در مکان به بیننده می‌دهد. "در تمدن اسلامی معماری مقدس، کعبه هست. کعبه مبتنی بر دو شکل هندسی است که هندسه مقدس نام دارد، این دو شکل یکی مربع و دیگری دایره هست. مربع و مکعب نماد جسم، عرش، ماده و مادیت است؛ اما این کعبه وقتی به دورش طواف نمایند، مناسک آن کامل می‌شود و طواف کردن شکلی دوار دارد. این نماد دوار که جزء ذاتی معماری کعبه محسوب می‌شود، در معماری مسجد تبدیل به گنبد می‌گردد. معماری چهاروجهی، نماد مربع و مکعب و در حقیقت محصور بودن انسان در عالم ماده است و این بنیان تأویلی مسجد هست آن‌چنان‌که وقتی وارد مسجد می‌شویم این چهار جهت و آن محصوریت به ما القا می‌گردد که دو سه روزی قفسی ساخته‌اند از بدنم؛ اما وقتی سر به‌طرف آسمان بلند می‌نماییم این چهارضلعی به هشت، شانزده، سی و در سنت بنابیان گذر از مربع و رسیدن به قوس، نماینده گذر از زمین به آسمان است "(خسروجردی و محمودی، ۱۳۹۳: ۳). نقش مربع در نمدهای نوین ترسیم می‌شوند.

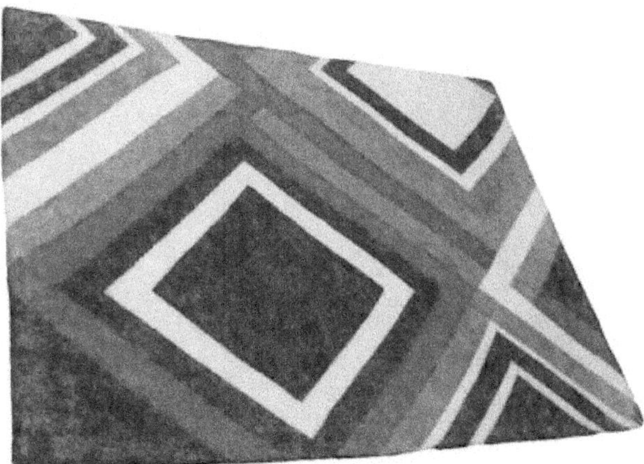

عکس ۳-۹۸، نمد زیرانداز با نقش مربع، نقش مربع، cm۲۰۰×۱۵۰، شهرکرد (نگارنده)

ز- سرانگشتی

سرانگشتی، فتیله‌های نمدی رنگین هستند که نمدمال برای ایجاد این سرانگشتی فتیله‌های رنگی را به دور انگشت از طرف طولی می‌پیچند به‌این‌علت نام سرانگشتی بر آن نهاده‌اند. نمدمال ابتدا طرح اصلی نمد را مشخص می‌کند سپس سرانگشتی‌ها بارنگ‌های مختلف را برای پر کردن فضاهای خالی در کنار هم می‌چیند. وقتی نمد مالیده شود این فتیله‌ها به‌خوبی در کنار هم قرار می‌گیرند و نقوش رنگی بسیار زیبایی را در کنار هم ایجاد می‌کنند. این نقوش پس از مالیدن نمد تغییر شکل داده و به‌صورت خطوط راست دیده می‌شوند. نمدمال از سرانگشتی‌هایی بارنگ و اندازه‌های متفاوت در قسمت‌های مختلف طرح استفاده می‌کند و از این طریق نقوش متنوع رنگی پدید می‌آورد.

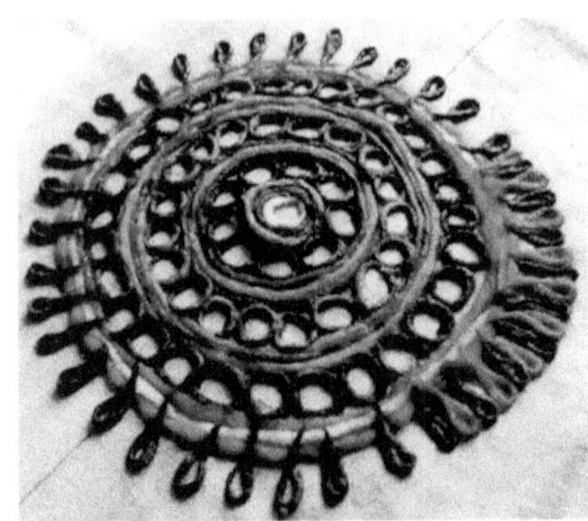

عکس ۳-۹۹، چیدن نقوش سرانگشتی، شهرکرد، (نگارنده)

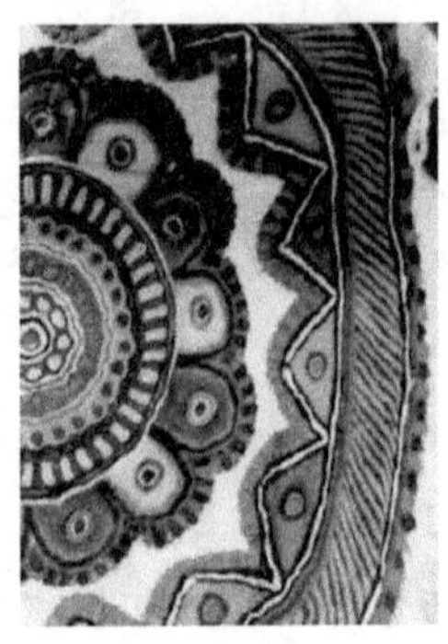

عکس ۳-۱۰۰، نمد زیرمنقلی با نقوش سرانگشتی در اطراف نقش خورشید و ستاره، قطر cm۵۰، شهرکرد (نگارنده)

۳-۶-۲-۲ نقوش انتزاعی و تجریدی منحنی

نمدمال در ترسیم نقوش انتزاعی و تجریدی منحنی روی نمد از خطوط منحنی استفاده می‌کنند. این دسته نقوش شامل: نقوش دایره، گنبدی، درخت، گل و غنچه و پروانه است.

الف- دایره

نقش دایره بی‌انتهایی، گرما و محفوظ بودن را دارد و به خاطر شکل دورانی‌اش نوعی تحرک را القا می‌کند. "دایره ازآن‌رو که فاقد آغاز و پایان و فرازوفرود است، نوعی کمال اولیه و تمامیت و کلیت را القا

می‌کند " (کوپر، ۱۳۷۹: ۱۴۰ و ۱۴۱). کانون دایره، مبدأیی است که همه‌چیز از آن نشأت می‌گیرد و بدان می‌گراید و بنابراین دایره و مرکز ازجمله رمزهای اساسی محسوب می‌شوند. در غالب تمدن‌ها، ابدیت به شکل دایره است. "کارکرد دایره در اسطوره‌ها، رؤیاها، ماندالاها، آیین‌های پرستش خورشید و نیز نقشه‌های قدیم شهرها، بیانگر توجه به «تمامیت» به‌عنوان اصلی‌ترین و حیاتی‌ترین جنبه‌ی زندگی انسان است "(گوستاو یونگ، ۱۳۷۸: ۳۷۹). شکل مدور، نمودار یکی از مهم‌ترین جهات زندگی یعنی وحدت، کلیت، شکفتگی کمال است . نقش دایره یکی از نقش‌مایه‌های رایج در نمد است که در تلفیق با خط استفاده می‌شود. اکثر فضاهای خالی بین نقوش اصلی با دوایر کوچک پر می‌شوند. اگر نمد در قالب گرد تولید شود، از نقوش اصلی در حاشیه است. نمدمال نقش دایره را از طریق برش نمدهای از پیش‌ساخته شده بر روی نمد خام قرار می‌دهد یا به‌وسیله فتیله‌های رنگی نقش دایره را ترسیم می‌کند سپس فضای داخلی آن را اغلب اوقات با پشم‌های رنگی پر می‌کند.

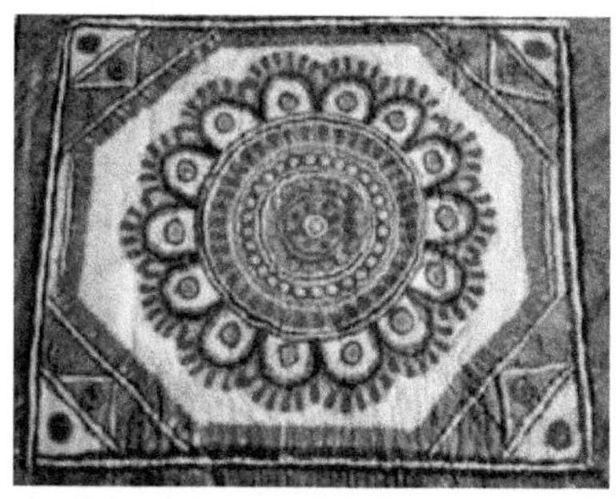

عکس ۳-۱۰۱، نمد زیرانداز، نقش دایره در حاشیه و روی پرهای گل چهارده پر، این نمد در مرحله نقش‌بندی است و هنوز مالیده نشده بود، شهرکرد (نگارنده)

الف - نقش گلدانی

نقش گلدان در هنرها و صناعات ایرانی حضور چشمگیری دارد به‌خصوص در حوزه زیراندازها و دست‌بافت‌ها، حضور نقش گلدانی در حوزه نمدمالی به‌صورت یک نقش انتزاعی شده از نقوش گلدانی قابل‌تأمل است. "گلدان که نماد کهن مرتبط با آیین باروری و حاصلخیزی است، از هزاره سوم پیش از مسیح تا زمان حال به اشکال گوناگون بی‌شماری تجسم‌یافته است. بر طبق تداعی‌های نمادین گلدان، معمولاً آن را به حالت مستقر بر پایه هلالی شکل ماه نشان می‌دهند و در آن گیاهانی می‌نهند و این نشانه فراوانی و یا یکی از درخت‌های کیهانی است "(پوپ، ۱۳۸۷: ۲۷۲۲). نقش گلدانی ازجمله نقوشی است که در نواحی مختلف به شکل و شمایل‌های گوناگونی درآمده اما کارکرد و ساختار خود را حفظ نموده و درگذر زمان در هر ناحیه‌ای هویت خاص خود را به دست آورده و تثبیت نموده است. حوزه‌های عشایر بختیاری، الگوهای ارامنه و نیز آثار و ابنیه موجود در استان به‌ویژه قلعه چالشتر، در الگوسازی نمونه نقش‌های گلدانی چهارمحال و بختیاری به‌حساب می‌آیند.

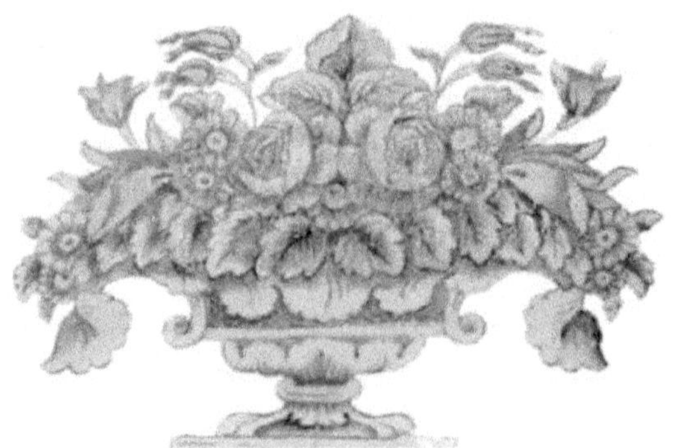

عکس ۳-۱۰۲، نقش گلدان بر روی دیوار قلعه چالشتر، (اسپنانی و توفیقی، ۱۳۹۰: ۳۶)

نقش گلدانی تصویر شده بر روی نمدهای استان قرابت بسیاری با نقش گلدانی ترسیم‌شده بر نقوش قالی و حجاری‌ها دارد، چه بسی که هنرمند نمدمال این نقوش را از سایر هنرها اقتباس کرده است و در اثر خودش به شکل دیگری، اما با همان مفهوم به‌کاربرده است. "در تجزیه فرم گلدان‌ها معمولاً چهار جزء قابل‌تشخیص است: الف) پایه، ب) بدنه، ج) گردنه یا گلوگاه و د) دسته .در نمونه‌های ساده‌شده و تجرید یافته گلدان‌ها، دسته‌ها و گردنه تحلیل رفته و پایه و بدنه (و در پاره‌ای فقط بدنه) باقی‌مانده است "(اسپنانی و توفیقی، ۱۳۹۰: ۳۷). هنرمند نمدمال با تغییر و دگرگونی در فرم گلدان‌ها به شکل‌ها و فرم‌های گوناگونی از گلدان دست‌یافته است که از انتزاعی‌ترین تا شبیه‌ترین موارد به نمونه‌های واقعی را شامل می‌شود، در گلدان‌های تجرید یافته اغلب بدنه آن‌ها به‌صورت تکی یا قرینه در طرفین نمد تصویر شده است. در این نقوش گلدان خالی از گل و گیاه تصویر شده است اما نمدمال در ترکیب و تلفیق این نقش با دیگر نقوش موفق عمل کرده و هنرمند با نقوش تجرید شده مانند یک بته‌جقه و یا یک دایره سعی در پر کردن این فضای خالی دارد. حضور گلدان تنها محدود به نقش گلدانی نبوده و در کنار نقوش دیگر، ازجمله در ترکیب و تلفیق‌های جالب‌توجه با گونه‌های گیاهی به‌ویژه درختی (سرو) و غیره قرارگرفته است.

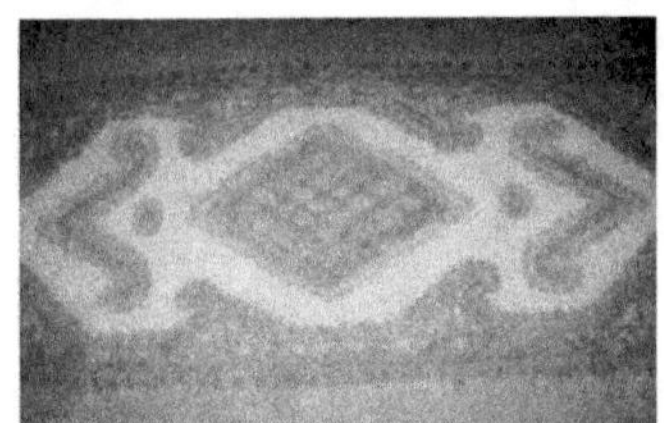

عکس ۳-۱۰۳، نمد با طرح حوضی و نقش گلدانی، cm۷۵×۱۲۲، (نگارنده)

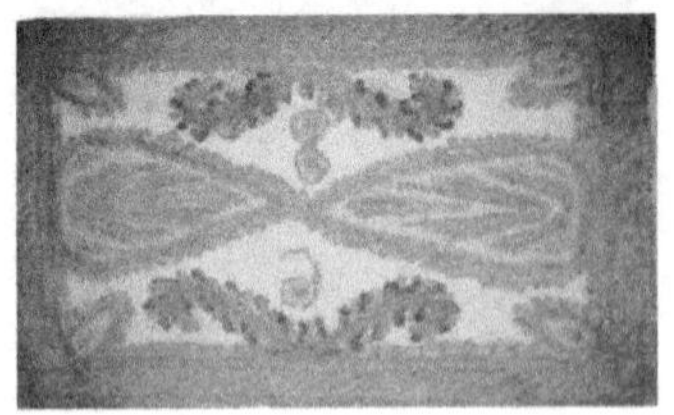

عکس ۳-۱۰۴، نمد با نقش سرو و گلدانی، بروجن، cm۱۲۲×۱۷۵، (نگارنده)

ج- نقش گنبدی

نمدمال نقش گنبدی را به شکل نیم‌دایره از نمدهای پیش‌ساخته یا پشم‌های رنگی بر روی نمد خام قرار می‌دهند و سپس آن را می‌مالند. نقش گنبدی را در اصطلاح بومی گنبذی می‌نامند. این نقش بر روی نمدهایی با قالب دایره تولید می‌شوند، مکمل این نقش یک گل در مرکز نمد است و از محیط دایره خارجی به سمت داخل نیم‌دایره‌های گنبدی شکل به سمت داخل نمد چیده می‌شوند. نمدمال اغلب سعی می‌کند از رنگ‌های متنوع در این نقوش استفاده کند، به‌طوری‌که گنبدهای کنار هم از رنگ‌های متفاوت هستند. با توجه به شباهت این نقش با گنبد و شباهت اسمی‌شان احتمالاً نام این نقش برگرفته از گنبدهای مساجد است.

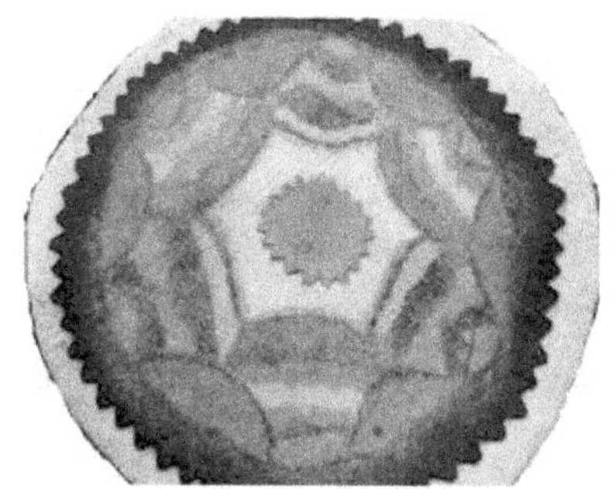

عکس ۳-۱۰۵، نمد زیرمنقلی با نقش گنبدی در اطراف، بروجن، قطر cm۹۵

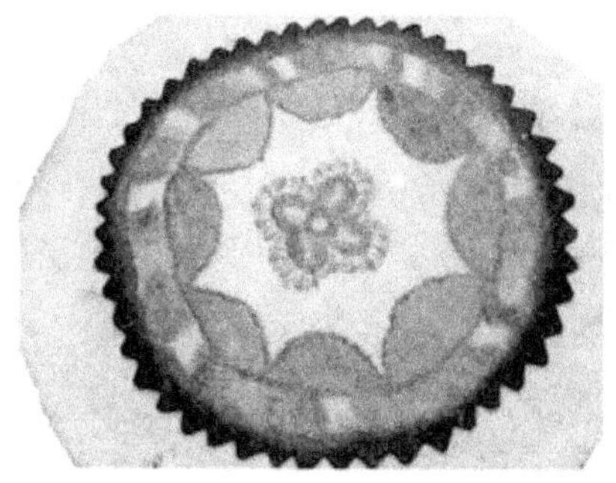

عکس ۳-۱۰۶، نمد زیرمنقلی با نقش گنبدی، بروجن، قطر cm۹۵

د- پروانه

نمدمال نقش پروانه استیلیزه شده و انتزاعی بر روی بستر نمد نقش می‌کند. این نقش در تلفیق با نقش گل اجرا می‌شود که به آن نقش گل و پروانه می‌گویند.

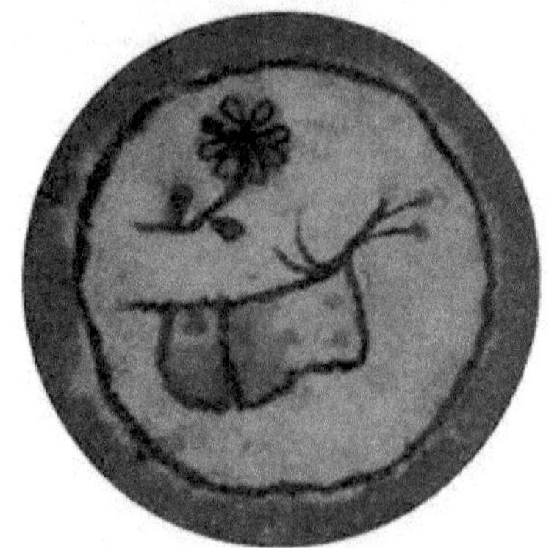

عکس ۳-۱۰۷، نمد زیرانداز با نقش پروانه، شهرکرد، قطر cm۱۰۰ (نگارنده)

۵- درخت

نماد درخت در انواع هنرهای ایرانی-اسلامی ازجمله نقوشی است که تکرار و مداومت آن ذهن بسیاری را بر خود مشغول داشته است. در تمامی سفال‌ها و منسوجات، نقاشی‌ها و حتی حجاری‌های تاریخ ایران درخت چنان جایگاهی داشته که حالت تقدس و احترام‌آمیز آن حتی نزد هنرمندان شهرت فراوان دارد. نمدمال نقش درختان را به‌صورت انتزاعی و تجریدی بر روی نمد نقش می‌کند. نقش درخت بادام و درخت سرو دو نقش درختی انتزاعی و تجریدی در هنر نمدمالی استان چهارمحال و بختیاری هستند.

زیبایی درختان سرو منقوش بر دیوارنگاره‌های تخت جمشید ازجمله قدیمی‌ترین آثاری است که بیان اهمیت و اعتبار این آفریده‌ی پروردگار در میان هنرمندان و شاهان هخامنشی است؛ اما بررسی زمان و نحوه‌ی انتقال تصویر درخت بر روی دست‌بافت‌ها و زیراندازها نیاز به بررسی بیشتری دارد. نقش درخت سرو ازجمله نقوشی است که علاوه بر قالی در بافت پارچه نظیر ترمه و چاپ قلم کار، قلم‌زنی بر فلزات و سنگ و در انواع هنرهای سنتی ایرانی کاربرد فراوان دارد. همین پراکندگی کاربرد و اعتبار درازمدت نقش است که شکل آن را دگرگونی وسیعی داده و باعث گردیده تا اقسام این نگاره امروزه حدود بیش از چندین قرن صورت متفاوت داشته باشد. در خصوص درخت سروی که به شکل بوته درآمده تفاسیر متعددی وجود دارد، "مظهر راز آمیز شعله آتش آتشکده‌های زرتشتی، تمثیل شکل بادام یا گلابی، تجسمی شیوه یافته از گیاهی هندی که از همان‌جا نیز به ایران راه‌یافته است و شاید زیباترین و نزدیک‌ترین تعریف به معنای شکل بوته سرو نارک خمیده از باد موجود در طبیعت باشد. تحول و تبدیل سرو به بوته به سه دوره در هنر قبل و بعد اسلام قابل‌تفکیک است. در ابتدا سرو درختی مقدس و رمزی مذهبی و نشانی از خرمی، همیشه‌بهاری و مردانگی است. در این مرحله سرو به‌صورت هیئت اصلی و طبیعی خود در تمدن آشور، ایلام و هنر هخامنشی خود را نشان می‌دهد و حالت نگاره تزیینی ندارد. نگارگری آن در اینجا مقطعی بوده و برش عمودی درخت را با شاخه‌های افقی مجسم می‌سازد که در سنگ‌نگاره‌های تخت جمشید درنهایت دقت و ظرافت به کار می‌رود. در ادامه دوره اول، نقش سرو در هنر پارتی و ساسانی یگانه درخت مقدس نیست هرچند منزلت آن‌هم چنان مستدام باقی می‌ماند. لیکن این منزلت دیگربار رمزی و مذهبی ندارد و صرفاً مداومت یک نقش‌مایه سنتی است. در دومین مرحله تطور درخت سرو، هم‌زمان بانفوذ تمدن اسلامی سرو از ریشه‌های باستانی جداشده و به نگارهای زینتی مبدل و از ماهیت مذهبی خود دور می‌شود. هرچند بر اساس شواهد به‌دست‌آمده این اعتقاد همچنان پابرجاست که تا سده دوازدهم هجری سرو مظهر و نماد خرمی جاویدان درخت زندگی بوده است. از

اینجاست که سرو به‌صورت ساده بته‌جقه تصویر شده و به یک نگاره زینتی نزدیک‌تر می‌گردد. از سده ششم به بعد سرو بته و سرو منقش از صورت‌های ساده نخستین بیرون می‌آید و بته‌جقه‌ای شکل شیوه یافته کامل و نهایی خود را میابد. پیدایش بته بر قالی ایران زمانی صورت می‌گیرد که نمادها تنها بازتاب نیازها و باورهای اشتراکی نیستند بلکه جنبه زیبایی‌شناختی و تزیینی دارند؛ که در آن‌ها هر یک به‌نوعی این گیاه و درخت نماد بی‌پایانی، جاودانگی و سلسله ناگسستنی هستی است "(پرهام،۱۳۷۹: ۳۱).

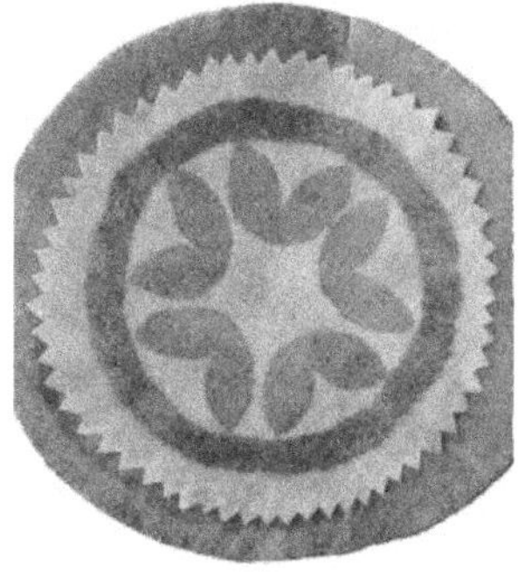

عکس ۳-۱۰۸، نمد با نقش سرو، قطر **cm**۹۰، بروجن (نگارنده)

نمدمال نقش درخت بادام را که یک نام بومی برای این نقش است را به‌صورت انتزاعی ترسیم می‌کند، وی با یک فتیله‌ی نمدی باضخامت بسیار ظریف، تنه‌ی درخت را با یک خط راست و شاخه‌های آن را به‌صورت خط‌های مورب در دو تنه درخت با فواصل منظم نقش می‌کند و با نقاط رنگی میوه‌های آن را ترسیم می‌کند.

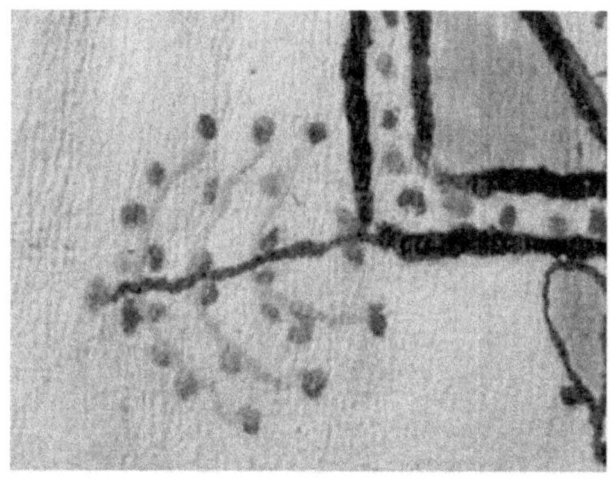

عکس ۳-۱۰۹، جزئی از نقش نمد ۳-۱۰، نقش درخت بادام در چهارگوشهٔ حاشیه خارجی نمد نقش شده است (نگارنده)

و- غنچه و گل

نقوش انتزاعی غنچه و گل از ظریف‌ترین نقوش مورداستفاده بر بستر نمد است. گلاک (۱۳۵۵:۲۸۱) در مورد ساخت نقوش غنچه و گل با استفاده از فتیله‌های رنگی می‌نویسد، نقش ممکن است مرکب از یک‌رشته حرف S به شکل زنجیر باشد که گل‌هایی مدور بر گردهٔ آن‌ها تشکیل می‌دهند، بدین‌سان که با گرداندن پشم به دور انگشتان، گلبرگ‌ها را می‌سازند و قلب گل را نیز از گرداندن پشم به دور شست پدید می‌آورند. کلاف پشم را همان‌گاه که به زمین می‌گذارند خیس می‌کنند و تکه‌های کوچک آن را که برای اجزاء نقش لازم است با دندان می‌جوند تا درعین‌حال، هم آن‌ها را بخیسانند و هم ببرند.

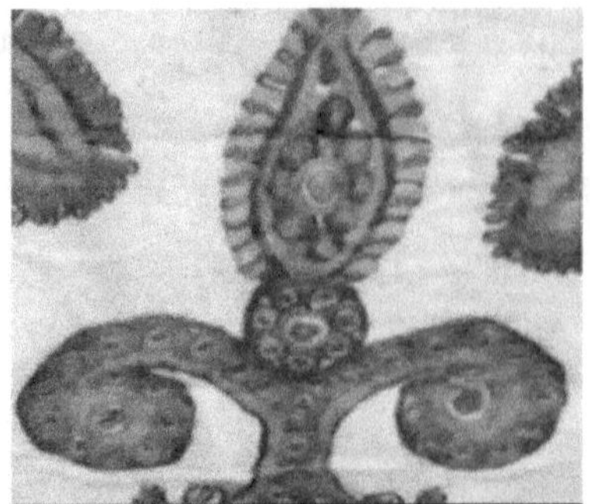

عکس ۳-۱۱۰، نقش گل و غنچه، (نگارنده)

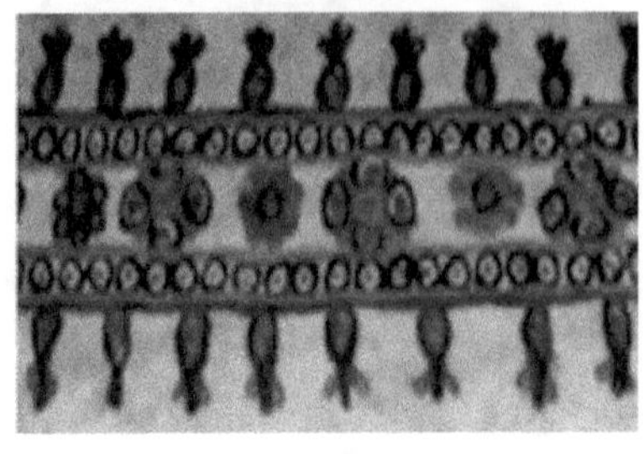

عکس ۳-۱۱۱، نقش گل و غنچه، (نگارنده)

۳-۶-۳ نقوش نمدهای نوین

امروزه نمد این هنر صنعت کهن ایرانی، کاربردهای فراوانی در زندگی یافته است و توانسته در بسیاری از خانه‌ها جایی برای خود باز کند؛ وجود گالری‌های نمد چهارمحال و بختیاری در بسیاری از کشورها حکایت از علاقه مردم دنیا به این هنر دارد. محصولات نمدی به دو صورت ساده و نقش دار تهیه می‌شود ولی ازآنجایی‌که طرح دادن به نمد به دلیل بافت و ساختار خاص آن کاری دشوار است بیشتر نمدهای موجود در بازار طرح‌های ساده‌تری دارند. نمدمال بسیاری از نقوش سنتی مانند دایره، گل، پروانه و... را باکمی تغییر روی نمدهای نوین ترسیم می‌کند. آقای علی‌اصغر علیاری نخستین شخصی است که با نوآوری، خلاقیت و تغییر کاربری نمد، تولید جلیقه نمدی وی توانسته مهر اصالت از سازمان یونسکو دریافت کند. دریافت نشان یونسکو ضوابط خاصی دارد ازجمله تولید محصول باید بومی باشد، نوآوری و خلاقیت در تولید محصول دیده شود و داشتن کاربری، کیفیت و قیمت مناسب و نداشتن آلایندگی برای محیط‌زیست از دیگر شرایط است.

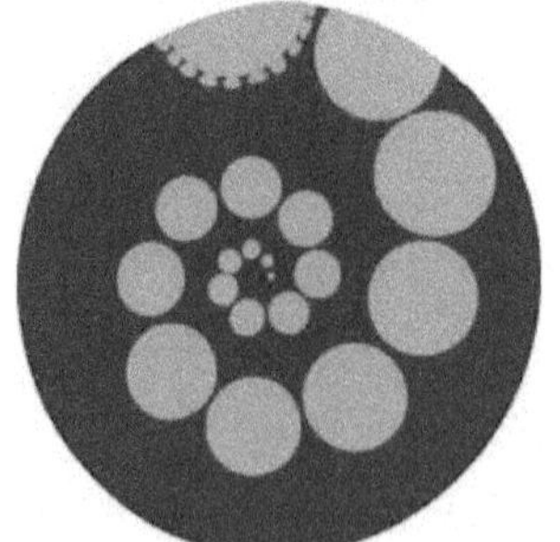

عکس ۳-۱۱۲، نمد زیرانداز با نقوش نوین، نقش دایره، قطر **cm۹۰**، شهرکرد (نگارنده)

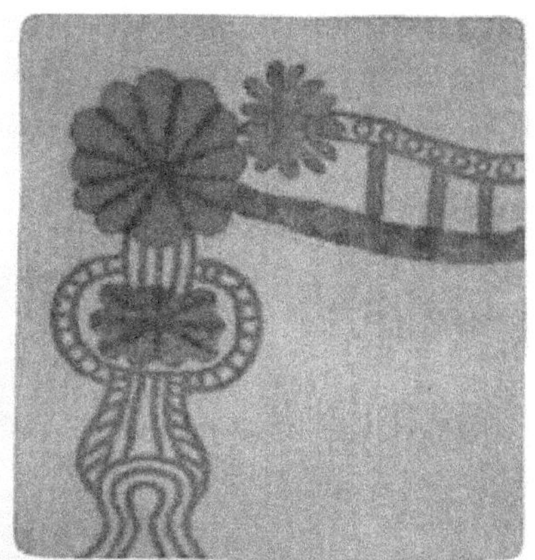

عکس ۳-۱۱۳، نمد نوین، cm۱۵۰×۲۰۰، شهرکرد (نگارنده)

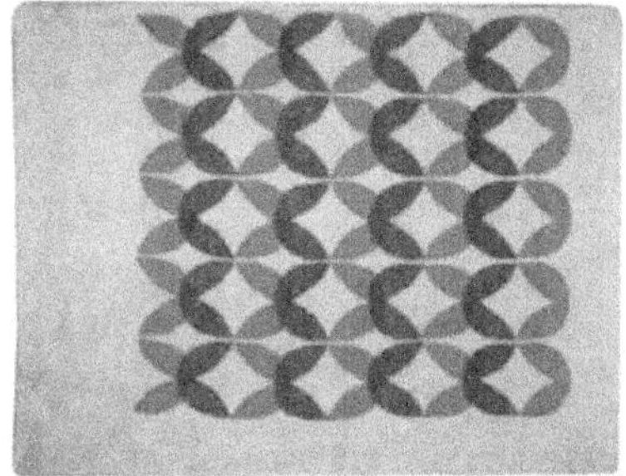

عکس ۳-۱۱۴، نقش درخت سرو بر روی‌نمدهای نوین، cm۱۵۰×۱۵۰، شهرکرد (نگارنده)

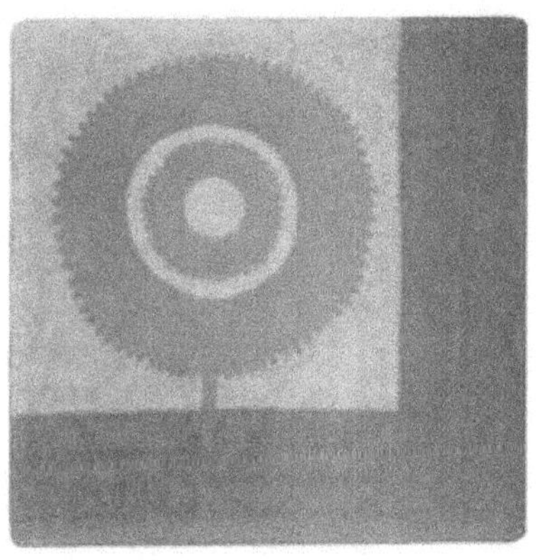

عکس ۳-۱۱۵، نقش گل بر روی نمدهای نوین، **cm**۱۵۰×۱۵۰، شهرکرد(نگارنده)

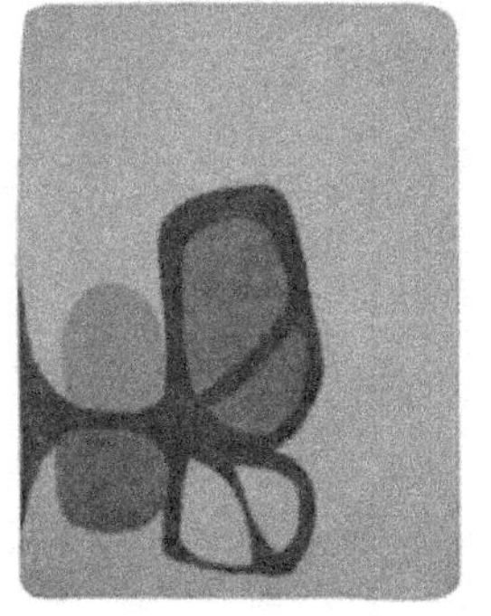

عکس ۳-۱۱۶، نمد زیرانداز با نقش پروانه، شهرکرد، **cm**۸۰×۱۰۰ (نگارنده)

در جدول زیر طرح‌ها، نقوش و رنگ‌های مستند شده به‌اجمال طبقه‌بندی و ارائه‌شده‌اند.

جدول ۳-۱ طبقه‌بندی نمدهای استان چهارمحال و بختیاری بر اساس طرح، نقش و رنگ

طرح	گیاهی		ترنج	
			سینی و کشکول	
	هندسی		خشتی	
			قابی	
			حقه یا قاب سماوری	
			حوضی	
			محرابی	
	ترکیبی		تلفیق طرح‌های گیاهی و هندسی	
نقش	طبیعت‌گرایانه	گیاهی	گل‌های چندپر	
			درخت	
			بته‌ای	
		حیوانی	پرنده	طاووس
				سایر پرندگان
			سایر حیوانات	
		انسانی		
		بنیادی طبیعی	خورشید یا شمسه	
			ستاره	
	انتزاعی و تجریدی	شکسته	خط	
			شطرنجی	
			زیگزاک	
			مشبک	
			سرانگشتی	
			فلش یا پیکان	
			مربع	
		منحنی	دایره	
			گلدانی	
			گنبدی	
			پروانه	
			درخت	
			غنچه و گل	
رنگ	سنتی		پشم خودرنگ، سیاه، سفید، خاکستری و قهوه‌ای و رنگ‌های محدود با رنگرزی سنتی	
	صنعتی		دارای تنوع بسیار زیاد	

۳-۷ کاربردهای نمد

استان چهارمحال و بختیاری از تولیدکنندگان عمده نمد است و در صادرات نمد نقش ویژه‌ای را ایفا می‌کند. کاربرد نمد در وهله اول به‌عنوان فرش و زیرانداز است، سپس برای پوشاک به‌عنوان دوشی چوپانان و کلاه بختیاری و قشقایی استفاده می‌شود. " نمد در اصل به‌عنوان نوعی زیرانداز به‌تنهایی یا بر روی قالی یا گلیم قرار می‌گیرد ولی مصارف دیگری همچون زیرمنقلی، رویه کرسی، جل اسب و امروز وسایل آشپزخانه از قبیل دستگیره، روقوری، رو کتری، دستکش فر مورد مصرف دارد. البته نمد صنعتی نیز تولید می‌شود که دارای نقش نیست و موارد مصرفی چون استامپ، لایه‌های داخل بدنه خودرو و غیره دارد "(سید صدر، ۱۳۸۸: ۴۴۰).

نمد زیرانداز شکل و اندازه‌های متفاوتی دارد و با توجه به ابعاد آن دارای نام‌های مختلفی است. اندازه و ابعاد استاندارد و تعیین‌شده‌ای برای نمد وجود ندارد و اندازه اثر منطبق با نظر سفارش‌دهنده در نظر گرفته می‌شود. ابعاد نمد بر اساس کاربرد و طرح و نقوش انتخابی در نظر گرفته می‌شود و هنرمند نمدمال آزادی در انتخاب فرم و اندازه کادر دارند که برای تولید نمدهایی با کاربرد نوین قابل‌توجه است. نمدها در ابعاد ۸۰×۱۵۰ و ۱۰۰×۲۵۰ و ۱۰۰×۲۰۰ و ۱۰۰×۴۰۰ و ۸۵×۱۷ و ۱۰۰×۲۵۰ و ۱۰۰×۳۰۰ سانتی‌متر آماده می‌شوند. نمد را می‌توان در اندازه‌ها و ابعاد متفاوتی به‌صورت مستطیل، بیضی و هر شکل دیگر تهیه کرد.

۳-۷-۱ کف‌پوش و زیرانداز

گسترده‌ترین گروه مصرفی نمد به‌عنوان کف‌پوش و زیرانداز است،"این‌گونه نمد هم در خانه‌ها و چادرها بکار می‌رود، مخصوصاً از طرف کسانی که استطاعت خرید قالی یا گلیم را ندارند؛ زیرا اگرچه ممکن است وزن پشم در نمد به همان اندازهٔ قالیچه و حتی بیشتر از آن باشد، لیکن میزان کاری که برای تهیهٔ یک‌تخته نمد با اندازهٔ متناسب لازم است معمولاً کمی بیش از کار دو نفر در یک روز است و این بسیار کمتر از کار لازم برای تهیهٔ قالی است. هزینه‌های رنگ و دیگر کارهای فنی نیز کمتر است به‌نحوی‌که تهیهٔ یک‌تخت نمد بسیار کمتر از تهیهٔ یک قالیچهٔ اندازهٔ آن خرج برمی‌دارد "(گلاک، ۱۳۵۵: ۲۷۸). نمد در اندازه‌های کوچک مورد مصرف زیر چراغی و یا زیرمنقلی است و بیشتر به شکل دایره و معمولاً قطر آن برای زیر چراغ ۵۰ سانتی‌متر و زیرمنقلی بین ۸۰ الی ۱۰۰ سانتی‌متر متغیر است.

نمدمالان اکثریت به‌طور آزاد نمدهای خود را به فروش می‌رسانند. میزان تولید نمد به‌اندازه‌ای نیست که به استان‌های دیگر فرستاده شود و تنها در فروشگاه صنایع‌دستی به معرض فروش گذاشته می‌شود."دگرگونی شیوهٔ زندگی و نبودن سرمایه در دسترس استادکاران و محرومیت آنان از هرگونه مساعدتی برای بازاریابی و رواج کف‌پوش‌های دارای الیاف مصنوعی به‌سرعت از مرغوبیت کار آنان می‌کاهد. با این وصف، طرح‌های نمد اغلب هماهنگ و زنده و مؤثر است؛ و این نه‌فقط از برکت نقش‌پردازی اصلی طرح‌ها بلکه معلول روش‌هایی نیز هست که در ساخت نمد، آن‌ها را چندلایه و دارای خصوصیات ممتاز جلوه می‌دهد. صنعت نمدمالی هنوز زنده و نمایشگر توانائی‌های نقش‌آفرینی استادکارانی است که هیچ‌گونه آموزشی ندیده‌اند و با وسایلی کار می‌کنند که بیش از وسایل معمول در صنایع دیگر نساجی، آزادی عمل آنان را محدود می‌سازد. هرچند برخی از ثروتمندان از خرید نمد می‌پرهیزند ولی نمد هنوز برای بسیاری از ایرانیان، باقیمتی که در حد توانائی ایشان است، هم نیازهای عملی آنان را برآورده و هم باذوق و سلیقهٔ ایشان مطابق درمی‌آید "(گلاک، ۱۳۵۵: ۲۸۷).

همان‌طور که در بخش‌های قبل با طرح‌ها، نقوش و رنگ‌های پرکاربرد آن آشنا شدیم هنرنمایی نمدمالان بر روی نمدهای زیرانداز است.

۳-۷-۲ نمد زیرزینی

نمدهایی که برای استفاده در پشت اسب و زیر زین اسب ساخته می‌شوند، انداختن نمد بر پشت حیوان مانع از صدمه دیدن پشت حیوان با قطعات آهنی زین می‌شود و همچنین از تماس شدید پاهای سوارکار به پشت اسب جلوگیری می‌کند و در ضمن پس از فعالیت شدید و عرق کردن حیوان او را از سرما محافظت می‌کند. این نمدها معمولاً به شکل نیم‌دایره تهیه می‌شوند و دارای تنوع اندکی ازنظر نقش و رنگ هستند، عمدتاً از پشم خودرنگ و نقوش شکسته ساده استفاده می‌شود. مالیدن این نوع نمد نیز به علت تغییر ارتباطات و عدم استفاده از اسب کاهش‌یافته است، در برخی موارد به‌صورت سفارشی تولید می‌شوند.

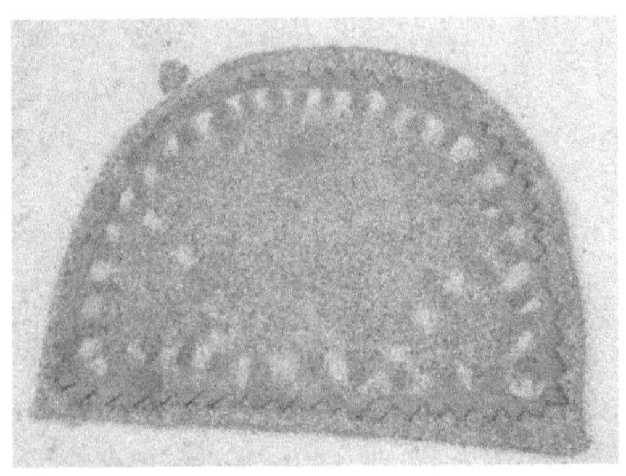

عکس ۳-۱۱۷، نمد زیر زین، بروجن (نگارنده)

۳-۷-۳ نمد نوین

شاید وقتی اسم نمد به گوشمان می‌خورد اولین چیزی به ذهنمان می‌آید کلاه نمدی، زیرانداز نمدی یا تن‌پوش نمدی است ولی امروزه این هنر با تغییر نیاز جامعه و از بین رفتن کاربری‌های سنتی، دچار تحول عظیمی شده است و کاربردهای فراوانی در زندگی پیداکرده است و در بسیاری از خانه‌ها جایی برای خود بازکرده است. محصولات نمدی جدید از کیف، کفش، گلدان، کمربند، تابلوهای نمدی، کیسه‌خواب، رومیزی و روکش صندلی گرفته تا زیورآلات نمدی در بازار دیده می‌شود و امروز دیگر به تولید کلاه نمدی و پادری نمدی اکتفا نشده است. نوآوری‌های جدید در این هنر صنعت نمایانگر کهن بودن نمد و نمدمالی در استان چهارمحال و بختیاری دارد که از دیرباز تاکنون باوجود پشت سر گذاشتن پستی‌ها و بلندی‌ها هنوز هم در میان صنایع‌دستی ایران حرفی برای گفتن دارد. نمونه‌هایی از نمدهای نوین با کاربری جدید در تصاویر زیر ارائه‌شده است.

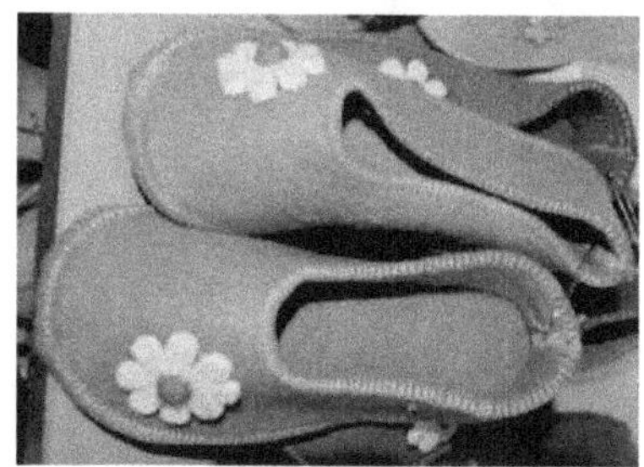

عکس ۳-۱۱۸، دمپایی نمدی، (نگارنده)

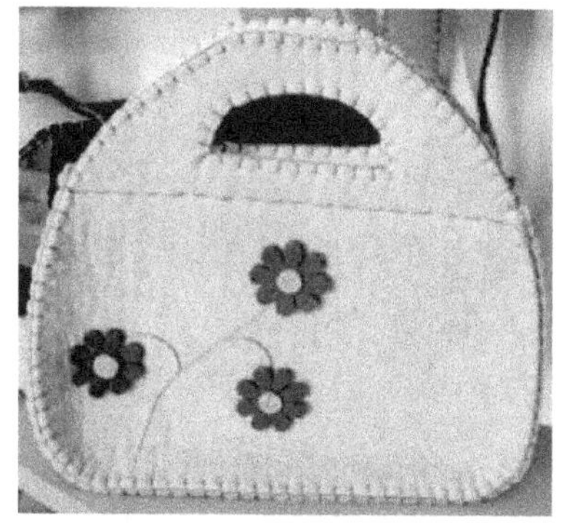

عکس ۳-۱۱۹، کیف‌دستی نمدی، (نگارنده)

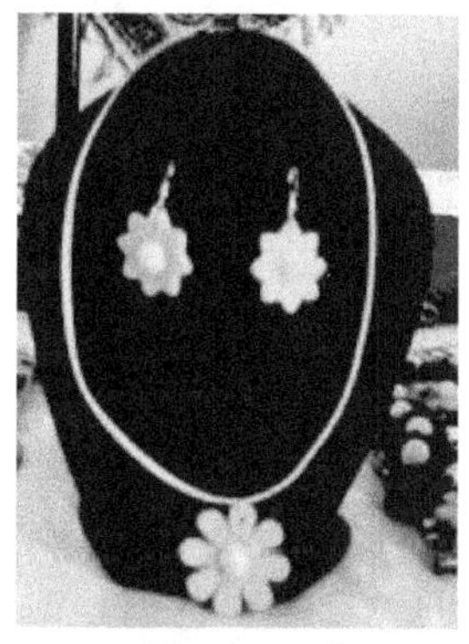

عکس ۳-۱۲۰، زیورآلات نمدی (نگارنده)

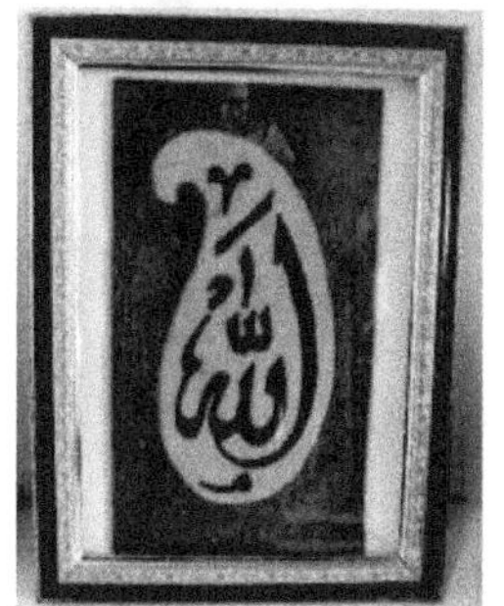

عکس ۳-۱۲۱، قاب نمدی با استفاده از قالب (نگارنده)

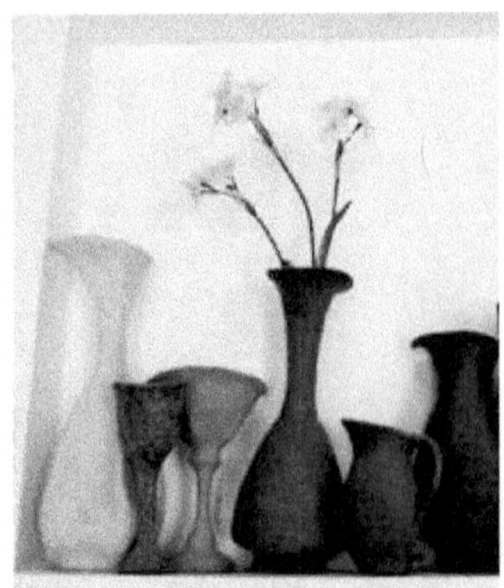

عکس ۳-۱۲۱، گلدان نمدی (نگارنده)

در اهمیت دوگانه نمد، بعد هنری و کاربردی، بار هنری بر دوش طرح، نقش و رنگ است؛ و حتی پسند اولیه مخاطب بر اساس طرح، نقش و رنگ است. مطالعه عوامل طرح، نقش و رنگ و ابعاد شاخص زیبایی در هنر نمدمالی استان چهارمحال و بختیاری عبارت‌اند از:

۱. عدم محدودیت نقوش نمد با نکات فنی نقش‌پردازی بر پایه‌یک روش ثابت و کاملاً علمی
۲. بیان آزادانه هنرمند-صنعتگر نمدمال
۳. برکنار بودن از آلودگی‌های ناشی از تمدن و تجدید زندگی شهرنشینی
۴. تنوع و خلوص نقوش، طرح‌های سنتی نمد
۵. ذهنی و ساده‌سازی نقوش موجود در طبیعت

۳-۷-۴ تن‌پوش و سرپوش

کلاه‌های عشایری، ازجمله کلاه‌های گوناگون و مشخصی که قشقایی‌ها و بختیاری‌ها بر سر می‌گذارند، دوشی یا نمدهای چوپانی (نمدهایی که چوپان‌ها به‌صورت پالتو روی دوش می‌اندازند) ازجمله نمونه‌های مصرفی نمد در گروه چهارم هستند. تن‌پوش نمدی در چند شکل تهیه می‌شود، تفاوت آن در نوع آستین و وزن آن‌ها است.

۳-۷-۴-۱ تن‌پوش

وجود اقلیم کوهستانی و معیشت مبتنی بر کوچ وزندگی عشایری سبب گردیده که استفاده از پوشاک نمدین یکی از ضروریات زندگی شبانان و عشایر منطقه باشد. این نوع تن‌پوش گرمای لازم را برای افراد تأمین نموده و متناسب با شرایط اقلیمی و جغرافیایی تهیه می‌گردد، زیرا گرما و آب را از خود عبور نمی‌دهد. "علاوه بر کف‌پوش و زیرانداز و کلاه، یکی از مهم‌ترین بافت‌هایی که با نمد ساخته می‌شود، دوشی چوپانی به نام کپنک است که آستین‌های باریک دراز آن بسته می‌شود و چوپان‌ها از آن‌ها به‌منزلهٔ جیب برای حمل اشیاء خود به هنگام حرکت همراه گوسفندهایشان استفاده می‌کنند. به روی این دوشی‌ها اغلب روغن می‌مالند تا آن‌ها را در برابر آب، نفوذناپذیر کنند. این دوشی‌ها را در سراسر ایران به یک‌شکل می‌سازند و فقط گاه، شیب شانه‌های آن‌ها را اندکی تغییر می‌دهند "(گلاک، ۱۳۵۵: ۲۸۵). تن‌پوش‌های نمدی اغلب با پشم خودرنگ، مشکی، نخودی و طوسی تولید می‌شوند.

شنل[۲۱۴]**، یاپونچه یا کرک**[۲۱۵]: نوعی نمد تن‌پوش و نیم‌تنه‌ی بلند که آستین ندارد و فقط حلقه‌ای برای دور گردن بوده و از جلو آن سراسر باز است. ساده و بدون نقش بوده و بلندی آن تا زانو است. چوپانان در روزهای برفی و بسیار سرد به تن می‌کنند. وزن تقریب شنل ۳-۴ کیلو است.

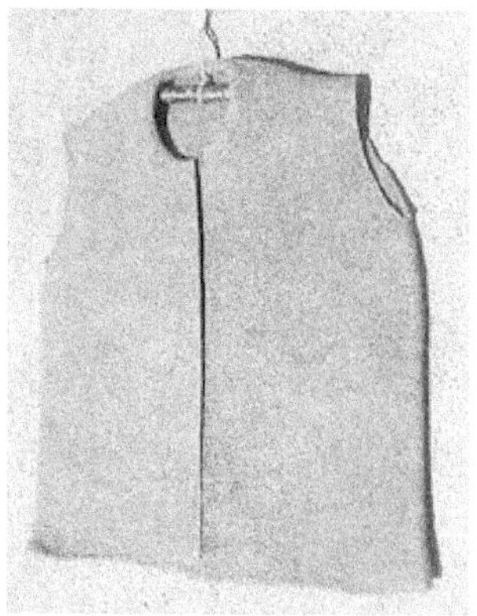

عکس ۳-۱۲۳، جلیقه، بروجن (نگارنده)

کول[۲۱۶] **یا کپنک**[۲۱۷]: نوعی تن‌پوش با آستین‌های دراز و باریک که بسته می‌شود و "چوپانان از آن‌ها به‌منزلهٔ جیب برای حمل اشیا خود به هنگام حرکت گوسفندان استفاده می‌کنند "(گلاک، جی، گلاک، لومی هیراموتو، ۱۳۵۵، ۲۸۵). نمدمالان در اصطلاح محلی آن را نمد چوپانی و نمد گله‌داری می‌نامند. وزن تقریبی کپنک هفت کیلو است.

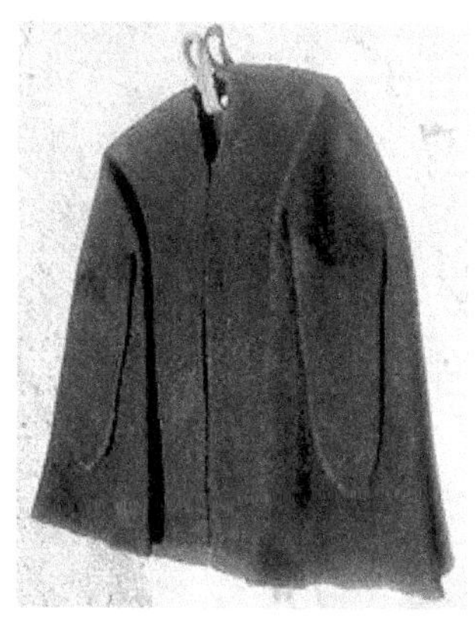

عکس ۳-۱۲۴، کپنک، بروجن (نگارنده)

کلوفور[۲۱۸]: نوعی نمد تن‌پوش است که چوپانان در هنگام بارندگی و خواب به‌عنوان رانداز از آن استفاده می‌کنند، ساده و بدون نقش است.

[214] Shenel
[215] Kork
[216] Kol
[217] Kapanak
[218] Klofor

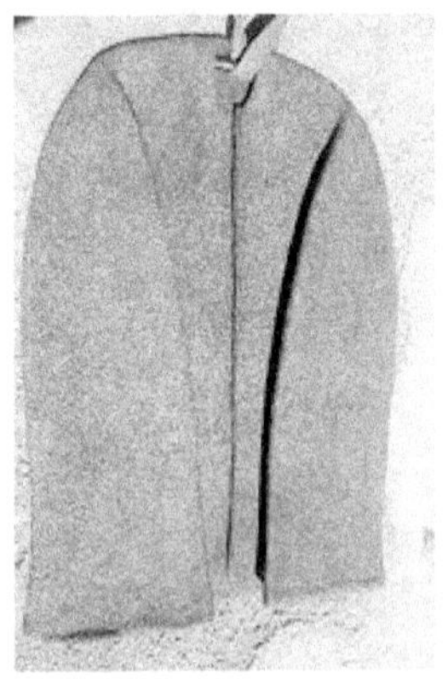

عکس ۳-۱۲۵، کلوفور، بروجن (نگارنده)

کله‌بال[۲۱۹]: نوعی نمد تن‌پوش که چوپانان بر تن می‌کنند و بلندای آن تا زانو است و آستین‌کوتاهی دارد. این تن‌پوش را چوپانان در تمام فصول بر تن دارند و آن‌ها را در تابستان از نفوذ گرما و در زمستان از نفوذ سرما محافظت می‌کند و بدون نقش و ساده است. وزن آن متناسب با قدشان از یک کیلو تا سه کیلو است. نسبت به کرک سبک‌تر و راحت‌تر است و در همه مدت سال می‌توان از آن استفاده کرد. هانری رنه دالمانی (۱۳۷۸:۱۰۰۰)، در سفرنامه از خراسان تا بختیاری، در باب لباس روستائیان استان چهارمحال و بختیاری در فصل زمستان چنین نوشته است، یک شنل نمدی خشن روی دوش می‌اندازند که دارای آستین‌های کوتاهی است...این روپوش نمدی یکپارچه درسته شده به‌طوری خشن و سفت است که نمی‌توان آن را تا کرد. آستین‌های آن بر شانه عمود است.

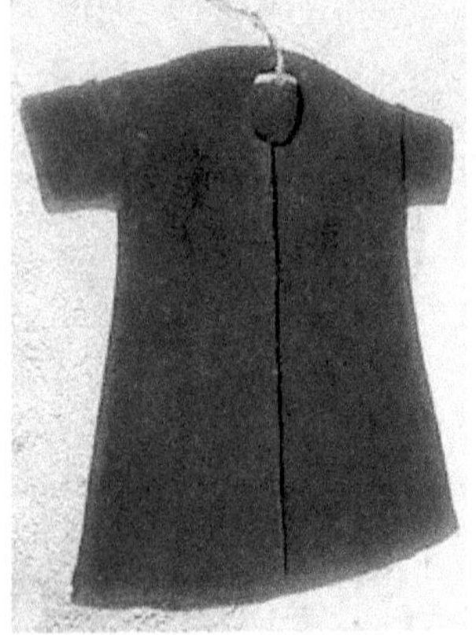

عکس ۳-۱۲۶، کله‌بال، بروجن (نگارنده)

۳-۷-۴-۲ کلاه نمدی

لباس به‌عنوان یکی از عناصر فرهنگی هر قوم و ملتی است. لباس ابتدا به‌عنوان یک تن‌پوش بود اما به‌مرورزمان، عقاید، باورها و تمام مسائل فرهنگی در این چهارچوب قرار گرفت. در کنار پوشاندن بدن، عناصر فرهنگی و فکری خودش را در این قالب گنجاند. یکی از بخش‌های مهم بدن آدمی، سر هست که به‌عنوان افضل بدن از آن یاد می‌شود. بشر در طول تاریخ با پوشش و تزئیناتی که برای سر انتخاب کرده بود نه‌تنها قصد محافظت از آن را داشت بلکه همان‌گونه که مهم‌ترین عامل شناسایی هر فرد بخشی از سر او یعنی صورت

[219]Kalebal

بوده، سر نیز در معرفی موقعیت و طبقه اجتماعی، سن و نظام اعتقادی به‌صورت یاری رسانده است. لباس بختیاری و قشقایی از سه قسمت عمده، سرپوش، تن‌پوش و پاپوش تشکیل‌شده است. یکی از پوشش‌هایی که سر را می‌پوشاند، کلاه هست. درگذشته در کشور ما، کلاه، بخش جدانشدنی از لباس مردان به شمار می‌رفت .کلاه در بین عشایر ایران ازجمله بختیاری‌ها و قشقایی‌ها تنها بخشی از لباس و نوعی پوشش نیست بلکه یک نماد پرراز و رمز است که کارکردها و جنبه‌های مفهومی، اجتماعی و آیینی آن به‌مراتب مهم‌تر و برجسته‌تر است .درگذشته قلمرو کلاه نمدی گستره‌ای وسیع از شمال خلیج‌فارس تا خراسان و گیلان را در برمی‌گرفت. امروزه در بسیاری از مناطق ایران دیگر مورداستفاده قرار نمی‌گیرد؛ اما در بین همه لرزبانان رایج و تنها تفاوت آن در نوع رنگ و اندازه کلاه مورداستفاده است. کلاه نمدی به رنگ سیاه، تنها در بین بختیاری‌های ساکن استان چهارمحال و بختیاری و استان خوزستان استفاده می‌شود. لرهای کهگیلویه و بویراحمد و لرستان از کلاه نمدی بارنگ قهوه‌ای تیره و نخودی استفاده می‌کنند. کلاه نمدی سیاه در روستاهای چهارمحال و روستاهای اطراف اصفهان هنوز مورداستفاده قرار می‌گیرد. کلاه نمدی در بین اهالی دیلمان در استان گیلان نیز هنوز طرفدارانی دارد. رنگ این کلاه معمولاً قهوه‌ای است. در بین قشقایی‌ها نیز نوعی کلاه نمدی نخودی و سفیدرنگ (گاهی قهوه‌ای) که به کلاه دوگوشی معروف است و شبیه به تاج هست، رواج دارد. درگذشته استفاده از کلاه نمدی در بین ساکنان ساحل شمالی خلیج‌فارس به‌ویژه در استان بوشهر نیز رواج داشته است. کلاه در میان کردها «کولاد»، در زبان پهلوی «کولاف» در بین گیلک‌ها «کوله» در لهجه سنگسری «کلف» در بین سمنانی‌ها «کوله» در لهجه نطنزی «کله» و در لهجه طبری «کلا» نام دارد.

کلاه بختیاری که در گویش محلی «کُلَه[220]» نامیده می‌شود، پوششی است گرد، از جنس نمد (پشم)، بیشتر به رنگ سیاه و گاهی به رنگ قهوه‌ای روشن یا قهوه‌ای تیره و درگذشته سفید، بدون لبه، از پائین به بالا گشادتر، پایین آن سفت‌تر و فرم و شکل آن نیمکره بوده و معمولاً شکل سر را به خود می‌گیرد. اندازه آن در طول زمان نوسان داشته و در حال حاضر نزدیک به ۱۲ سانتیمتر است. ضخامت نمد کلاه حدود ۵ میلی‌متر و جنس آن مرغوب و خیلی نرم باشد. این کلاه عقب و جلو ندارد و هر طور و از هر طرفی که روی سر گذاشته شود تفاوتی نمی‌کند. درروی سر به سمت عقب، جلو، چپ و راست قرار داده می‌شود.

ماده اولیه کلاه از پشم گوسفند، گاهی کرک بز (پشمی که لابه‌لای موی بز است) و نوع مرغوب آن از کرک شتر است که در اثر رطوبت، فشار و حرارت درهم‌تنیده شده و نوعی منسوج را به وجود می‌آورد. برای بالا بردن کیفیت کلاه، صابون و زرده تخم‌مرغ نیز به ماده اولیه افزوده می‌شود. بر قسمت سقف و فوقانی کلاه معمولاً سه سوراخ به‌عنوان هواکش و جلوگیری از تعرق تعبیه می‌کنند. گاه برای جلوگیری از چرک شدن و تعریق کلاه داخل آن را با پارچه‌ای که به آستر معروف است می‌پوشانند. نمدهای کهنه و فرسوده قابل‌تبدیل به نمدهای کوچک‌تر برای مصارف دیگری هستند. نمد که قابلیت انعطاف‌پذیری زیادی دارد، بسیار ارزان و مواد اولیه آن به‌آسانی تهیه و در دسترس هست. ابزار کار برای تهیه نمد نیز ساده و ارزان است. نمدمالان نیز مزد اندکی برای تولید آن دریافت می‌کنند. کلاه در کارگاه‌های نمدمالی و توسط نمدمال و کلاه‌مال ساخته می‌شود. در دیرباز کارگاه‌های نمدمالی در شهرهای شهرکرد و بروجن فعال بودند.

۳-۷-۴-۲-۱ انواع کلاه نمدی در استان چهارمحال و بختیاری

---

[220] kola

کلاه نمدی مورداستفاده اقوام بختیاری و قشقایی ازلحاظ فرمی متفاوت هستند. کلاه‌ها به رنگ‌های مشکی، قهوه‌ای و سفید و طوسی هستند.

کلاه خسروی سفید: این نوع کلاه درگذشته مورداستفاده قرار می‌گرفت. بعد از وضع قانون «اتحاد شکل البسه و تبدیل کلاه» مصوب مورخ ششم دی‌ماه هزار و سیصد و هفت شمسی مجلس شورای ملی، کلیه اتباع ایران در داخل مملکت مکلف گردیدند بالباس متحدالشکل و کلاه پهلوی و نیم‌تنه بافته‌شده در ایران ملبس گردند. متخلفان نیز به حبس تا هفت روز محکوم می‌شدند. این قانون در شهرها از سال ۱۳۰۸ و در روستاها از سال ۱۳۰۹ شمسی اجرا گردید. با تصویب این قانون، مأمورین شهربانی و ژاندارمری بر مردم فشار زیادی آوردند و درنتیجه استفاده از کلاه نمدی سفید در بختیاری تقریباً منسوخ گردید. امروزه از این نوع کلاه استفاده نمی‌شود. بسیاری از بزرگان، جنگجویان و سواران از این کلاه استفاده می‌کردند. بسیاری از سواران بختیاری در جنگ‌های مشروطه نیز کلاه‌سفید بر سر داشتند.

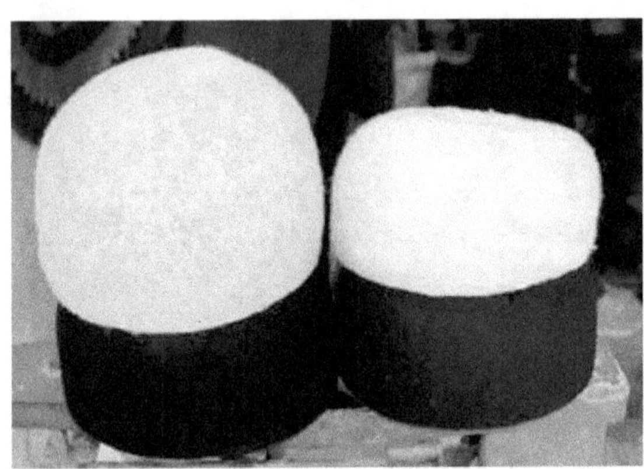

عکس ۳-۱۲۷، کلاه خسروی سفید و مشکی، بروجن (نگارنده)

کلاه خسروی سیاه: سیاه‌رنگ و به شکل استوانه است این کلاه به ارتفاع ۱۰ الی ۱۲ سانتی‌متر و ضخامت ۴ الی ۶ میلی‌متر است. انتهای آن اندکی برآمده هست و از ارتفاع آن نسبت به کلاه‌های قدیمی (کلاه‌سفید) به‌طور محسوس کاسته شده است اما نسبت به دیگر کلاه‌های مشابه از ارتفاع و مرغوبیت بیشتری برخوردار است. بعد از منسوخ شدن استفاده از کلاه‌سفید، این نوع کلاه در بین بختیاری‌ها رواج عمومی پیدا کرد. این کلاه شباهت بسیاری با کلاه پارسی دوره هخامنشیان و استوانه‌ای شکل، تصویر شده در حجاری‌های تخت جمشید دارد و این نشان از قدمت این کلاه در بین ایرانیان دارد.

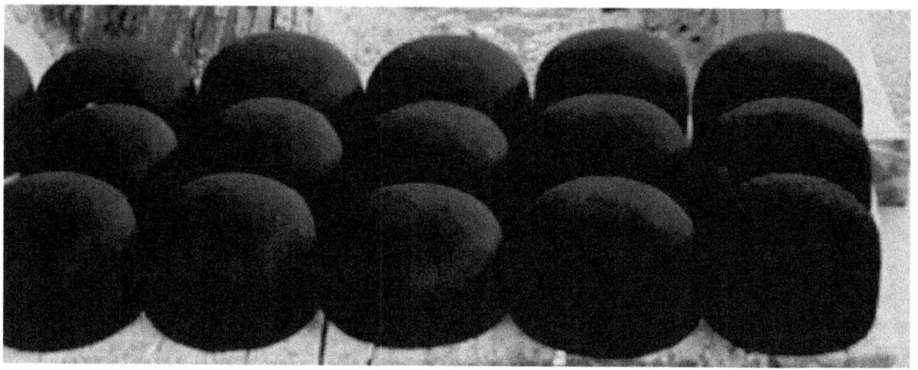

عکس ۳-۱۲۸، کلاه خسروی مشکی، شهرکرد، کارگاه مهدی شیخ‌شاهرخ (نگارنده)

شب‌کلاه: شوکله [۲۲۱] این کلاه بیشتر توسط جوانان مجرد، چوپانان، افراد کم‌درآمد و گاهی به هنگام کار مورداستفاده قرار می‌گیرد. این کلاه از یک نمد ضخیم‌تر و ضعیف‌تر ساخته‌شده، معمولاً رنگ آن قهوه‌ای روشن یا قهوه‌ای تیره و نخودی و به شکل نیم‌دایره است. برخلاف کلاه خسروی که خشک و انعطاف‌ناپذیر است این کلاه نرم بوده و به‌راحتی قابل تا شدن هست. به علت دارا بودن این خصوصیت و نیز رنگ چرک تاب آن بیشتر مورداستفاده چوپانان و برزگران قرارگرفته است علت نام‌گذاری آن به «شب‌کلاه» این است که چون چوپان‌ها هنگامی‌که گله را برای چرا به کوه می‌بردند، مجبور بودند شب را نیز در کنار گله باشند این کلاه را از سر برنمی‌داشتند و با همین کلاه می‌خوابیدند و سر را بر روی قطعه‌سنگی یا اشیای می‌گذاشتند و کلاه حائل سر و آن شی بوده است؛ اما به نظر می‌رسد از دیرباز ایرانیان شب‌کلاه را در شب بر سر می‌گذاشتند چنانکه در شعر آمده است:

سرم ز می چو شود گرم پادشاه خودم   چو شمع افسر من شد کلاه شب‌پوشم

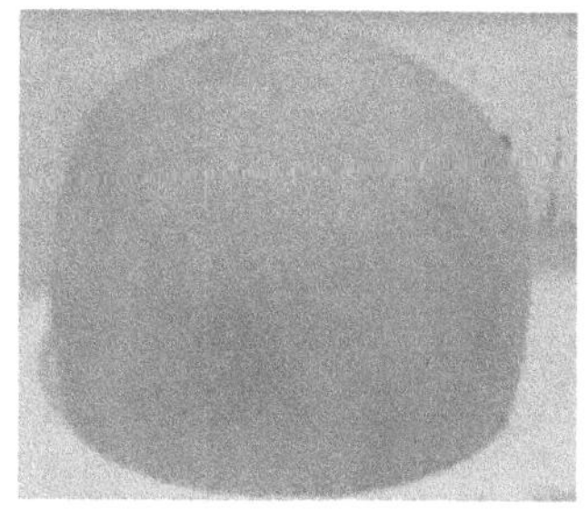

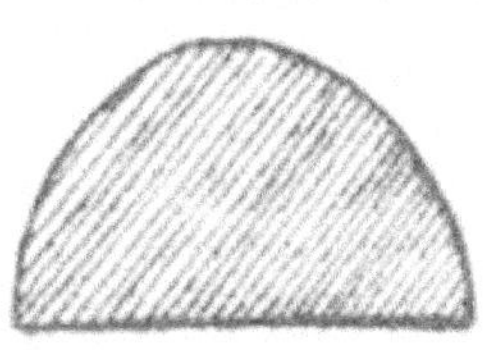

عکس ۳-۱۲۹، شب‌کلاه، شهرکرد، (نگارنده)

کلاه قشقایی: نوعی کلاه نمدی که دارای دو گوش هست به همین دلیل بانام کلاه دو گوش یا برک [۲۲۲] دوگوشی شناخته می‌شود. گرچه امروزه به‌جز در مناطق عشایر نشین و مراسم رسمی به‌ندرت از این کلاه استفاده می‌شود اما همچنان به‌عنوان یکی از نمادهای ظاهری این قوم مورداستفاده بوده و به رنگ‌های سفید و طوسی و نخودی از کرک شتر و پشم گوسفند تهیه می‌شود. کلاه قشقایی‌ها تا زمان مرحوم اسماعیل‌خان

[221] show kola
[222] Berk

قشقایی (معروف به صولت الدوله) ایلخانی قشقایی یعنی حدود سال‌های ۱۳۲۰ نظیر سایر کلاه‌های ایرانی و بدون لبه بود اما ایلخانی قشقایی طرح آن را شبیه تاج به کلاه‌دوزان شیراز عرضه کرد و دو لبه بر روی آن ایجاد نمود و توجیه آن اعلام داشت: «این کلاه بدین شکل درمی‌آید تا بدانید که هر قشقایی برای خود شاهی است.» «این کلاه به شیوه‌های مختلف مورداستفاده قرار می‌گیرد و درگذشته شیوه گذاشتن کلاه برای اقشار و طبقات خاص متفاوت بوده است. چنان‌که خم کردن یکی از لبه‌ها به جلو مخصوص خوانین بوده یا در جلو سر یا عقب سر قرار دادن کلاه تا حدودی نشانه وضعیت روحی فرد به شمار می‌رفت و افرادی که سرحال و بانشاط‌تر بودند غالباً کلاه را به سمت جلو می‌گذاشتند یا بعضاً جهت جلوگیری از آفتاب لبه کلاه را خم می‌نمودند و یا در سرما و بارندگی دو لبه را کاملاً پایین و روی گوش‌ها می‌کشیدند. انتخاب رنگ سفید و طوسی نیز تا حدودی تابع سن و موقعیت فرد بود. شمار تهیه‌کنندگان این نوع کلاه به دلیل کاهش استفاده بسیار محدودشده و برای کودکان کلاه‌هایی با طرح‌های رنگی روی آن و باقیمت ارزان تهیه می‌شود.

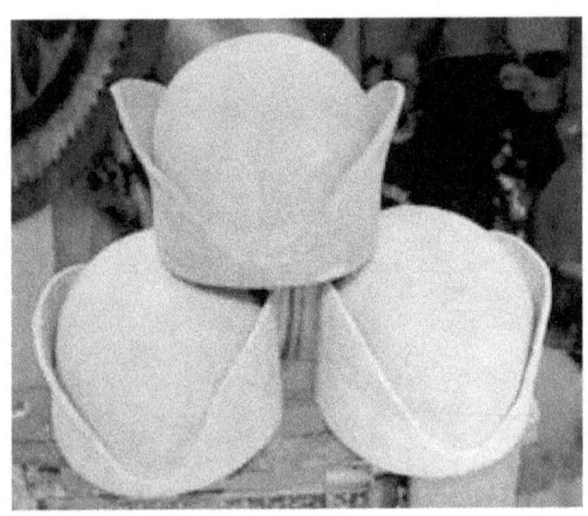

عکس ۳-۱۳۰، کلاه قشقایی، بروجن، کارگاه علی‌محمد خنچه‌ای (نگارنده)

کلاه‌های نمدی را می‌توان ازلحاظ اندازه و ارتفاع به بزرگ یا بلند، متوسط و کوچک یا کوتاه نیز تقسیم‌بندی کرد که با تقسیم‌بندی فوق مطابقت دارد یعنی کلاه‌های سفید بلند، کلاه خسروی سیاه متوسط و شب‌کلاه نوع کوتاه آن است. امروزه کلاه‌مالان به ساخت و پرداخت سه نوع کلاه می‌پردازند، کلاه خسروی و شب‌کلاه و کلاه قشقایی.

۳-۳ تولید کلاه نمدی در استان چهارمحال و بختیاری

مراحل تولید کلاه از سایر محصولات نمدی متفاوت است و معمولاً در کارگاه‌های مجزا صورت می‌گیرید. ماده اصلی موردنیاز کلاه‌مالان پشم گوسفند وارداتی و کرک بز نائین است، اما به دلیل کیفیت بیشتر پشم گوسفند استفاده از کرک بز منسوخ‌شده است. کلاه‌مال به‌طور تقریبی برای هر کلاه معمولی ۱۰۰ گرم و برای کلاه‌های بلند ۱۵۰ گرم پشم گوسفند استفاده می‌کند.

۳-۳-۱ مواد اولیه و ابزارهای مورداستفاده در کلاه‌مالی

ابزارهای مورداستفاده کلاه‌مالان شامل: دستگاه حلاجی، کمان و مشته جهت حلاجی سنتی، تاوه، کوره، سنگ مهره، سنگ‌پا، سمباده، قیچی، چوب کلاه‌مالی، قالب‌های چوبی در سایزها و اندازه‌های متنوع، صابون نمدمالی، تیغه، اره، سوهان، روغن، شانه مخصوص کلاه‌مالی و پاتیل رنگرزی هستند.

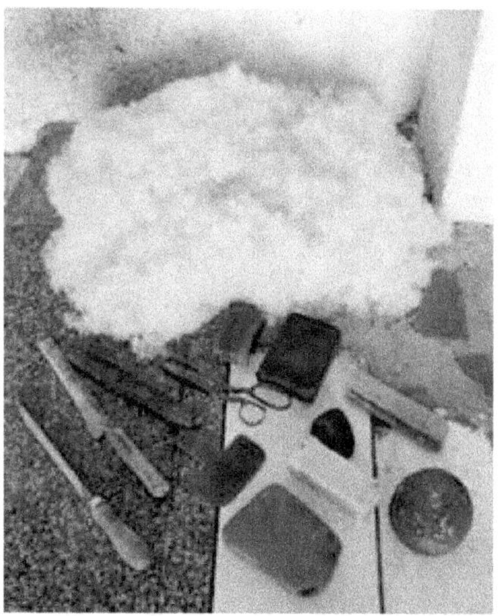

عکس ۳-۱۳۱، ابزارهای کلاه‌مالی (نگارنده)

مواد اولیه مورداستفاده در رنگرزی کلاه نمدی شامل، رنگ‌های جوهری، پوست انار[۲۲۳]، جفت[۲۲۴]، زدو، زاج سیاه، آب‌آهک و گل‌سفید هستند.

کوره: اصلی‌ترین ابزار در کلاه‌مالی کوره است، شکل اصلی کوره شامل یک چاله زیر تاوه به عمق ۱۵ سانتی‌متر و به قطر ۵۰ سانتی‌متر بود و کلاه‌مالان درون آن زغال‌های سرخ‌شده می‌ریختند تا سطح تاوه را گرم کند، در اطراف چاله یک برآمدگی در حدود ۷ سانتی‌متر وجود دارد که با تاوه شیب مناسب دارد و به سطح اتکا معروف است، کلاه‌مال به شکل نشسته در کنار کوره قرار می‌گرفت و اقدام به تولید کلاه می‌کرد. کلاه‌مالان به دلیل سختی کار بر روی زمین و کهولت سن ناچار به تغییر فرم نشستن در حین تولید کلاه شدند، به این منظور از یک استوانه فلزی روباز که معمولاً از فلزهای بازیافتی مانند بدنه آبگرمکن‌های قدیمی مورداستفاده است و یک مشعل کوچک به‌عنوان منبع گرما که با سوخت گاز روشن می‌شود را جایگزین زغال کرده‌اند. کلاه‌مال در فرم نوین یک صندلی در کنار کوره قرار می‌دهد و بر روی آن می‌نشیند و تاوه کلاه‌مالی را بر روی استوانه فلزی قرار سی‌دهد.

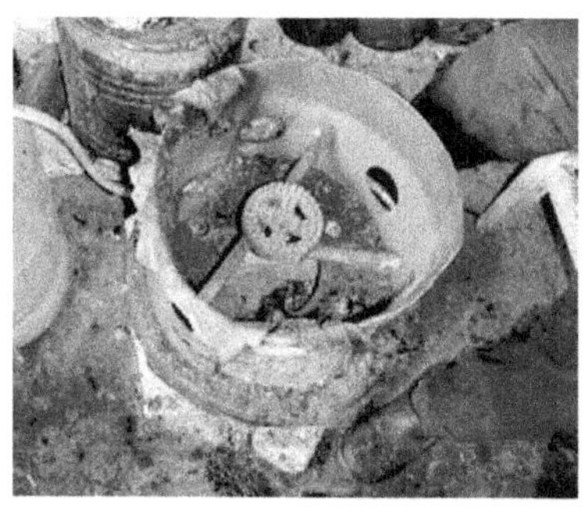

عکس ۳-۱۳۲، کوره (نگارنده)

---

[223] Pomegranate _ Punico Granatum

[۲۲۴] Oak _ Quercus Species، جفت پوسته بین مغز و پوست میوه بلوط است که از آن رنگ بژ به دست می‌آید.

تابه: ظرفی مسطح و مدور از جنس آهن که وسط آن اندکی گود است. اندازه تابه از دهانه کوره بزرگ‌تر است و بر روی آن قرار می‌گیرد. کلاه‌مالان در اصطلاح محلی آن را تووه[۲۲۵] می‌نامند.

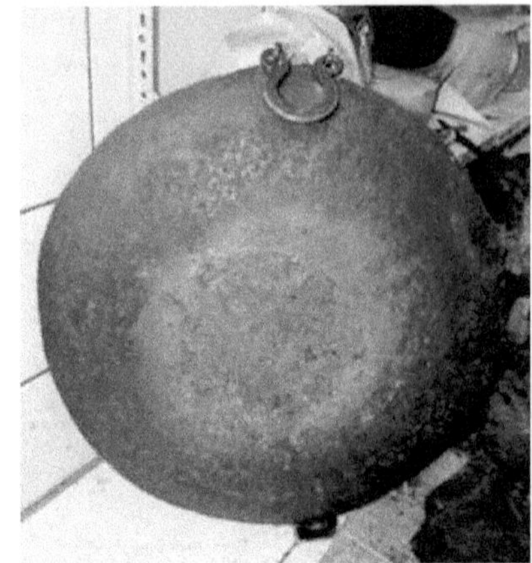

عکس ۳-۱۳۳، تابه کلاه‌مالی (نگارنده)

قالب کلاه: قالب‌های کلاه به شکل استوانه و از جنس چوب هستند در قسمت بالایی قالب فرم طاق کلاه را می‌تراشند و کلاه را بعد از شکل‌گیری درون قالب قرار می‌دهند تا شکل نهایی حاصل شود.

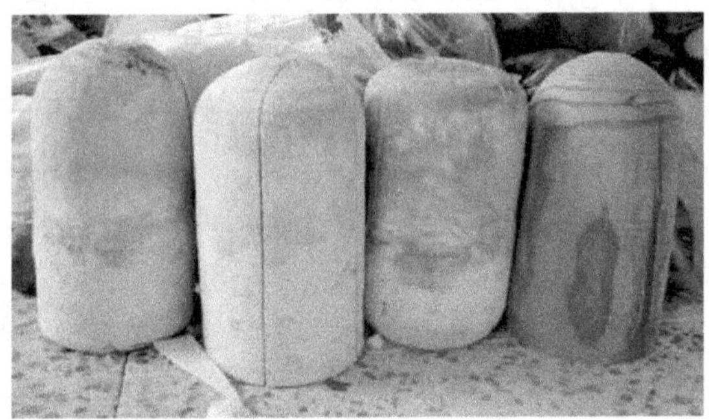

عکس ۳-۱۳۴، قالب‌های کلاه (نگارنده)

ساخت کلاه بختیاری و قشقایی کاملاً به هم شبیه هستند، فقط کلاه قشقایی در مراحل ابتدایی لبه کلاه به سمت بیرون حالت داده و با قیچی فرم دوگوشی بر روی آن اجرا می‌شود." کلاه‌های بختیاری به شکل مدور و از پشم مشکی ساخته می‌شود. برای پرمایه‌تر کردن رنگ مشکی طبیعی، پشم را در رنگ ساخته‌شده از هسته بلوط (جفت) فرومی‌برند. کلاه‌های قشقایی کاملاً متفاوت است و به رنگ بژ تهیه می‌شود به شکل تاجی که لبه‌هایش به بالا برگردانده و از اطراف بریده‌شده است."(گلاک، ۱۳۵۵: ۲۸۵).

۳-۳ -۲ فن‌شناسی کلاه نمدی

هنرمندان کلاه‌مال درگذشته به روش سنتی پشم موردنیاز را حلاجی می‌کردند، اما امروزه برخی از کلاه‌مالان اقدام به خرید دستگاه حلاجی در اندازه کوچک نموده و هرروز به‌اندازه مصرفشان پشم را حلاجی

[225] Toveh

می‌نمایند، این امر موجب سهولت در دسترسی به پشم حلاجی‌شده می‌شود همچنین بر کیفیت کلاه تولیدشده نیز مؤثر است.

حلاجی: کلاه‌مالان پشم‌های شسته و گردگیری شده را با دستگاه حلاجی کرده و سپس به کارگاه تولید کلاه می‌آورند و در کارگاه کلاه‌مالی اقدام به تولید کلاه می‌کنند. حلاجی پشم برای تولید محصولات نمدی با هر کاربردی مشابه است و ازلحاظ تکنیکی یکسان است. کلاه‌مال درصورتی‌که از کرک بز استفاده کند ابتدا کمی کرک‌ها را با دست بازکرده و با کمک یک تیغه‌ی فلزی آن‌ها را می‌برد و سپس به‌وسیله کمان حلاجی می‌کنند که در این صورت کرک پف‌کرده و نرم و سبک شده و از هم جدا و آماده کار می‌شود. (عکس ۳-۱۵ حلاجی سنتی)

طبقه‌گیری: کلاه‌مال ابتدا کوره را روشن کرده و پشم حلاجی‌شده را به شکل دایره روی تاوه گرم قرار می‌دهد، با کمک دست بر روی پشم‌ها فشار کمی وارد می‌کند تا آن‌ها درهم نسج شوند و به شکل دایره درآیند و ضخامت موردنظر حاصل شود، در این صورت یک طبقه یا یک انگاره تولید می‌شود. کلاه نمدی از سه‌طبقه مشابه و یک اندازه و یک طبقه کوچک‌تر به نام بچک تولید می‌شود. طبقه اول طاق کلاه یا رویه و طبقه دوم آستر داخل کلاه و طبقه سوم یا بچک لبه کلاه و طبقه چهارم بدنه کلاه را تشکیل می‌دهند، کلاه‌مال این طبقات نمدی را در این مرحله تهیه می‌کند. حرارت زیر تاوه باید ملایم باشد تا از سوختن پشم و آسیب دیدن کلاه‌مال جلوگیری شود.

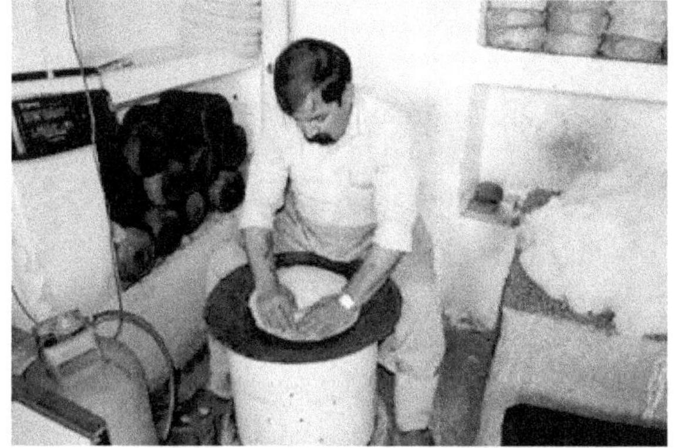

عکس ۳-۱۳۵، طبقه‌گیری (نگارنده)

پیوند دادن: کلاه‌مال بر روی تاوه یک گونی پهن می‌کند و روی آن آب و صابون می‌ریزد، ابتدا طبقه آستر و رویه را روی‌هم قرار داده و سپس روی آن‌ها آب و صابون می‌ریزد، اصطلاحاً پف و نم می‌زند و سپس یک‌تکه گونی دیگر روی آن‌ها پهن می‌کند، این گونی مانع از حرکت و جدا شدن طبقه‌های آستر و رویه می‌شود. کلاه‌مال مرتباً آب و صابون را به‌وسیله ابر بر روی گونی ریخته و بر روی آن فشار کمی با کمک دودست وارد می‌کند این کار را تا زمانی که آستر و رویه درهم چفت‌وبست شوند یا قوام یابند و به ضخامتی در حدود یک الی نیم سانتی‌متر برسد ادامه می‌دهد، این مرحله در حدود ۵ دقیقه انجام می‌شود.

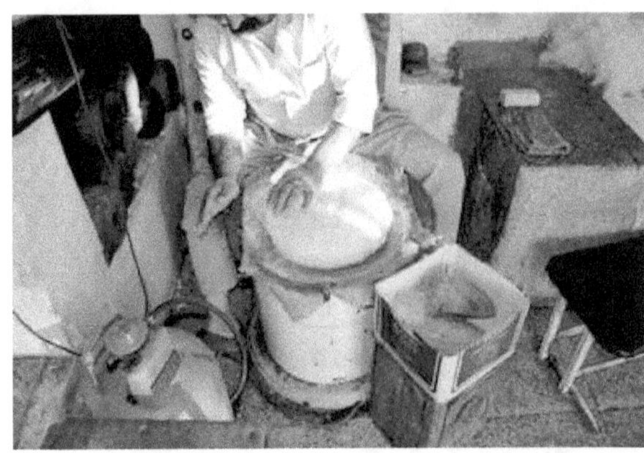

عکس ۳-۱۳۶، قرار دادن آستر و رویه بر روی گونی (نگارنده)

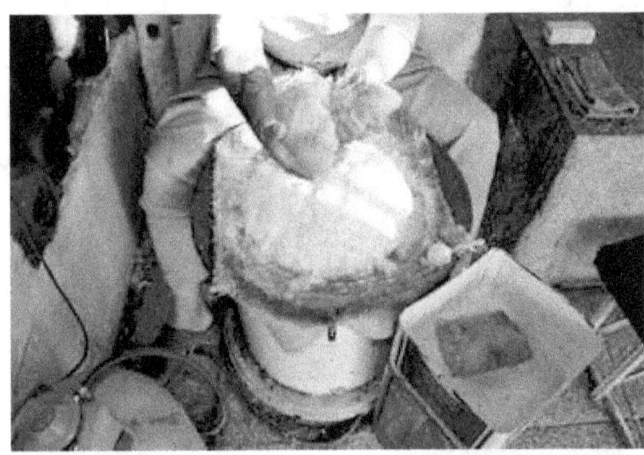

عکس ۳-۱۳۷، ریختن آب و صابون بر روی آستر و رویه (نگارنده)

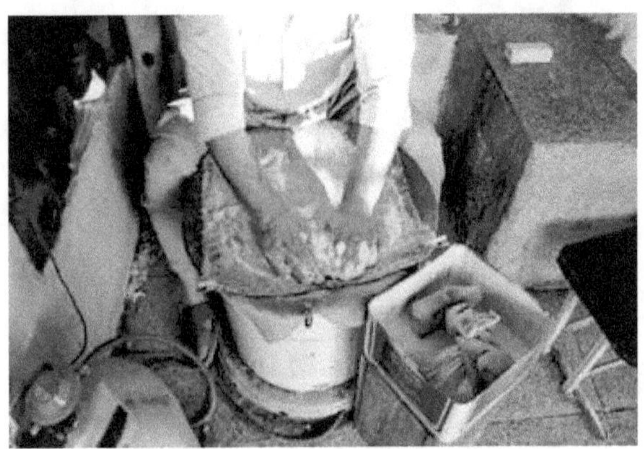

عکس ۳-۱۳۸، قرار دادن گونی بر روی آستر و رویه و فشار دادن بر روی گونی (نگارنده)

کلاه‌مال سپس گونی را از روی آستر و رویه جمع کرده و یک‌تکه چرم یا پارچه به شکل مربع یا نیم‌دایره وسط آن قرار می‌دهد، این قطعه برای مشخص کردن وسط کلاه است و مانع از درهم‌تنیده شدن طبقات اول به بچک می‌شود.

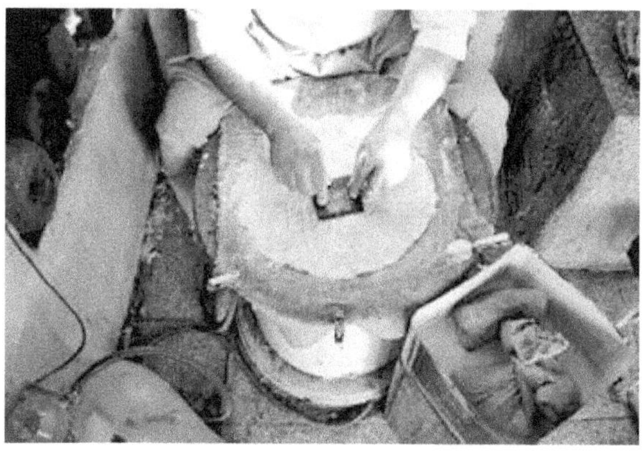

عکس ۳-۱۳۹، قرار دادن قطعه‌ی چرمی بر روی آستر و رویه (نگارنده)

کلاه‌مال بچک را روی طبقات قبلی به مرکزیت طبقه‌ی قبلی قرار می‌دهد و آب و صابون روی آن می‌ریزد و مجدداً با کمک دودست بر روی آن فشار می‌کند تا بچک با طبقات زیرین قفل و بست شود.

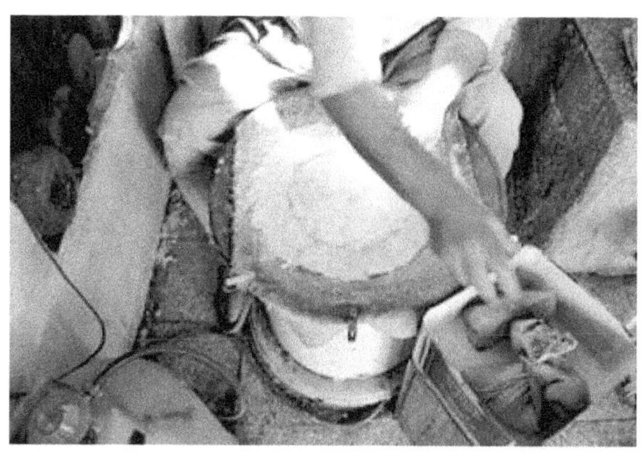

عکس ۳-۱۴۰، قرار دادن بچک بر روی آستر و رویه (نگارنده)

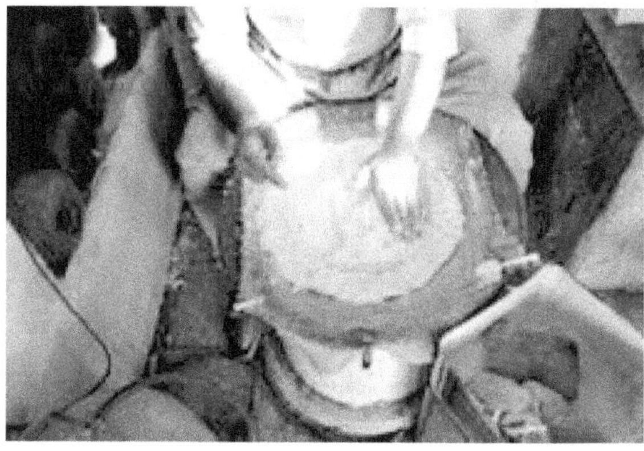

عکس ۳-۱۴۱، پیوند دادن بچک با آستر (نگارنده)

کلاه‌مال در مرحله بعدی لبه‌های طبقات زیرین (آستر و رویه) را روی بچک برمی‌گرداند و با دست روی آن می‌مالد و سعی می‌کند هیچ‌گونه چروکی بر روی لبه‌ی برگردانیده شده نباشد و این لبه به طبقه‌ی زیرین متصل شود یا به‌اصطلاح لب بگیرد و درصورتی‌که در قسمتی ضخامت کلاه نازک باشد یا به‌اصطلاح کمبود

مشاهده شود؛ با افزودن پشم حلاجی‌شده جبران می‌شود.

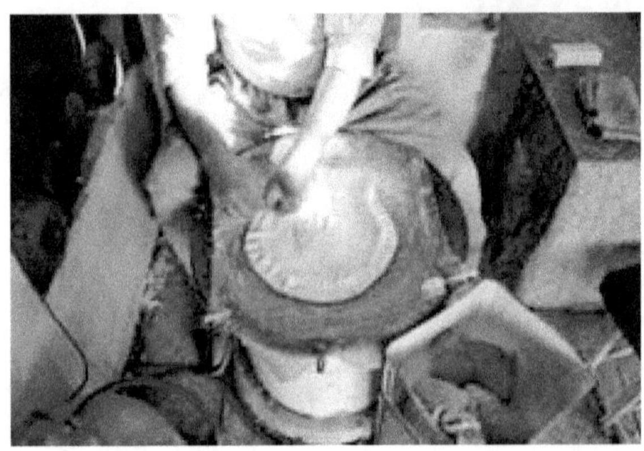

عکس ۳-۱۴۲، برگرداندن لبه‌های آستر و رویه بر بچک و پیوند دادن آن‌ها (نگارنده)

کلاه‌مال سپس شروع به چیدن طبقه چهارم یا بدنه کلاه که شامل پشم حلاجی‌شده است روی طبقه قبلی می‌کند به این صورت که از لبه‌ی بیرونی، پشم‌های حلاجی‌شده باضخامتی شبیه طبقه اول و دقیقاً به‌اندازه همان روی طبقات زیرین قرار می‌دهند و آب و صابون را روی آن می‌ریزند و با دست بر روی آن فشار کمی وارد می‌کند تا بدنه کلاه در آستر چفت‌وبست شود اما اندازه آن کمی از طبقات قبلی بیشتر است. کلاه‌مال سپس کلاه را برگردانده و لبه‌های طبقه‌ی چهارم را به رویه‌ی کلاه یا طاق کلاه پیوند می‌دهد و مرتباً چروک‌های به وجود آمده را با دست‌باز می‌کند. درواقع طبقه اول، رویه یا طاق کلاه به بدنه کلاه چفت‌وبست می‌شود، بدنه به بچک، بچک یا دهانه‌ی کلاه به آستر و آستر به رویه یا طاق کلاه چفت‌وبست می‌شوند یا پیوند می‌گیرند.

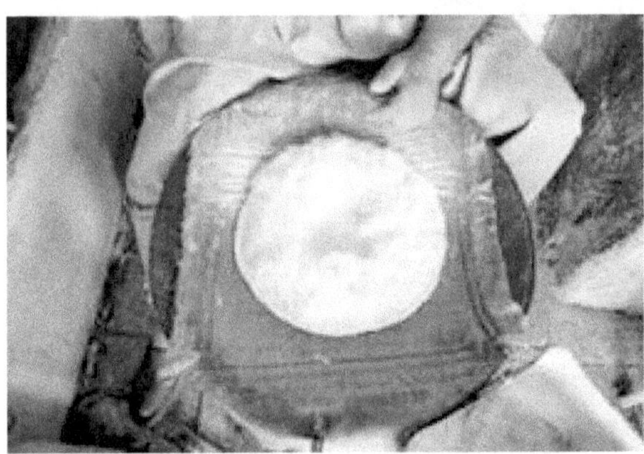

عکس ۳-۱۴۳، ریختن طبقه‌ی چهارم (نگارنده)

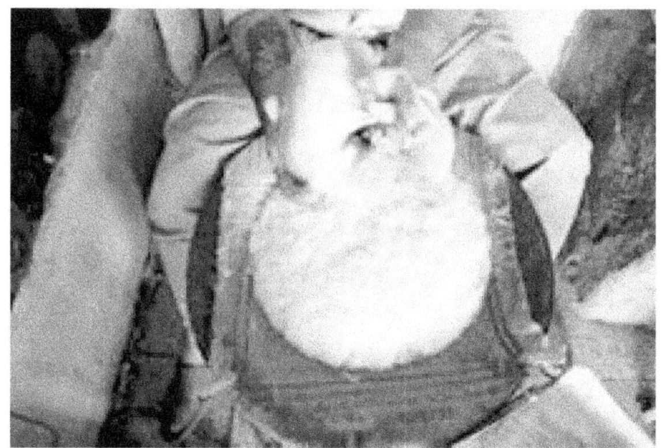

عکس ۳-۱۴۴، ریختن آب و صابون بر روی طبقه‌ی چهارم (نگارنده)

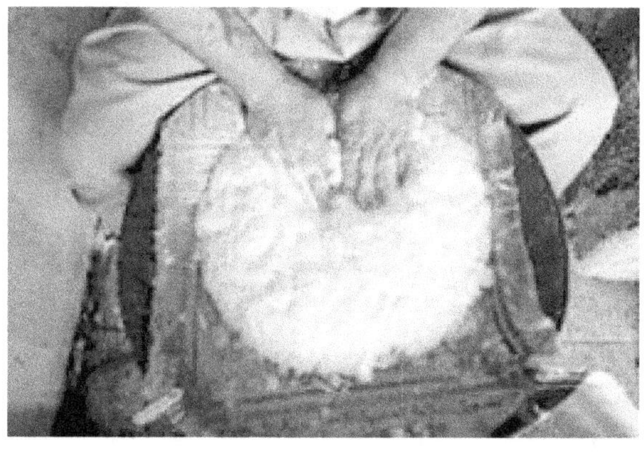

عکس ۳-۱۴۵، پیوند دادن طبقه‌ی چهارم با طبقات قبلی به‌وسیله آب و صابون (نگارنده)

کلاه‌مال سپس در وسط کلاه را به‌وسیله انگشت یک حفره به وجود می‌آورد و لبه‌ی دایره‌ای شکل به وجود آمده در وسط کلاه را شکل می‌دهد تا فرم دهانه کلاه را بگیرد، این حفره به‌مرور به‌وسیله دست و انگشتان هنرمند کلاه‌مال باز می‌شود و دهانه‌ی کلاه شکل می‌گیرد. کلاه‌مال به درون این حفره فوت می‌کند؛ به این صورت طبقات اولیه از دوطبقه دیگر فاصله می‌گیرد. تمام مراحل کلاه‌مالی روی تابه و حرارت ملایم انجام می‌شوند تا الیاف پشم در هم فرووروند و نسج گونه شوند. کلاه‌مال سپس کلاه را برمی‌گرداند و لبه‌های طبقه‌ی چهارم با رویه پیوند می‌دهد.

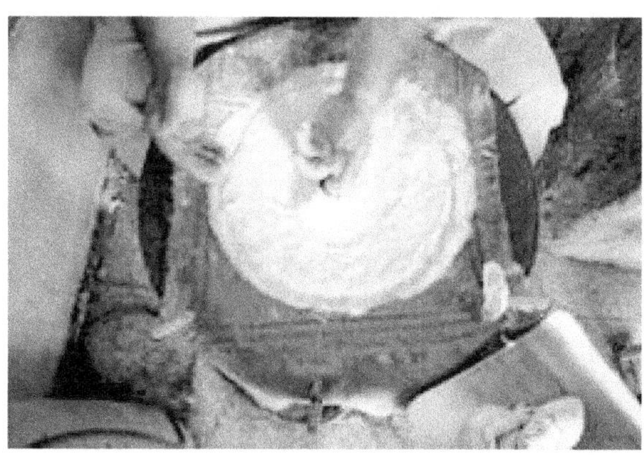

عکس ۳-۱۴۶، ایجاد کردن حفره بر روی طبقه‌ی چهارم (نگارنده)

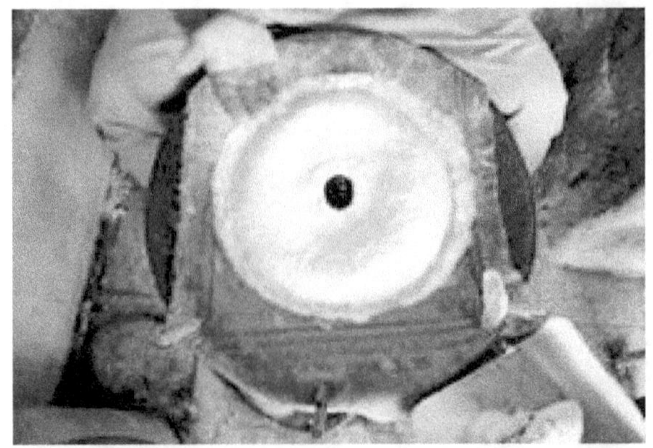

عکس ۳-۱۴۷، جدا شدن طبقات بعد از فوت کردن درون کلاه (نگارنده)

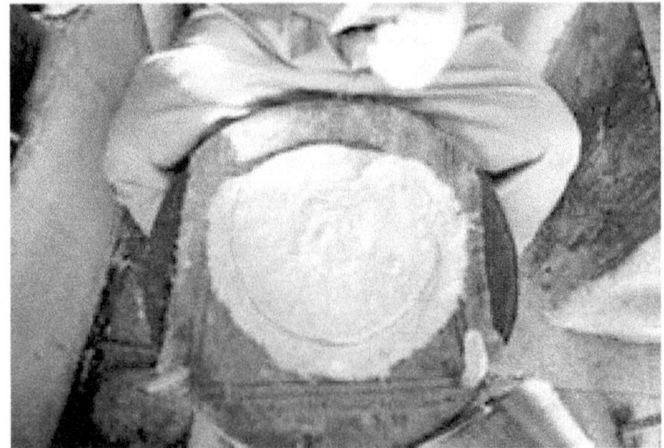

عکس ۳-۱۴۸، برگرداندن کلاه و پیوند دادن لبه‌های طبقه‌ی چهارم با رویه (نگارنده)

لوله کردن و مالیدن کلاه: کلاه‌مال دهانه کلاه را جمع کرده و آن را به‌صورت یک لوله‌ی نمدین درآورده و شروع به مالیدن آن بر روی تاوه می‌کند.

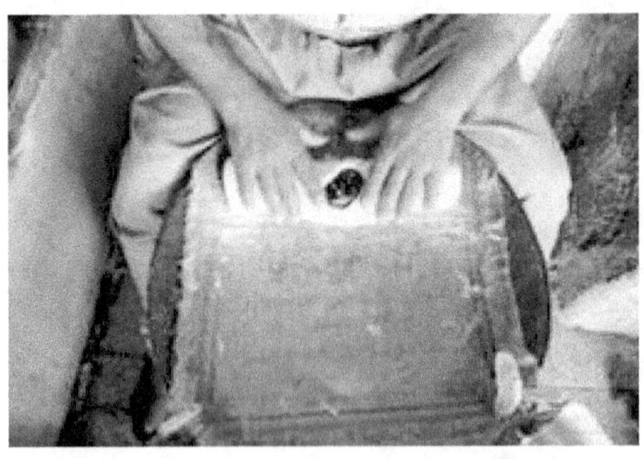

عکس ۳-۱۴۹، لوله کردن کلاه و مالیدن (نگارنده)

کلاه‌مال مرتباً کلاه را باز می‌کند و چروک‌های به وجود آمده بر روی کلاه را با کمک دست برطرف می‌کند، سپس قطعه‌ی چرمی را از درون کلاه خارج می‌کند و پیوندریزی را ادامه می‌دهد به این صورت که کلاه را مرتباً لوله‌کرده و مالش می‌دهند و آب و صابون خارج‌شده از کلاه را از روی تاوه با کمک یک‌تکه ابر

برمی‌دارند و کلاه را بازکرده و از سمت دیگر لوله‌کرده و مالش می‌دهند به این مرحله تیغ زدن می‌گویند، به این دلیل که بر چهارگوشه‌ی کلاه لبه‌های تیزی مانند لبه‌ی تیغ ایجاد می‌شود.

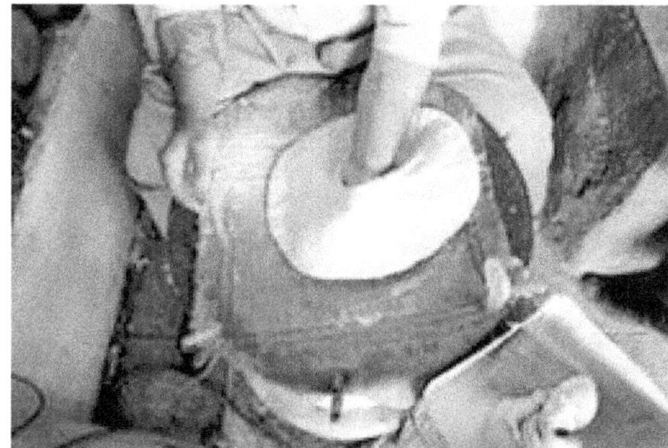

عکس ۳-۱۵۰، باز کردن دهانه‌ی کلاه (نگارنده)

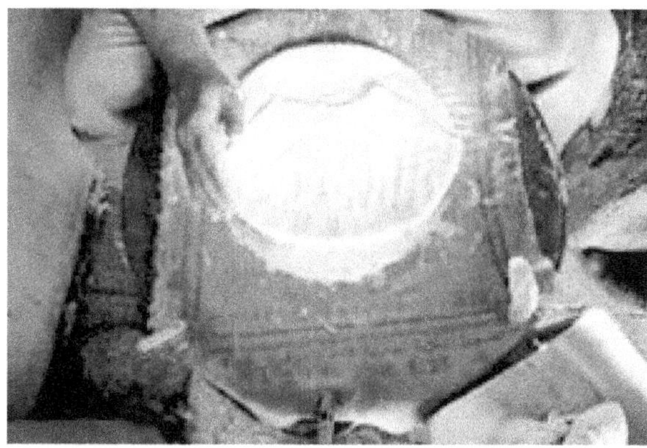

عکس ۳-۱۵۱، تیغ زدن کلاه (نگارنده)

کلاه‌مال ضخامت کلاه را مرتباً بر اساس تجربه‌اش اندازه‌گیری می‌کند و به قسمت‌هایی از کلاه که نازک شده باشد یا اصطلاحاً کمبود دارد، پشم حلاجی‌شده اضافه می‌کند و روی آن با صابون نمدمالی می‌کشد. در بین مالیدن نیز کلاه را در دست می‌گیرد و دهانه را آن راکمی باز می‌کند، در این مرحله کلاه به شکل اصلی‌اش نزدیک می‌شود. کلاه‌مال در مرحله اول مالیدن کلاه به‌آرامی و با فشار کم کلاه را می‌مالد که آن را اصطلاحاً شل‌مال می‌نامند. شل‌مال کردن کلاه تقریباً ۲-۳ ساعت زمان نیاز دارد تا الیاف پشم به‌خوبی درهم‌تنیده شود و کلاهی بادوام تولید شود و سپس به سفتی فشار داده و دوباره رها می‌کند این مرحله را اصطلاحاً سفت‌مال می‌نامند که کلاه‌مال با تکرار و فشار بسیار کلاه‌ها را می‌مالد. یک کلاه‌مال در روز پیوندریزی ۳-۴ کلاه پیوند ریزی می‌کند در انتهای روز کلاه‌های پیوندریزی شده را باهم لوله‌کرده و به مدت ۱-۲ ساعت باهم می‌مالد مرتباً کلاه‌ها را می‌مالد و باز می‌کند و از سمت دیگر لوله می‌کند و می‌مالد و آب و صابون اضافی را از آن خارج می‌کند کلاه‌مال در مرحله سفت‌مال گاهی کلاه را بازکرده و بر روی دست سعی می‌کند لبه کلاه را شکل دهد و پشم‌های اضافی کلاه را می‌گیرد.

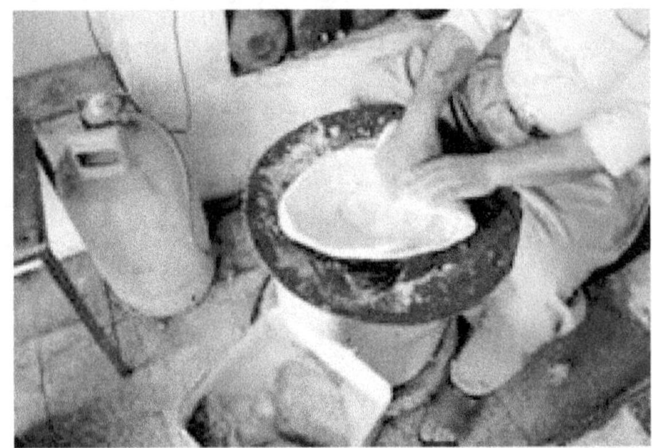

عکس ۳-۱۵۲، لوله کردن چند کلاه باهم و مالیدن آن‌ها (نگارنده)

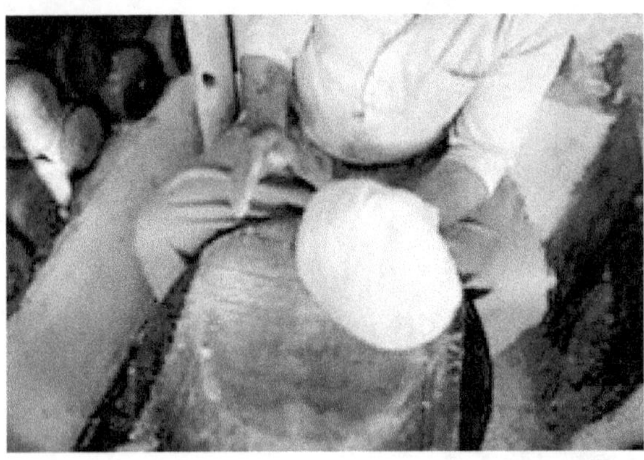

عکس ۳-۱۵۳، شکل دادن به کلاه (نگارنده)

ترکیب دادن کلاه: کلاه‌مال نمد حاصل‌شده را به‌وسیله دست از قسمت سوراخ گرفته و با حرکت دادن دست درون کلاه آن‌ها باز می‌کند و مجدداً به‌وسیله آب و صابون می‌مالد؛ و به آن کمی شکل کلاه می‌دهد، در این مرحله، کلاه بسیار بزرگ و نازک است و احتیاج دارد تا آرام‌آرام شکل اصلی به خود بگیرد. کلاه‌مال مجدداً هر کلاه را به‌صورت تکی یا به‌صورت لوله شده با چند کلاه دیگر می‌مالد و آب و صابون اضافی آن‌ها را خارج می‌کند.

کلاه‌مال برای تولید کلاه‌های دوگوشی قشقایی در این مرحله زمانی که رویهٔ کلاه شکل گرفت، لبهٔ آن را به جلو می‌کشد به‌طوری‌که در مورد کلاه‌های قشقایی معروف است، دو لبه‌ی کلاه را روی‌هم خم کرده و با قیچی به شکل نیم‌دایره می‌برد. کلاه‌مال، کلاه‌های خام تولیدشده را که اصطلاحاً خامه می‌نامند، می‌شوید تا آب و صابون درون آن‌ها به‌طور کامل خارج شود و سپس کلاه خام را جهت فرم گرفتن و خشک شدن با کمک سنگ مهره درون قالب جای می‌دهند و حدود یک ساعت جهت خشک شدن در مقابل نور خورشید قرار می‌دهد.

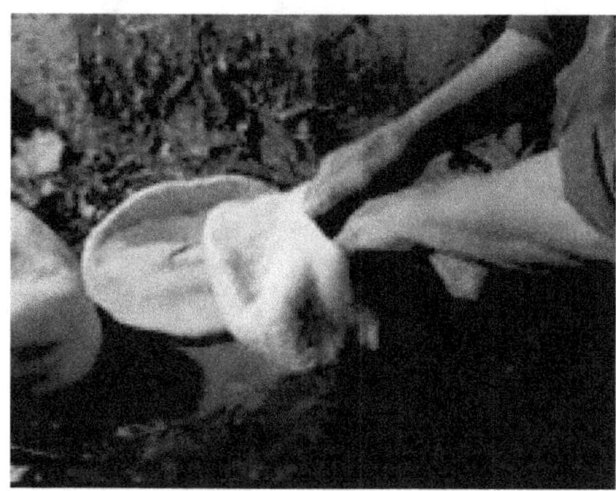

عکس ۳-۱۵۴، باز کردن دهانه کلاه (نگارنده)

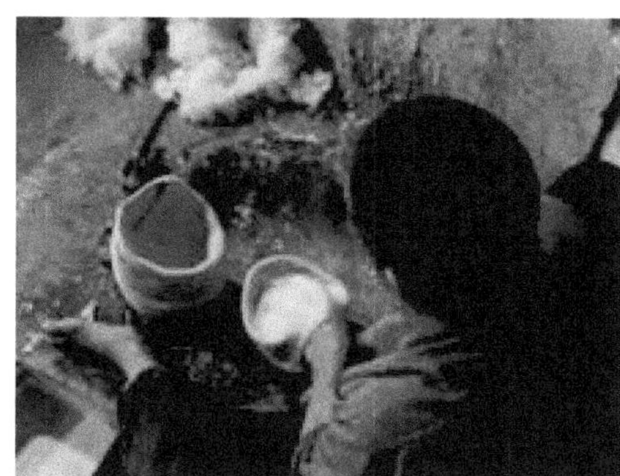

عکس ۳-۱۵۵، کلاه قبل از قرار گرفتن در قالب، کلاه نمدی تقریباً شکل اصلی خود را گرفته، (نگارنده)

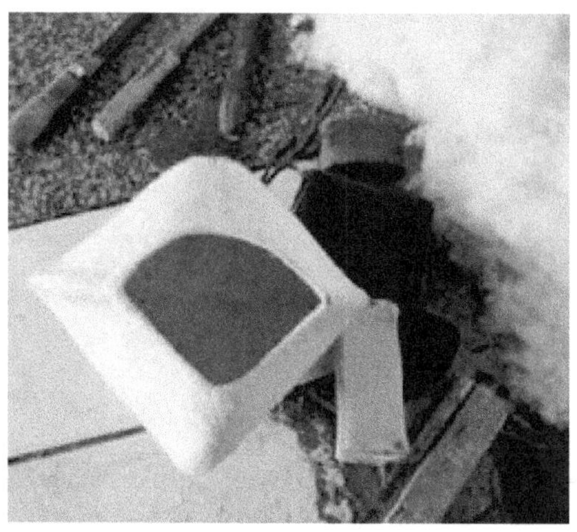

عکس ۳-۱۵۶، دهانه‌ی کلاه قبل از قالب‌گیری (نگارنده)

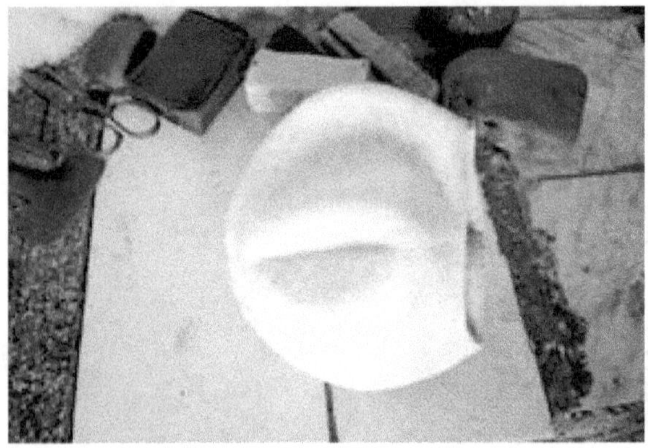

عکس ۳-۱۵۷، کلاه قبل از قالب‌گیری (نگارنده)

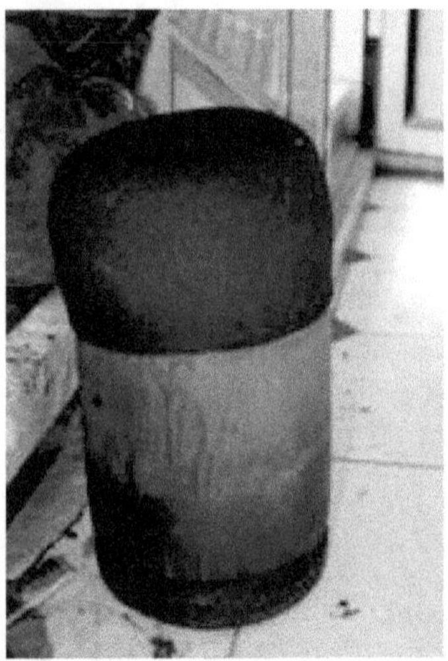

عکس ۳-۱۵۸، قرار دادن کلاه درون قالب (نگارنده)

کلاه‌مالی صرفاً در یک کارگاه انجام نمی‌شود و ممکن است تمام مراحل ساخت و عرضه به بازار توسط یک نفرانجام شود و یا گروهی از کلاه‌مالان در یک کارگاه مراحل تهیه‌ی مواد اولیه و تولید و عرضه به بازار هرکدام توسط شخص دیگری انجام شود. در این صورت به تولیدکنندگان کلاه، کلاه‌مال و به رنگرزان کلاه، کلاه دوزی می‌گویند. مراحل تولید کلاه خام آن چنانکه که در بالا گفته شد در کارگاه کلاه‌مالی و مراحل نهایی برای عرضه به بازار در کارگاه کلاه دوزی انجام می‌شود.

۳-۳-۳ رنگرزی

کلاه‌مال به رنگ‌هایی نیاز دارد که در مقابل سایش، شستشو، نور خورشید، حرارت، رطوبت، گردوخاک و... دارای حداکثر مقاومت باشد. مواد رنگ‌زای مورداستفاده در رنگرزی کلاه نمدی به دودسته طبیعی و شیمیایی، تقسیم می‌شوند.

رنگرزی سنتی: کلاه‌مال در فرآیند رنگرزی سنتی از مواد رنگ‌زای طبیعی با رنگینه‌های باثبات کامل استفاده می‌کند و با توجه به منبع استخراج آن‌ها در سه گروه زیر قرار دارند "آن‌هایی که از مواد معدنی به

دست می‌آیند، مثل خاک سرخ؛ مواد رنگی به‌دست‌آمده از جانوران، مانند قرمز دانه و صدف فرفری؛ رنگ‌دانه‌های به‌دست‌آمده از ریشه، گل، برگ، میوه و پوست نباتات. گیاهان رنگ‌زا نیز خود به سه دسته تقسیم می‌شوند:

الف) گیاهان رنگ‌زای بدون مازوج شامل روناس، اسپرک، نیل، چغندر، پوست پیاز؛

ب) گیاهان رنگ‌زای با مازوج نظیر پوست انار، بلوط (جفت)، پوست گردو، گزنه؛

ج) گیاهان رنگ‌زای غیرمرسوم نظیر زعفران، گنیما، شوند، لرگ و تیره سرخاب " (وکیلی، ۱۳۸۳: ۱۸).

کلاه‌های تولیدشده به رنگ سفید هستند و اغلب رنگ کلاه‌های مصرفی مشکی، قهوه‌ای و نخودی است. کلاه‌مالان بعد از شکل دادن کلاه اقدام به رنگرزی آن‌ها می‌کنند، در این صورت کلاه را قبل از خشک شدن باید رنگ کرد.

در طی رنگرزی ماده رنگ‌زا در درجه حرارت هدایت‌شده و زمان مشخص، داخل الیاف پشم نفوذ کرده و آن را رنگ می‌کند. در رنگرزی سنتی ابزاری نظیر ظرف (پاتیل) و همزن مورداستفاده قرار می‌گیرد. همچنین نمک‌های فلزی مثل انواع زاج، مواد قلیایی مثل آمونیاک و ماده اصلی یعنی آب که محیط رنگرزی را تشکیل می‌دهد، در فرایند رنگرزی سنتی کاربرد گسترده‌ای دارند. کلاه‌ها را برای تثبیت و رنگ‌پذیری بیشتر دندانه می‌دهند، درواقع دندانه در تشکیل پیوند شیمیایی بین رنگینه و الیاف پشم نقش بسیار مؤثری را ایفا می‌کند.

رنگ قهوه‌ای: رنگرزی کلاه نمدی قهوه‌ای شامل دو مرحله است، در مرحله اول رنگرزی ابتدایی، سپس دندانه کردن؛ به این منظور ابتدا پوست انار را باپوست درخت جفت (بلوط) مخلوط کرده و درون آب می‌ریزند در حدود ۳-۴ روز نگه می‌دارند تا در اثر فعل‌وانفعالات شیمیایی مواد رنگ‌زا استخراج شوند یا اصطلاحاً ترش شوند. کلاه‌مال ۱۰۰-۱۵۰ کلاه‌های نیمه‌خشک را درون پاتیل به‌صورت حلقه‌ای می‌چینند و آب انار و جفت را روی آن می‌ریزند تا کلاه‌ها کاملاً در آب و مخلوط پوست انار غوطه‌ور شوند و به مدت ۸ ساعت آن‌ها را می‌جوشانند و ۲۴ ساعت بدون حرارت دم می‌گذارند تا مواد رنگی گیاهی کاملاً درون کلاه نفوذ کنند، سپس کلاه‌ها را از این محلول خارج کرده و آستر و رویه را خشک می‌کنند و اصطلاحاً سیخ می‌گیرند تا خشک شود.

در زمان‌های بسیار دور، رنگرزان برای نتیجه‌گیری بهتر از عملیات رنگرزی الیاف، از مواد کمکی مانند اسیدهای آلی استفاده می‌کردند که باید دارای مزه‌ای‌ترش باشند. موادی نظیر دوغ، آهک یا هیدروکسید کلسیم، کشک، آب‌پنیر، لیموعمانی و ادرار شتر یا گاو ازجمله موادی هستند که از قدیم در رنگرزی الیاف مورداستفاده داشتند. کلاه‌مال شهرکردی برای ثبات رنگ قهوه‌ای، کلاه‌ها را به مدت یک ساعت در آب‌آهک قرار می‌دهد، سپس برای شستشوی نهایی آن‌ها را در آب جاری و زلال آن‌قدر می‌شوید که دیگر اثری از آهک در آن نباشد، اصطلاحاً به آب می‌بندند.

رنگ سیاه: از دیگر دندانه‌هایی که در رنگرزی به کار می‌رود زاج سیاه یا سولفات آهن است این دندانه چون باعث تیره شدن رنگ‌ها می‌شود. در مواردی که فام دلخواه تیره باشد مورداستفاده قرار می‌گیرد. رنگرزی کلاه نمدی مشکی شامل دو مرحله است، در مرحله اول رنگرزی ابتدایی، سپس دندانه کردن و رنگرزی توأم؛ کلاه‌مال کلاه‌های رنگ‌شده با جفت و پوست انار را درون پاتیل آب جوش قرار می‌دهد و زاج سیاه را در آن

حل می‌کنند و آن‌ها را به مدت نیم ساعت می‌جوشانند در بین جوشاندن کلاه‌ها را برمی‌گردانند تا هم آستر و رویه به‌خوبی رنگ بگیرند و سپس آن‌ها را می‌شویند و درون آب تمیز به مدت یک ساعت قرار می‌دهد تا گرد اضافی ناشی از زاج سیاه از کلاه خارج شود. کلاه‌مال گاهی، پوست انار با زاج سیاه را می‌جوشاند و کلاه را به مدت ۲۴ ساعت در آن قرارداد تا رنگ بگیرد بعد کلاه‌ها را می‌شوید تا رنگ‌های اضافی آن درآید.

رنگ سفید: "گِل‌سفید طبیعی یک سنگ نرم، سفید، سفید مایل به خاکستری یا مایل به زرد (حاوی اکسید آهن) است که از تجزیه موجودات ریز دریایی حاصل‌شده است. "(رادرفورد ج. جتتنز جورج ال. استات، ۱۳۷۸: ۲۷). گِل‌سفید به علت رنگ سفید مخصوصش در رنگرزی کلاه‌سفید کاربرد دارد و پوشش رنگی خوبی بر روی پشم برجای می‌گذارد. کلاه‌مال برای به دست آوردن کلاهی به رنگ سفید، گِل‌سفید[۲۲۶] را با زدو[۲۲۷] به دلیل داشتن خاصیت چسبندگی استفاده می‌کند.

رنگ نخودی: کلاه‌مال برای به دست آوردن کلاهی به رنگ نخودی، در هنگام مالیدن کلاه پس از شکل‌گیری، مقداری زاج سیاه بر روی تابه ریخته و کلاه را بر روی آن می‌مالند، بدین شکل زاج در اثر حرارت آب‌شده و کلاه به رنگ نخودی درمی‌آید.

رنگ‌های شیمیایی: این دسته رنگ‌های را رنگ جوهری می‌نامند، یک پودر رنگی است که به آب در حال جوش افزوده می‌شود و کلاه‌ها را درون آن به مدت نیم ساعت درون آن می‌جوشانند تا رنگ بگیرد، سپس خارج کرده و آب اضافی آن را می‌گیرد.

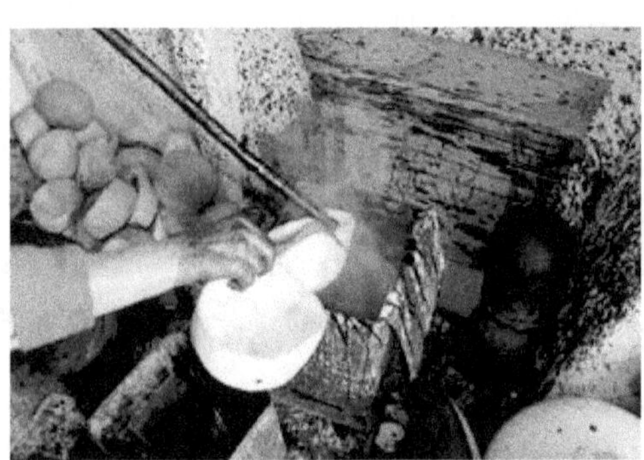

عکس ۳-۱۵۹، رنگرزی کلاه بارنگ‌های شیمیایی (نگارنده)

[226] Chalk

[۲۲۷] زدو صمغی است شفاف که از درختان بادام‌کوهی، زردآلو، آلبالوی وحشی و... به دست می‌آید؛ اما عمده‌ی مصرف این گیاه مربوط به درخت بادام‌کوهی است. این صمغ را «صمغ فارسی» و یا در مواردی «صمغ شیرازی» می‌نامند.

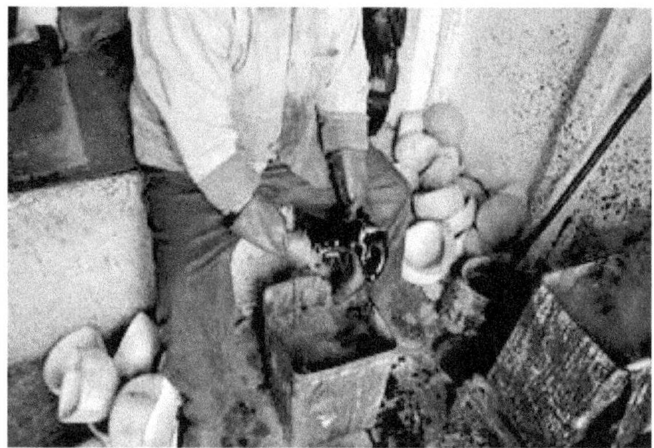

عکس ۳-۱۶۰، خارج کردن کلاه‌ها پس از رنگرزی (نگارنده)

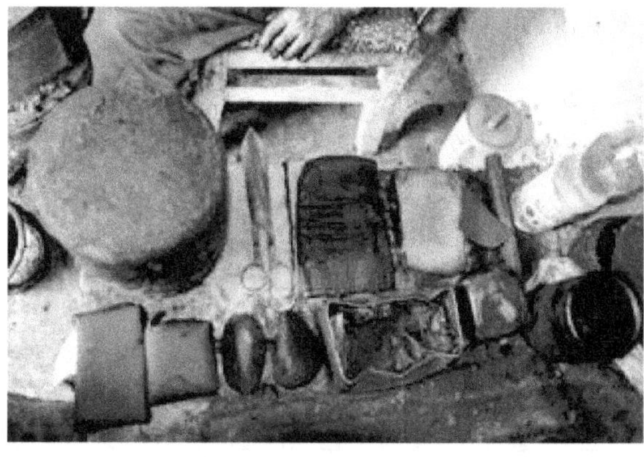

عکس ۳-۱۶۱، ابزارهای موردنیاز در پرداخت نهایی کلاه (نگارنده)

پرداخت کردن نهایی کلاه: پس از رنگ‌آمیزی کلاه مجدداً می‌بایست قالب‌زده، تمیز و آماده فروش شود. کلاه‌مال با چوب کلاه‌مالی کلاه را لوله‌کرده و بر روی تابه کلاه را می‌مالد و مرتباً آب و مواد رنگی برجای‌مانده را با فشردن کلاه خارج می‌کند و کلاه را بازکرده و با قرار دادن دست درون دهانه‌ی آن را شکل می‌دهد. کلاه‌مال با توجه به‌اندازه کلاه، آن را بر روی قالب موردنظر جای می‌دهد برای جای دادن کلاه گاهی از ضربات دست و گاهی از سنگ استفاده می‌کند، البته ضربات سنگ را به‌آرامی وارد می‌کند که در ترکیب دادن کلاه نیز مؤثر است، پس از جای دادن کلاه بر قالب آن را در مقابل نور خورشید خشک می‌کنند.

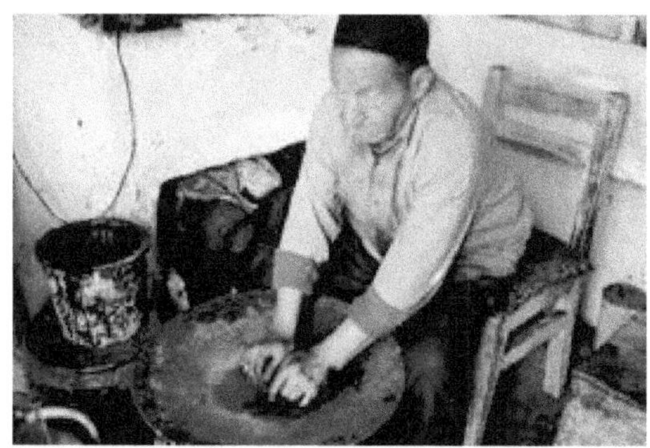

عکس ۳-۱۶۲، مالیدن کلاه پس از رنگرزی (نگارنده)

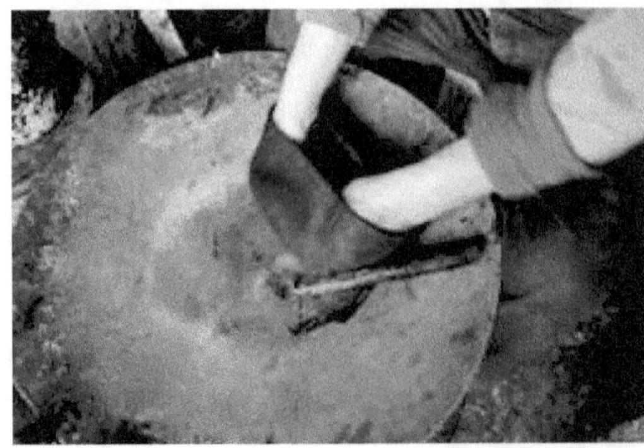

عکس ۳-۱۶۳، شکل داده به دهانه‌ی کلاه (نگارنده)

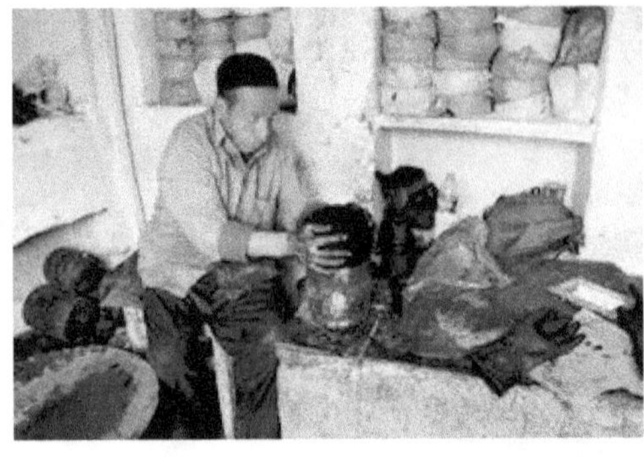

عکس ۳-۱۶۴، قرار دادن کلاه درون قالب (نگارنده)

آهار زدن: کلاه‌مال برای آهار زدن کلاه و خوش‌فرم شدن، صمغ درخت بادام را در آب جوشیده حل کرده و داخل آن می‌مالند که اصطلاحاً به آن زدو می‌گویند. کلاه قالب گرفته می‌شود و در آفتاب خشک می‌کنند.

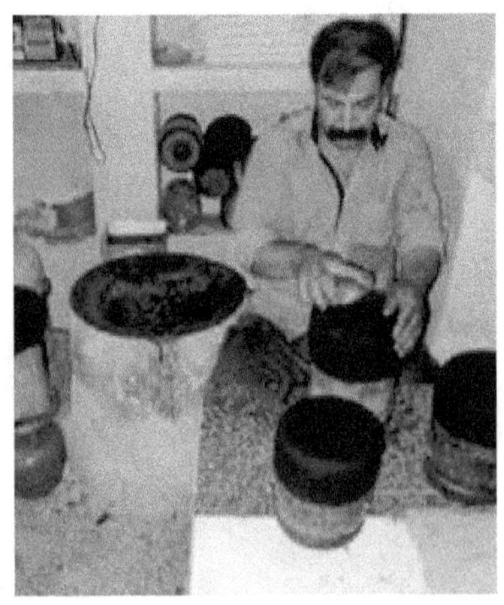

عکس ۳-۱۶۵، قرار دادن کلاه بر روی قالب به‌وسیله سنگ مهره (نگارنده)

کلاه‌مال، کلاه خشک‌شده را از قالب خارج کرده و با کمک سنگ‌پا و به‌وسیله حرکات دورانی پشم‌های اضافی کلاه را می‌گیرد و کلاه را به ضخامت معینی می‌رساند.

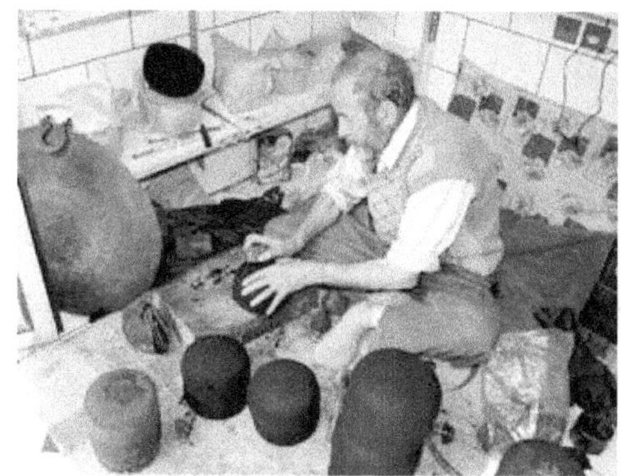

عکس ۳-۱۶۶، پرداخت کلاه به‌وسیله سنگ‌پا (نگارنده)

کلاه‌مال در مرحله بعد در حالت نشسته قرارگرفته و زانوی خود را به‌عنوان قالب کلاه، خم می‌کند و کلاه را بر سر زانویش قرار می‌دهد و با کمک شانه‌ای با دندانه‌های ظریف چوبی و متراکم به‌صورت حرکت دورانی پشم‌های بیرون زده خارج کلاه را می‌گیرد یا کلاه را روی پایش قرار می‌دهد و سطح داخلی را پرداخت می‌کند.

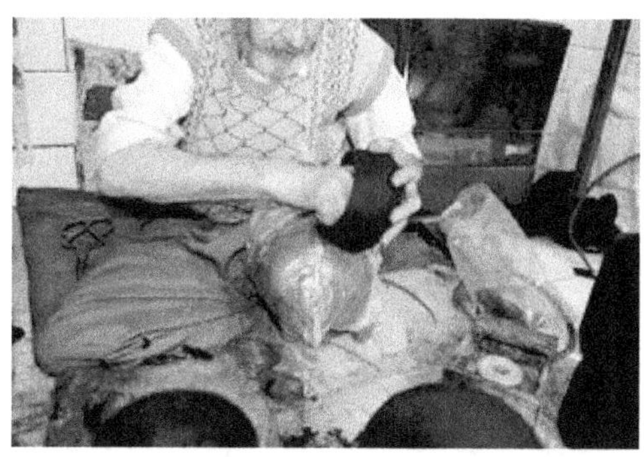

عکس ۳-۱۶۷، شانه کردن داخل کلاه (نگارنده)

پرزسوزی: کلاه‌مال با کمک شعله‌ی اتش موها و کرک‌های اضافی را می‌سوزاند یا اصطلاحاً پرزگیری می‌کند و سپس کرک‌ها و پشم‌های سوخته شده بر روی سطح کلاه را با استفاده از یک پارچه یا لیف می‌زداید، کلاه‌مال به‌وسیله تیغ مخصوص پشم‌های اضافی که از بین نرفته‌اند را می‌تراشد، اگر این کار انجام نشود سطح و رویه کلاه زبر و خشن می‌شوند.

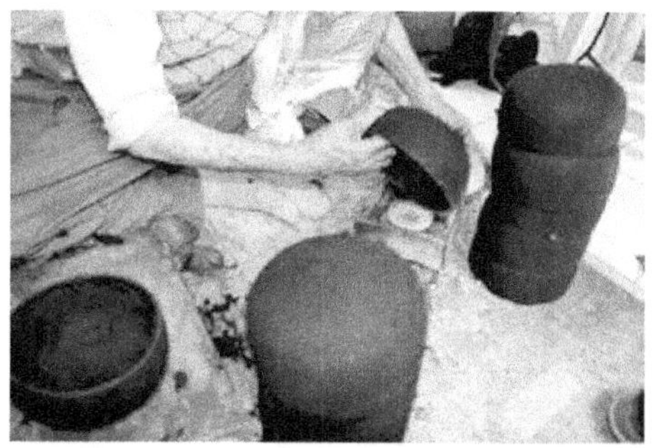

عکس ۳-۱۶۸، پرزسوزی کلاه با کمک آتش (نگارنده)

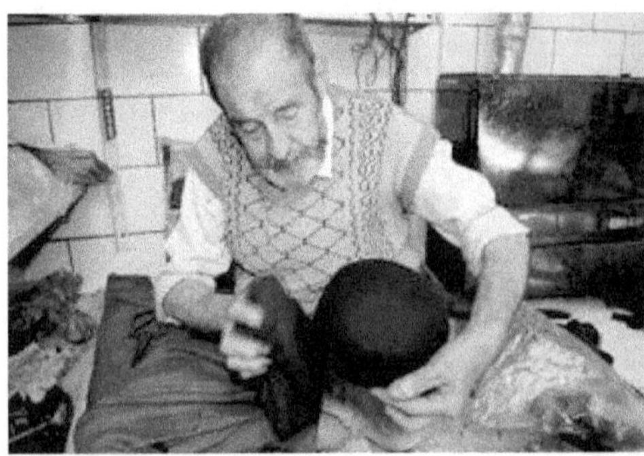

عکس ۳-۱۶۹، زدودن کرک‌ها و پشم‌های سوخته با کمک یک‌تکه پارچه (نگارنده)

کلاه‌مال برای ترکیب نهایی با کمک ابزار فلزی به شکل T بر روی کلاه به‌آرامی ضربه وارد می‌کند و بدین‌وسیله به کلاه شکل می‌دهد و با کمک تیغه پشم‌های اضافی بیرون زده در سطح کلاه را می‌گیرد.

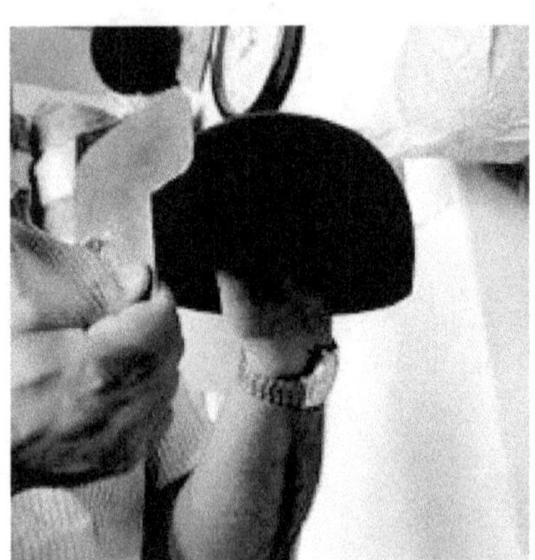

عکس ۳-۱۷۰، ترکیب دادن کلاه به‌وسیله ابزار فلزی (نگارنده)

کلاه‌مال برای به دست آوردن کلاه‌ی با لبه‌ی یکنواخت، لبه آن را روی تاوه لب‌سوزی می‌کنند و با قیچی لبه‌ی کلاه را به‌صورت یکدست قیچی می‌کند.

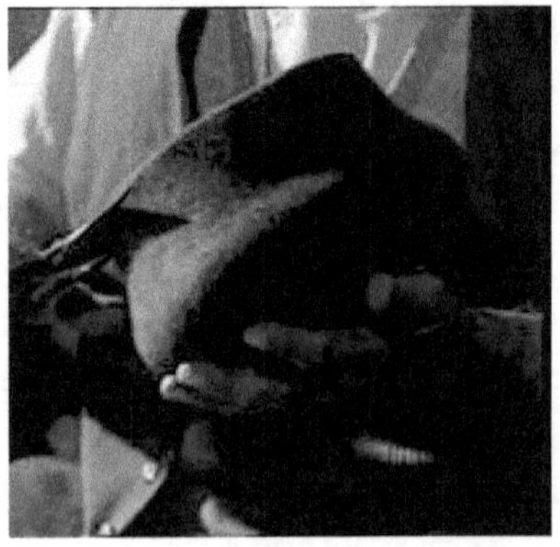

عکس ۳-۱۷۱، بریدن پشم‌های اضافی لبه کلاه (نگارنده)

قالب‌گیری و صیقلی کردن: کلاه‌مال، کلاه آماده‌شده را در معرض بخارآب روی کتری قرار می‌دهد تا نرم شود و به‌وسیله روغن مایع که درگذشته از روغن حیوانی استفاده می‌شد، سطح کلاه را چرب و براق می‌کند و کلاه را روی حرارت می‌گیرند تا چربی در آن نفوذ کند. کلاه‌مال، کلاه را در قالب چوبی یا سنگی که در سایزهای مختلف است فرومی‌کنند و مجدداً با سنگ‌پا و سمباده‌ی ظریف کلاه را پرداخت می‌کنند تا کلاه نرم و صاف شود و پشم آن حالت صیقلی و براق به خود بگیرد و به شکل قالب درآید و کلاه‌ها را به مدت ۲۴ ساعت درون قالب قرار می‌دهند.

ارائه به بازار: کلاه‌مال، کلاه بعد از خشک شدن و شکل‌گیری کامل از قالب درمی‌آورند. کلاه را با کیسه حمام تمیز می‌کند و داخل آن را مهر یا مارک مشخص‌کننده کلاه‌مال را می‌زند و کاغذ یا روزنامه‌ای دورش می‌پیچند و کلاه برای فروش آماده است.

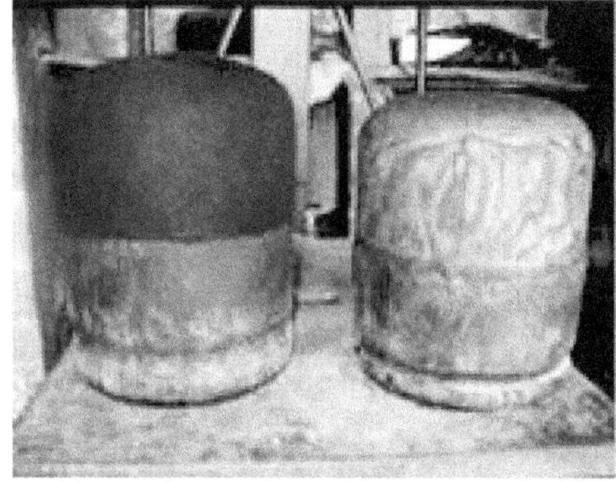

عکس ۳-۱۷۲، قرار دادن کلاه در قالب به‌منظور خشک شدن (نگارنده)

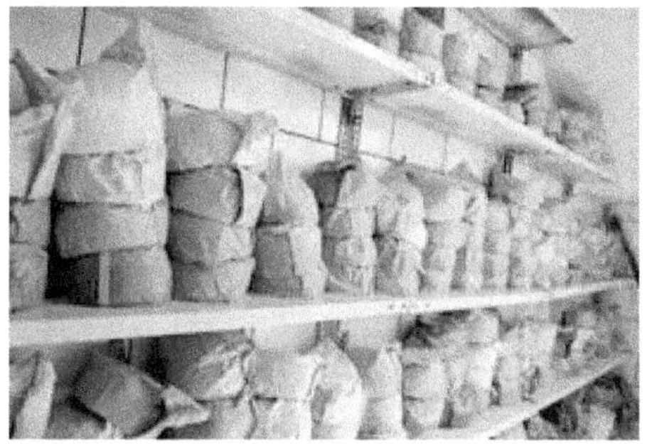

عکس ۳-۱۷۳، کلاه‌های نمدی آماده فروش (نگارنده)

مراحل تولید کلاه‌نمدی چنانکه گفته شد را می‌توان در یک کارگاه کوچک انجام داد، اما به دلیل تغییر زندگی و کم‌اهمیت شدن لباس‌های سنتی کلاه‌مالی رو به افول نهاده و بسیاری از کلاه‌مالان علاوه بر شغل کلاه‌مالی به مشاغلی دیگر می‌پردازند.

نویسنده درگام نهم: آزمایش فرضیه، فرضیه‌هایی را که در ابتدا تدوین کرده است را آزمایش می‌کند و درگام دهم و گام یازدهم، باید به یک نتیجه‌گیری و تفسیر برسد. نویسنده در کتاب مستندنگاری نمد استان چهارمحال و بختیاری با ارائه یک خلاصه از یافته‌هایش در طی این پژوهش و نتیجه‌گیری نهایی این کتاب را به پایان برد؛ اما همان‌طور که در بخش روش‌شناسی توضیح داده شد این روش را نمی‌توان در گام بندی‌هایی کاملاً ثابت معرفی کرد بلکه شامل سلسله گام‌بندی‌های درهم‌پیچیده‌ای است که زمینه و موضوع موردمطالعه

در تعیین آن‌ها نقش بسزایی دارد؛ روش مستندنگاری به‌عنوان رویکرد و روش در مطالعات هنر نیازمند گام بندی متناسب با این حوزه است. نویسنده در پژوهش مستندنگاری نمد استان چهارمحال و بختیاری نتایج نهایی را به همراه گزارش تشریح کرده است.

هدف اصلی کتاب حاضر شناسایی نمدهای موجود در استان چهارمحال و بختیاری، روش‌های ساخت و ابزار و مواد به‌کاررفته در آن و بررسی نمدهای شاخص ازنظر طرح، نقش و رنگ و درنهایت طبقه‌بندی نمد استان چهارمحال و بختیاری و همچنین دستیابی به روش مستندنگاری در پژوهش‌های حوزه‌ی هنر بود. به همین جهت به مطالعه‌ی هنر نمد استان چهارمحال و بختیاری به روش میدانی و کتابخانه‌ای در چارچوب روش مستندنگاری پرداخته شد تا فهمی کلی از اهداف و گام‌های مؤثر در فرآیند پژوهش مستندنگاری در حوزه‌ی هنر و زمینه‌ای برای نزدیک شدن به هدف موردنظر کتاب فراهم شود. سپس مستندنگاری به‌عنوان روش در میان پژوهشگرانی چون جیشین اودین احمد، مناگنگ مگالاکو و گری مک کلاچ موردمطالعه قرار گرفت. هر یک از این پژوهشگران بر اساس نیاز حوزه‌ی مطالعاتی خویش به شاخه‌ای از روش مستندنگاری روی آورده‌اند. بامطالعه‌ی تعدادی از این روش‌ها و دستورالعمل‌ها تلاش شد به اجماعی رسیده و گام‌ها و دستورالعمل‌های قابل‌اجرا برای پژوهش در حوزه‌ی هنر در سایه‌ی پژوهش مستندنگاری نمد استان چهارمحال و بختیاری ارائه شود.

محدودیت‌هایی که در مسیر این پژوهش قرار داشتند، عبارت‌اند از: کمبود منابع علمی، کمبود منابع مالی، ضعف همکاری سازمان‌ها و نهادها، کمبود زمان در اختیار محقق و مشکلات پیش‌بینی‌نشده‌ی پژوهشگر هستند. همچنین در میان پژوهش‌های انجام‌شده، پژوهش نظریه محور و روشمند علمی کمتر مشاهده می‌شود و عدم منابع علمی درزمینه‌ی روش مستندنگاری و هنر نمدمالی استان چهارمحال و بختیاری یکی از محدودیت‌های اساسی در این مسیر بود.

با توجه به گستردگی چشم‌گیر روش مستندنگاری، قابلیت انعطاف آن با موضوعات مختلف علوم انسانی و به‌تبع آن هنر و نیاز پژوهش‌های هنر به روشی بنیادین و بومی، این روش می‌تواند در پژوهش‌های حوزه‌ی هنر بسیار کارآمد باشد و پرداختن به آن می‌تواند دریچه‌ای به‌سوی پژوهشگران و دانشجویان بگشاید. همان‌طور که در مراحل پیشنهادی این روش در حوزه‌ی هنر نیز مشاهده می‌شود که تعدادی از این مراحل که لایه‌های موضوع را آشکار می‌کنند با مراحل دیگر روش‌ها هم‌پوشانی دارند؛ اما هنگامی‌که روش مستندنگاری در کل مدنظر قرار می‌گیرد نگاهی بدیع به موضوع و آغاز راه و مسیری برای پژوهش‌های هنر خواهد بود. راهی که به پژوهشگر می‌آموزد از نگاه‌های تک‌وجهی و جزمی نسبت به کار هنری بپرهیزد و برای آشکار شدن مبدأ و معنای اصیل کار هنری، به خود اثر روی آورده و با مطالعات چندجانبه وجوه پنهان مانده ازنظرها را به منصه‌ی ظهور بکشاند. پژوهشگران می‌توانند با درنظر گرفتن مراحل ذکرشده درروند پژوهش آن را بر سایر هنرها نیز به کار ببندند.

نتایج به‌دست‌آمده از پژوهش مستندنگاری استان چهارمحال و بختیاری حاکی از آن است که هنرمند نمدمال بدون طراحی و نقشه از پیش تعیین‌شده و با آزادی در انتخاب و اندازه طرح، نقش و رنگ اقدام به تولید نمد می‌کند. طرح‌ها، نقوش و رنگ‌های استفاده‌شده در نمد استان چهارمحال و بختیاری متأثر از شرایط اقلیمی، فرهنگی، تاریخی و همچنین بافت تصویری منطقه است و ارتباط مستقیمی با طبیعت، فرهنگ و

محیط اطراف هنرمند دارند؛ اما به دلیل سهولت اجرا طرح‌ها و نقوش هندسی منبعث از طبیعت هنرمند نمدمال از این طرح‌ها و نقوش بیشترین استفاده را برده است. نتیجه این بررسی نشان از آن دارد که نمدمالان استان چهارمحال و بختیاری در طرح، نقش و رنگ ضمن توجه به روابط زیبایی‌شناختی و محیط پیرامون، نقش کارکردی آن‌ها را نیز در تناسب با شیوه زندگی امروزی مدنظر قرار داده‌اند.

نتایج بررسی گویای آن است که طرح‌ها و نقوش نمدها نه‌تنها جنبه تزیینی داشته بلکه از بعضی جهات مقدس و سمبلیک نیز بوده‌اند. هر نقش و نمادی را که هنرمند انتخاب کرده همگی برگرفته از طبیعت اطراف آن‌ها بوده که بعد از مشاهده آن‌ها را به عناصری بسیار ساده و زیبا تبدیل کرده‌اند و با خلاقیت‌های فردی و تکیه‌بر میراث گذشتگان ترکیب‌بندی‌های چشمگیری بر روی نمد ایجاد کرده‌اند. هنرمند در اجرای نقوش و طرح‌ها عمدتاً به رنگ اصلی نقش وفادار بوده و سعی کرده است با توجه به معنا و مفهومی که از آن در ذهن خودش دارد رنگ آن را انتخاب کند. در بررسی زیبایی نمد ازنظر رنگ سه عامل اهمیت دارند: انطباق رنگ‌های استفاده‌شده با اسلوب و مبانی رنگ، انطباق فام‌های رنگی استفاده‌شده با جغرافیای محل بافت که رنگ‌های بومی در اولویت قرار دارند، رنگرزی صنعتی مورداستفاده در نمد و تأثیر آن بر زیبایی کل طرح است.

پژوهشگر در این مسیر، قالب‌ها و کلیشه‌های تحمیل‌شده بر پژوهش هنر را در پرانتز می‌نهد و آن را لایه‌لایه موردمطالعه قرار می‌دهد و برای آن مجالی فراهم می‌آورد که از جانب خویش سخن بگوید. اگرچه مستندنگاری تمام زوایای نمدهای استان چهارمحال و بختیاری امکان‌پذیر نیست و به همین دلیل مسیر پژوهش هرگز بسته نمی‌شود و همواره راه برای پژوهش‌های گسترده‌تر گشودن لایه‌های دیگر از این هنر صناعی باز است. به‌منظور تداوم پژوهش و توسعه دانش، پژوهش‌هایی در حوزه‌ی نمادشناسی را می‌توان به پژوهشگران پیشنهاد نمود. همچنین می‌توان با یک نگاه مردم‌شناسی و انسان‌شناسی در حوزه‌ی نقوش و شیوه‌های تولید و عوامل مؤثر بر رکود هنر نمدمالی پرداخت. ارتباط بین هنرمند و طبیعت و نقوش برگرفته از آن می‌تواند موضوع پژوهش دیگری باشد.

منابع و مآخذ

کتاب‌ها و مقالات فارسی

آریانپور، عباس، آریانپور، منوچهر، ۱۳۷۱ فرهنگ دانشگاهی انگلیسی به فارسی آریانپور (دوجلدی): امیرکبیر.

ابراهیم‌زاده، فرزام و مبینی، مهتاب،۱۳۹۱، بررسی نقوش گبه‌های ایرانی، کتاب ماه هنر، شماره ۱۶۹، ۱۰۷-۱۰۰

ابراهیمی ناغانی،حسین، ۱۳۸۸، پژوهشی پیرامون نمد و نمدمالی چهارمحال بختیاری با تحلیلی بر ظرفیت‌های خاص و تغییر در کارکرد نمد، کتاب ماه هنر ، شماره ۱۳۸، ۸۱-۷۲.

احمدی آنزان،کورش،۱۳۸۸ چوقا، پوشاک سنتی بختیاری، فرهنگ مردم ایران، شماره‌های ۱۸ و ۱۹، ۴۶-۲۹.

اعتماد زاده، محمود، (م.ا .به آذین)،۱۳۴۴، قالی ایران، شرکت سهامی کتاب‌های جیبی، با همکاری موسسه انتشارات فرانکلین، چاپ دوم.

افروغ، محمد، ۱۳۹۰، نقوش قالی دستبافت ایرانی، عناصر و نمادهایی از هویت ملی، فصلنامه مطالعات ملی، شماره ۴، ۱۷۲-۱۴۲

افشار، ایرج، ۱۳۸۳، هنر و فرهنگ مردم (جامعه‌ی عشایر چهارمحال و بختیاری)، فصلنامه هنر، شماره ۶۱، ۱۹۷-۱۸۳.

افشاری، مهران و مهدی هدایتی، ۱۳۸۱، چهارده رساله در باب فتوت و اصناف، تهران: نشر چشمه.

استربرگ، کریستین جی. (۱۳۸۴). روش‌های تحقیق کیفی در علوم اجتماعی. مترجم احمد پوراحمد و علی شماعی. یزد: دانشگاه یزد.

اسپنانی، محمدعلی، توفیقی، پیوند، ۱۳۹۰، مطالعه نقش‌مایه گلدانی در قالی‌های خشتی روستایی چهارمحال و بختیاری، گلجام، شماره ۱۸، ۴۸-۱۸.

ایمان، محمدتقی، ۱۳۹۱، روش‌شناسی تحقیقات کیفی، قم، پژوهشگاه حوزه و دانشگاه.

امیری، مهراب، ۱۳۷۱، سیری در قلمرو عشایر بومی خوزستان؛ گزارش‌های منتشرنشده‌ای از سر اوستین لایارد، تهران: فرهنگسرا

امیدوار، شهرام و دیگران، ۱۳۸۱، جغرافیای استان چهارمحال و بختیاری، چاپ سوم. تهران: شرکت چاپ و کتب درسی.

بارت، رولان، ۱۳۹۰، پیام عکس، مترجم راز گلستانی فرد، چاپ دوم، تهران: نشر مرکز

بختورتاش، نصرت‌الله،۱۳۷۰، نشان راز آمیز مهر، تهران: نشر فروهر.

بوآس، فرانتس، ۱۳۹۱، مردم‌شناسی هنر، مترجم جلال‌الدین رفیع فر، تهران: نشر گل‌آذین.

بیتس، دانیل، پلاگ، فرد، ۱۳۷۵، انسان‌شناسی فرهنگی، مترجم محسن ثلاثی، تهران: علمی

بهالگری، عبدالله، ۱۳۴۲، نمدمالی در قصر شیرین و اسلام‌آباد غرب، مجله هنر و مردم، شماره ۱۱، ۲۵-۲۸.

بهنام، پرویز. ۱۳۲۵. تاریخ لباس در ایران: دوره ساسانی (۲)، سخن، شماره ۵: ۳۳۷-۳۳۳.

بهنام، عیسی، ۱۳۴۶، گنجینه‌های مکشوف در پازیریک، مجله هنر و مردم، شماره ۶۳، ۹-۲.

بیشوب، ایزابلا، ۱۳۷۵، از بیستون تا زرد کوه بختیاری، مترجم مهراب امیری، تهران: سهند و آنزان.

پاکباز، روئین، ۱۳۷۸، دائره‌المعارف هنر (نقاشی، پیکره‌سازی و هنر گرافیک)، چاپ هفتم، تهران: فرهنگ معاصر

پرهام، سیروس ۱۳۷۵، فرش‌بافی فارس، تهران: نشر سروش

پرهام، سیروس، ۱۳۷۱، دستبافته‌های عشایر و روستایی فارس، جلد ۲، تهران: امیرکبیر
پرایس، کریستین، ۱۳۸۶، تاریخ هنر اسلامی، مترجم مسعود رجب نیا، تهران: انتشارات علمی و فرهنگی
پیر هوشیاران، محمدباقر، ۱۳۷۲، بررسی نقش و رنگ در نمدهای کرمانشاه. پایان‌نامه کارشناسی نقاشی. تهران: دانشگاه هنر، دانشکده هنرهای تجسمی.
پژمان، حسین (۴۵-۱۳۴۴)، بختیاری درگذشته دور، مجله وحید، شماره دوم، سوم، چهارم و پنجم، تهران: انتشارات وحید.
پوپ، آرتور اپهام و اکرمن، فیلیس،۱۳۸۷، سیری در هنر ایران از دوران پیش‌ازتاریخ تا امروز، مترجم سیروس پرهام و گروه مترجمان، چاپ اول، تهران: انتشارات علمی و فرهنگی
پوپ، آرتور اپهام، ۱۳۷۸، شاهکارهای هنر ایران، تهران، شرکت انتشارات علمی و فرهنگی
پورمند، مرضیه، ۱۳۸۵، بررسی نشانه‌های متأثر از نقوش ایرانی، کتاب ماه هنر، ۱۰۱ و ۱۰۲، ۷۱-۶۶
تناولی، پرویز، ۱۳۸۳، گبه هنر زیر پا، تهران: یساولی.
توحیدی، فائق، ۱۳۸۸، آشنایی با میراث فرهنگی، تهران: سبحان نور.
۱۳۴۵، اولان باتور را می شناسید؟، مترجم :بیانی، شیرین، یغما- شماره ۶، ۲۸۸- ۲۸۱
جزمی، محمد، شریعت زاده، سید علی‌اصغر، کریمی، اصغر، میرشکرائی، محمد، ۱۳۶۴، هنرهای بومی در صنایع‌دستی باختران، تهران: مرکز مردم‌شناسی وزارت فرهنگ و آموزش عالی.
جنسن، چارلز، ۱۳۹۲، تجزیه‌وتحلیل آثار هنرهای تجسمی، مترجم بتی آواکیان، تهران: انتشارات سمت.
جوادی پور، محمد، ۱۳۸۶، نمدهای ایران، پژوهشی درزمینه‌ی منطقه گرگان و دشت، تهران: فرهنگستان هنر و سازمان صنایع‌دستی و گردشگری، چاپ اول
جهانشاهی، افشار، ۱۳۸۰، فرآیند و روش‌های رنگرزی الیاف با مواد طبیعی، تهران: دانشگاه هنر
چیت‌ساز، محمدرضا، ۱۳۸۶، تاریخ پوشاک ایرانیان (از ابتدای اسلام تا حمله مغول) تهران: سمت.
حافظ شیرازی، خواجه شمس الدین محمد،۱۳۸۹، دیوان حافظ، تهران: امام عصر (عج)
حریری، نجلا، ۱۳۸۵، اصول و روش‌های پژوهشی کیفی، تهران: دانشگاه آزاد اسلامی، واحد علوم و تحقیقات
حبیبی، حسن، ۱۳۸۱، تأملاتی درباره مطالعات مربوط به هنر اسلامی، مجموعه مقالات اولین همایش هنر اسلامی، به کوشش محمد خزائی، تهران انتشارات موسسه مطالعات هنر اسلامی
حسنی، حمیدرضا، قلی پور کالمرزی، فاطمه، ۱۳۹۰، نمدمالی در روستای ابرسج، مجموعه مقالات اولین همایش نمد، سازمان میراث فرهنگی چهارمحال و بختیاری، شهرکرد، اردیبهشت ۱۳۹۰.
حسین‌آبادی و زهرا رهنورد، ۱۳۸۵، بررسی نقش و رنگ در فرش سیستان، فصلنامه علمی پژوهشی گلجام، شماره چهارم و پنجم، ۷۵-۵۷.
حسینی، سید حبیب، بهنود، هادی، براتعلی، غلامحسین، ۱۳۸۷، دائره‌المعارف عمومی رشته‌های صنایع‌دستی ایران، تهران:
وزارت فرهنگ و ارشاد اسلامی
حیدری شکیب، رضا، ۱۳۸۸، پژوهشی در هنر نمدمالی استان کرمانشاه، کتاب ماه هنر، شماره ۱۲۸، ۵۱-۴۸
حلاج، حسین منصور، ۱۳۶۳، دیوان منصور حلاج، تهران: کتابخانه سنایی
خزایی، محمد، ۱۳۸۶، نقش نمادین طاووس در هنرهای تزیینی ایران، کتاب ماه هنر، شماره ۲۶، ۱۲-۶

خزایی، محمد، ۱۳۸۱، نمادگرایی در هنر اسلامی، مجموعه مقالات اولین همایش هنر اسلامی، تهران انتشارات موسسه مطالعات هنر اسلامی.

خسروجردی، نرجس، محمودی، مسعود، ۱۳۹۳، مسجد و باز زنده سازی معانی، مفاهیم و نمادهای ایرانی-اسلامی، نهمین سمپوزیوم پیشرفت‌های علوم و تکنولوژی، کمیسیون اول، همایش معماری، شهرسازی و توسعه پایدار با محوریت خوانش هویت ایرانی-اسلامی در معماری و شهرسازی

دالمانی، رنه، ۱۳۷۸، از خراسان تا بختیاری، مترجم غلامرضا سمیعی، تهران: طاووس

دانشگر، احمد، ۱۳۷۲، فرهنگ جامع فرش، تهران: دی.

دانشگر، احمد، ۱۳۷۶، فرهنگ جامع فرش یادواره «دانشنامه ایران»، تهران: موسسهٔ چاپ و انتشارات یادواره اسدی.

دیولافوآ، ژان، ۱۳۶۱، سفرنامه مادام دیولافوآ (ایران و کلده)، مترجم علی‌محمد فره‌وشی، تهران: خیام.

دهخدا، علی‌اکبر،۱۳۲۵، لغتنامه دهخدا، چاپ دوازدهم، تهران: موسسه انتشارات و چاپ دانشگاه تهران

دهخدا، علی‌اکبر،۱۳۳۸، لغتنامه، تهران: انتشارات دانشگاه تهران

ذکاء، یحیی، ۱۳۴۲، نگاهی به کلاه پارسیان در روزگار هخامنشیان، مجله هنر و مردم، شماره ۱۳، ۲۷-۱۴

ذکاء، یحیی. ۱۳۴۳، جامه‌های پارسیان در دوره هخامنشیان. دوره ۲، شماره ۱۸، ۱۹-۱۱

رابینسون، کارل،۱۳۷۸، منسوجات پازیریک، مترجم مولود شادکام، کتاب ماه هنر، شماره ۱۷ و ۱۸، ۳۵-۳۲

راوندی، مرتضی، ۱۳۸۲، تاریخ اجتماعی، تهران: نگاه.

ربانی، علی، یزد خواستی، بهجت، حاجیانی، ابراهیم، میرزایی، ابراهیم،۱۳۸۷، بررسی رابطه هویت ملی و قومی با تأکید بر احساس محرومیت و جامعه‌پذیری قومی: مطالعه موردی دانشجویان آذری، کرد و عرب، دانشکده ادبیات و علوم انسانی دانشگاه تربیت معلم، شماره ۶۳، ۷۰-۳۳

رحیمی، پریچهر، ۱۳۹۱، تاریخ پوشاک ایرانیان، تهران: دانشگاه هنر

رضا دوست، کریم، مو مبینی، محمدعلی، ۱۳۹۰، بررسی عوامل مؤثر بر به‌کارگیری رنگ‌ها در صنایع‌دستی ایل بختیاری، فصلنامه مطالعات ایلات و عشایر، شماره ۱، ۱۱۳-۸۷

ریاحی،سیمین،۱۳۷۱،صنایع‌دستی زنان ترکمن، رشد آموزش علوم اجتماعی، شماره ۱۱ و ۱۲، ۳۷ - ۲۸

رید، سر هربرت، ۱۳۷۴ معنی هنر، مترجم نجف دریابندری، تهران: انتشارات علمی و فرهنگی

زاگارل، آلن، ۱۳۸۷، باستان‌شناسی پیش‌ازتاریخ منطقه بختیاری: ظهور شیوه زندگی در ارتفاعات، مترجم کورش روستایی، شهرکرد: انتشارات سازمان میراث فرهنگی، صنایع‌دستی و گردشگری استان چهارمحال و بختیاری

ژوله، تورج،۱۳۸۱، پژوهشی در فرش ایران، تهران: انتشارات یساولی

سلیمانی، مرتضی، ۱۳۸۸، فرش بختیاری نماد هنر و تمدن ایرانی در بازارهای جهانی، توسعه صادرات، سال چهاردهم، شماره ۳۶،۸۰-۳۵.

سهروردی، یحیی بن حبش،۱۳۸۰، مجموعه مصنفات شیخ اشراق، ج۳، تصحیح و تحشیه و مقدمه سید حسین نصر، تهران: پژوهشگاه علوم انسانی و مطالعات فرهنگی

سهی‌زاده ابیانه، مرتضی، ۱۳۶۸، تکمیل فراورده‌های رنگرزی و نساجی: دهخدا

عباس، سیدجان و عامر، شاکر سلمان، ۱۳۸۳، هم‌آراستگی در نگاره‌های اسلامی، مترجم آمنه آقاربیع، مشهد:

به‌نشر
سید صدر، سید ابوالقاسم، ۱۳۸۸، دائره‌المعارف هنرهای صنایع‌دستی و حرف مربوط به آن، تهران: سیمای دانش
شاهمرادی، بیژن، ۱۳۶۵، کلاه در فرهنگ بختیاری، چیستا، شماره ۲۷، ۵۲۱-۵۱۶
شایگان، داریوش، ۱۳۸۲، آسیا در برابر غرب، تهران: باغ آینه
شریعت، زهرا، ۱۳۸۶، تزیینات کتیبه‌ای آستانه مقدسه قم، دو فصلنامه مطالعات هنر اسلامی، شماره هفتم، ۸۹-۱۱۰
شهشهانی، سهیلا، ۱۳۷۴، تاریخچه پوشش سر در ایران، تهران: مدبر
شیخاوندی، داور، ۱۳۷۹، تکوین و تنفیذ هویت ایرانی، تهران: باز، مرکز بازشناسی اسلام و ایران.
شوالیه، ژان و گرابر، آلن، ۱۳۸۵، فرهنگ نمادها، مترجم سودابه فضایلی، جلد دوم، تهران: جیحون
صباغ پورآرانی، طیبه، شایسته فر، مهناز، ۱۳۸۹، بررسی نقش‌مایه نمادین پرنده در فرش‌های صفویه و قاجار ازنظر شکل و محتوا، نگره، شماره ۱۴، ۱۵۰-۳۹
صادقی سیگارودی، رزیتا، ۱۳۷۳، شناخت و احیاء زیراندازها (حصیر، نمد، گلیم و فرش) در استان گیلان، دانشگاه هنر اصفهان
صیدایی، سید اسکندر، ۱۳۷۴، مسکن روستایی و مسائل مربوطه با تأکید بر روستاهای زاگرس میانی (استان‌های چهارمحال و بختیاری و خوزستان)، مجموعه مقالات سمینار سیاست‌های توسعه مسکن در ایران، جلد دوم. تهران: انتشارات وزارت مسکن و شهرسازی
صیدایی، سید اسکندر، نوروزی آورگانی، اصغر، ۱۳۸۹، تحلیلی بر الگوهای استقرار فضایی سکونتگاه‌های روستایی در استان چهارمحال و بختیاری، جغرافیا و توسعه، شماره ۱۸، ۶۸-۵۳
صوراسرافیل، شیرین. ۱۳۷۸، رنگ‌های ایرانی. تهران: موسسه تحقیقات فرش دستباف
ضیمران، محمد، ۱۳۸۲، نشانه‌شناسی هنر، تهران: نشر قصه
ضیمران، محمد، ۱۳۸۴، فلسفه‌ی هنر ارسطو، تهران: انتشارات فرهنگستان هنر
ضیاپور، جلیل، ۱۳۳۲ :پوشاک باستانی ایرانیان تا پایان دوره ساسانیان، تهران: انتشارات اداره کل موزه‌ها و فرهنگ‌عامه وزارت فرهنگ و هنر
طالب‌پور، فریده، ۱۳۹۲، تاریخ پارچه و نساجی در ایران، تهران: مرکب سفید
ظهور، علی‌رضا، کریمی مونقی، ۱۳۸۲، تحلیل اطلاعات در مطالعات کیفی، فصلنامه اصول بهداشت روانی، شماره نوزدهم و بیستم، ۱۱۳-۱۰۷
عابددوست، حسین و کاظمی، زیبا، ۱۳۸۸، صورت‌های متنوع درخت زندگی بر روی فرش‌های ایرانی، نشریه گلجام، شماره ۱۲، ۱۳۹-۱۲۳
عصامه‌السعید و عاشیه پارمان،۱۳۶۳، نقش هندسی در هنر اسلامی، مسعود رجب نیا. تهران: انتشارات سروش
عنایت، توفیق، ۱۳۸۷، عناصر هویت و فرهنگ ایرانی در آثار هنر اسلامی، کتاب ماه هنر، شماره ۴۳،۱۲۰-۳۲
عمید، حسن، ۱۳۸۷، فرهنگ عمید، تهران: انتشارات امیرکبیر، چاپ بیست و نهم، جلد اول و دوم
غ، حضرت، ۱۳۶۰، نمدمالی صنعت باستانی کشور ما، مجله فرهنگ و مردم شماره ۶، ۶۷-۵۸
غیبی، مهرآسا، ۱۳۸۷، هشت هزار سال تاریخ پوشاک اقوام ایرانی، تهران: هیرمند

فانی، مسعود،۱۳۷۳، نگرشی بر رنگرزی سنتی ایران، پایان‌نامه‌ی تحصیلی کارشناسی صنایع‌دستی، تهران: دانشکده‌ی هنرهای تجسمی و کاربردی تهران.
فراست، مریم، ۱۳۸۵، همخوانی کتیبه و نقوش هندسی در بناهای اصفهان عصر صفوی، دو فصلنامه هنر اسلامی، شماره پنجم، ۴۴-۲۵
فریه، ردبلیو، ۱۳۷۴، هنرهای ایران، مترجم پرویز مرزبان، تهران: فرزان
فروغی، شادی، ۱۳۹۱، صنایع‌دستی و گردشگری، اصفهان: چهارباغ
فکوهی، ناصر، ۱۳۷۷، مردم‌شناسی هنر چیست؟ کتاب ماه هنر، شماره ۱، ۲۲-۱۹
قربان‌پور دستکی، خدابخش، ۱۳۸۱، ایران‌شناسی: بختیاری‌ها، گذشته و حال، مجله مطالعات ملی، شماره ۱۴، ۲۰۴-۱۷۱
قدیانی، عباس،۱۳۷۶، تاریخ ادیان و مذاهب در ایران، تهران: انیس، چاپ دوم
کارگر ابرقویی، کاوه. ۱۳۷۴، نمد صنعت فراموش‌شده، پایان‌نامه کارشناسی صنایع‌دستی، دانشگاه هنر، دانشکده پردیس اصفهان
کاکس، روت ترنر ویل، ۱۳۷۲، تاریخ لباس، مترجم شیرین بزرگمهر، تهران: توس
کخ، هایدماری، ۱۳۷۶، از زبان داریوش، مترجم پرویز رجبی، تهران: کارنگ.
کریمی، اصغر، ۱۳۵۲، دامداری در ایل بختیاری، هنر و مردم، شماره ۱۲۹ و ۱۳۰، ۵۵-۴۲
کلوندی، رمضان، ۱۳۸۶، نگرشی بر مهم‌ترین گیاهان رنگ‌زای استان همدان، مجموعه مقالات فرش دستباف، تهران: مرکز تحقیقات فرش دستباف
کوپر، جی سی،۱۳۷۹، فرهنگ مصور نمادهای سنتی، ترجمهٔ ملیحه کرباسیان، تهران: انتشارات فرهنگ معاصر
کوئل، ارنست، ۱۳۷۶، هنر اسلامی، ترجمهٔ دکتر یعقوب آژند، تهران: مولی
کهربایی، الهه، ۱۳۸۰، بررسی پوشاک زنان عشایر از دیدگاه مردم‌شناسی، فصلنامه عشایری، شماره ۳ و ۴، ۴.
گلاک، جی، گلاک، لومی هیراموتو، ۱۳۵۵، سیری در صنایع‌دستی ایران، مترجم لطف‌الله هنرفر، تهران: بانک ملی ایران
گیلهام، بیل، ۱۳۸۵، مصاحبه پژوهشی: راهنمای فن مصاحبه علمی، مترجم محمود عبدالله‌زاده، تهران: دفتر پژوهش‌های فرهنگی
لایارد، هنری اوستین،۱۳۶۷، سفرنامهٔ لایارد، ترجمهٔ مهراب امیری، تهران: وحید
لینتن، نوربرت، ۱۳۸۲، تاریخ هنر مدرن، مترجم علی رامین، چاپ اول، تهران: نی
مرشدی، سیما، ۱۳۸۵، گنجینه‌هایی از پازیریک، کتاب ماه هنر، شماره ۹۳ و ۹۴، ۱۳۶-۱۳۰
مقصودی، مجتبی، ۱۳۸۰، تحولات قومی در ایران، علل و زمینه‌ها، تهران: تمدن ایرانی.
مقصودی، مجتبی،۱۳۸۶، جایگاه هویت در پایان‌نامه‌های دانشجویی، فصلنامه مطالعات ملی، شماره ۳۱، ۹۸-۸۱
محمدپور، احمد، ۱۳۹۲، روش تحقیق کیفی ضد روش ۱ و ۲، تهران: جامعه‌شناسان
معین، محمد،۱۳۸۴، فرهنگ دوجلدی معین، تهران: ادنا، چاپ سوم، جلد دوم
معینی سام، بهزاد، رحیمی، منوچهر، ۱۳۹۱، بررسی خویش کاری و نام سپاه جاویدان در دوره هخامنشی بر پایه اسناد تاریخی و زبانشناسی، مطالعات تاریخ فرهنگی، پژوهشنامه‌ی انجمن ایرانی، شماره یازدهم، ۹۶

۷۷ ـ

منصوربیگی،نازیلا، ۱۳۷۸، ریتم در هنرهای تجسمی، فصلنامه هنر، شماره ۴۱، ۱۴۸-۱۳۵

میرزاامینی، سید محمدمهدی، بصام، سید جلال‌الدین،۱۳۹۰، بررسی نقش نمادین ترنج در فرش ایرانی، گلجام، شماره ۱۸، ۳۰-۹

میرزائی دره شوری، غلامرضا، ۱۳۷۲، بختیاری‌ها و قاجاریه، شهرکرد: انتشارات ایل

نادرپور، بابک، ۱۳۷۹، نگاهی جامعه‌شناختی به ایل قشقایی (گذشته، حال و آینده)، مطالعات ملی، شماره ۲ و ۳، ۳۵-۱

نصرتی،مسعود، ۱۳۸۵، نگاره‌های نمادین در نمد، پیشینه‌ی تاریخی، کتاب ماه هنر - شماره ۹۳ و ۹۴، ۱۱۸-۱۲۸

نصرتی،مسعود، ۱۳۸۵،بررسی نقوش نمد،کیهان فرهنگی ، شماره ۱۵۹، ۶۴-۷۶

نصر، سید حسین،۱۳۸۹، هنر و معنویت اسلامی، رحیم قاسمیان، تهران: حکمت

نوچه فلاح، رستم، ۱۳۸۳، هویت؛ واقعیتی ثابت یا سیال، در متاب مبانی نظری هویت و بحران هویت به اهتمام علی‌اکبر علیخانی، تهران: پژوهشکده علوم انسانی و اجتماعی جهاد دانشگاهی.

نوروزی، علی اصغر، ۱۳۸۸، مطالعات باستان‌شناسی در حوضهٔ آبخیز کارون شمالی (استان چهارمحال و بختیاری)، مجله مطالعات باستان‌شناسی، شماره ۲،۱۷۵-۱۶۱

نیکزاد امیر حسینی، کریم، ۱۳۵۴، شناخت سرزمین چهارمحال، اصفهان: ربانی

نیوتن، اریک، ۱۳۷۷، معنی هنر، مترجم پرویز مرزبان، چاپ چهارم، تهران: انتشارات علمی و فرهنگی

ورمازرن، مارتین،۱۳۸۶، آیین میترا، مترجم بزرگ نادرزاد، تهران: چشمه، چاپ اول

وکیلی، ابوالفضل. ۱۳۸۳، رنگرزی الیاف فرش دستباف. تهران: نقش هستی، چاپ دوم

ولف، جانت، ۱۳۶۷، تولید اجتماعی هنر، مترجم نیره توکلی، تهران: سروش

ویسیان، حمید، ۱۳۶۵، مقدمه‌ای بر شناخت نمد، شیراز: فرهنگ و هنر

ویلسن، ج.کریستی، ۱۳۶۶، تاریخ صنایع ایران، مترجم عبدالله فریار، تهران: فرهنگسرا

وولف، هانس. ای، ۱۳۸۴، صنایع‌دستی کهن ایران، مترجم سیروس ابراهیم‌زاده، تهران: شرکت انتشارات علمی و فرهنگی

هان، ژیاوی، کمبر، میشلین، پی، ژان ، ۱۳۹۳، مفاهیم و تکنیک‌های داده‌کاوی، مترجم مهدی اسماعیلی،تهران: نیاز دانش

هال، جیمز، ۱۳۸۰، فرهنگ‌نگارهای نمادها در هنر شرق غرب، مترجم رقیه بهزادی، تهران: انتشارات فرهنگ معاصر، چاپ اول

هاوزر، آرنولد، ۱۳۸۲، فلسفه تاریخ هنر، مترجم محمد تقی فرامرزی، تهران: نگاه

هایدماری، کخ، ۱۳۷۶، از زبان داریوش، مترجم پرویز رجبی، تهران: کارنگ

یاوری، حسین. ۱۳۷۸. پوشاک باستانی ایرانیان، کتاب ماه هنر، شماره ۱۷ و ۱۸، ۱۱-۱۰

یاوری، حسین،۱۳۸۹، شناخت صنایع‌دستی ایران، تهران: مهکامه

یاوری،حسین،۱۳۷۲، محصولات صنایع‌دستی ایران،مجله جلوه هنر، شماره ۲، ۳۲-۲۸

یاوری، حسین،۱۳۸۹، مجموعه مقالاتی درباره هنرهای سنتی ایران: جست‌وجوی معنا، تهران: سوره مهر

یار شاطر، احسان، ۱۳۸۲، پوشاک در ایران‌زمین، مترجم پیمان متین، تهران: امیرکبیر
یمانی، نیکو، نصر، احمدرضا، منجمی، امیر حسن، ۱۳۸۶، تحلیل داده‌های پژوهش‌های کیفی با استفاده از نرم‌افزار، مجله آموزش در علوم پزشکی، ۴۲۳ تا ۴۳۶.

وب‌سایت‌ها

فکوهی، ناصر، ۱۳۹۰، کارگاه روش‌های کیفی در علوم اجتماعی (۲) نقل از سایت http://anthropology.ir (دسترسی در تاریخ ۱۳۹۳/۱۱/۱۰)

http://www.britannica.com/EBchecked/topic/630806/art(Accessed on November 22, 2014)

http://www.chaharmahalmet.ir/c1.asp(۱۳۹۳/۹/۱)

http://www.dana.ir/News/152133.html (۱۳۹۳/۹/۱)

http://www.encyclopaediaislamica.com/madkhal2.php?sid=5608(Accessed on February 2, 2014)

http://fa.wikipedia.org/wiki/%D9%86%D9%85%D8%AF(۱۳۹۳/۹/۱)

http://www.hermitagemuseum.org/wps/portal/hermitage/digital-collection/25.+Archaeological+Artifacts/879940/?lng=en (Accessed on December 26, 2014)

http://www.hermitagemuseum.org/wps/portal/hermitage/digital-collection/25.+Archaeological+Artifacts/2749825/?lng=e (Accessed on December 26, 2014)

http://ichto.ir/Default.aspx?tabid=86 (۱۳۹۳/۸/۱٤)

http://www.iranicaonline.org/articles/felt(۱۳۹۳/۹/۱)

LORI LANGUAGE ii. Sociolinguistic Status of Lori, 2010

http://www.iranicaonline.org/articles/lori-language-ii(Accessed on February 2, 2014)

http://www.isfahancht.ir/Admin/Thumb.aspx?g=ZDM4YzdmYmUtM2YwMS00NTg4LTliYjgtMDk0NjcxYTY3N2JjJCQ2MDA=(۱۳۹۳/۱۱/۲۸)

http://www.macedoniantruth.org/forum/showthread.php?t=1696&page=3(Accessed on November 22, 2014)

http://miraschb.ir/(۱۳۹۳/۹/۳۰)

http://www.miraschb.ir/index.php/Introducing_our_province/Anthropology/Languages_dialects.html(Accessed on February 2, 2014)

http://ostanchb.ir/ShowPage.aspx?page_=form&order=show&lang=1&sub=0&PageId=117&codeV=2&tempname=Home(۱۳۹۳/۹/۳۰)

https://www.pinterest.com/pin/267119821623133889/(Accessed on November 22, 2014)

Preservation of the frozen tombs of the Altai Mountains, 2005, the UNESCO World Heritage Centre, http://whc.unesco.org/(۱۳۹۳/۱۰/۵)

http://www.radioiran.ir/hamaseh/hamaseh_tabsview.php?id=122(۱۳۹۳/۸/۲۲)

Sanghera, B. (2007). Qualitative Research Methods: Documentary Research. (Retrieved June 25,2009, from http://uk.geocities.com/balihar_sanghera/qrmdocumentaryresearch.html

https://www.tumblr.com/tagged/altai-princess (Accessed on December 24, 2014)

http://www.turkotek.com/salon_00104/salon.html(Accessed on November 22, 2014)

منابع خارجی

Ahmed, J.U. (2009). Action Research: A New Look. Kasbit Business Journal, 2 (1 &2): 19-32.

Ahmed, J.U. and Huda, S.S.M. (2006).An Overview of Robert Stake. Robert K. Yin, Norman K.Denzin and Nigel Fielding's Contributions to Social Research. SEU Journal of Business Studies, 2(1): 25-33.

Ahmed, J. U. (2010). Documentary Research Method New Dimensions Indus Journal of Management and Social Sciences (4(1)), 1-14

Appleton, J. V. a. S. C. (1997). Analyzing clinical practice guidelines. A method of documentary analysis, Journal of Advance Nursing (25).

Atkinson, Paul and Coffey, Amanda. (2011). Analyzing Documentary Realities. In: Qualitative Research: Theory, Method and Practice, Silverman, (Ed).3rd edition, pp. 77-92, London: Sage Publications.

Atkinson, Paul and Coffey, Amanda. (1997). Making Sense of Qualitative Data: Complementary Research Strategies. Thousand Oaks, CA: Sage Publications.

Bassey, Michael. (1999). Case Study Research in Educational Settings. Buckingham: Open University Press

Bailey, K.D (1994). Methods of Social Research. New York: The Free Press

Balihar, Sanghera, (2007), Qualitative research methods: documentary research. From the internet, October 1st,

Beebe, James, (2001), Rapid Assessment Process: An Introduction, Rowman Altamira, London: Dey 12, 1379 AP

Berger, John, (1977), Ways of seeing, London: Penguin book.

Blaxter, L. Hughes and Tight. M. (1996). How to Research. Buckingham: Open University Press.

Brewer, J.D, (2000), Ethnography, Buckingham: Open University Press.

Bogdan, R. C And Biklen. S. K. (1992). Qualitative research for education: An introduction to theory and methods. Boston, USA: Allyn and Bacon

Bohm, D. (1983). Wholeness and Implicate Order. London and New York: Ark

Chrissanthos, S. G. (2008), Warfare in the ancient world, USA: Praeger publishers

Coles, R. (1997). Doing documentary work. New York: Oxford.

Denscombe, Martyn. (2003). The Good Research Guide for small-scale social research projects, Second edition. Buckingham: Open University Press.

Dey, I. (1993). Qualitative Data Analysis: A User-Friendly Guide for Social Scientists. London: Routledge.

Dongwall, R. (1977).The social Organization of Health Visitor Trainings, London: Croom Helm.

Douglas.J.D (1979), Investigative Social Research, Beverly Hills, Calif: Sage.

Easterby-Smith, M. R. Thorpe and Lowe. A (1999). Management Research: An Introduction. London: Sage

Fielding, N.G. and J.L Fielding. (1986). Linking Data. London: Sage.

Fischer،Ernst (1963).The necessity of art: amarxist approach (Harmonds worth: Penguin). (Original German edition 1959.)

Garthwaite G. R. (1983), Khans and Shahs: A Documentary Analysis of the Bakhtaran in Iran, Cambridge University Press

Gillham, B. (2000). Case Study Research Methods. London: Continuum

Golfer-Jorgensen, Miriam, (1986)Medieval Islamic Symbolism and the Paintings in the Cefalu Cathedral, Leiden: E.J. Brill, Leiden. The Netherlands.

Grix, J, (2001), Demystifying Postgraduate Research, Birmingham: University of Birmingham University Press.

Guba, E. and Y.S. Lincoln. (1981). Effective Evaluation: Improving the Usefulness of Evaluation Results through Responsive and Naturalistic Approaches. San Francisco: Jossey-Bass Publishers.

Hall, Walton, Milton, Keynes, (1993), PRINCIPLES OF SOCIAL AND EDUCATIONAL RESEARCH, UNIT II ASKING QUESTIONS, the Open University.

Hammersley. M and Atkinson.P (1995). Ethnography: Principles in Practice. London: Routledge.

Hakim, C. (1993). Social Research, Philosophy, Politics and Practice. London, England: Sage.

Harvey, L, 1990, Critical Social Research, London: Unwin Hyman.

Herbert, M. (1990). Planning a research project. A guide for practitioners and trainees in the helping professions. London: Cassell.

Jary, D. and Jary, J, (1991), Collins Dictionary of Sociology, Glasgow: HarperCollins Publishers.

Judd, C.M, R.R. Smith andL.H. Kidder. (1991). Research Methods in Social Relations. San Diego, CA: Harcourt Brace Jovanovich, Inc.

Kothari.C.R, (2004), Research Methodology Methods and Techniques, New Delhi, New Age International publishers, 3rd Edition, ISBN (13): 978-81-224-2488-1

Kinash, Shelley, (2010), Paradigme, Methodology and Methods and Technoques, New Aged International (P) Ltd

Lorimer, D.L.R, (1922)The Phonology the Bakhtaran, Bada khshini Madagashti Dialects of Modern Persian London.

Marshall, Catherine and Rossman, Gretchen. B (1995). Designing Qualitative Research. Newbury Park, CA: Sage.

Marwick, A. (2001), the New Nature of History: Knowledge, Evidence, Language, Palgrave, London

Mason, J. (1996). Qualitative Researching. London: Sage.

May, T. (1997). Social Research: Issues, Methods and Process. Buckingham: Open University Press.

McCulloch, Gary, (2004), Documentary Research in Education, History and the Social Sciences, LONDON AND NEW YORK

McGrath, J.E. 1 982. Dilemmatics: the study of research choices and dilemmas. In: McGrath, J. E.andassociates (Eds.), Judgments Calls in Research, 69-102. London: Sage

Miskovic,M. (2007),The Construction of Ethnic Identity of Balkan Muslim Immigrants, The Qualities Report,12(3):514-598

Miles, Matthew B, Huberman A. M, (1994). Qualitative Data Analysis. Thousand Oaks, California, USA: Sage

Mogalakwe, M. (2006). The Use of Documentary Research Methods in Social Research. African Sociological Review (10), 10, pp. 221-230

Payne, G. and Payne, J, 2004, Key Concepts in Social Research, London: Sage Publications.

Phillips, E.M. and D.S Pugh. (1994). How to Get a PhD. Milton Keynes: Open niversity Press.

Phillips, E. D. (1965) "The Royal Hordes: Nomad Peoples of the Steppes,"

Platt, J, (1981), 'Evidence and Proof in Documentary Research', Sociological Review, Vol. 29, No. 1, 31-52.

Polit, D.F. and Hungler B.P. (1991). Nursing Research. Principles and Methods. Philadelphia: J.B.Lippincott Company

Prior, L. (1985). Making sense of mortality. Sociology of Health and Illness, 7 (2): 167-190.

Punch, K. F. (1998). Introduction to Social Research: Quantitative and Qualitative Approaches. London, England: Sage.

RANKE, F. (1970). The ideal of universal history. In F.Stern (ed.), The Varieties of History from Voltaire to the Present, 2nd edn, Macmillan, London, pp. 54–62

Rees, C. (1981). Records and hospital routine. In: P. Atkinson and C. Heath (Eds.), Medical Work: Realities and Routines, 55-70, Farnborough: Gower.

Redman,L.V. and Mory,A.VH,1923, The Romance of research,

Rubinson, karen.S (1990), The textiles from Pazyryk, Expedition, Vol 32, No 1, 49-61

SCHAMA, S. (1999) People's history, The Guardian, 13 November, p. 24

Scott. John. (2006), "Documentary Research" London, Sage Publications Ltd. ISBN 978-1-4129-0817-7

Scott, J, (1990).A Matter of Record, Documentary Sources in Social Research, Cambridge: UK Polity Press.

Seligman, Edwin R.A.; Johnson, Alvin (1930).The Encyclopedia of Social Sciences, New York: The Macmillan Company, Vol. two

Selltiz, C. S, L.S. Wrightsman and Cook.S. W. (1981). Research Methods in Social Relations. New York, USA: Holt, Rinehart and Winston

Simpson.G. ed, (1952), Suicide: A Study in Sociology, by Emile Durkheim, London: Routledge and Kegan P

Silverman David (1993). "Beginning Research". Interpreting Qualitative Data. Methods for Analyzing Talk, Text and Interaction. Londres: Sage Publications

Stefan G. Chris/santhos (2008), Warfare in the ancient world, USA: Praeger publishers.

Stewart, D.W. (1984). Secondary Research: Information Sources and Methods. Newbury Park, California: Sage

Tesch, Reneta. (1990). Qualitative research: Analysis types and software tools. New York, USA: Falmer.

Treece, E.W. and J.w. Treece. (1982). Elements of Research in Nursing. St. Louis: The C.V. Mosby Company

TOSH, J. (2002) The Pursuit of History: Aims, Methods and New Directions in the Study of Modern History, revised 3rdedn, Longman, London

Turner,C, (1998), Social Identity, Organization and Leadersheap, in: E. Turner, Group at work, London: Lawernce, Erlbaum

Wahman.F And G. (1995),Asatrin Poetry the Bakhtiari,Copenhaen

Webb, E.J, Campbell, D.T, Schwarz R.D and Sechrest.L. (1984).The Use of Archival Sources in Social Research. In: Bulmer M. (Ed). Sociological Research Methods – An Introduction. London: MacMillan.

Weber, R.P. (1990), Basic Content Analysis. London: Sage.

Wilson, Michael, (1993), PRINCIPLES OF SOCIAL AND EDUCATIONAL RESEARCH, UNIT II ASKING QUESTIONS, the Open University.

Woods, P. (1979). The Divided School. London: Rout ledge and Kegan Paul

Zagarell, Allen (1975)"An Archaeological Survey in the North-east Baxtiari Mountains."Proceeding of the IIIrd.Annual Symposium of Archaeological Research in iran.23-30, Tehran.

www.ingramcontent.com/pod-product-compliance
Lightning Source LLC
Chambersburg PA
CBHW080654190526
45169CB00006B/2112

* 9 7 8 1 5 3 0 1 6 7 6 9 2 *